中国边疆研究文库·初编
西南边疆卷一
马玉华　主编

普思沿边志略
云南省农村调查
云南问题

黑龙江教育出版社

《中国边疆研究文库·初编
——近代稀见边疆名著点校及解题》

编委会成员名单

中国边疆研究文库·初编·西南边疆卷

编委会成员名单

（以姓氏笔画为序）

序　言

边疆既是一个地域概念，也是一个政治概念。就地域层面而言，是指国家毗连边界线、与内地（内陆、内海）相对而言的区域。一般而言，历史上中国的边疆是在秦统一中原、其重心部分形成之后确立的，有着两千多年的历史沿革。相应地，中国的边疆研究也有着悠久的历史和优良的传统，并与国家和边疆的安危息息相关。

从近代到新中国成立，中国边疆研究曾出现过两次研究高潮，第一次研究高潮是19世纪中叶至19世纪末，西北史地学的兴起，国家边界沿革的考订、边疆民族发展的著述等，是这一时期中国边疆研究高潮的标志。在边疆研究的热潮中，一些朝廷的有识之士开始学习近代国际法的领土主权原则，与蚕食我国领土的列强势力相对抗。黄遵宪、曾纪泽等都曾以“万国公法”为武器，在处置国家边界事务中与英、俄列强执理交涉。在边疆研究领域，学者们开始将政治学、法学等与传统的史学、地理学等相互结合，开创了现代意义上的边疆学研究。

第二次研究高潮是20世纪20年代至40年代，是在国家与民族危机激发下出现的又一次中国边疆研究高潮。国际法与政治学方法也被广泛地运用到中国边疆史地的研究之中，边政学的创立与研究、以现代学术新视角和新方法对中国边疆进行的全方位研究，是这次高潮的突出成就；研究内容也从边疆领土主权、历史地理扩展到民族、语言、移民、中外交通等领域。与此同时，边疆考察作为中国边疆史地研究的内容与方法，也愈益受到重视。

两次研究高潮的实践与成果，实现了中国边疆研究从传统中国史学研究向现代多学科综合研究的转变，为中国边疆研究学科领域的进一步拓展与深化奠定了基础。新中国建立后，中国边疆史地研究方兴未艾。继而在改革开放大潮的推动下，带来边疆学研究的三度兴起。此次研究高潮酝酿于20世纪80年代初，兴盛于90年代，至今热度不减。

1983年，中国社会科学院中国边疆史地研究中心（以下简称“边疆中心”）成立，这既是我国边疆史地研究第三度热潮的产物，也进而成为国家边疆研究的前沿引领者。

近30年来，边疆中心在边疆研究领域已取得了丰硕的学术成果，很多研究成果不仅填补了新中国成立以来各自领域的学术研究空白，而且以综合性、系统性、科学性的特点，成为目前国内同类研究中的优秀作品，对学科建设和发展、对推动全国边疆史地研究，均起到了举足轻重的作用。在研究内容方面，已形成了从最初以中国近现代边界研究为主，发展到以古代中国疆域史、中国近代边界沿革史和中国边疆研究史三大系列为重点的研究格局。近年，坚持基础研究与应用研究并重，在继承和弘扬中国边疆史地研究遗产的基础上，已逐步形成了历史研究与现状研究、基础研究与应用研究融而为一的中国边疆学研究模式。

边疆中心所实施的应用研究，是以当代我国边疆的稳定和发展现状为切入点，直面当代中国边疆面临的紧要问题和热点问题，进行跨学科的综合性研究。中国边疆研究不但要追寻边疆历史发展的规律和轨迹，还应探求边疆发展的现实和未来。当代我国边疆现状研究首先是当代中国社会发展的现实需要，也是中国边疆学学科发展的需要。我国边疆区域的发展现实，促使中国边疆现状研究的内涵和外延要有新的学科定位：即将中国边疆作为统一多民族国家的有机组成部分，作为一个完整的研究客体；现状与历史不可分，现状的历史实际上也是历史的现状，所以要进一步加强历史的和现状的综合性一体研究。通过对学科布局的适时调整，中国的边疆研究不断取得学科突破和新的学科增长点，进而尽快实现以基础研究为主的中国边疆史地研究向基础研究与应用研究并重的中国边疆研究的过渡。

短期内，我国在中国边疆疆域理论研究方面必须明确主旨，并应该有大的突破。在深化实证研究的同时，应进一步加大理论研究投入的力度，不断探索中国边疆历史与现状发展的规律。在实证研究的基础上，努力为历史上多元一体的中华民族边疆地区的政治、经济、人文发展和变迁构筑理论体系，是中国边疆史地学研究的根本目标。近 30 年来，大量高水平的研究成果相继面世，为中国边疆疆域理论体系的构建与未来中国边疆学学科体系的构建奠定了坚实的基础。

一方面，边疆实证研究的不断深化，需要理论层面的支撑。在中国古代历史疆域理论、历代边疆治理理论，古代统一多民族国家边疆地区的发展规律、古代边疆民族在多元一体中华民族中的发展规律等方面，以及在近现代陆疆、海疆与边界的理论问题等方面，通过大量的实证研究探索其中的规律，进一步构建我国边疆历史发展与统一多民族国家发展的理论体系。

另一方面，边疆研究学科的发展需要尽快完成中国边疆学学科的构建，包括边疆学学科的概念、界定与范畴，学科性质和功能，学科体系构建等一系列理论问题，建立以马列主义为指导的、有中国特色的中国边疆学理论体系。近年来，国内数所大学以开设边疆学博士点为契机，也在加紧边疆史地学科的构建；一些高校和地方科研院所，先后以“中国边疆学”或“中国边疆史地学”的学科定位建立了相关的学科专业；围绕边疆研究先后出现的相关学科命名有边疆政治学（边政学）、边疆史地学（边史学）、边防学、边疆安全学（边安学）等。但从学科层面看，在学术界尚未形成统一的认识，缺乏基本学科框架的规范系统论证。在诸如边疆学的内涵与外延及整体构建等方面还需要做更多深入研究；在疆域理论研究方面则需要投入更多的力量，尽快拿出较为成熟的成果。同时，应注重学科理论建设与方法论的进一步开拓，在原有的历史学、民族学、历史地理学等为主的基础上，扩展引入政治学、社会学、法学、国际关系学、地缘政治学等理论与方法，进一步突出边疆研究作为跨学科、边缘学科和新兴学科的特点与优势，不断加快学科建设步伐。

学术研究与研究成果的出版是并行的。20 世纪 80 年代末，当组建不久的边疆中心在成果出版方面寻找出路的时候，黑龙江教育出版社以高度的社会责任心与敏锐的学术眼光，伸出了合作之手。一晃至今，双方精诚合作了 20 多年。先是以《边疆史地丛书》的形式，自 1991 年 3 月开始出版，截至 2011 年，先后有 70 余种边疆研究著（译）作面世。已出版的学术著作得到了学术界和读者的广泛关注，取得了良好的社会效益，持续有力地推动着中国边疆研究学科的不断发展。如果说边疆中心在边疆研究方面成为了学术前沿的引领者，那么黑龙江教育出版社则以边疆研究成果的出版而成为国内外知名的品牌出版社。

在当前我国边疆研究氛围持续高涨的形势下，经边疆中心与黑龙江教育出版社共同努力，将以更为严格的科学态度、更为严谨的学风文风，共同出版水平更高的边疆研究著作。双方遂决定以《中国边疆研究文库》的形式，由边疆中心组稿审定，黑龙江教育出版社编辑出版。

《中国边疆研究文库》由《中国边疆研究文库初编——近代稀见边疆名著点校及解题》与《中国边疆研究文库二编——当代学人边疆研究名著》两部分组成。前者共选出近 50 种近代以来面世的我国边疆研究学术著述，在实施点校的基础上，作出导读性与研究性的解题，予以重新出版；后者选择近50种新中国成立60多年来我国（包括台湾、香港、澳门）边疆研究的老一代知名学者、中年有为学者、年轻后起学者的著述，汇集出版。可以说，这些著作基本代表了目前我国边疆学研究的水平。

同时，对1949年后有较大影响的边疆研究著述又进行了修订出版，特别是将新近的研究成果充实其中，使这些有影响的研究成果内容更加翔实、完整，更具学术价值。

今天，中国边疆研究已是一门具有广阔发展空间的显学，呈现在读者面前的《中国边疆研究文库》尚属开创之举，一定有诸多不尽如人意之处，衷心希望得到广大读者的支持帮助、批评指正。同时，我们也有信心，在目前《中国边疆研究文库》初编、二编近100部著作的基础上，继往开来，努力开拓进取，组织更多边疆研究的优秀成果，继续出版三编、四编……为我国边疆研究的持续兴盛，为繁荣边疆的历史文化，为今天我国边疆的社会稳定和经济发展，作出应有的贡献。

需要说明的是，本《文库》系国家出版基金特别资助项目，如果没有国家出版基金办大手笔支持我国的出版事业，本《文库》是无法面世的。在此，请允许我们表示诚挚的感谢。

主编谨识

初编序言

一、《中国边疆研究文库·初编》入选典籍的成书背景

《中国边疆研究文库·初编——近代稀见边疆名著点校及解题》，为清朝、民国时期稀见边疆名著的选辑，以及对这些入选名著的点校与解题。

以往人们探讨近代中国边疆问题，特别是考察近代中国士大夫与学者关注边疆事业，都以1840—1842年鸦片战争为标志性事件。故编选近代边疆名著的时限也以鸦片战争为界，即鸦片战争之前为古代，之后为近代。

但中国近世最高统治者、士大夫与学者群体关注具有近代意义上的边界、边境与边疆事业，大致开始于18世纪后期，当时英国还没有对中国发动鸦片战争。所以说，这种对边疆事业的关注并非像许多学者所主张的那样，是来自于鸦片战争对中国官民的刺激。我认为，这种关注起初是与清代中国学术发展的内在理路直接相关的，只是后来因中国在鸦片战争中败于英国而激起了中国士大夫与学者的爱国之心，而这种爱国之心与此前的学术发展内在理路相结合，便促成了近代中国第一次边疆研究的高潮。因此，《中国边疆研究文库·初编》选入的近代稀见边疆名著，并不局限于鸦片战争之后，而是根据实际情况，酌量从清朝中后

期开始的。

就中国近世学风衍变而言，17 世纪 40 年代明朝灭亡是一个标志性的转折点。明清易代对汉族学者的内心冲击巨大，他们纷纷反思明朝空疏的经学之风、“玄妙”的理学弊端，逐渐开始提倡实证—考据学风。关于明清两代学风之差异，日本江户时代著名学者太田锦城（1765—1825 年）有“得明人之书百卷，不如清人之书一卷”之叹。

实际上，中国近世学者群体开始由经学—理学向实证—考据学的转变，在 18 世纪初期就已经基本完成了。到了 18 世纪后期，常州士大夫庄存与转向今文经学的研究，标志着以常州为中心的今文经学派的诞生。该学派后经庄氏外孙刘逢禄的躬身实践与提倡，对学界与政界的影响也越来越大。该学派的显著特征是提倡经世致用的学风，谋求在儒学政治框架中注入变革的内容。因该学派倡导文献考证与实地考察相结合的研究方法，崇尚客观主义与实证主义精神，故其学者不久便将这些入世学风、研究方法与学术精神投射到急需经世致用之学的边疆地区。18 世纪后期，清帝国的开疆拓土事业进入高峰，引起了以经世致用为己任的常州今文经学家龚自珍、魏源等的关注。对于清帝国重返帕米尔高原一事，龚自珍特作一首七律——《汉朝儒生行》来表达自己的心情：“汉朝西海如郡县，葡萄天马年年见。匈奴左臂乌孙王，七译同来藁街宴。”[①] 嘉庆二十五年（1820 年）秋，大和卓木后裔张格尔（1790—1828 年）入侵南疆。[②] 时龚自珍刚出任内阁中书，于是马上撰就《西域置行省议》，提出在新疆设置行省，用郡县制替代伯克制，以期探寻出一个长治久安的方略。道光八

① 王佩铮编校：《龚自珍全集》，460 ~ 461 页，上海，上海人民出版社，1975。

② 《清实录》第 33 册，《宣宗实录》卷 4“嘉庆二十五年庚辰九月庚寅（七日）”所载谕旨，《清实录》第 33 册，120 页，北京，中华书局，1986。

年（1828 年）,张格尔兵败被诛。[1]翌年，龚自珍会试中试，朝考题目为《安边绥远疏》,[2] 他趁机将其深思熟虑的屯田固边之策淋漓尽致地表述出来。

道光五年（1825 年），常州今文经学派中的另一位著名学者魏源[3]受江苏布政使贺长龄之邀请，编纂 120 卷本的《皇朝经世文编》。该书收集的文献为清中前期士大夫与学者的各种作品，规模浩大，对研究清代政治具有重要价值，为“当时对国内外现实问题进行研究的重要开端”[4]。1831 年前后，魏源编纂了 14 卷本的《圣武记》。该书之特色在于系统地记述了清初到道光朝中期的历次重大战役，特别是翔实地记录了清朝开疆拓土的历次重大战役。

从清朝中晚期以降，学者们开始关注与研究边疆问题，就常州今文经学派而言，其主要理由大致有以下几个方面：一是该学派自身所具有的经世致用性格使然；二是内地人口膨胀，该学派主张向边疆移民；三是中华帝国重返帕米尔高原，激起了士大夫与学者的幽古之思与雄心壮志；四是清朝属国——浩罕内侵，以及张格尔叛乱等，引发了学者关注西域的热情。对此，美国学者艾尔曼一语中的：“客观主义与实证学风在中国的出现，不是 19 世纪帝国主义和鸦片贩子移植的突发性进步。”[5]

鸦片战争后，清王朝的海疆处于西方列强的坚船利炮之下，门户洞开；陆疆处于俄、英殖民者的铁炮火枪射程之内，或被鲸吞，或被蚕食，边疆危机频仍。魏源依托其边疆问题的先行研究优势，立即做出反应。首先，他于 1841 年依据林则徐委托他人

---

① 魏源撰，韩锡铎、孙文良点校：《圣武记》卷 5《道光重定回疆记》，188 ~ 189 页，北京，中华书局，1984。
② 王佩铮编校：《龚自珍全集》，112 ~ 114 页。
③ 魏源（1794—1857 年），名远达，字默深。
④ 艾尔曼著，赵刚译：《从理学到朴学》，167 页，南京，江苏人民出版社，1995。
⑤ 艾尔曼著，赵刚译：《从理学到朴学》，26 页。

所辑的描述外国地理、风物与历史的《四洲志》，参以中国的历代史志，编纂了《海国图志》50卷，后经修订、增补，到咸丰二年（1852年）成为百卷本。其次，他于咸丰元年（1851年）开始纂修《元史新编》一书，两年后告竣。

嗣后，从19世纪40年代初期到20世纪40年代末期，一百多年间，中外关系问题，特别是边疆问题，成为朝野上下关注的焦点。有关边疆地区的历史、政治、地理环境、民族分布、经济、文化、习惯等问题的论著与调查报告等，可谓汗牛充栋。对于今天的我们而言，这些作品不但是不可多得的文化遗产，而且具有很高的学理与学术价值，更具有不可替代的现实意义、借鉴价值。

为了给相关研究者与关注边疆问题的人们提供这方面的研究资料，我们特选一些清朝中后期及民国时代的具有一定社会影响力或学术价值的代表性作品，予以标点与适当注释，以供读者参考。

二、《中国边疆研究文库·初编》编纂缘起

促使我们动手编纂《文库·初编》的缘由，主要是因为我国边疆及周边环境的变化，以及由此派生的研究与解决边疆问题的紧迫性，我国从1978年启动改革开放政策至今，业已持续了三十五六年，所取得的成就堪称举世瞩目，此不赘言。但成就有时与麻烦相伴而生。近些年来，我国边疆的内侧与外部，都发生了剧烈变化。

仅就中国内部陆疆环境而言，随着社会经济差异的扩大，以往潜在的诸多边疆问题日益表面化。

在海疆领域，《联合国海洋法公约》于1982年通过，1994年生效。出于不同利益，周边各国对《公约》有不同解释。南海周边国家采用的有些手法则是避开《公约》原则精神，而抓住并利

用《公约》某些具体条款，不顾历史事实，抢占海洋权益。近来，东海问题频现，中日钓鱼岛、中韩苏岩礁之争，经常牵涉着中国人的感情。尤其是南海局势更加复杂，我国在南海的历史主权、现实主权和管辖权等都面临重大现实威胁。同时，南海周边国家也经常祭出一些海疆理论，在国际学界获得一定程度的共鸣。对此，我们不能用非学术性语言去应对，不能笼而统之地予以简单批判。从边疆学视角来看，廓清中国拥有海洋历史主权、现实管辖权、海洋权益的历史脉络与法理根据，为认识和处理现实海洋主权问题提供有力的理论支撑已刻不容缓。

就我国周边态势来说，伴随着中国的崛起，先是西方国家别有用心地鼓噪“中国威胁论”，而后传导到周边国家。现在的周边局势是，一些邻国利用我国以邻为善、以邻为友的政策，一边频出“中国威胁论”噪声，一边毫无顾忌地强占我海疆岛礁、霸占我陆疆领土。另外，中国与周边国家之间的关系可谓源远流长，错综复杂，一言难尽。近代以前，中国与一些周边国家之间程度不同地存在着藩属关系，直到19世纪末，这种“宗藩体系”才基本上瓦解。如何看待和界定历史上的彼此关系，不但都有一个“理顺”的问题，而且还有领土分割与文化传统的首发权等问题。值得关注的是，1949年以后，中国与周边国家的关系也经常变化，如20世纪50年代是“一边倒”，60年代是“反帝反修”，70年代是支援世界与邻国革命，80年代转向自主和平外交，今天则提出睦邻外交。短时期不断变化的周边政策，使邻国难免产生不安，但我国现在真诚地实施睦邻友好政策是有目共睹的。无奈树欲静而风不止，一些邻国恰恰利用我们的善良来达到其不可告人的目的。

中国疆域是通过内地与边疆交互变更、边疆与藩属（部）互换角色的形式最终形成的。新中国建立后，我国在边疆地区普遍实施了与中国传统有所不同的民族政策、宗教政策与区域自治政策，并成立了自治区、自治州（盟）、自治县，这些政策与体制的制定根据与实施效果，直接影响着边疆地区的社会进步与经济发展，而对这些政策与体制，特别是在边疆地区产生的效果的研究，是边疆学的主要任务之一。另一方面，随着周边国家的民族主义思潮的兴起与经济的进步，这些国家都在积极用近代民族主义理论编纂本国历史、建构本民族谱系。在此过程中，历史上曾经是中国藩部或属国（属部）的周边国家，都或多或少、或轻或重地与中国在历史问题上或领土问题上有所瓜葛。这些瓜葛的产生，莫不同中国疆域的形成过程与中国古代疆域观、近代中国的民族国家建构、民族主义生成与领土变更等边疆学理论问题有关。现在看来，由于时势衍变，单靠从历史与地理的角度着眼来解决这些问题的，显然是力所不逮的，或者是无济于事的。另外，伴随着周边国家的先后独立，特别是受到近代民族主义思潮的影响，它们无一例外地都在构建本国“辉煌”的历史及本民族“伟大”的发展历程，希冀以此来树立国家与民族的自信。但以往长时间存在的所谓的“中华的世界秩序”是一个无法磨灭的痕迹，更是一道难以逾越的心灵之坎，不否定它就难以建立名副其实的民族自信，否定它自然就会衍生出“中国威胁论”。所以，解开历史上曾经是中国藩部或属国、今天业已独立的周边国家的心理问题，单靠外交努力、自我表白是不能从根本上解决的。

基于上述边疆内外情景，我们与黑龙江教育出版社于2010年初决定编纂、出版一套大型边疆研究方面的丛书，在某种程度上回应这些边疆问题。这套丛书全称《中国边疆研究文库》，内分初编、二编。其中，《文库·初编》（50种），拟选近代稀见典籍，由相关边疆研究学者整理、点校与解读；《文库·二编》（50种），为当代边疆研究前沿学者的研究成果。

实际上，自1989年起，黑龙江教育出版社便出版边疆史地方面的研究图书。兹后直至2009年底，集腋成裘，业已出版图书60余种。这些图书受到了广大读者的欢迎和学术界的好评，取得了显著的社会效益，极大地促进了边疆史地研究的发展进步，黑教社也逐步确立了在业内的品牌地位。由于20多年不间断的组稿与编辑、出版，使得黑教社在边疆图书编辑与出版方面，拥有一支高素质、专业化的队伍。

正是基于上述这些条件，我们萌发了利用黑教社已有的基础，根据边疆社会发展与周边形势变化的需要，重新策划、编辑与出版一套大型边疆丛书的念头。当我们把这个念头告知黑教社社长丁一平博士时，未曾想丁博士也早有此意。于是，我们决定共同规划、编纂并出版这套丛书。恰好这时出版署启动“国家出版基金资助项目”，于是我们与丁博士决定联合申请，并立即着手草拟且反复修改“国家出版基金项目申请书”，承蒙国家出版基金规划管理办公室严格把关定向、评审专家们厚爱，本《文库》最终荣获“国家出版基金资助项目”。

我们策划、编纂与出版本《文库·初编》的宗旨很明确，就是希冀通过析出晚清民国时代的代表性边疆研究作品，从先人那里汲取经验，从学术层面来解读一些紧要的边疆问题。拟探讨的边疆问题大致有以下几个方面：

首先，我国边疆省区占我国国土面积的60%以上，同时又是我国大多数少数民族的聚居地。由于特定的历史条件，边疆地区的经济、文化等从古代开始就与中原等内地省份有着不同的特点。步入近代后，西方列强环伺边疆，边疆地区人民饱受被侵略及丧失家园的痛苦。另外，从古至今，由于特殊区位及诸多条件的限制，使我国大多数边疆地区在总体上处于欠发达状态。在这种条件下，如何在政治上进一步维护国家领土完整、维护边疆地区社会的稳定，如何在社会经济上加快边疆地区的发展、尽快改变边疆面貌、缩小边疆与内地的差距等，都是我们想适当地予以回答的问题。

其次，由于历史与现实的原因，中国与周边国家之间仍存在着一些显现或潜在的问题。譬如中俄、中朝与中印、中哈等国之间的国际河流航行及污染问题；中印之间存在着领土之争；中国与东南亚诸国及中日、中韩之间尚有领海、岛礁、大陆架及海洋专属经济区之争等。

第三，西方国家对华实施文化与意识形态输入，周边一些国家对华进行宗教乃至于极端宗教渗透等，这些都在一定程度上影响着我国边疆的安宁和稳定。

第四，现在，海洋已成为我国经济发展的生命线，我国日益向海洋大国迈进，海上国土已成为制约中华民族能否复兴的重要条件。在此背景下，我们应该如何应对，等等。

《文库·初编》共分为6卷，即综合卷、东北（辽、吉、黑）边疆卷、北部（内、外蒙古）边疆卷、西北（甘、新）边疆卷、西南（藏、滇、桂）边疆卷、海疆卷。所收著作系近代学者撰写的有关边疆的专著、档案文献、笔记、调研报告等稀见边疆名著。本《文库·初编》除了对这些著作予以标点与最低限度的校勘之外，着重予以解读，以期便于读者了解原作者的学术生平、图书的内容与学术价值及影响。应该说，本《文库·初编》对于我们深入了解近代边疆问题，探寻近代中国边疆与边界的演变，有着重大的意义。

三、《中国边疆研究文库·初编》入选典籍的范围与解题

晚清民国时代，有关边疆及周边的各种文献汇编、资料整理、编辑与出版的成果已经非常丰富。如晚清时代有朱克敬辑的《边事汇钞》（12卷）、《续钞》（8卷）、《柔远新书》（4卷）①，

① 清光绪六年长沙刊刻本。清光绪七年以后的内容大都收入《挹秀山房丛书》，长沙刊刻本。

陈麟阁编辑的《历代筹边略》[①]，金匮浦编的《皇朝藩属舆地丛书》(6集28种)[②]，胡思敬编的《问影楼舆地丛书》(10册15种)[③] 等。到了民国时期更是层出不穷，如赵藩、陈荣昌编的《云南丛书》(152种)[④]，丁谦撰的《蓬莱轩地理学丛书》(28册)[⑤]，金毓黻编的《辽海丛书》(87种)[⑥]，禹贡学会辑的《边疆丛书甲集》(6种)[⑦] 等。还有一部值得一提的丛书是王锡祺撰的《小方壶斋舆地丛钞》[⑧]。该丛书共64卷，收书多达1 348种，选书范围广泛，既有专书、地志，也有清人笔记、札记，还有各种传抄本、稿本、亡佚文献等，保存了有清一代珍贵的、相对完整的舆地资料。

晚清民国时代还翻译了许多外国学者或机构研究中国边疆的文献，如重野安绎、河田罴撰的《支那疆域沿革略说》[⑨]，英国海军海图官局编著、陈寿彭译的《中国江海险要图志》[⑩]，金约翰撰的《海道图说》[⑪] 等。

另外，适应地理学与边疆研究的需要，晚清民国时代还成立了许多专业学会。如成立于清宣统元年(1909年)的中国地学会，由地理学家、地质学家、水利学家及历史与教育学家组成，著名的学者有张相文、白眉初、黄国璋、丁文江、翁文灏、蔡元培、陈垣、张星烺、聂崇岐、张伯苓等。正式成立于1936年的禹贡学会，由顾颉刚和谭其骧发起，刘节、黄文弼、于省吾、钱

① 40册，四川广安州学署刊本，清光绪二十三年。
② 上海，上海书局，清光绪二十九年。
③ 江西新昌胡氏京师活字本，清光绪三十四年。
④ 昆明，云南图书博物馆刊印，编印始于1914年，1942年停版。计有《云南丛书初编》152种、1148卷，《云南丛书二编》53种、254卷。
⑤ 杭州，浙江图书馆刻本，民国四年。
⑥ 沈阳排印本，1933—1936。
⑦ 北平，禹贡学会铅印本，1937。
⑧ 上海著易堂铅印本，光绪十七年。
⑨ 武昌，舆地学会刻本，晚清刻本。
⑩ 上海，经世文社石印本，清光绪二十六年。
⑪ 上海，上海书局石印本，清光绪二十二年。

穆、唐兰、洪业、张国淦、顾廷龙、朱士嘉、韩儒林、翁独健、吴丰培、苏秉琦、侯仁之等著名学者参加。这些学会既出版杂志，又发行图书，以传播相关知识与学术，如中国地学会曾主编《地学丛书》[1] 等。

关于边疆档案文献的编辑与出版，北平故宫博物院文献馆先后编印了《筹办夷务始末》[2]《清嘉庆朝外交史料》[3]《清道光朝外交史料》[4]《清光绪朝中日交涉史料》[5]《清宣统朝中日交涉史料》[6]《清光绪朝中日交涉史料》[7]《故宫俄文史料》[8] 等。另有蒋廷黻的《近代中国外交史料辑要》（上下卷）[9]，于能模等编的《中外条约汇编》[10]、王纪元的《不平等条约史》[11] 等。

另外，边疆地域的地方志与乡土志，基本上省、府、县志均齐备，可谓汗牛充栋。如沿海地区的省志有孙尔准等修纂的（道光）《重纂福建通志》[12]、李厚基等修纂的（民国）《福建通志》[13]等，沿海地区的府志有李琬等修纂的（乾隆）《温州府志》[14] 等，恕在此处不再一一列举。

新中国建立后，特别是改革开放以来，许多学者对晚清民国时期有关边疆研究方面的各类论著、游记、笔记、档案文献等予以整理，或标点或影印出版。卷帙浩大，此不赘述。

---

① 张相文编，天津，中国地学会铅印本，民国二十四年。
② 又称《三朝筹办夷务始末》，260 卷，130 册，北平，北平故宫博物院，1929—1930 年影印出版。
③ 6 卷，6 册，北平，北平故宫博物院铅印本，民国二十一年。
④ 4 卷，4 册，北平，北平故宫博物院铅印本，民国十九年。
⑤ 北平，北平故宫博物院刊行，民国二十一年。
⑥ 北平，北平故宫博物院刊行，民国二十三年。
⑦ 88 卷，44 册，北平，北平故宫博物院铅印本，民国二十一年。
⑧ 北平，北平故宫博物院刊行，民国二十二年。
⑨ 上海，商务印书馆铅印本，上卷，民国二十年；下卷，民国二十三年。
⑩ 1 册，上海，商务印书馆铅印本，民国二十四年。
⑪ 1 册，上海，亚细亚书局铅印本，民国二十四年。
⑫ 278 卷首 7 卷，福州，正谊书院刻本，清同治十年。
⑬ 正文 611 卷，100 册，福州刻本，1938。
⑭ 李琬修、齐召南，等纂，30 卷首 1 卷，温州刻本，清同治五年。

本《文库·初编》的主要特点在于遴选典籍范围、入选标准与同类出版物有所区别。同时，对入选各书均予以解题。

关于本《文库·初编》收入典籍范围、入选标准，大致有以下几个方面特点：

首先，入选图书应是在近代产生过重要社会影响或有较高学术价值者，图书首次出版时间的上限截止到清朝中期；

其次，尽可能选择存世量不多且后来没有再版者。如果已经再版，则选择再版次数极少、印数很少的图书；

第三，按照东北（辽、吉、黑）边疆、北部（内、外蒙古）边疆、西北（甘、新）边疆、西南（藏、滇、桂）边疆、海疆五个方向选书。

关于各书的解题，我们做了以下几个方面的工作：

（1）评介作者的家世、生平履历、学术经历及学术贡献、社会贡献等；

（2）论述图书的撰写背景、内容与结构等；

（3）阐述各书的学术价值，如创始性、突破性及知识性、信息储存价值、文化传承、史料价值等；

（4）考察各书的学术影响及社会影响，特别是对今日边界谈判与解决领土争端的作用、对今日人们认识与了解当时社会状态的价值等问题；

（5）探讨各书在边疆研究领域的学术地位，如创建学科、开拓研究体例、转变研究视野、增加研究对象等事宜。

四、《中国边疆研究文库·初编》入选典籍的版本选择与点校

本《文库·初编》尽量选用入选典籍的最佳版本做底本，并以其他版本参校。为了便于更大范围的读者阅读，以简化字排印。在此基础上，做了以下几个方面的点校工作：

（1）为了保持古籍原貌，对于原书中存在的一些明显的错误，如别字、讹误、脱漏等处，予以保留，但参考其他版本，在标点者认为错误之处加上脚注。

（2）以往的古籍在排版时采用的是传统的竖排形式，此次重新出版采用了横排形式。为保持古籍原貌，我们对原书中的“如左”“如右”等字句未做相应的调整，一仍其旧。

（3）为了方便阅读，凡是繁体字均改用简体字。但因清朝民国时期有的文字今天已不使用，没有现成的字可以替换，故仍然照录。

（4）关于少数民族的称谓，有些能够用今天的民族名称替换，但为了保护典籍原貌，我们没有改正，只是加上了注释予以说明。此举纯属基于学术之考量，丝毫没有不尊重少数民族之意，特加说明。

于逢春　谨识
2012年5月

出版说明

《中国边疆研究文库·初编——近代稀见边疆名著点校及解题》（以下简称《文库·初编》），为清朝、民国时期比较稀见的边疆名著的精选以及对这些入选名著的标点与解题。

《文库·初编》编辑出版以“整理、传承、研究”为基本方针，其内容涵盖清末至民国时期中国边疆地区的政治、经济、民族、风俗情况等，编纂工作繁难复杂，兹将有关事宜略述如次：

一、此次整理出版的《文库·初编》，系在选择较好底本、保留底本原貌的基础上，细加标点、认真考订与校勘而成。

二、《文库·初编》包括东北边疆卷、西南边疆卷、北部边疆卷、西北边疆卷、海疆卷、综合卷六大类。每种图书均由今人撰写解题及点校说明各一篇，主要简述原作者生平、原书主要内容、学术文化价值及版本源流、所用底本、参校本等。

三、此次整理过程中，对所据底本做了校勘，凡大致能确定的差错，均谨慎地予以订正，但加脚注说明；不确定的问题，则标明存疑，亦加脚注标示。

四、底本中原有的异体字、繁体字一律改为现行通用简体字，但为了充分尊重原著，竖排版中的“如左”“如右”等均保留原貌。另外，原书中专名（人名、地名、书名等）及其译名，皆一仍其旧；凡底本脱、衍、讹、倒之处，尽可能保留原貌，如讹误明显且影响文意者，则加脚注标示。丛书中多本有作者原注，原书以小字排入正文，此次整理皆以夹注形式，以宋体加圆括号呈现。今人点校时所加的注释则以楷体加圆括号标明。

五、编辑整理时，所有统计资料一律照录原文。

六、对于原书中民国时期的用语、标点等，原则上不做改动，确有特殊情况且需更动者，则加脚注予以标明。对于民国时期通用的词语以及数字的表示形式，不做统一改动，以期保留原貌。民国时期的语法习惯，在今天看来，有一些不符合现代汉语语法规范，但为充分尊重历史原貌，不做订正。

七、为尊重历史原貌，凡涉及疆界，领土归属，民族，宗教以及不同的政治立场、观点和态度等问题，均照录原文，但不代表编校者的观点。

八、由于《文库·初编》卷帙浩繁，以及编校整理者水平和条件的限制，在编次、标点、校勘诸方面，难免存在疏失之处，热望社会各界批评指正。

黑龙江教育出版社

总目录

《普思沿边志略》解题

马玉华

民国时期的思普沿边地区（即今天云南省思茅和西双版纳地区），东界越南，与猛乌、乌得连界，东南与越南猛幸接界，正南与缅甸猛岭连界，西南与缅甸景栋连界，西与缅甸大猛养连界，北与澜沧、思茅、宁洱衔接，包括车里、佛海、南峤、镇越、江城、六顺六县及宁江设治局。思普沿边昔为车里宣慰司辖地，俗称“十二版纳”，有三十余猛土司区。1910 年，猛遮土司刀正经谋变，由思茅厅呈请屡派大员率大军剿办，旷日持久，一直没有平定，后调河口滇越铁路下段巡防营管带柯树勋率队增援。柯树勋所部多是两广士兵，能耐瘴疾，于是很快平息了土司叛乱。平叛后不久，辛亥革命爆发，时局动荡。柯树勋向新成立的云南军政府上“治边十二条”，建议实行土流并治，并以此作为完成改流的过渡阶段。准呈以后，1913 年土流并治政权——思普沿边行政总局正式成立，柯树勋先生被任命为第一任总局长，对思普沿边进行了富有成效的治理。在任期间，柯树勋编著了《普思沿边志略》。

一、柯树勋其人

柯树勋（1862—1926 年），字绩臣，广西柳州府马平县人。

柯树勋少小聪颖，好交游，喜技击、走马、骑射，应试选武庠生。1881 年，柯树勋从军，投入岑毓英部何元凤总兵部下，为援右营帮带。中法战争中，他率军攻克临洮、广威、不拔等府，法军兵败，弃城议和。柯树勋屡战有功，保升千总职，后又调驻开广营帮带，防守云南省红河一带，再到蒙自、个旧执管厘务及勘建南溪铁路与勘建中越界碑。因为有功升为滇越铁路巡防营管带，率第四营镇守金平阿百镇。时值革命军攻陷河口，柯树勋率部增援，收复河口，滇督锡良大喜，准以知县任用，担任云南河口镇巡防营管带，率部驻守河口。

宣统二年（1910 年），猛遮土司刀正经纠合景真、猛阿土司反对车里宣慰使，制造了遮顶之乱，由思茅厅呈请派大员率大军剿办，旷日持久，未平定。政府旋调河口滇越铁路下段巡防营管带柯树勋率队增援，因柯树勋“颇著坚苦善战声益”①，所部又多为两广士兵，能耐瘴疾，到后剿抚兼施，会合普洱镇总兵苏伦元日围夜攻，一战而克猛遮，诱杀刀正经，招降甚众，边乱乃平。柯树勋平乱有功，被调升为思茅同知，督带边防各营，接管善后安抚工作及改流事宜。

民国元年（1912 年），柯树勋由思茅至车里视察，了解傣族历史和土司制度渊源及现状，参考英国治理缅甸孟艮的办法，拟具了《治边十二条陈》上呈云南省政府，主张“土流并治”，获准实行。《治边十二条陈》的内容为：改流第一，筹款第二，官守第三，诉讼第四，交涉第五，实业第六，国币第七，通商第八，学堂第九，邮电第十，招垦第十一，练兵第十二。

民国二年（1913 年），云南省政府批准创设普思沿边行政总局（辖区即车里宣慰使司境域），设行政总局于车里（今景洪），柯树勋任行政总局局长兼第一行政区委员。行政总局内设司法、

① 李文林：《到普思沿边去》，见云南省立昆华民众教育馆编印《云南边地问题研究》下，137 页，1933。

教育、实业、财政、交涉、翻译六科，将宣慰使司“十二版纳”划为8个行政区，设8个分局，并派员编查户口，委派各区分局委员。同时，他与各土司协定十三条章程，内容涉及：权限、户籍、征捐、折工、税银、外交、学堂、垦殖、婚姻、守法、住房、剃发、奖励，相互守约，实施“设流不改土”（即土官、流官并存）。《十二条陈》与《十三条协议章程》是柯树勋治理沿边的一个通盘筹划和具体的办法，在民国初年提出诚属可贵。柯树勋的治边方案对于云南省的边政治理产生了重要影响，至20世纪30年代，云南省政府对于沿边各县大都按照柯树勋《十二条陈》的措施治理。

柯树勋十分重视国家的领土和主权，亲躬勘界，并饬下属定期巡察界碑，使虎视中国边界的英、法殖民者不敢轻举妄动。1913年，他在车里亲自测绘制图，并督导修建了普思沿边行政总局，总局署于1914年竣工投入使用，1927年改为车里县政府；又命本部第五营兵50余名带头领垦荒地；筹办富滇银行车里分行，自兼行长；督导修通了思茅—车里—猛海的马帮道路，沿途建站驻兵保护商旅；创设邮电局，办理邮件商贸汇兑；设立劝学所，在车里、倚邦、易武兴办学校，劝导各民族子女入学等。总之，柯树勋在任期间，能够按照《十二条陈》施政，与当地土司关系融洽，边疆相安无事，十余年间普思边区政局稳定。

民国十三年（1924年）6月，柯树勋率普思沿边各猛土司头人121人到昆明参观，这是“十二版纳”历史上第一个少数民族参观团。在昆明期间，他们觐见了督军唐继尧，受到嘉奖，并受到社会各界的热烈欢迎。通过观光，各土司开阔了眼界，知道中国幅员广大，民物众庶，加深了他们的国家观念和爱国情感。

1925年，“普思沿边行政总局”奉令改为“普思殖边总办公署”，柯树勋仍任总办。1926年5月，柯树勋因病医治无效，卒于车里任所。临终前，他令总务科长及各边委员共同清点家中箱柜，查明无私蓄金银，云南省政府追赠他为陆军少将，拨治丧费安葬于澜沧江北岸三达山。

1912年至1926年，柯树勋先生在普思边区任职近十五年。在任期间，他团结边地宣慰使及各猛土司，统一政令，卫护边防，加强了边疆与内地的联系，功绩显著，名扬边陲，被称为"近代治边第一人"。

柯树勋著有《普思沿边志略》一书，另有《龙江诗稿》一卷和《一得轩杂予》一卷。

二、《普思沿边志略》的主要内容

柯树勋在任期间，为巩固云南边防，清理内政，一方面巡视边境加强布防，另一方面又研究前任历年"改土归流"的失败教训。他认为官员不懂少数民族的历史是制约地方发展的障碍，因此，在繁忙的工作之余，他非常注意搜罗民族史料，对普思边区的历史沿革、民族情况、土司制度、风俗习惯等进行研究，于民国四年（1915年），编著了《普思沿边志略》一书。

该书内容大致可分四个部分：第一部分记述了思普地区自元朝大德四年至清末的历史梗概；第二部分记载了剿平猛遮刀正经、帕康亮叛乱的始末，阐述了《治边十二条陈》以及治理边疆的方略；第三部分为普思沿边的各猛土司户口表、普思沿边的行政图、普思沿边八个区的行政一览表、普思沿边行政总局图等；第四部分是附录，录有柯树勋所作的龙江竹枝词十首，对边疆的民族风情做了描述。

柯树勋在此书自叙中，阐述了他治理普思边疆的指导思想："昔武侯平蛮用擒纵法以攻其心"，今治普思沿边，"其用心略同"。这就是柯氏的治边之道，不唯在军事上治乱，而且要在政治上攻其心。其具体措施是：体察舆情，诱入文化以收拾边地人心，虽不实行改流，而于政治风化，数年后亦可与内地齐观。其编纂目的在于“诸凡纪实，可为治边之参考”。对柯树勋和《普思沿边志略》的评价，当时的人均予以称颂，说他“除苛役，兴水利，修道路，倡实业，种种要政次第设施，其民于是乐其业，而怀其德”①。目睹他的“学识、治绩，实有超乎流俗、令人佩服者。九龙江上，局署巍然，群夷欣欣，共沾雅化”②。对他的编著评价为：“纪事甚备，且载柯君近年规划政策尤详”③，“边防之沿革、夷情之好恶，已具梗概”④。

三、《普思沿边志略》的价值

《普思沿边志略》一书，是柯树勋先生搜寻历史资料，考察时事，对普思沿边历史及其施政的记录。本书有条不紊，叙述明晰，特别是有关普思沿边的各猛人口、普思沿边八个区的行政设置等记载，是非常难得的史料，有助于我们了解民国时期云南南部边疆的状况。《普思沿边志略》作为西双版纳第一部地方志书，为云南的治边提供了历史和现实借鉴，还成为后人研究西双版纳近代历史的必读之书。

---

① 李学诗：《普思沿边志略》序。
② 周国华：《普思沿边志略》序。
③ 秦光第：《普思沿边志略》序。
④ 李学诗：《普思沿边志略》序。

《普思沿边志略》点校说明

马玉华

一、本书以云南大学所藏民国五年（1916年）铅印本柯树勋著《普思沿边志略》为底本，与《中国西南文献丛书·西南史地文献》中的《普思沿边志略》相对照后，点校、勘订。

二、原书有一些错别字、漏字、衍文及生造字、俗字，点校时一仍其旧，但以脚注说明。字迹漫漶不清者尽可能查证相关史籍补充完善，不能补充者以□代之。

三、《普思沿边志略》在点校时，一律使用规范简化字加标点，并按现行行文规范及志书的内容实际对原书进行合理分段。

四、尊重所据版本，负责志书的断句标点和必要的纠谬工作。不妄加妄改。对生字、生词和历史典故不做注音、释义、考辨，以利于文本整洁。

五、对文献中旧有的称谓（如倮夷）和提法（如满清），在点校过程中未予以改动，只是为了保留文献原貌，没有丝毫的歧视之意。但将少数民族的歧称，如猓、狪、狆、獠之类，统一改为倮、侗、仲、僚。

六、旧志所引古籍文献，均以书名号标示。所引古籍文献原文均加引号，所引古籍文献的大意则不加引号。

七、原书使用序号与现行标准不一，点校时按现行语体文规范一并改正。

八、原书有部分文字传写有误，佶屈不通，不得已一仍其旧。望读者有以正之。

九、原书己、已、巳、戊、戌、戎、戍混用，点校时一并改正，不再出校。

十、原书目录与正文标题不符，点校时保持原貌，不予以改动。

十一、原书“汛”“泛”混用，经考证，“汛”为军队驻防地之意，故文中凡涉及此意者，均将“泛”改为“汛”，不再做注。

普思沿邊志略

張鼎題簽

《普思沿边志略》叙

余既巡阅普防归之翌年，柳州柯君绩丞[①]以其所辑《普思沿边志略》一书见示，自元历明清以迄民国，搜罗宏富，纤悉靡遗，固裒然思普沿边一“輶轩录”也。余以甲辰奉檄南巡，步履所经，耳目所及，亦常欲周咨博访，凡关于防务、内务，以及实业、教育、弭盗诸端，靡不留心考察，汇为条款，归而以其一得之愚，贡之当道。顾以阅时未久，苦难择精语详，心窃憾焉。柯君宦滇久，而于普防沿边情形，知之尤稔。今观其书，及其久于边务之政绩，厘然可观。余虽隶籍墨江，而频年在外，仅奉命出巡时还乡数阅月，对于柯君是书，滋益爽然矣。爰书数语，以告今之留心边事者。

中华民国五年丙辰秋七月，云南都督府总参谋长兼陆军第三师师长墨江庾恩旸叙

叙

丙辰夏，余因公至思茅，与柯君绩丞商办筹饷事宜。柯君慷慨好义，治事毅敏，有侠士风。处旬日，甚相得，乃出其《普思沿边志略》，问叙于余。余武人也，恶敢言文！柯君以余久历边地，熟谙边情，强之。义难谢，遂涉猎一通。其编末所附图表简括确切，撮全书大要，窃喜之，乃手录藏诸行箧，借备参考。惟是编叙述普思沿边历史，自元迄今，原原本本，滔滔数千言，纪事甚备。且载柯君近年规画政策尤详。余素患胃病兼脑贫血，遇事辄忘；兹又行色匆匆，喘息未定，柯君复以要公克日旋治，未

① 柯树勋的字在本书中有“绩丞”“绩臣”两说，但依据柯树勋在其自叙中自称为“绩臣”（见15页），故疑“绩丞”为误写。后同。

得三复全编，细寻底蕴。愿柯君速付剞劂，流传内地，使留心边事者得以早日寓目，共同研究，并乞邮寄一册，俾余得详读之，以补今日之所未逮云。

民国五年六月，古晟秦光第少元叙

《普思沿边志略》序

民国二年六月，（诗）奉命入缅。归途取道车里[①]，至孟艮即耳柯君名。入界后，日与夷民接洽，则莫不颂柯君之德，而畏柯君之威。柯君之名，愈不绝于耳鼓。比至车里，晤柯君，丰姿潇洒，精神凝结，谈边务娓娓不倦，是热血多人数斗者，然后知柯君名噪有由来也！良以治夷之道，要在先威而后德。吾闻柯君顶真之役，久为夷众所畏服；历年来，又为之除苛役、兴水利、修道路、倡实业，种种要政，次第设施。其民于是乐其业而怀其德，遂令数千里荒服之地，数百万獉狉之民，熙熙皞皞，争睹汉官威仪。柯君之功，不亦伟乎！所著《普思沿边志略》，时尚未成，约略读之，于边防之沿革、夷情之好恶，已具梗概，乃力速其成，俾治边者得所依据。计自癸丑以至丙辰，三年之久，始成完璧，不知又耗几许心血。公余之暇，综览全册，源源本本，实为治边之嫭矢矣。爰为之序。

民国五年秋八月，腾阳李学诗序于督军公署

《普思沿边志略》叙

余友柯君绩丞，与余素未谋面，然书扎[②]往还，固已数年于兹矣。其人品心术、文章学问，虽未见其面，亦可仿佛其为人，

① 车里即今天云南的景洪市。
② 原书是“扎”，似应为“札”。

所谓以神交而不拘拘于形迹者，是耶？非耶？今观其所辑《普思沿边志略》一书，向之景慕其人品心术、文章学问者，今乃于《志略》中并得略窥其政绩。惜乎其久于边吏，仅乃小试其端也。虽然，国家要素，土地居一，藩篱不固，浸及堂奥，沿边政务，又乌可以瓯脱视哉？此柯君《普思沿边志略》一书之所由作也。读既竟，谨缀数言，以志倾倒。

中华民国五年七月既望，玉溪柳家骧叙

《普思沿边志略》序

天下事不患无治法，特患无治人耳！苟得人而治，虽人所不能行之事，亦必毅然行之，卒能立收成效，如柯绩臣先生之治普思沿边是。夫普思沿边，荒裔也，历朝元、明、清迭置戍守，裁设无定，论者谓烟瘴剧烈，汉族不能久居，而不知实未得人以治之也。前清末季，遮酋作乱，柯君部桂粤之众，一鼓荡平。其时华亦在事，迨分区设局，今道尹刘鸿菴先生荐任第四区行政。频年来，目睹柯君之学识、治绩，实有超乎流俗、令人佩服者。九龙江上，局署巍然，群夷欣欣，共沾雅化。呜呼，何其盛欤！方今国家新造，使柯君得秉政柄，必能为天下苍生造无穷之幸福。惜乎边嵎久滞，不能如老骥之驰骋千里也。然于治兵行政，处处出以精思，故能化洽百蛮，舆情爱戴。观《沿边志略》一书，可以知其梗概矣。

民国四年冬岁在乙卯，新化周国华干擎谨序

《普思沿边志略》序

我国内地各属，皆有县志，所以纪事迹而备考查也。普思沿边向称荒裔，分隶于思茅、宁洱地等不毛，其山川道里、文物风俗，虽间有所记，而语焉不详。自遮顶乱平，分区行政，辖地千余里，居民数万户，建局于九龙江上，化及遐方，普思沿边之名，炫耀当代矣。但恐世远年湮，文献无考，如此边要，讵可寻常置之？此柯绩臣先生《沿边志略》之所以作也。柯君搜寻遗编，考查时事，有条不紊，记载明晰，凡有心边事者，盍亦浏览及之，俾知沿边关系至重且钜也。余从事边局有年，公暇尝取《沿边志略》读之，知柯君之开拓荒服，功业巍巍，直与此《志略》弍书作燕然石观，并垂千载而不朽矣。故序之。

梅县李谭少初谨序

《普思沿边志略》自叙

云南居中国之西南，向称边要。迤南又居云南之南，距省垣十八站。普思沿边十二版纳，与英属之缅甸、法属之越南接壤，则又居迤南之南，为思普之屏蔽焉。其幅员之荒远，山川之险阻，夷俗之野蛮，烟瘴之毒烈，诚无有驾乎其上者。余督带前清防军，调剿遮顶叛乱。民国纪元，督办黎君肇元在遮瘴故。调署思茅厅篆，接办边防善后事宜，书陈“治边十二条”，均中肯棨①。分沿边为八区委员，设局行政。频年夙夜忧虑，斩棘披荆，创办各项要政，以改良地方风俗。俗迩者群黎向化，人有谓边夷易治者，然以数千年荒远之地，数十万野蛮之民，一旦置我范围，不知几费经营矣！昔武侯平蛮，用擒纵法以攻其心。今治普思沿边，虽不敢抗衡古人，然于边务之整理，致治之方法，其事虽异，其用心略同也。现在宣慰刀承恩暨各土弁夷民等，皆孟获遗族耳，果能体察舆情，诱入文化，以收拾边地人心，虽不实行改流，而于政治风化，数年后亦可与内地齐观，共享民国幸福矣。爰于公暇，撮录沿边事迹，都为一册，名曰《沿边志略》，

① “肯棨”似应为“肯綮”。

虽词语不文，而诸凡纪实，亦可为治边之参考焉。

民国四年乙卯冬初，柳州柯树勋绩臣自叙

元大德元年八月甲子，八百媳妇叛，寇彻里（即车里），遣额森布哈讨之。

按：八百媳妇国在普洱府边外，即孟艮、整欠、猛勇、大猛养一带。

四年十二月癸巳，遣刘深、哈喇岱、郑祐将兵二万人征八百媳妇（自元年至六年不克）。

《元史·陈天祥传》：上章请征西南夷事，曰："兵有不得已而不已者，惟能得已则已，可使兵力永强，以备不得已而不已之用，是之谓善用兵者也。去岁，行省右丞刘深远征八百媳妇国，此乃得已而不得已之兵也。彼荒裔小邦，远在云南之西南又数千里，其地为僻陋无用之地，人皆愚顽无知之人。取之不足以为利，不取不足以为害。深欺上罔下，帅兵伐之，经过八番，横纵自恣，恃其威力，虐害居民，中途变生，所在皆叛。深既不能制乱，反为乱众所制，军中乏粮，人自相食，计穷势蹙，仓皇迅走，土兵随击，以致大败。深弃众奔逃，仅以身免，丧兵十八九，弃地千余里。朝廷再发陕西、河南、江西、湖广四省兵，使刘二坝都总督，以图恢复叛地。湖南、湖北大起丁夫，运送军粮，至播州交纳，其正夫与担负自己粮食者，通计二千余里。正当农时，兴此大役，驱愁苦之人，往回数千里，其烦扰不堪设想。或所负之米尽到，固为幸矣。然数万之众，止仰今次一运之米，自此以后，又当如何？比问西征败卒及其将校，颇知西南远夷之地，重山复岭，陡涧深林，竹木丛茂，皆有长刺。军行径路在于其间，窄处仅容一人一骑，上如登天，下如堕井，贼若乘险邀击，我军虽众，亦难施为也。又其毒雾烟瘴之气，皆能伤人，群蛮既知大军将至，若皆清野远遁，阻其要害，以老我师，或进不得前，旁无所掠，士伤饥馁，疾病死亡，将有不战自困之势，不可不为深虑也。且自征伐倭国、占城、交趾、缅国以来，近三十年，未常有尺地一民内属之益，计其所费钱财，死损军数，可胜言哉！去岁西征，及今此举，亦复何异。前鉴不远，非难见也。军民劳扰，未见休期，只深一人，是其祸本。又闻八番罗国之内，为征西之兵扰害，捐弃生业，相继逃叛，怨深于骨髓，皆欲得其肉而分食之。人心皆恶，天意亦憎，惟须上承天意，下顺人心，早正深之罪，续降明诏，示彼一方，以圣朝数十年抚养之恩，仍谕自今再无远征之役。以此招之，自有相续归顺之日，使其官民上下，皆知未须远劳王师，与区区小丑，争一旦之胜负也。”不报，遂谢病去。

六年二月，罢征八百媳妇右丞刘深等官，收其符印、驿券。

七年，以征八百媳妇丧师，诛刘深，笞哈喇㑇、郑祐。

《元史·哈喇斯传》：大德五年，同列有以云南行省右丞刘深计，倡议曰：“世祖以神武一海内，功盖万世。今上嗣大历服，未有武功以张休烈。西南有八百媳妇国，未奉正朕朔，请往征之。”哈喇斯曰：“山峤小夷，辽绝万里，可谕之使来，不足以烦中国。”不听，竟发兵二万，命深将以往，道出湖广，民疲于馈饷。及次顺元，深胁蛇节，求金三千两，马三千匹。蛇节民不堪，举兵围深于穷谷，因首尾不能相救。事闻，遣平章刘国杰往援，擒蛇节暂军中。然士卒存者仅十一二，转饷者亦如之。迄无成功，帝始悔不用其言。会赦，有司议释深罪，哈喇斯曰：“邀名首衅，丧师辱国，非常罪此①，不诛无以谢天下。”奏诛之。又《董士选传》：时，丞相鄂勒哲用刘深言，出师征八百媳妇国，远

① 原书为“此”，根据其他版本似应为“比”。

冒烟瘴，及至交战，士卒死者十已七八。驱民转粟饷军，溪谷之间不容舟车，必担负以达。一夫致粟八斗，牵数人佐之，凡数十日始至。由是民死者亦数十万，中外骚然。鄂勒哲说帝："江南之地，尽世祖所取，陛下不兴此役，则无功可见于后。"帝入其言，用兵甚坚，故无敢谏者。士选率同列言之，奏事殿中毕，同列皆起，士选乃独言："今刘深出师，以有用之民，而取无用之地。就令当取，亦必遣使谕之。谕之不从，后聚粮选兵，相时而动。岂得轻用一人妄言，而致百万生灵于死地耶?"帝色变，士选犹明辩不止，侍从皆为之战慄[①]，帝曰："事已成，卿无复言。"士选曰："以言受罪，臣之所当。他日以不言罪臣，臣死何益!"帝麾之起，左右拥之以出。未数月，帝闻刘师败绩，慨然曰："董二哥之言验矣，吾甚愧之。"因赐匕尊以旌直言，姑为罢兵，诛刘深等。

明洪武十五年，沐英平滇。二月，车里、么些、和泥、平缅皆降。

永乐元年，车里酋刀暹答入寇，劫威远知州刀算党。西平侯沐晟讨之。上命先行抚谕。暹答悔惧，归州官，贡方物谢罪，释之。

正统二年，他留蛮叛，都督沐昂讨平之。

七年，兵部尚书王骥破麓川宣慰思任发，元江同知杜凯亦率车里及大候蛮兵五万，招降孟连长官司，并攻破乌木、弄戛、木邦等寨。思任发从间道渡江，奔猛养。

按：思任发自元年叛，侵孟定、南甸、金齿等处，至是虽屡

① 原书为"慄"，根据上下文的意思，此处似应为"慄"或者"栗"。

破，任发仍未就俘。及八年，复命平蛮将军蒋贵、王宾再征任发并子机发，不克。十一年，缅人始以任发及其妻孥献，而其子机发、卜发终未获，惟立金沙石以为界。

万历十一年，缅酋莽应里纠陇川贼岳凤冠顺宁，巡抚刘世曾、巡按董裕会疏，请兵五千赴援。应里亦西会缅甸、猛养等处兵于猛卯，东会车里、八百、孟艮、木邦兵于猛炎。

十二年二月，游击刘綎盟诸夷于威远营，以陇川平，驰露布以闻。

清顺治十六年，吴三桂讨元江土司那崑、普洱土舍那仑、那杰、那烈，事详见《历代事故考》。

雍正元年十月，鲁魁土贼方景明、普有才等聚众攻杀倮目施和尚，围元江府，参议李卫移会临元镇总兵杨天纵赴剿。时，总督高其倬亦遣游击李化龙率兵协应，景明等逃入方四、陈哈巴寨内。方诏谕之，景明、方四等出降。

鲁魁贼方景明居结白，与倮目施和尚有夙仇，时思报复。普有才在新平扬武坝住，最桀黠，每与景明主谋，欲攻杀施和尚。和尚惧，携家入元江城，以知府张家颖素待之厚，故倚为庇。及景明等围城急，守城兵少，又器械不全，经历张元佐登城谕贼令退，不从，攻益急。副将吴开圻无奈，竟将施和尚家属驱之出城，残杀分掳而去。李道闻之大愤，即移会临元镇杨发兵，而高督亦遣官军至。时贼已去久矣。及遣人招抚，方景明、方四出，遂降。普有才、陈哈巴俱逃。高督《奏略》：鲁魁一山，接壤哀牢，各种夷人甚多，四出索保头，分杨、方、普、李四姓为其头目。康熙二十七年，贼首杨宗周等投诚，彼时虽有约束，此后伊等之子孙分居各寨，分地讨保，亦不听土官约束。本年十月，方从化后人方景明伙同普阿黑、普有才、李三斤、普白赊、方四、李箧巴，各率倮夷，将元江倮目施和尚，并伊侄施糯片之寨房焚烧，将施和尚杀死。始遣游击李化龙、守备李洪绪带兵三百名，土县丞杨世恩带土兵三百名，随李化龙等由新平进；游击南天章、守备曹士贵、张雄带兵四百名、土兵二百名，由元江进。十一月初二日，克黑白苴、阿古竜、暮弄、普讨、冈舍、子竜五寨，景明等入深箐。拿获通贼倮目方盛明、普阿路，而方景明逃至土戛倮目陈哈巴寨内。新任临元镇总兵杨天纵遣员带兵由思陀司入，断其要路。方景明、方四、普白赊、李箧巴至元江投诚。普阿黑、李三斤尚逡巡。元江营游击徐成正招谕方景明，令普阿黑共带倮夷[1]三百三十六名来投。惟陈哈巴潜匿未出。普有才带三十余人逃至镇沅土府、威远土州地方。

二年甲辰，逸贼普有才逃入困坚箐，复纠倮夷劫掠茶山一带。参将张应宗率官兵追击，陈哈巴自刎而死，并斩其子阿邦。有才遁，获其妻子。总督高其倬奏革威远直隶州土官，设抚夷清饷同知。

《通志》：先方景明围元江，实普有才为之谋。及景明出降，有才逃遁无踪，遍缉不获。于时知州刘宏度、游击杨国华在威经理井务，土官刀光焕接见，言及有才，云“此犯或逃入缅，人亦时有往缅者，我土官不敢多事，若有一檄见及，便可以专属密查”等语。宏度等忆光焕必将有才先匿后纵，故知其在缅，而且以图功也。因即以知情藏匿罪人参革解省，并籍其家。于是始裁威远土州，设抚夷清饷同知，即以刘宏度为之。后刀光焕奉旨安置江西，而有才终不获也。总督高其倬《奏略》：臣严檄威远土

① 倮夷即云南彝族的旧称。

州、沅镇[1]土府，令将普有才查拿解送。又令文武招谕陈哈巴，令其速行投出。陈哈巴竟不肯出。官兵克土戛，陈哈巴逃入里先江外土司，又纠合方景明家余党，迫胁本倮夷六七百人往车里宣慰司所属茶山一带抢掠。守备陈翥国带兵三百名前往剿捕，把总唐起运带兵四十名到弄得地方。陈哈巴等六七百人恃众来犯，官兵杀贼四十余人，贼败。陈翥国追至整董地方，杀贼一百余人，擒杀贼目老常期奂等，贼众逃散。施和尚之侄腻勒、糯片带土兵擒获陈哈巴之弟二疯子。普有才由镇沅逃入威远地方，土知州刀光焕隐匿不报。臣细加筹度，野贼以鲁魁为逋逃薮，而隔江又有哀牢一山，深远数倍鲁魁。野贼事急逃入鲁魁山，又急逃入哀牢山，各州县营汛环其三面，其西南则威远土州、镇沅土府及车里宣慰司之地，而威远尤当冲要。贼人有事，每从土司地面逃出，土司护庇藏匿，纵出境外烔瘴之地，即如陈哈巴之逃匿，镇沅土司、车里宣慰任其境内行走，威远土司刀光焕又与普有才结为父子，诸子结为兄弟，将普有才藏匿其家。臣查云南形势，亦必于哀牢西南安住官兵，则野贼巢穴四面皆成内地。请先将威远土州改土归流。臣与布政司李卫密商，遣守备杨国华选壮兵三十名，以稽查普有才为名，先至威远；又令千总朱仲玉、把总周元勋各带兵三十名，从新嶍、元江二路，作奉本营将官，遣其游巡，在威远会哨；令楚姚、临元二镇遣将备离威远一日之程协应。杨国华至威远，见土州已有防备，乘所调之人未齐，即将刀光焕及其四子、三弟擒拿；守备李凤等将有才母妻家人缉获，普有才携幼子逃出外夷之地。陈哈巴率众逃入蛮先小寨。兵练于八月二十三日追杀贼众，陈哈巴中枪自刎。普有才在三圈地方，携幼子逃遁，复于漫朋地方，其子阿黑勒及随从之贼俱被土人杀死，普有才只存只身。时，野贼头目三肐嗒率领十二人在元江投出，野贼根株已除。

---

① 此处“沅镇”怀疑有错，似应为“镇沅”。

六年戊申正月，镇沅夷民刀如珍等作乱，杀署府事威远同知刘宏度。总督鄂尔秦[①]遣副将张应宗讨诛之。

《通志》：镇沅土官刀瀚被革，委宏度署府事。夷民既苦汉法繁重，宏度又方信用，颇张私智，谓：归流新府，田土宜清，故山陬水澨均得而丈量之。且谕三月为期，照亩上价，逾限不上，入官变卖。且纵仆隶，沿村索贿，折贴水火夫钱，供应上下。夷民愤激思变，冬月内于深林歃血订盟。有楚人知之，密首，宏度以为妄，逐之。其人复言，又予之杖。既令各役于封印后，习练镖弩，俟开印阅操。正月初间，军器于府内外者不少，俱以府操为名。十七日夜，宏度方与亲友谈，忽有人扣门，阍者侧户扇问之，言未毕而挥刀杀之矣。外哗甚，火光四起，宏度急灭灯而贼已入，无少长尽杀之。惟留厨人一名，盖凡遇夷人送供应来者，每怜而饮食之，贼识其恩，故得不死，且导之行。时宏度逃入马厩旁之梅树下，明日，贼登房呼曰："老刘在矣！"乃相率往擒，拥立堂中，取其怀印而击朴之，剖其心肝而爇食之。乃敛署内数十尸首为一处，焚于后园。举宏度尸曰：官也。以两棹合而焚之。署外亦焚数十尸，盖防兵素鱼肉夷众者，杀死几尽。有兵丁王德远之妻张氏，义不受辱，抱三岁儿赴火死。时张以查汛外出，把总何遇奇为贼所执，井官王廷相、游击杨国华俱奔景东，飞报至省。总督鄂尔泰即遣副将张应宗率兵往讨。刀瀚之母命孙刀辅宸，赍印迎接于军前。兵至镇沅，赋[②]首刀如珍等皆言仇愤已洩，情愿受缚就诛，张应宗擒获百余人解省。有言威远倮黑[③]同谋为变，乃复遣总兵孙洪本往征之。威远人恒，匿箐中，洪本发炮火击杀数千人。洪本旋即抱病死。事闻，赠恤宏度，僇刀如

① 原书说“鄂尔秦”怀疑有误，似应为“鄂尔泰”。

② 原书是“赋”，根据上下文的意思，此处似应为“贼”。

③ 倮黑，为云南拉祜族的支系。

珍等于市。

总督鄂尔泰《奏略》：六年正月，镇沅倮夷鼓噪，十七日四更，聚众数百人，将衙门放火焚烧，威远同知刘宏度被害。臣调元江协副将张应宗、新嶍营参将曹登云、景蒙参将李登科领兵前往。据普威营把总何遇奇报：据镇沅夷民诉，“镇沅自雍正四年六月改土归流，百姓悦服。不意刘太爷纵家人锡[①]打众民，苛索银两，今日要草料，明日要柴薪，故此我的急了，才将衙门焚烧”等情；又“参革土府刀瀚、族舍刀西明等，纠合倮黑共千余人放火劫杀”；又“余老二供同伙夷人五百、窝泥四百、倮黑三百、大头倮摆二百、摆夷四百，领头是土官兄弟刀应才，圈罗周倮摆，黄庄张把司，原说到镇沅，要从者乐出景东去”等语。元江副将张应宗由他郎界牌中路，直冲其前，新嶍营官兵由哀牢、者乐横捣其左，景蒙官军出景谷至抱母断其后，普威营官兵于威远各井分御其右。二月十四日，会同进剿，直抵旧府，众贼逃散，惟革职土府之子刀辅宸领夷目刀沛等出迎，各投缴印信。关防要犯已获者共五千人，旋获首犯刀如珍、陶正纪等六名，招回夷民三千余户。五月初十日具奏，先将解到各犯分别审拟外，即于四月二十六日恭请王命旗牌，提首犯刀如珍、刀廷贵、陶波工、刀西明、刀西候、陶国贵六名押赴市曹，先行处斩。

是年，威远倮夷黑老胖等结连镇沅余贼四掠乡村，焚烧盐仓。总督鄂尔泰檄参将邱名扬率兵追剿，擒斩三百人，招抚千余众，遂平之。又茶山莽芝夷人蔴布朋等为变，总督鄂尔泰遣副将张应春、参将邱名扬率兵讨之。

《通志》：莽芝山出茶，商贩至此，往往舍于茶户之家。有江西客与蔴布朋之妻通，事露，蔴布朋杀之，割其发辫以示诸商。于是诸商以被盗劫杀控，且言系橄榄坝土舍刀正彦指使。因正彦

---

① 原书是“锡”，疑误，似应为“踢”。

素有富名，遂谓其由于盗也，故议并捕之。张应宗闻其事，由于正彦无与，遂具相机剿抚，一禀而与决意进剿。原议不符，几陷巨测，已而得解。兵至莽芝，布朋逃匿，漫了诸寨。守备李定海追捕至倚邦、攸乐及江内，各山夷人聚众进围官军，定海连战两昼夜，进至漫罔，贼自山箐冲截，把总王朝选被害。明年三月，布朋诸寨皆平。刀正彦，车里宣慰司刀金宝之叔也，讹传其欲夺世袭，且主使窝泥，闻捕甚急，遂逃出九龙江外。邱名扬遣游击雷应万赴橄榄坝搜缉。明年，于猛腊擒获解省，与布朋并案论死。

是年，橄榄坝夷酋李阿先为变，焚烧汛房，兵民惊散，提督郝玉麟往抚平之。

《通志》：刀正彦之被擒，其罪未明，而所设汛兵不无侵扰，故李阿先等复起为变，烧毁营房，戍兵皆逃，夷民亦皆骇散。适提督郝玉麟在省，闻报，议欲提兵亲往。总督鄂曰："小寇不足以烦。"玉麟曰："茶山之民，惊于风鹤，渺兹孑遗，岂有他变？吾知不靖者，惟李阿先几人耳。然亦乌如其不有以激之使然也。若遣将弁，恐致残杀冒功。"仍亲率精壮三百余名而往。既至，知首犯已伏冥诛，即下令宥诸为从者。又闻汛兵及夷民俱逃往南掌地方，乃以所存房屋，逐一点验封识，一户自为一籍记之，遗檄南掌国招之。兵民闻风麇集，各认旧居。收抚夷民凡一万二千三百户有奇，男女数万余丁口。事闻，上伟其功绩，擢为两广总督。玉麟于是年始举子。

十年壬子，茶山土千户刀兴国叛，署总督高其倬调兵征之。

是年，虽于攸乐设同知，思茅设通判，而鞭长不及。仍以土目刀兴国为土千户，有所征派，则颐气行事，唯唯百诺，靡反唇也。兵差络绎于途，酒不待熟，鸡不待成，蛋且三分一枚矣。而署总兵李宗膺方旌节巡边，囊橐之余，夷务四起。已失好音，乃普洱府知府佟世荫复欲过山，聚粮三月，遂诏兴国而告之。兴国免冠顿首曰："总兵风行草伛，民力已竭，请待之明年。夷人例不肯卖鬻儿女，茶又归官，借贷路绝，为拮牛圈豚以为贡献之地耳。"世荫不然，而斥逐之，捍碎其胡床，而起顾冠，冠已掷之外；欲就胡床坐，门卒踢出之。兴国大怒，褫其补服曰："死耳，乌用此为?"科头跣足，上马径行，感慨号众而盟。仍约弗劫库，勿破城，但以得杀二人为徇，无他望也。时李宗膺以奉旨降为黍将，仍请委署督标副将事，知府佟世荫又升督粮道，因相率联镳上省，图掩激变迹。及兴国率众到普，宗膺、世荫已行多日矣。乃于路遇解火药弁兵，劫之，且围思茅厅城，通判朱绣被困。经三四月，兵不出战，贼不进攻，以是各无伤害也。署总督高其倬闻报，派调迤东官兵三千二百名、迤西官兵八百名进剿。兴国解思茅围，至攸乐劫营，不胜而回。闻提督兵至，入山避匿，贼党悉力伐茶树、塞盐井而逃。

是年，提督蔡成贵自大理统兵往茶山剿贼，擒刀兴国斩之。

总督高其倬《奏略》：雍正十年闰五月二十二日，据护普洱镇副将李宗膺禀，思茅地方夷民有苦葱[1]一种，前往蛮坝河拜一缅僧，称为神仙。游击朱仲玉遣守备燕鸣春带兵前往巡查。六月初三日，据游击朱仲玉禀、思茅土千总刀辅国禀，土弁查思属蛮坝河蝙蝠洞，距思城二百余里，有苦葱聚众朝贺神仙，谕令速散，苦葱不惟不遵，声言要杀到思茅。当遣守备燕鸣春初八日夜，由普城前赴思茅。初九日早，官兵下班鸠坡毕，后有押解火药兵十五名下至半坡，一群苦葱突出，打死兵丁二名，我兵亦枪毙苦葱五人，余俱逃散。已刻，抵思茅城。夜，同通判朱锈带兵一百名至柏枝树，天明见贼伏箐，令放枪炮，贼中伤窜逃。十一

① 苦葱又名苦宗、苦聪，即今天的拉祜族，为他称。

日，遣兵练游巡至坡头，有苦葱数十截路，各路均皆阻截，啸聚之地，系刀兴国堂弟刀三所住地方，苦葱系兴国管下夷民，遍传木刻，勾通茶山、江坝、威远等处。十六日，贼弩伤湖广客商五人，烧蛮洞民房五间。十六日，贼千余众围思城，直攻南门。十八日，又攻西门，获刀辅国送信家人阿林，供“兴国盘踞辅国家内，自称要做王爷，埋伏五六百人，要攻北门”等语。臣闻报，时调迤东临安镇官兵六百名、土兵二百名，元江、新嶍二营官兵各一百五十名，令副将李宗膺、游击王先、韩雯鹏带领，由元江进剿。又调景蒙营官兵一百名，由镇沅、威远赴普洱助剿。又派督抚两标兵四百、开化镇兵三百名，令临安镇总兵董芳统领，各路官兵由元江进。又咨提臣蔡成贵派迤西兵数百名，由景东直抵思茅，兼顾镇沅、威远各处。又调曲寻镇官兵四百名，广罗、协武、定营兵各二百名，奇兵营官兵二百五十名，寻沾营官兵五十名，武定府土兵五百名，其迤东官兵共三千二百名、土兵四百名，由元江一路，听总兵董芳调遣。提臣蔡成贵统提标兵五百名、楚姚镇兵二百名、景蒙营兵一百名，由景东进剿。又据元江府知府祝宏禀，有委署试用之章伦，在攸乐协修城垣，不知贼人谋叛，回至思茅相近之漫蚌村地方，从役被害，章伦正坐骂贼而死。总兵董芳于七月初七日，自把边江前进，十二日抵普洱。副将李宗膺、游击王先、陈上志带兵一千五百名进至攸乐，安抚九龙江、橄榄坝一带未从贼之处。蛮蚌村系杀章伦地，宜痛加剿洗。派游击韩云鹏由南水箐进，游击王先由磨黑前往猛先进，十七日在猛先会合，二十日前赴整冈，围攻回竜贼巢。令守备燕鸣春至倚象，猛茄土把总刀第整董堵截后路。提督蔡成贵已于十七日到新抚。八月初三日，报贼首刀兴国已于那卡地方被游击区明擒获，兴国用刀抹颈，不致伤命。又于南掌界拿获兴国幼弟经国，于那弄箐拿获兴国堂弟刀老五、刀老六及妻妹家人十二名。其同谋之召荣等尚未就获。游击陈上志搜至圈罗，擒获贼党胡尚文，乃伊弟并妻子等。又招南竜村男女大小共八十三名口，至整控擒获兴国家人刀老三，供刀三逃往六顺地方。游击王先带兵过蛮骂、阿关、铺关、坪扳角等处，杀甚多。十九日到攸乐。二十一日，同守备张接天由攸乐至车里宣慰之地。王先遣把总李灿赍告示及宣慰公文前往抚谕，有土千总刀细闷纳来江口迎接。宣慰司刀绍文称伊身幼弱，土日或勾同叛，或推延不听调遣，伊母子不从煽惑。惟土千总刀细闷纳尽心固守，恳求官兵江边驻扎，以为声援。令守备张接天往九龙江弹压。兴国之兄定国为守备李万鹏拿获，即将各贼枭首示众，茶山遂平。

是年，署总督高其倬查明激变刀兴国之由，遂参奏署普洱镇总兵李宗膺、普洱府知府佟世荫，奉旨革职拿问。

时，攸乐同知郭伦被瘴，给假在郡，具文令亲兄赍赴省城通报。世荫侦知，留其文曰："我为代报可也。"竟匿不以闻。既而高督知之，问其故，答曰："已遣役分报，甫出门，先足堕菜海子，文书被水侵[①]，破滥不堪，俟另取到再报耳。"高督曰："文官爱钱不怕死，武官怕死又爱钱，云南岂能太平乎？"遂飞章参奏激变之由。宗膺被革，后患颈疮，大如斗，日令人以棒枪数千下，始小快，不一时又须搥矣，如是两月而死。世荫拟以毁官文书、干碍军机罪，座绞监候，卒毙于狱。

六月，元江土蛮白窝泥[②]勾通摆夷、苦葱，聚众千余人为叛，劫杀他郎甸，士民殆尽。元江府知府祝宏飞报至省，总督高其倬调临元镇总兵董芳剿之。

元江有黑、白窝泥二种，白者贱，汉人欺之益甚，至是乘衅

---

① 原书为"侵"，此处据文意似当为"浸"。

② 窝泥也写作窝伲，为云南哈尼族的旧称，分黑白两种，黑窝泥又称布都，白窝泥自称毕约（必约）。

作乱，杀田主，汛兵无一免者，酬夙愤也。董芳至驻元江，与知府祝宏不和，彼此交谮，而宏自请为总统，高督破例从之。然宏非经济才，后虽以此荐升粮道，卒因此败，论死。

总督高其倬《奏略》：十年六月初十日，据元江府知府祝宏、游击李定海禀，闰五月，普洱汛把总陈天申报，二十八日有通关摆夷被苦葱勾通，聚众附和，于通关边箐内，每人头带树叶一枝为号，将把总汛房烧毁，塘兵逃散。六月初一日，委守备马汉勋、把总唐天锡带官兵一百五十名、土练一百名，驰赴他郎，摆夷已过阿墨江。初三日，至他郎地，贼分三股，每路约有四五百人，守备马汉勋力战，贼退聚四山。元江善政、德化、惠远、定南四里，夷一有附从贼众二千有余。初六日，复来攻围，把总唐天锡领兵深入，守备马汉勋令千总黄有仁援应。黄有仁遇贼退缩，致唐天锡陷阵身死。有仁劝汉勋退走，汉勋不从。初六日，贼众复围汉勋行营，正在对敌，黄有仁用刀自砍跕墙之兵，冲入贼营，贼乘势冲出，马汉勋退保莫郎，经新嶍营官兵一百，并土弁施糯利土兵五百，前来奋力剿杀，贼众始退。兵回他郎，即将黄有仁斩首示众。

乾隆二十八年癸未十一月，缅贼莽纪览寇猛笼，普洱镇总兵刘德成领军至九龙江堵御。

《通志》：时，缅酋瓮藉牙死，子芥纪觉嗣，兼并诸土司，景线、整贡、孟艮、整欠皆被胁从。复言，普洱十三欣[①]纳原隶缅甸，责其贡赋。至打洛隘口，猛遮土司率练御之。时木邦降于缅，助之扰边，遂犯猛笼。猛笼不能御，土弁刀乃占等被害。普洱镇总兵刘德成领军至龙江堵御，总督吴达善调元江土练未至。次年，莽纪觉死，缅贼乃退。

---

① 原书为“欣纳”，根据上下文，此处似应为“版纳”。

三十年乙酋[①]，缅贼寇孟艮，执土司召孟容以去。时提督达启阅边，驻思茅，飞咨至省。总督刘藻檄大理通宁兵七千进剿，师久无功。

王昶《征缅纪略》：三十年，调吴达善于湖广，命刘藻为云南总督，军常为巡抚，提督额尔格图卒，以达启代。时，孟艮本缅属，距普千里，土司召孟容与弟召孟必不相能，召孟必之子召散谮，召孟容于缅，缅人报之，其子召内走南掌，寻入居于十三版纳之猛遮。召散因遣素领散听、素领散撰、素领党阿乌弄等犯打洛隘，分侵九龙江橄榄坝，车里土司遁去，贼入踞其城。（总督）刘藻檄大理顺宁兵七千往剿。十二月，游击司邦直先进，为贼所围。会参将刘明之到，夹攻之，乘势攻复车里土司城。进攻猛笼、猛歇、猛混、猛遮诸垒，连破之，然（贼）往往窜合屯聚，未肯即退。藻议益以楚姚、曲寻兵二千，未至，而参将何琼诏、游击明浩闻猛阿为贼所攻，遂率兵过滚弄江，束器械以行，设备入山，遇贼兵败，皆论斩。云南承平日久，民不知兵，所谓土司者，犹怯懦不振，每闻贼至，则群相惊恐，指一为十，指百为千，相率而窜。兵将闻之，益以巽懦不堪，是以师久无功。孙士毅《绥缅纪事》：贼众由打洛出境，五月复由整欠渡九龙江至乌得，猛乌、整董、猛旺各土弁率土练驱退，贼踞猛腊，会普洱镇遣土弁擒贼叭信、半阿绝等正法。是时缅酋虽恣肆，亦不敢抗兵内地，时遣人于十三猛索赋。十三猛系雍正初年招降，而亦输赋于缅。叭信三人系在十三猛贸易者，亦悉歼之，缅贼因忿而思逞。十月，缅贼复整欠，入猛鑫。整欠头目召教，其子召渊与车里宣慰为一族，车里所辖之猛鑫头目叭先鑫，召教恶其不逊，遂纠缅贼攻之。猛艮头目召丙、召散以同祖弟兄分管，其弟召丙逐召散，召散约头目猛照同攻召丙，召丙逃入内地之镇沅府乞降，召散遂有孟艮之地。后纠结猛贼追逐召丙，于是缅贼愈出九龙江

① 原书是“酋”，疑误，似应为“酉”。

一带矣。十一月，缅复入犯。先是，提督达启自会城巡阅赴普洱，十一月抵普城。闻贼耗，普洱镇刘德成率兵八百名，前往思茅镇压。提督亦移咨总督前往，刘德成即移兵茨通，提督住思茅。总督刘藻闻报，遣游击明浩解银三千两备犒，复遣标兵八百名以城守营参将何琼诏及员弁三十八人率之，前往协剿。时缅贼西由孟艮入打洛，至猛遮、九龙江；东由整欠至整哈渡、橄榄，猛阿之整控亦复有贼。提督分兵四出堵御，何琼诏、明浩及守备杨昆带兵一百名前赴猛阿，不设备，止于江干。守备杨昆率四十人于子刻先济整控渡；何琼诏等从之，午刻过渡，甫行数里，而杨昆兵已覆。琼诏猝遇贼，各仓皇避匿。总督藻据以阵亡入告。何琼诏由威远所属猛撒江归，督臣复以闻。上察其诈，切责督臣，命鞫琼诏等，皆以失纪律论置于法。

三十一年丙戌正月，命陕甘总督杨应琚调任云南，来普视师。降刘藻湖北巡抚，继革职。达启亦革职，以李勋代之

孙士毅《绥缅纪事》：刘藻自遣兵后，贼势日猖，因欲躬往，按察使良卿复恿怂，亟令陈元震、唐恩等午夜猝发，岁暮抵普洱，进驻思茅，乃檄调各营兵。是时，何琼诏等已失事，贼势日炽，传烽逼近思茅，因退驻普洱。因前奏已策，由是檄调各路兵，兵又时发时止，漫无经画。会上以大学士陕甘总督杨应琚调任云南，降刘藻湖北巡抚。藻计无所出，因于三月癸酉自刎，不死，越七日乃死。以汤聘代总督事。何琼诏兵败后，复由他道还。刘藻张皇失措，复自行检举，照临阵脱逃律，以军法从事。旋奉硃朱批豁免，止于革职，而琼诏已处决多日矣。刘藻愈恐，竟于三十一年三月初三日在普洱中营游击署内自杀。

三月乙亥，应琚至云南。楚姚镇兵已平打洛、猛腊，参将哈国兴已平大猛养，合剿孟艮，召散遁，官军得其城，而刘德成与

达启及副将孙尔桂攻整欠，亦克之。应琚至普洱，以捷闻，请赏瑞丙、叭先鑫职，留兵戍守普洱，边外遂平。

孙士毅《绥缅纪事》：三月，所调官兵已集，分路出讨。楚姚镇总兵华封以召丙为乡导，由猛遮克孟艮，召散逃遁无踪。普洱总兵刘德成以叭先鑫为乡导，由橄榄坝克复猛鑫。参将哈国兴平大猛养。副将孙尔桂出车里至猛笼，会攻整欠，克之，召教降。提督达启由猛笼攻猛勇，召齐降。时瘴疠大作，贼众亦退。是月丙戌，总督杨应琚至普洱，以捷闻，请赏给召丙、叭先鑫为指挥使职衔，管理土务。孟艮、整欠各留兵八百名，猛撒留兵二百名驻守，以召丙居孟艮，叭先鑫居整欠，在事出力将弁赏叙有差。时提督李勋至普洱，应琚令往孟艮、整欠，正经界，厘户口，定赋税，附入版图，以为久远之计。

四月，总督杨应琚既绥定普洱，回会城，赴永昌府驻扎，檄缅速降。

七月，撤整欠兵六百名，猛撒兵二百名。九月，将孟艮、整欠兵全撤，留楚姚镇总兵华封、普洱镇总兵宁珠驻普洱。

十二月，缅贼复入寇。

时缅贼耻前败，思图报复，由景线逼孟艮、整欠，指挥使召丙懦弱，不能安辑其民。召教年老，久不振作，其子任、其侄召工、召渊等用事恶，叭先鑫之任指挥使，而并得管整欠也，务谋执之，以浊其忿。于是敛钱贿贼，谋作内犯。因纠合波竜厂民千余人，乘防兵已撤整贡，犯六本、景海。王昶《征缅纪略》：缅人素不养兵，有事则于所属土司之寨，籍以户口多寡，因不出夫，名曰“门户兵”。自瓮籍牙据阿瓦，蓄胜兵百万，人给以饷四十两，其余派夫。故每战则以所派土司濮夷居前，胜兵督其后，又以马兵为两翼，战既合，两翼分绕而进，因以取胜。度未可量战，则发连环火枪，兼以炮，比烟开则栅木以立，入而据守，其用兵如此。

三十二年正月，缅贼至景海、景线。时楚姚镇华封驻扎普洱镇，宁珠遣将官率兵御之。二月，缅贼攻打洛，军官失机，把总韩荣死之。

孙士毅《绥缅纪事》：三十二年正月，缅贼至景海，召罕彪等领练迎战，不克，退回景线。缅贼至景线，宣抚司纳赛同召罕彪合力死战，四日不克，遂奔孟艮。孟艮指挥使召丙，挈族远徙。是时，楚姚镇华封、普洱宁珠同遣驻扎打洛、孟混之游击司邦直、守备鸿臣带兵九百名，孟艮游击权恕带兵二百名，赴打洛策应。司邦直在猛混观望未进，而缅贼已据孟艮，前驱打洛。二月，贼至打洛，时只有把总韩荣、外委卜发、赵蛮马得贵等率兵二百名防守。闻警，一面迎敌，一面求援。司邦直等互相推诿，韩荣兵无援，遂至全军覆没。及司邦直遣潘鸿臣往援，途次遇受伤败兵，乃知打洛军已没，生还者仅三四人。鸿臣引军回猛混，与邦直、权恕俱遁回九龙江驻扎。缅贼遂入猛混、猛笼。时华封已出九龙江，遣都司甘其卓赴整控堵御，贼赴整欠，召先韲不能御，贼遂渡整欠江，逼近猛韲。华封自九龙江往补角，遣邦直驻小渡口，权恕往橄榄坝以御之。贼踞不退，复以战胜捏报。

是年，江苏按察使杨重英偕云南巡抚汤聘至普洱，因劾奏华封、宁珠失剿御，请革职治罪。奏入，华封、宁珠与游击权恕、司邦直、都司甘其倬皆被逮。调开化镇总兵书敏为总统进剿。

时总督杨应琚次子重英以江苏按察使来滇，有仿古监军之谕。乃同云南巡抚汤聘劾奏。先瘴故，守备潘鸿臣，总兵华封、宁珠，游击司邦直、权恕，都司甘其卓、俱拿问，邦直、权恕、其卓俱正法。是月，革总督杨应琚职，逮入都，以承恩公明诏代继。巡抚鄂宁至普洱府，参奏汤聘兵机不实，怀诈塞责，遂革职逮治。鄂宁奏言："上年，九龙江外兵以瘴死者不可胜数，官弁夫役死亦过半，马匹并多瘴毙。此时正盛瘴发生，汤聘乃称严饬将弁，克日进剿，怀诈塞责，实无诚款。"奏入，汤聘亦革职被逮。鄂宁复奏应琚贪功启衅状，未几逮问，以鄂宁署总督。应琚见前所招抚土司复为贼据，其土司头目夷民皆荡折离居，缅贼时出没为患，边事日棘。鄂宁复奏贪功启衅，为朱仑等讳饰，又不令汤聘、传灵安与闻边务，及抑歿游击班第、守备汪纪阵亡各状。应琚恐，乃言缅酋罪恶贯盈，宜急剪灭，请于秋间大举进剿，谨拟事宜五条上。下其议，廷臣訾以为非，皆不用。未几逮问，以鄂宁署理总督。

五月，总督明瑞至省，劾奏应琚欺诓之罪，并劾李时升、朱仑、刘德成、乌尔登额、赵宏榜罪，法司论死。六月，应琚械至避暑山庄，令自裁。

缅甸土人呼为"老缅"，或呼为"莽子"，盖指前之姓木，匪乃令酋为木梳长，是一非二。至木邦等土司，种类繁多。杨应琚以莽绝灭，引为己功。误木缅另为一事，新街亦民夷交易之所，原无庐舍，其荒唐妄谬，不可胜数。以致调拨毫无成见，一闻议降即撤兵，动失机宜。滇兵积久，废弛无斗志；将领亦未谙战阵，遗失军械无算。奏劾李时升、朱仑、刘德成及乌尔登额、赵宏榜罪，皆报可。李时升、朱仑、刘德成皆伏法，乌尔登额、赵宏榜下狱。六月，解杨应琚至避暑山庄，令自裁。先是，三十一年十一月，缅贼犯万仞关，入掠盏达，抵铜壁关①，游击斑第死之。刘德成佣兵干崖，逡巡不进，游击马成龙、守备汪纪阵亡。十二月，贼至户撒，刘德成尚驻干崖，李时升差弁催督七次未

① 即"铜壁关"。后同。

进，总督杨应琚持令督战，刘德成始领兵抵盏达。三十二年正月，贼据猛卯，副将哈国兴等领兵赴猛卯，城虚无人，遂入城居之。贼拥众攻城，我兵施放枪炮，贼扳城而上者，用沸汤注之，杂击以石块。哈国兴登城督战，枪伤左腮，落牙齿十一，把总朱才远受枪破脑而死。贼连营城下，围困官兵者七日。援兵至，贼兵溃散，官兵会合进剿，贼力拒敌。游击毛大经、都司徐斑、守备高乾于泥沟被贼标枪，阵亡。贼遂浮江遁入木邦。总督杨应琚、提督李时升以“猛卯边外匪众七八千人，欲至木邦滋扰，官兵攻杀，贼众已败遁，现在追剿”等词以闻朱仑。二月丁酉，至弄贯起营，途次迂延，二十四日辛酉，始至木邦。时贼据木邦者万余，村寨俱被火焚，掳委粮员威远同知张遐龄、效力知州徐名道，随营供支，贼众阻截粮道。三月，朱仑奉旨逮问。哈国兴退至新街，贼众已近。李时升抵铜壁关，进抵野牛坝。李时升奉旨提问。哈国兴率赵宏榜等，率兵抵新街，并无一贼。杨应琚复以克复新街奏闻。是月，提督杨宁至木邦军营，攻贼，夺猛旧寨，嗣相持者久，而孟艮之贼已犯孟连矣。四月，贼劫运粮牛马，杀伤官兵，沿途阻隔，粮运不继。我兵已七日无粮，不能支持。杨宁乃下令撤兵，兵即溃，游击莫濜浚德死之。时乌尔登额被逮入都。以上孙士毅《绥缅纪略》。

又王昶《征缅纪略》：贼攻猛卯城，围八日，副将陈廷蛟、游击雅尔姜阿各以兵至，城中兵出合击之，贼大溃。而乌尔登额檄之不至，故贼得浮猛卯江而逸。朱仑乃造浮桥过宿养渡，由景阳、暮董偕乌尔登额进剿木邦。是月，上诏应琚还京师，而贼人入关侵扰，应琚皆不以闻，仅言仑杀贼几万人，贼震□乞降，欲以新街、蛮暮与之。而时升亦言，猛卯之捷，诛其大头目播定鲊、皮鲁布。奏入，上疑之，降旨驳诘。而传灵安先奉旨廉访军事，具言赵宏榜弃新街，朱仑退守陇川，及李时升未经临敌情事。应琚复劾刘德成、乌尔登额逗留贻误。于是逮李时升、朱仑、刘德成、乌尔登额、赵宏榜，而遣杨宁为提督。总督明瑞统满洲兵三千，调川广滇贵兵两百余人，大举征缅。孙士毅《绥缅纪略》明瑞《条上大举征缅略》曰：前此办理种种草率，动失机宜，如永昌、腾越、威远、普洱、沿边土境二千余里，迤西七关八隘，旁通侧出，绝少扼要可守之区。若处处驻二三百众，亦不敷分派。今臣亲督劲兵，鼓力进剿，贼必救护巢穴，其各土境扼要、总区、九龙江、陇川、山门等处，自留营派委员，慎选兵练，侦探贼警，随时剿逐。知会各就近土司应援，其余崎岖小路，只应令各总区将弁，使人常川游巡备御。如此防守之兵，大减于前，而声势不分，较为得力。先于新街水路上游，量为伐木造船，使船料木片沿江流下，先声牵缀，彼知将长驱水道，必于此设备，以分其势力。

六月癸巳，召工、召教、召渊率贼众二三千人由整欠侵猛鎓。

孙士毅《绥缅纪事》：召工既附缅贼，整欠之召教、召渊恶先捧之获指挥使，而并得管辖其整欠也，务执叭先捧以洩其忿。六月癸巳，召工、召教、召渊率贼众二三千至猛鎓，叭先捧与之力战。缅甸练头呐赛、景海、召罕彪集兵助之。粮绝，火器俱无，夷民困饿难支。丙午，猛鎓遂陷，叭先捧遁入茶山之蔓了寨。呐赛、召罕彪等窜入内地。是时开化镇总兵书敏驻扎小猛仑。七月，召工入犯茨通，书敏退至倚邦，旋病故。普洱镇总兵德保驻九龙江，闻贼警，趣土司刀绍至，付以军实，自取小路走回至思茅。越六七日，贼始至江上，烧村寨而去。事闻，逮至京师，论斩。孙士毅《绥缅纪事》：七月辛卯，缅贼三百余人及附从之孟勇、整欠、孟良摆夷约千人、贵家余党二百余人至小猛仑，书敏隔江施放枪炮，日午回缅寺，留官兵堵御；至晚，贼由上游渡，官兵冲散，书敏奔茨通，令都司那苏泰带兵二百堵御蛮赖。贼犯蛮赖，那苏泰死之。书敏由倚邦至旧垤，病故。德保在九龙江，风闻逃遁，率将官四达包等，徒跣九昼夜，回至思茅，住二日，率将弁等复赴九龙江，贼已由橄榄坝、小猛养焚烧掳掠而去。复由整欠退踞孟良、普洱府。及参将据实通报，总督明瑞即奏，德保解京正法，书敏戮尸枭首。

是月，署普洱镇总兵七十一、昭通镇总兵佟国英领兵御贼。

孙士毅《绥缅纪略》：饬署普洱镇七十一、昭通镇佟国英率兵分驻小猛养、补角。凡外投诚之难民寄居各猛者，俱行赈恤。

九月，诸路兵皆至永昌，马、牛俱集。甲寅，明瑞率官兵启行。

孙士毅《绥缅纪事》：九月，将军明瑞议进剿。时官兵、牛、马俱齐，乃定议分为两路，将军率大兵由木邦进取锡箔，参赞额尔景额由老官屯进取猛密。时从征文武员弁二路，约相会于阿瓦。辛卯，祭纛誓师。明日大雨，潞江舟少，以次待渡，而干沟路险，及辎重拥塞丁道，弗能行，军士立雨中竟夕。十月甲申，抵帕儿，上遣参赞大臣珠鲁纳来于军，渡桥，梁已为贼人所毁，且绝大树仆之，又雨多道坏，官军以是行迟。十一月，整队入木邦城，留珠鲁纳守之，给兵五千。明瑞自统万二千人由锡箔江进，连战胜贼，败十六栅，遂北至象孔，粮绝迷道。而老官屯额尔登额、谭五格所约会剿之师，失期不至，遂由猛笼引还，为贼所邀。

九月出师，大雨三昼夜不绝，人马立泥潦中，饥且冷，多疾病，糗粮又尽湿，裹粮以牛，行不能速。十月，队入木邦，时参赞珠鲁讷[①]留守，给以兵五千，俾为声援。十二月，明瑞率万二

① 原书是“讷”，根据上面的人名，应为“纳”。

人[1]抵锡箔江，结浮桥以渡，至蒲卡擒贼数人，遂进攻蛮结。贼已立栅十六以待，领队大臣观音保麾众先聚山之左，贼来争，不得上。翌日，两军相持未决，而贼栅甚坚。其法：立木为栅如城，根入土数尺，不可推援；外又开深壕，植竹木于旁，皆锐其末而外向。贼有栅自护，我枪炮不能伤；贼从栅隙处发鸟枪击我䡈中。哈国兴请分三路登山，咸奋一呼而逼其栅，有默兵王连者先跃，八十余人继之。贼慌乱不知所为，多被杀，遂破一栅。乘势攻击，得其三，我兵被伤亦众，乃收兵，而十二栅之贼乘夜尽遁。将军一目中伤几陨，越数日始愈。飞章以闻，上嘉奖，即以王连为游击。乃进至天生桥，地势颇险，昔宫里雁以数百人拒缅兵万人之处。时守兵虽少，而石路暗在水中，不可渡。乃遣将于上游觅小路而渡，我师乃毕济。贼兵自是不复遇。敌遂深入象孔，迷失道，军中粮又匮，将军以粮既断，势不能复进。且斯时猛密路之师或先以入，闻猛笼有粮，且地近猛密，可得声息。于是赴猛笼，贼兵来，日夕接战。至猛龙有粮，乃休兵度岁，共驻兵七日以行，而猛密之信卒不得。是月，参赞额尔登额率师自木邦退出，将军明瑞之信已绝。得旨，令前赴应援，乃以提督谭五格仓促撤兵，又不设伏拒追者，贼得袭我之后，军械亦失，乃入关。额尔登额侦猛卯有贼兵，及邦中端退，乃旋师。至陇川所属之猛笼，迂途由龙陵一路出宛顶。

三十三年正月，木邦夜兵乱，参赞珠鲁讷自刎于军，普洱镇总兵胡大猷亦没。

孙士毅《绥缅纪事》：上年十二月，珠鲁讷驻师木邦。正月辛卯，贼数百人来攻。次日，贼十至，以大炮攻。午后，守备郭景霄方过河接索柱营，见贼兵四面来攻，即溃，参将王栋兵亦溃，索柱等冲出。次日，兵复溃，索柱阵亡。辛丑，贼锋及木

---

① 此处似漏了一个“千”字，应为“万二千人”。

邦，赞[①]珠鲁讷誓死，乃付印于知府，郭鹏翀、陈元震二人携印逃。巡抚鄂宁即奏，得旨，以判论致极典。明日壬寅，贼大至，珠鲁讷自刎，执重英，我兵大溃，粮米军械皆失，胡大猷亦阵亡。

二月十二日，承恩公明瑞战死。领兵大臣扎丰阿、观音保俱殁于阵。

孙士毅《绥缅纪略》：三十三年正月，将军明瑞旋师，取道大山土司以归猛笼。粮尚多，年马俱尽，无可驼运，人各携数升，余皆焚之，乃至大山。二月乙丑，破敌于蛮化，我兵由大山归营于蛮化山顶，贼即营于山半。将军明瑞戒诸将曰："贼轻我甚矣，若不决于死战，将益毒于我，我将无噍类。贼久识我军号，每晨兴，三吹螺而起行，贼亦起而追。我明日仍吹螺者三，兵尽伏于箐以待，文武员弁及厮养毋得有一人留营。"令既下，冀日，贼推拥而上，我兵万众突出，枪炮声如雷，贼惶惧，不及仗辄反走，趾及顶皆自相蹴踏，死者无虑二三千人。我军乘势击杀，死又二千人，坡涧皆满。是役，我军伤故者数人，总兵李全受伤死，自是贼不敢进者数日。将军明瑞乃休兵，夜只闻数十里各大炮数声而已，乃贼之先一日过者，已立栅于隘及路口，越一日至竖栅处，则已攻不能拔。有波竜人引以间道，得至波竜厂，记厂丁不下数万，俱为贼冲散。而贼复增兵追至，其木邦、猛密之众由两路退者，皆毕集。庚午，将军明瑞知贼势众，我兵不能立营，乃令诸将达兴阿、本进忠等率军士乘夜溃围出，而身自殿。及晨犹在围中，相从者扎拉丰阿中枪死，观音保发数矢殪贼，尚遗一矢不复射，引矢策马向草深处，以其镞刺喉死。将军明瑞负数十伤，力疾行，拒仗行十余里，气仅一息，乃从容下马，手自割辫发，并脱所佩指楪授家人使归报，而死于树下，以

① 此处疑漏字，应为"参赞"。

木叶掩其尸。于是随从大小官弁，尽弃其辎重而归。时额尔登额尚驻兵于宛顶不进。酉，兵将至宛顶者已多，时巡抚鄂宁尚未知将军阵亡的耗，即额将尔登额、谭五格逗留不进，失误军机。及得将军信息，不通知内地，实属有心贻误，具劾，奉旨逮问。越数日得将军凶信，上闻震悼，赐恤立祠。复于四月中，命收将军遗骸归葬京师。额尔登额解赴京，置极典；谭五格亦正法。于是大学士传公恒请自督师，乃命为经略，阿公里兖及兵部尚书、伊犁将军阿桂为副将军副之，以刑尚书舒赫德为参赞大臣，进鄂宁总督，调明德巡抚云南，用立柱为提督，而命各省厉兵沫马以待。时阿公桂尚在伊犁，因使赫德驰驿先往。赫德至云南，与鄂宁连名上奏不称旨，乃使往乌什办事。降鄂宁福建巡抚，以是年贼人扰入户撒，匿不奏，复降三等侍卫，往永昌军营赎罪。命阿桂以副将军管云南总事，趣使就道；阿桂未至以前，以阿里兖署之。以上王昶《征缅纪略》。孙士毅《绥缅纪事》：二月，派荆州满兵二千五百名、成都满兵一千五百名赴云南，以荆州将军永瑞统之。又派京兵来滇，以待进剿。于去岁所派三千兵之外，复派健锐营兵一千、火器营兵三千、前锋护军二千，令将校率领，陆续来滇。其前锋护军二千旋停止，提督立桂卒，以王福代。副将军阿里兖抵云南。

三月，昭通镇佟国英、护普洱镇七十一率兵于蛮江与贼接战，贼众退。

孙士毅《绥缅纪事》：是月戊戌，猛勇召工率其弟糯腊及缅贼月布足挞喇带缅子三百人，猛勇、整欠摆夷三百人，由猛笼、猛勇，遂至九龙江外。越二日，昭通镇佟国英、护普洱镇七十一率兵于蛮红接仗。炮击佟国英手掌，官兵奋勇，阵亡者数人。贼众退至猛混。乙巳，缅贼节盖率缅子千余百人，孟艮召散率摆夷四百余人由大猛养进，猛遮土弁刀召铃伏弩截杀。次日，亦退至猛混，与召坎等会合。己酉，出打洛隘，退归孟艮。飞调荆州、成都兵俱赴普洱，旋奉旨勿速进兵，暂驻普洱，将军永瑞及总兵官加意防范。是冬，荆州将军永瑞、成都都统雅郎阿、提督王福率师六千人驻扎普洱，防守严密，边以无事。

三十四年三月，经略传恒抵滇。四月至永昌，偕副将阿桂议剿事宜。

王昶《征缅纪略》：二月甲戌，传恒发京师。四月丙辰至永昌，与阿桂条奏进兵事宜，皆如所议。

七月，将军永瑞、提督王福缘事降为三等侍卫，以本进忠为提督，以雅郎阿为荆州将军，驻普洱。

时开化镇住思茅兵丁张国宁因奸被杀，将军永瑞、提督约束不严，奉旨降为侍卫，革开化总兵佟国英职。是月，经略传恒、副将军阿里兖、阿桂自腾越赴戛鸠，帅师分路进剿。王昶《征缅纪略》：先令常青等率兵三千人、湖广工匠四百六十余人，往驻野牛坝督办造船。是役也，续遣满洲、索伦、鄂伦春、吉林、西燹、厄鲁特、察哈尔及自普洱调赴腾越之满洲兵万余人，又福建、贵州、昭通镇兵，共五万余人，马骡凡六万余匹。乃议分路：经略由江西戛鸠路，副将军阿公桂由江东猛密，副将军阿公里兖以肩病未愈，由水路，合计新旧调兵二万九千人。分遣将弁，水路并进以攻之。又令将军雅郎阿统满洲兵二千，普洱总兵喀木齐布领绿营官兵一千五百，驻九龙江。时雅郎阿由普洱驻防九龙江，盖江外皆缅地，前后相连，故命驻此以邀拒之。十月，大军会合进攻，将士奋勇，大小数战皆捷，甫数旬，所历已二千余里。是月，大军抵老官屯。贼竖三栅以御我师，水边小栅日见增益。经略传恒、阿公桂攻其东，伊犁将军伊勒图列营于江之西岸为犄角，提督常青率船师据上游。贼舟来犯，被我师掩杀，夺其船只，自是贼益坚守不复出。十一月己丑，缅酋懵驳惧，遣木布拉莽傥求罢兵。经略许之，具奏得旨，则以缅瘴疠，轸念士卒，命停深讨。于是焚舟镕巨炮，奏闻。以己亥斑师。甲辰，进虎距关。筹议善后事宜，而趣伊勒图及传恒先后还京。

孙士毅《绥缅纪事》：十一月，缅人乞降，许之。经略公传恒进攻老官屯，昼夜施放枪炮，并所铸三大炮重数千觔者，筑台攻打。庚午，提督哈国兴、总兵马彪、于文焕率众扑取木栅，栅内飞石如雨，多被伤，且牢不可拔。令总兵马彪、刘国樑等为地道，贮火药以崩之，亦不倾。贼匪被围，亦仓急，屡乞退兵。经略传恒不允。旋据老官屯大头目诺尔搭于栅内呈投缅文，恳请解围，并称出见。乙未，贼寨内遣其小头目节缀，呈缅酋懵书，亟乞停止进兵情形，退保疆界。次日，讷尔搭出寨求见提督哈国兴，乞降。经略传恒令领队大臣、提督等同缅国大头目十人于搭盖草亭内会议。头目等称：嗣后循例进贡，送还降人，后乞开关进贡。时经略已奉有“我兵不宜久留彼土，决计撤兵”之谕旨；经略亦染脾疾，从征戛鸠之官兵瘴故者甚多。议定，允降。越日，大头领目等率众于经略营门叩谢，并进方物，俱赏有差。毁所铸大炮，焚新街船只，乃班师。三十五年春，大兵自滇还京师。

是月，将军雅郎阿、总兵喀木齐布驻防九龙江，整欠贼人召教、景海贼人刀别闻缅国投诚，亦赴军营乞降。将军申报，经略具奏，得旨，命旋师还京。普洱边外悉平。

按：承恩公明瑞、经略传恒统大兵征缅甸，系由永昌府出铜壁关进攻老官屯，为前路；将军雅郎阿、总兵喀木齐布统兵由普洱进攻九龙江，为后路，声援车里。西南境外所属猛笼一带与缅属之整欠、孟艮连界，故将征缅军务从略撮记于此，以资考证云。

乾隆三十七年，车里宣慰司刀维屏挈家[1]逃出江外，总督保彰至普洱招抚，维屏投诚。遂移宣慰司署驻九龙江内小猛养，以兵戍之。

时刀维屏复为缅贼所侵，力不能御，因至普洱求援。总兵孙尔桂、迤南道唐宬衡申饬之，羁留不理。有道署书吏蔡方杨总役向维屏索赂未遂，以马棰笞维屏。维屏羞忿，逸回九龙江，为驻防千总马廷伍及兵二人盘获。维屏馈以重赂，其事乃寝。维屏子侄刀匾猛等不平，唆使维屏过江隐匿。孙尔桂、唐宬衡闻维屏潜逃，遂申报至省，总督保彰恐起边衅，来普查办，遣人招抚。维屏复回普投诚，诉其原由，总督即将千总马廷伍、书差蔡方扬、王英严讯收禁，劾参总兵孙尔桂、南道唐宬衡筹边不善。奉旨，孙尔桂、唐宬衡革职，马廷伍等俱处斩。令维屏回车里，仍授宣慰司职，由是常年派兵赴九龙江戍守。

五十七年，总兵朱射斗查明九龙江戍卒瘴故甚多，奏请每年冬间由总兵官带兵赴江外巡查一次，停止戍兵。

嘉庆七年，猛笼土弁刀永和勾通暹罗所属之戛于腊侵扰车里，宣慰司刀太和调集各猛土练追逐出境。

按：刀永和系维屏嫡长孙，乃刀匾猛之子。因三十七年匾猛唆使其父维屏逃出江外，总督保彰来普查明，即将匾猛解省禁锢。维屏死，而嫡孙永和尚幼，族人遽以匾猛故绝报，乃以维屏弟士宛承袭。士宛死，子太和袭。永和长成，久怀不平，故勾结戛于腊滋扰车里。

十七年，暹罗所属之戛于腊扰及车里，普洱镇总兵珠勒什、迤南道存柱慑以兵威，乃退。

---

① 原书是“冡”，根据上下文似应为“家”。

暹罗戛于腊攻夺缅甸大猛养等处，置守。缅人复夺大猛养，暹罗头目刀麻哈喃败走。三月，戛于腊追缅人，由邦萨至九龙江，缅人败入江内，进居普藤。戛于腊以一千余人截阻江口，代办宣慰司刀大康亦由小猛养退守普藤。四月，缅人由孟定引归，戛于腊以追缅为名，亦进至普藤；又以千人营橄榄坝江口，遥为声援，欲搜擒宣慰，进攻思茅。总兵珠勒什、南道存柱慑以兵威，退回江外，复分营前往猛腊、猛㪇。时南掌头目撒英率老挝数百人与戛于腊合，猛㪇、猛腊二土弁退保乌得。猛乌又叛，土弁刀永和率戛于腊数百人至九龙江，称奉暹罗国王之命来做宣慰。八月，缅甸复攻暹罗国，在猛㪇、猛腊之戛于腊二千余人相率退走，缅人又追刀永和至猛混，永和大败逃匿。缅目召布苏邀太康过江相见，缅目野叭追戛于腊至九龙江，回居猛混，欲于猛笼等处屯田。戛于腊亦驻猛笼，彼此相拒。十一月，有戛于腊数百人往南掌地之猛温呈投缅文，邀内地大官相见，欲立刀永和为宣慰之意。十七日，有缅、戛各数百人遇于九龙江外相攻，戛夷杀缅夷四人，各退。十二月，缅目麻哈卡下舍遣孟依打、母细提二人来言，戛夷侵扰猛地，系彼夺回，欲令宣慰出九龙江，将八猛收回，意在邀功。迤南道等谕以获罪，惟刀永和一人与戛于腊无涉，内地不能出兵击戛，刀太康亦不能过江别相见云云。时总督伯麟奏明，照会暹罗王约束所管戛夷，毋得犯境。

二十二年，孟艮头目召布苏扰及车里，思茅同知王定柱单骑斥退。

土舍刀永康之弟召㪇图占江外各猛，怂恿孟艮头目召布苏遣目免列亚至九龙江、猛遮地索刀太康赴缅。进至思茅之大青树屯扎，同知王定柱轻骑简从，自往晓谕召布苏等，并照会缅国当将召㪇斥逐，免列亚撤回，召㪇窜匿。

道光二年，宣慰司刀绳武与其叔刀太康有隙，戛于腊乘间复扰车里，为缅人败走之。

车里土目刀太康因人离间，与伊兄长子刀绳武不和。是年二月，暹罗所部戛于腊头目刀喇鲊布同南掌目练来至车里边界，声言：暹罗国王闻刀太康有将南掌地土投附缅国之事，故来讲理。普洱镇道饬宣慰，集练防堵，并讯刀太康实无其事，晓谕南掌无听谣言。戛于腊不从，复胁南掌目练潜入土境。经防练驱逐，退走缅界，被缅人击败而遁。刀太康擒获败练六人，得宣慰印缅文一张，其中具言刀绳武邀约南掌同害刀太康，并欲攻孟艮之语。当欲解思茅审究，行至江边，被缅目召布苏枪获，遂疑刀绳武实有约南掌攻缅之事，遂遣目练来至打洛。值刀绳武查边，与土弁刀灿星均被诱出边界，劫往孟艮，与南掌败练质对明白，查系奸人召士鼎因挟前刀绳武不允求充土弁之嫌，捏造文书播弄。

三年二月，缅王得云贵总督照会，申饬孟乃缅目送刀绳武回江。南掌王亦接总督照会约束头目，不准附戛于腊入边滋扰。

时缅王有事道梗，刀绳武复恐刀太康计害，未敢归来，住居凉果园地方。其宣慰司印信，刀绳武携带出边，令其妻刀刀氏护理，土职另给钤记。

四年六月，缅甸贡使聂缪、莽腊等回国，腾越同知胡启荣晓以内地法令，告知刀绳武嫌疑已释，勿庸[①]疑虑，并告国王派目送回，以申向来恭顺之忱。

五年三月十三日，刀绳武自阿瓦国起程，由新街一路进关。四月十九日至腾越，旋由省回车里管理土务。

① 原书为“勿庸”，似应为“毋庸”。

十三年，宣慰司刀绳武与其叔刀太康构衅，署迤南道福敬、总兵邱凤岐驰赴思茅，调兵堵御。

时总督阮元、巡抚伊里布檄撤福道回省。时有浮言，谓思茅同知成斌与幕友张海素受刀太康贿，徧袒太康，绳武遂胁兵构衅，乃有此撤。调升任迤南道胡启荣、顺宁知府林树恒、维西协副将锡麟，并临元、新嶍、景蒙、元江四营官兵及刀太康所属江练二千余人夹击之。绳武带印潜逃，因以刀太康子、刀正综为故宣慰刀太和继嗣袭职。刀绳武前于道光五年，自缅甸国回至思茅，留厅城数载，所有土司事务俱系刀太康把持。绳武欲回九龙江自行办理，为同知成斌及幕友张海所阻，因于十三年十月内，诡托出城祭墓，遽往六顺驻扎，招募练勇，谋回江干。太康闻之，即遣江练四出截堵关隘，声言要擒绳武，所至地方肆行劫掠，人民惊逃，六顺江中浮尸四十里。迤南道福敬、总兵邱凤岐驰赴思茅招抚，绳武面谒自诉，福敬许以代为申详，饬令毋庸构衅。一面遣兵防口并赈难民，一面报省。时与阮元意见不协，遽将福敬撤省。另委顺宁府林树恒及维西协锡麟并前后委员十数员，调集元江、新嶍、景蒙各营官兵屯御，既而调任迤南道胡启荣协办。胡道抵普，月余赴思茅，绳武来谒，谕以散其练勇，仍回城安住。绳武疑虑不从。越数日，遂自斗母阁移营远避。胡道遣人招之，绳武益加疑虑，驻营不出，拥练自保。十一月初六日，江练入永靖关攻绳武。绳武见事势既变，力不能支，且畏罪戾，密与练目黑飞雄弃营潜逃。官兵搜捕，不知所之。至十四年，犹未得绳武确耗，始将前后捕获五十余人，并绳武眷属十余人，撤元江、新嶍兵四百名解省定罪。阮元以绳武自构边衅、带印潜逃奏闻，因以其妻刀氏并五子刀靖臣、刀汉城（即准臣）、刀楷臣、召孟四（即刀熙臣）、召孟五（即刀焕臣）安置昭通。又据胡道请，以太康子刀正综为故宣慰之子，太和继嗣，援例承袭世职。部议批准，另颁印信号纸。三月，撤师。十一月，太康身故。胡道、邱镇遣守备吕飞鹏带兵二百名前往九龙江巡防。十二月，太康胞兄太安，久为缅和尚。其子刀奏勋住居小度口，各土司公议以奏勋抚孤协理，而打洛土弁召滥甲翁心怀不平，即以奏勋意图夺袭，挟气集土练乘夜烧其宅，杀太安全家，男女三百余口，不留孑遗。惟太安子奏勋奋力拒敌，溃围逃出，远飏无耗。

二十七年，已革刀绳武之次子，刀准臣由安置昭通逃回，谋复世职。连年纠众扰各猛地。

二十九年，刀准臣纠众扰车里及各猛，宣慰司刀正综潜出江外，集练阻御，格杀之。

按：刀绳武之革宣慰，其子五人安置昭通，边人以为过甚。刀正综承袭宣慰，虽继太和嗣，实系太康之子，人多不年。而正综兄在南掌负欠数万金，正综又苛派，十三土司遂多离心。六顺土司所属，年征户各五两，自土司刀缉熙借端增至十两，寄籍汉民率众不服，缉熙压制之，愈不服，竟并旧额亦抗不纳。缉熙命中六顺摆夷，焚烧上六顺地方，由是汉夷不协，日图报复，互相残杀。值刀准臣逃至倮境，以废印或众，各猛不忘旧主，推其赴江治猛。于是上六顺之人，率众往投，准臣以为叭目。缉熙恐被播弄受祸，亦即令蛮蚌营乡管，执质以投。斯时各猛虽有愿刀准臣治猛之见，尚无投诚之举，作俑者实缉熙也。缉熙既投，各猛亦相率以效，共谋旋江之策。缉熙力任其事，因不谐其党，即集众战争。思茅厅营知其事，集练防御，一面出示晓谕，以准臣系迁徙逃犯，不能龚职。缉熙自知其过，即去逆从正。而准臣之党，遂与缉熙为仇，以为始顺终叛，遂将下六顺烧杀一空。此道光二十七八年事也。其时土司投诚已多，即集众拥至车里，刀正综先事得信，带印潜逃，拟来普鸣冤，于途中被准臣党截归。本年正月，官兵逼遛不进，仅截得正综行李并印信。正综截回江，准臣约以合办车里，斯亦掩饰之文，实则圈禁正综，宣慰之权悉归准臣矣。讵准臣苛虐滥派，民不能堪，各猛失望，日渐离心。嗣值准臣娶妻，防正综稍懈，正综即潜出江外，因猛鎿土弁召鎿麻翁率各猛格杀准臣。其党无所归，仍架词准臣未死，到处流劫，屡攻六顺。时各猛尚未知准臣死耗，且土司之视宣慰，义如君臣，称之曰“主”，不敢当抗，皆卷甲以避。匪党因得肆行无忌，所过皆糜烂逃亡。官虽多方开导，土司总不之信，而事在边外，又未敢轻率动兵。乃调江练以攻之，殊匪党迎敌江练，大败。意谓匪党多汉人，茶山亦汉人，所必通情，因将牛滚塘一带掳掠一空。而茶山之民谓江练内有普藤猛练，因与为仇，日图报复。其匪党潜赴芦山一带，出没无定，设兵防守。

三十四年四月，刀准臣余党李兆祥等，纠众勾结茶山攻普藤、猛旺，委中军守备毛三元、署千总郭显、右营外委王永寿带兵防御，众寡不敌，死之。署迤南道黄中位会总兵杨青鹤，调兵亲往剿办。八月，荡平，添设汛卡，驻兵戍守。

时茶山汉民因江练扰劫，日图报复。刀准臣余党李兆祥等，与之勾结攻普藤、猛旺甚急，势将侵及内地。迤南道黄中位、普洱镇总兵杨青鹤派守备毛三元、署千总郭显、外委王永寿带兵防御。四月二十五日，官兵猝遇贼于金家滂。时值大雨，贼众几三千余，而官兵仅五百名，势力不敌，毛三元等力战死。署右营游击施化庸、署守备萧荣均溃围出，带伤而回。于是，调中营兵七百名、威远兵三百名、景蒙兵五百名、右营兵五百名，道镇亲临督办。六月初九日，守备陈国梁、赵士美带兵练一千名，威远游击张照、右营游击施化庸带兵练一千名，合攻大树脚，大克。时总督程矞采调督标兵三百名、抚标兵一百名、元江、新嶍各一百五十名、临元兵四百名，鹤丽游击施嘉祥、都司李廷楷、白人鹏继至，因即派陈国梁进攻大歇厂，大克。七八月，陈国梁连攻克黄草坝、石川营，均报捷。李兆祥被炮轰毙，余匪阵毙三百余名，擒获首要一百三十余名，内病死者二十八犯，恭请王命正法枭示者五十八犯，余皆发遣。撤师，酌留兵练防堵，设汛卡于倚邦等处戍守。先是，刀准臣之兄靖臣、弟熙臣闻准臣已死，希图回江袭职。将其母刀刀氏出名写给各猛谕贴，嘱令勷佐，嗣经官兵在匪身上搜获。至是并将刀靖臣、刀熙臣改徙江宁，边外悉平。

咸丰九年己未正月初九日，整董土把总召承恩由普籐聚匪犯顺，烧掠柏枝寺、蕨箕坝，遂叛，据整宛。署同知谢德湋讨平之。

先是，刀承恩缘事禁，思茅把总叶长瑞与承恩素识，保释。承恩至普藤，诱聚所部游散绷子，于正月初九日，乘我军不备，烧掠柏枝寺、蕨箕坝，叛据整宛。思茅同知谢德湋委武职马标、监生杨榛佯与之和而退其众，阴致函六顺土把总僇之于九龙江，乱遂平。

同治三年甲子，车里宣慰司刀正综死难。

二月，正综知思茅游击段锡正等，杀发逆贼酋马四，调集十三猛土练六千余人裹粮趱程，会锡正商袭府城，力图报效。行至蔴栗坪，猝被逆马标设仗截杀，部众夺尸归葬，夷族失依，自此江干多事。

同治十二年癸酉，车里宣慰司刀正综继子钧安请袭职。缅属孟艮土司素与车里挟嫌怨，纠众构衅，潜入边疆。思茅同知廖鼎声、游击龙文藻派守备陈文耕率兵五百名，前往弹压劝解。

十三年甲戌，刀均安袭宣慰职。

光绪二年丙子，刀钧安死，应长子承恩继袭。年幼，以旅人刀耀宗为代办。

钧安之弟钧铭，曾拜缅僧诵经，习识免[①]文，性桀骜，颇能要结众心。迨钧安承袭，阴谋争夺，适钧安被绷匪杀害，佥疑钧铭暗杀。思茅文武派外委杨金甲下江密查情形。正十三版纳官民忿激密议，图杀钧铭，误刺貌似之整董人。钧铭逃往缅甸。杨金甲旋回。各土司漫无统属，群相称雄，争夺蜂起。

光绪四年戊寅，云南总督刘长佑派道员黄立鳌、署普洱府彭念宸随带兵练赴江安抚，以承恩继袭，仍饬刀耀宗为代办。月余返郡。

五年己卯，缅甸派召布苏、孟大定领蟒练千余人护送钧铭还车里，猛海、顶真、打洛、猛笼、猛腊各土弁附和之，跋扈异常。承恩畏避猛遮，结好孟艮为防护。

秋，钧铭集练数千复仇，直扰猛养，逼近六顺界。六顺土司刀锡之伯父世熙素与不睦，调练堵御，请兵救援。署迤南道沈寿榕派哨官邓庆元、守备王炳南、外委赵秉煜督带中右两营兵练数百名，会六顺土弁，相机筹办。冬月，钧铭抗敌官军，邓庆元等督军开仗，先后获捷十余次。钧铭窜回江，夷练溃散。而各猛地被害甚烈，仍拥众自卫，勒派供输，夷民困苦万状。邓庆元等渐亦撤兵，沈署道据情详省，调兵办理。

六年庚辰，总督刘长佑派游击龙文藻下江，剀谕钧铭解散夷众。

---

① 原书为“免”，疑误，似应为“缅”。

时龙文藻率兵百人绕道大雅口抵猛翁，会缅使召布苏，责以大义，晓以利害，竭力解劝，修好息事。刀钧铭同各猛官民俱允，惟六顺之刀世熙梗阻不洽。世熙险佞狡黠，包藏祸心，平素衔恨钧铭，阿庇承恩，间离刀氏叔侄骨月相残，并煽使孟艮土司党附承恩。孟艮土司素犷悍，系承恩外戚，相助召衅十余年，江干扰乱，生灵涂炭，钧铭其罪魁，世熙其祸胎也。

十年甲申，云贵总督岑毓英奏，派署普洱镇总兵马忠督办车里事。

二月，马镇驻思茅城，遣把总杨好善赴猛遮，传刀承恩袭职，事竣遣回。旋置刀世熙于法。

刀承恩奉传，偕族人世熙到思，诸事听其主持。谒见马镇数次，详訊支派，应承恩袭世职，饬令循例请袭，办毕遣回。越二日，马镇传见世熙，谕曰："承恩年甫弱冠，诸未谙练，权以刀钧铭为代办，责令劝导其叔侄释嫌修好，毋许猝逞故智。"世熙闻之不怿，屡与计议，反复无常，非但无感悟之心，且有要约之事，肆慢凶横，居心叵测。马镇审度再三，以为安良必先除暴，若宽宥目前，必贻后患。遂出示数其罪状，置于法。

九月，刀钧铭遣人行刺承恩，未成。

钧铭奉委代办，仍蓄异志，屡调猛海、顶真等猛土练往猛遮抅衅，并密令夷匪岩豸卡行刺。承恩受微伤，戈获两犯杀之。复请孟艮绷练六七百众，严密防护。思茅文武恐各猛互相忌疑，又起衅端，责成刀承恩遣退绷练出境。

十二月，刀钧铭被军功马捷光围捕格杀，迎承恩回江供职，十三版纳允服，江干悉平。

初，署普洱镇总兵马忠、迤南道陈廷珍会商，宣慰司刀承恩袭职，远居猛遮，宜饬各猛土官接回，劝钧铭解仇助理，永息争端，酌派军功马捷光前往邀集各猛土官商议。而各猛中惟猛腊土把总召堂阶，老成憨直，深明大体。十二月十八日，堂阶同橄榄坝土目往见刀钧铭，备达前情，钧铭不听，微露攘夺意。堂阶直陈不可，钧铭觥怒，遽以枪毙堂阶，橄榄坝土介亦受重伤。变起仓猝，夷民惶恐逃散。马捷光闻信，遂招集打洛、橄榄坝土目及江上各叭密议，各率土练搜捕。于二十二日，在小寨地方遇钧铭，挥众兜拿，复敢拒敌，多时，始被格杀。元恶殄除，欢声鼓震。十一年四月，署同知吴光汉扎调十三版纳迎承恩回江供职，江上悉平。马捷光差竣回郡，瘴故，详请给恤有差。

光绪十三年丁亥正月，车里宣慰刀承恩之妻朗鸳的纠合各猛攻逐承恩，游击纳世义解散之。

朗鸳的乃孟艮宣抚之女，承恩幼时随母居孟艮，宣抚以女妻之。承恩袭职，宣抚代费钜金，至是夫妇不睦。朗鸳的回孟艮，道经猛笼，遂合各猛土兵攻车里，逐承恩逃匿猛宋山箐数月。滇督岑毓英派游击纳世义率兵五百，谕令各猛解散，从之，迎承恩回职。时值雨水，士卒多瘴亡，归，请从优给恤。

十四年戊子十月，猛遮土千总刀正经与刀承恩互攻，英人干涉始息。

猛遮有扫来、扫竜两甲，原系承恩私庄。刀正经称强，霸食不还，故承恩率土兵驻顶真，与正经战，大败之。正经求英援助，勒令承恩罢兵。

二十三年丁酉三月，刀承恩与刀正经战于猛遮，不利，承恩自退。

猛遮夷民行窃猛混牛只，混弁召麻哈𨰻捕贼杀之。刀正经向讲人命，猛混惧，求承恩助。乃率猛混、猛𨰻及车里各土兵攻猛遮，不胜自退。所约之镇边猛滨土目罕定国兵焚遮属蛮品寨，亦经刀正经击败。

二十六年庚子五月，刀正经率土兵攻车里，刀承恩大败之。普洱镇总兵高德元勒令具结敦好。

车属猛宋叭月因事被革不服，遂串刀正经攻车里，驻兵架董一带。承恩率车里兵夹击，大败之，杀猛宋叭于流沙河。猛遮兵甫到猛宋，闻败即回。思茅厅丞许之载禀请总兵高德元率兵到猛海，传集两造申斥，谕令具结敦好，以后不准滋事。

宣统元年己酉二月，猛海土弁刀柱国与其侄召雅合争袭，总兵谢有功派队弹压。

召雅合勾通猛遮刀正经行刺刀柱国不成。柱国奔猛混，招集土练复仇，召雅合与刀正经及其子刀忠良、头目叭康亮等大举攻猛海，焚毁场市及各夷寨，杀汉商李闰廷、杨宪章并川客多名，掳其财货万余金。宣慰刀承恩与商民张棠阶等，同时禀报，镇道委员李孔训、思茅厅丞费从光先后到海查办。六顺官亲王光熙、王佩坤、猛往土目刀继美各率土练弹压，因索办供应，民不堪扰，撤回。总兵谢有功始派正哨黄殿英、杨华堂，副哨谢万兴等部粤勇两哨，分扎海混弹压。

十二月，法人剿办乌得土弁。迤南道杜庆元饬委思茅厅丞费从光、巡检周国华等堵截，沿边窜路。

乌得土弁因派夫役起衅，法人调兵剿办，照会我国堵截沿边隘口。迤南道杜庆元派费从光、周国华、尹自科各带保卫队分布沿边查谕，不准边民越界助匪，并严禁外匪窜入。周国华旋驻整董弹压，分饬哨弁邵元臣堵截猛板田一带，乱遂平。

二年庚戌正月，云贵总督李经羲饬已革知县黎肇元查办乌得并猛海事，电请拿办遮海乱匪，许之。三月，肇元进兵攻夺蛮肺匪巢。

黎肇元率巡检陈钺到猛遮，设计诱拿匪首叭康亮不得。亮踞蛮肺，扎营预备，与官军接仗。电请拿办，报可。三月初九日，派黄殿英、刀柱国由猛混进，杨华堂及车里叭日发号、幕友李梦弼由顶真进。自晨至暮，奋力攻击，夺匪巢穴，分兵守之。叭康亮逃匿，刀正经率伙匪李张国、召雅合、叭乌提、猛阿土弁等踞守顶真城，恃险抗命。

四月，迤南道杜庆元电请调兵剿办遮顶叛酉，哨弁谢万兴、土兵管带李文才先后死之。督办刘成良在防瘴故，士卒病亡过半。

镇边厅丞刘成良奉李督电，委督办猛遮剿抚，思茅厅丞费从光会之，黎肇元为参谋，飞电调兵进剿。刘成良率孟连宣抚刀派永、大鸦口土都司李文科、李文才、猛允土弁刀金宝、猛滨土目罕定国各土兵，及保卫队长柯锡光、幕友陈伦品等驻猛遮，捕顶真土弁刀金贵囚之。刀忠良破押脱逃，我军屡战不利。谢万兴阵亡，李文才受伤毙命，罕定国驻顶北城外蛮养法缅寺，亦受枪伤就医。调柯锡光接防，贼势日炽。电告顶真天生险阻，必须布下长围。于是费从光率护思营、周国华率保卫第二营驻顶真后山，管开花炮；北则管带柯锡光、罕定国、李文科等扎之；刘成良驻猛遮遥应；南为孟连宣抚防地，东南一带则铁路营胡锦棠、周连标、黄殿英、易荣黔各管带等扼扎。黎肇元驻大缅寺，居中策应。车里及各土兵均驻顶东荷花池边，鏖战数月，耗费子弹甚多，无大胜负。惟时雨水盛发，烟瘴剧烈，我军病亡过半，督办刘成良亦瘴故。猛遮幕友陈伦品弄权逮狱，电委黎肇元为营务处消除，费从光会办，专饬粮接济军食。

正月，管带柯树勋应调，率队抵顶真，擒刀正经斩之。余匪李张国、召雅合、叭乌提、猛阿土弁同时授首，遮顶乱平。当道以捷闻，论功行赏有差。

柯树勋到顶真，分扎城南蛮留寨。次日巡视地势，会商合围，奖励士卒，连战数昼夜。贼居高放枪，我军由坡脚上攻，伤亡数兵，众有退志。树勋许给重赏，督阵愈力，直逼贼城，夺炮垒碉堡三座，逼近城濠，贼势渐蹙，而东、西、北三路亦皆放枪响应。普洱镇总兵苏抡元奉李督命前敌视师。初十日夜，顶夷杀李张国，周国华部下哨弁邵元臣取首来献，赏之。十一日，顶夷密报刀正经等预备夜逃，树勋谓士卒曰："余用兵数十年，身经数十战，所向皆捷。此役若不拿获刀匪，肃清夷疆，实属羞愧。"于是士卒用命。是夜五鼓，刀正经走出顶北城濠，哨弁柯运森督兵围击，毙之，枭首以献。召雅合、叭乌提、猛阿土弁同时被戮，遮顶乱平。事闻，黎肇元开复，知县柯树勋保直隶州知州，游击胡景棠、周连标均保副将，余俟汇案候奖。各营班师。树勋督带第五营驻守顶真、猛遮，招抚夷民归田。

三年辛亥，黎肇元署思茅厅事，兼副营务处，办猛遮改流。柯树勋督带边防各营，派赴孟艮提犯。

黎肇元督办改流，分猛遮、顶真、猛混、猛海、猛阿为五区，出示变卖田地，议设一厅三县。骆负图、陈兆廉、杨荣辉、周世清、邹位灿均充编户招垦员弁，抽花茶捐助费。嗣因陈兆廉、杨荣辉瘴故，韦炳章、李佐华接办。柯树勋奉饬往孟艮提犯。九月，委员周世清、督办肇元又先后瘴亡，帮办蒋可成及各编户委员，均畏瘴辞差。边事乏员经理，花茶捐亦停办。

民国元年壬子一月，督办边防各营柯树勋由孟艮提犯回，调署思茅厅篆，兼副营务处，旋接办猛遮善后事务。

柯树勋署思茅厅时，正值民国反正，地方骚然。随带第五营防军保护城池、商号，卓著政声，大总统奖给陆军少校并一等金色章。省政府以普思介逼两强，边防紧要，任命刘钧巡按迤南至思。适逃匪叭康亮散谣报仇，边夷惊恐，迤南道方宏纶、巡按使刘钧以夷俗野蛮，伏患未除，非威信素著不足以资震慑，电禀都督蔡，复命树勋督办遮项五猛善后，督带边防各营，兼副营务处；管带黄殿英、骆家信均归节制；分段委员赓续接办编户。树勋查悉，车里宣慰土司刀承恩前议五猛改流，心怀叵测，以善后总局设置车里，观其顺逆。请委邹位灿充帮办，驻猛遮；李谭、黎祚、陈锦昌、陆廉、唐建臣均充编户员。维时，国帑空虚，经费无出，商之思绅雷逢春、段宝璜等慨允复收花茶捐，共得四千余元，借以支持。书赠“急公好义”匾额，详请奖励。

七月，遮顶五猛编户完竣。督办柯树勋条陈“治边十二条”，当道许之。

按：树勋赋性刚毅，不避艰险，考查边地情形，若依原议改流，诸多窒碍，于是条陈“治边十二条”。（1）改流。查原案拟设一直隶州、三县，设官分治，各猛应修城垣衙署，各项开支，非有大宗巨款不行。况民国初立，滇省财政困难达于极点，事更不易。兼查官叭及群夷之心，多有不服，终为他日之患。前据宣慰司刀承恩等合词公请，暂缓改流，可设官保护十二版纳，愿如英人之于孟艮，将地方钱粮归于门户，抽收办法，一切行政缉捕，伊等既鲜才能又无力量，概求汉官担任保护。似此权操汉官，即属不改之改，事尚可行。此后若得贤良长官，善为抚循化导，悉泯猜嫌，长治久安，拭目可待。（2）筹款。万事以财为基础，无财即寸步不行。今拟略仿英人之于孟艮办法，从轻征输，不事重剥。夷俗分地耕种，不分贫富，除头目、赤贫免征外，每户年征二元，沿边约计二万余户，年可收五万余元。即以一半分给各该猛土弁、叭目作为办公薪津，禁革旧有一切苛派；一半提归公家，办理各猛应兴应创一切事件，其思茅厅每年应完之钱粮千余元，即于此归公一半中提出完纳，不再加征。是生财有道，取之不苛，用之有节，于民无扰，于公有济。（3）官守。车里为全版之中心点，设督办一员，表率各猛；将十二版纳划为八区，每区设行政委员一员，管理地方行政及一切应兴应革事务。其重要事件仍禀由督办解决，如应转禀大宪请示者，均照案办理，总以整顿地方、改良风俗、作富强基础为宗旨。（4）诉讼。各猛距思十余站，遇有命盗各案，解赴思署报告。设有告到者，遣差拘捉，皆视为畏途，往往十无一返。现既设官行政，凡民间鼠牙雀角，随到随讯，随讯随结，扫除旧时衙门一切陋习，以培元气。其重要案件，拟于督办公署设刑件各二名，以凭录案填格。以后词讼繁多，再请设地方审判、检查各厅，以敷治理。（5）交涉。各猛界几英、法二国之间，与英、法管领地面犬牙相错，难免不无交涉事端。现在十二版纳既汉官保护，与前清未设汉官时，事权自不相同。拟请饬由外交司照会英、法领事，转饬该两国之边界办事总理员知照，宣布十二版纳地方此时已设汉官治理保护，以便遇有交涉事件，不致留拦，得以照约从权完结。设有重大事件，并可通详请示办理。（6）实业。各猛夷民男妇，惰农自安，但求一饱，从不研求他项工艺。其服饰大概购之英缅。所有田土多系膏腴，气候亦极温和，甲于内地，每年栽种，专候天雨，不知凿渠灌溉。秋收后，其余小春杂粮，概不栽种；各处竹木茂盛，不知制造，废弃可惜。拟添募各种工匠分往各猛，认真教习一切制造，逐渐推广实业，俾免利源外溢，数年而后，其发达必有可观。（7）国币。各猛行用锅片，成色太坏，五六成、三四成不等，舍此非盐米不能交易。拟请转令造币局，借拨单双铜元各十万枚，单双银毫各二万角，并同兵饷银元，分布各猛行用，永禁锅片低银，并免英、法银元、铜元掺入，利权外溢。俟民国币制划一，将锅片全行易回化净，可期一手缴还借款，不致延欠。如此银元不足，辅以银毫，银毫不足，辅以铜元，汉夷交便，可臻久远，以维币政而尊国权。（8）通商。查版纳全图，西南通英缅，东南通法越，东达思普，北达威镇，实为商务辐辏之区。至各猛所产，以花茶为大宗，此外，森林木植尤属葱茏蓊蔚，如炼脑之樟，制材之柏，及密而不露之银、铁等矿，均属利弃于地，缘道路崎岖，泥滢深陷雨水，路断人稀。今拟勘定路线，开通沟渠，修桥造船，安设旅店，以通商贩而利驮足。拟于事定兴修，如关坪坡，今年起盖兵防十一间，派兵驻防，往来商贩驮足有所栖止，且得兵为保护，不觉征途之苦，咸称便焉。（9）学堂。查各猛习用缅文，不通汉字，文告命令，非译成缅文不能通晓，大为行政阻碍。现于车里建设学堂一所，收聪颖子弟三四十人入堂，诵习汉字。如简易识字，教法借通语言，随字讲解，用土音翻译，半年来稍著成效。将来经费充裕，每猛各设一堂。俾教育普及，开其智识，化其狉獉，讲究伦常，辨明顺逆，蕴其忠爱之忱，作我捍卫之用。其缅文并行不悖，留彰左道而示大用。（10）邮电。此地若辟商埠，且毗连两大强国，军政民事、买卖商情，欲期快利，非安设电报邮政不可。猛地延长，物产丰富，商贾偕来，行旅载途，交通敏捷，将来定能成一大都会也。今拟于勘路之便，划定地点，创办电局邮政，以便官民。其经费取给猛中公款，不动公家钱文。（11）招垦。古人寓兵于农，法良意美，为实边最要之图。本年第五营兵领垦者已五十余名，雨水调匀，丰收相望，明年领垦必多。兼之现改土司旧习，轻取门户钱文，诸般保护，将来商务必能振兴，谷米一定有价，附近各处自必源源而来。此宜待以年岁，期底于成，不能求效太速也。（12）练兵。古云“无兵不能立国”，各猛界居英、法二强国之间，尤不容有倚赖性质。今拟俟经费充裕，添练民兵，有事则荷戈执戟，御侮冲锋；无事则凿井耕田，散还各寨，以时训练教育，不令游手好闲。孔子有“善人教民七年可以即戎”之叹语，要当身体力行，任劳任怨，十年之后皆成劲旅。边陲无事，内地容有不安者乎！滇南观察使刘钧，前清历任边要，深悉各土司舍目横征暴敛，虐待土民，迭经禁革，阅树勋条陈嘉许。于是厘定章程，转请分区委员设局行政调查，并奉云南民政司兼司法司批呈折及译呈，均悉条陈各节，多中肯綮。该督办久于边陲，留心审查，故能深知甘苦，言之碻凿，殊堪嘉慰。“改流”一条，意在请缓。查各版纳中，如猛遮、顶真、猛阿三处，抗命兴师，自应以地充公，不稍宽假，以为作乱者戒。其余江外各小猛，如果当时情事或有可原，自可如该宣慰等之请，应由该督办详加审酌，另文呈候核。至江内各猛之未生事者，切宜加意抚绥，俾各安帖。须知政府宗旨，在添设流官，代为整理一切政治，非有利其土地之心。果能不生事端，即可永弗裁改，务须剀切宣布，俾共晓然于柔服之本意。“筹款”一条，拟防英人在孟艮办法，通各版纳，一律征收户税。先由江外之猛遮等处入手，筹画极妥，应准照办。惟须详细调查英人办法，视彼稍从轻减，以收人心。至请以所征户税半作土职津薪，半充办事公费，并即由公费内提纳应纳钱粮，均可照准。应先拟定详章呈核，将来实行征税，尤宜严禁土职苛派，暨办事人需索之弊，双方俱到，庶免扰累，而利推行。“官守”一条，请分设弹压各员，应即划分区域，拟章呈候核夺。其余各条，均有见地，且与前军政部所拟“一纲四目”半皆吻合，并准试办。惟“交涉”一条，应俟实行后，再行据实咨请外交司，照会英、法领事知照，此时毋庸亟亟。“国币”一条，应俟咨请财政司酌定办法饬遵。至呈内请添募广人作为工程零队，徐图开垦，并添设局员人等各节，均准如议办理，以资震慑，而收指臂之助。自是以后办理一切，尤冀切实进行，方趋稳健。其不能急遽求全者，要宜以俯从民意为主，务使箕毕协好，侏离向风野蛮，渐进文明，边防固若磐石。南徼庶其有豸，本司于该督办有厚望焉。附发《经营西南边地议》一册。

二年癸丑正月，开办普思沿边行政总局。

时柯树勋为总局长，分设司法、教育、实业、财政、交涉、翻译各科，请委李谭、俞普年、陈锦昌先设猛遮、猛海、猛混三行政，并委周国华、何树堃、刘泽恩、尹彤、何光汉、陈钺、石云章分充各区调查户口员。树复与各猛弁目规定章程，以资遵守。(1）权限。各猛分驻弁兵，划区安设委员，清查户籍，经理财政、实业、教育、司法、外交以及修路、造渡、架桥、振兴商务等事。原为保护地方，整理政治，使边民同享共和幸福，汉官并无利有土地之心。除民刑诉讼专归委员审理裁判外，其余一切事件，委员、土司、叭目共负责任，祸福与共。汉官弁兵不得轻视土司，土司叭目亦不得遇事推诿。(2）户口。户口不清，则诸政无由着手，现派委员调查，定限缅历七月造册，报由总局转报都督府立案，不准稍有隐瞒。各土司叭目会同委员，认真稽查，凡有迁徙、新添户口，均要随报委员备案。(3）征捐。江外各区应征捐银，姑准照该弁目等求请，不分等第，每户年征一元六角，每十户免去头目、赤贫二户，均于缅历十二月十五日以前缴解总局，汉土平分。土司一半仍照旧例，酌量提送宣慰并分给该猛叭目办公，余作土弁养赡。汉得一半，余提完历有钱粮外，拨充行政经费，按年列表呈报。除户捐外，土司叭目不得另有需索。(4）折工。旧规：各猛百姓均要派夫做工、送担。现值刱辟伊始，一切营建工程用夫狠①多，兹定每年每户只派做工两天。又恐民人农忙时耽误耕作，或因路远迟延，桂返食费受累，故再酌定每工一天，准折银二角，一年两工，每户折银四角，随门户

① 原书是“狠”字，根据上下文的意思，此处似应为“很”。

捐上纳，缴解总局。由本局长另招工程队代做，其余土司旧有夫役杂派，永远一律革除。惟土弁署内用人，只要百姓愿意，姑准调用，但比旧时少用为是。（5）税银。方地土产以及牲汤各税，暂行停止，以苏民困。其渡口船税，按照旧规减轻，体恤商艰。收获银元，无论汉土，均提二成作为征收工食，余则公局土署各得四成，俾昭公允。（6）外交。各猛西南两面多与英、法接壤，难免不无交涉。现值民国肇基，注重邦交，遇有交涉发生，无论事件大小，由各该区委员督同土弁、叭目立将情节查明，先行呈报总局。案结后，又将如何判断缘由，列表报查，以凭转报，切勿涉稍迟延，有误要公。（7）学堂。夷疆甫辟，不通汉文言语，务以教育为先。由委员督饬土司调查学童多少，筹定地点，陈请酌设学堂，劝令官叭夷民子弟概行入堂肄业。先从汉话入手，授以易解文字，陆续由浅入深，将来造出人才，方有举资格。不得仍沿旧习，子弟仅入缅寺，学和尚诵请缅书，全不懂汉语汉文，将来出身办事，诸多隔阂。（8）垦植。沿边地阔人稀，土民又耕作懒惰，以致地多荒芜，应由各委员督饬土弁、叭目招集汉民，认真垦辟，各相土宜，推广种植，并兴办水利，修理道路，开关场市，以便交通，而收地利。所需工本，报由公家暂行借垫，三年以后方准照收户捐，严禁弁叭私行索派。至于烟瘴毒烈，只要冬天到地，俗云“吃过腊水”，便不关事。并饬各节饮食，实为瘴地卫生要著。（9）姻婚。沼边十二版纳，现既分区行政，无论汉民夷族，均须平等看待，亲若同胞，不得稍涉歧视。官兵民人并准互结婚姻，俾期渐化种族而融界限，但须男女情愿，不能估逼。倘系有夫夷妇，汉人不得故意调戏，违者按律惩办。（10）守法。各猛夷民务须遵守法律，倘有犯法，非为照汉官人一体治罪。但汉官、弁兵不得无故辱骂殴打，如土弁目民胆敢估抗委员弁兵，妄行暴动，或不听公断，任性妄为，即照叛逆惩办，本局长及各委员不负保护之责。（11）住房。土司地面，向例除缅寺及宣慰各大叭准盖瓦房外，其余概系草房。每逢冬春天气干燥，最易失慎。且二、三年必须易新，尤多花费，应与汉地一律准予弁目民人盖造瓦房，以期经久。宣慰及各土弁不得异言。其无力建造瓦屋、愿居茅房者，听之。（12）剃发。夷俗披发文身，相传已久。现在民国成立，五族一家，所有未曾剃发官叭民人，有事见官，仍照旧行跪诉礼。若剪过头发者，见官站立说话，遇事格外优待。此外，年轻子弟如尚未文身贯耳者，可将习俗改良，期与汉人无异。（13）奖励。此次户捐确定，各区分局委员一切布置停当，地方谧安，各猛土弁均准详请实行袭职，办事得力各叭目并准酌量升奖。

九月，各区户口调查毕。复划沿边为八区，分设行政，征收户捐、折工，停止花茶捐。

沿边调查时，原分十一区，嗣因政费不敷，缩小范围，并作八区。总局长柯树勋兼第一区，驻车里；李谭为第二区，驻猛遮；陈钺为第三区，驻猛混；周国华为第四区，驻大猛笼；何树堃为第五区，驻猛腊；何光汉为第六区，驻易武；何瑛为第七区，驻普文；石云章为第八区，驻关房。各局分设书记、翻译、法警，经理行政，催收捐查。夷民分田耕种，不分等第，每户年征银二元，内除折工四角作建局修路之用，余银一元六角，汉土平分。革除土弁旧日摊派，夷民乐输。至是，经费有着，故停花茶捐，以恤商艰。

三年甲寅，政府以普防重要，特电准中枢，命将军行署参谋长庾恩旸巡阅普防。阅，四月乃还。

开武将军既巡南防归，乃命将军行署参谋长庾恩旸代巡普防。庾巡阅使抵普防后，所上条陈极夥，并请于普防沿边添驻重兵，及派大员镇守。其后，以普洱道尹督办边务，加派徐团长振海为会办，庾巡阅使所条陈者也。

逃匪叭康亮及妖术惑众之宰散，勾串外人滋事。庚[①]巡阅使会商刘道尹，遣总局长柯树勋、委员周国华，先后抚慰解散之，边乱悉平。邪匪宰散等先与土弁有隙被逐，潜回猛笼，以妖术惑众，聚徒二百余人，驱逐土弁叭目。总局长柯树勋亲率防军赴笼，解散徒从，严缉首要，匪等逃遁外界。嗣因政府实行军民分治，将驻戍之第五营防军裁改陆军独立一连，第六营调编内地各属警队。普洱道尹刘钧以边地辽阔，车里、海混暨腊鲊等处，乃缅越通商冲衢，道途崎岖，所经俱系蛮山老林，最易藏奸，仅陆军一连聚扎猛遮，不足保商卫民。以缅宁乙二警备队移驻车里等处；猛烈丙二警备队移驻打洛、猛混、景东；乙二警备队移驻腊鲊等处。时逃匪叭康亮匿居孟艮，前向英人索办未交，此次乘我裁改防军，勾串孟艮土司，暗助饷械，及邪匪宰散等煽感[②]各猛土夷，欲约期窃发。经第二区委员段儒纶、第四区委员贾印堂先后详报，总局长柯树勋亲部陆军警备连队，赴猛遮等处抚慰解散。先因周国华调局，贾印堂接办四区，至是贾力辞职，并委周国华赴笼安抚，就便接任局事，勒令缴械散党。普洱道尹刘钧深虑兵单，飞调澜沧甲二警备队唐登甲、景谷丙、乙警备队林维周、缅宁乙二警备队纳福兴、陆军独立第三连柯运森先后到笼弹压，擒王正林等数名诛之，地方安谧如常。

六月，安南革命陈玉亭、李萃廷等攻占猛乌。乌得法调兵进剿。庾巡阅使遣营附长周士清、连长王仁率兵一连驻扎猛烈，并饬总局长柯树勋派兵沿边防堵。

陈玉亭、李萃廷等前在安南为商，流为革命，攻夺猛乌法署，设局收捐。法进兵剿办。总局长柯树勋分派陆警兵队防堵沿

① 原书为“庚”，疑为错字，此处似应为“庾”。

② 原书为“感”，疑误，据文意似当为“惑”。

边之猛闰、猛莽、尚勇、猛伴、漫腊、漫乃等处。庾巡阅使遣营附长周士清等率兵驻扎猛烈，并由边防督办刘钧、会办徐振海、加派陆军朱营长、游击队张启夏扼扎猛烈、坝卡、三颗庄、猛板田一带，协力堵截。

丨二月，猛悻土弁召翁坎逃入我界求保护，许之。

召翁坎原系猛悻宣抚，帖服多年。后剖归法属，因事与法员有隙，逃入我界，住猛夈属寨之猛闰，官亲、头目、家丁百余人，向第五区求保护。据委员柯锡光详报，庾巡阅使会商道尹刘钧，饬总局长柯树勋亲往夈边界与法员会议，移召翁坎全眷住车里，派警守护之。

四年乙卯十二月，中央特派唐少将宝潮、法参赞白梅特到沿边猛烈、易武一带查办交涉防堵事宜。总局长柯树勋率陆警赴易武巡视，事竣回局。

今将沿边舆图、局署绘图，并所辖行政区域、土司户口分别列表于后。

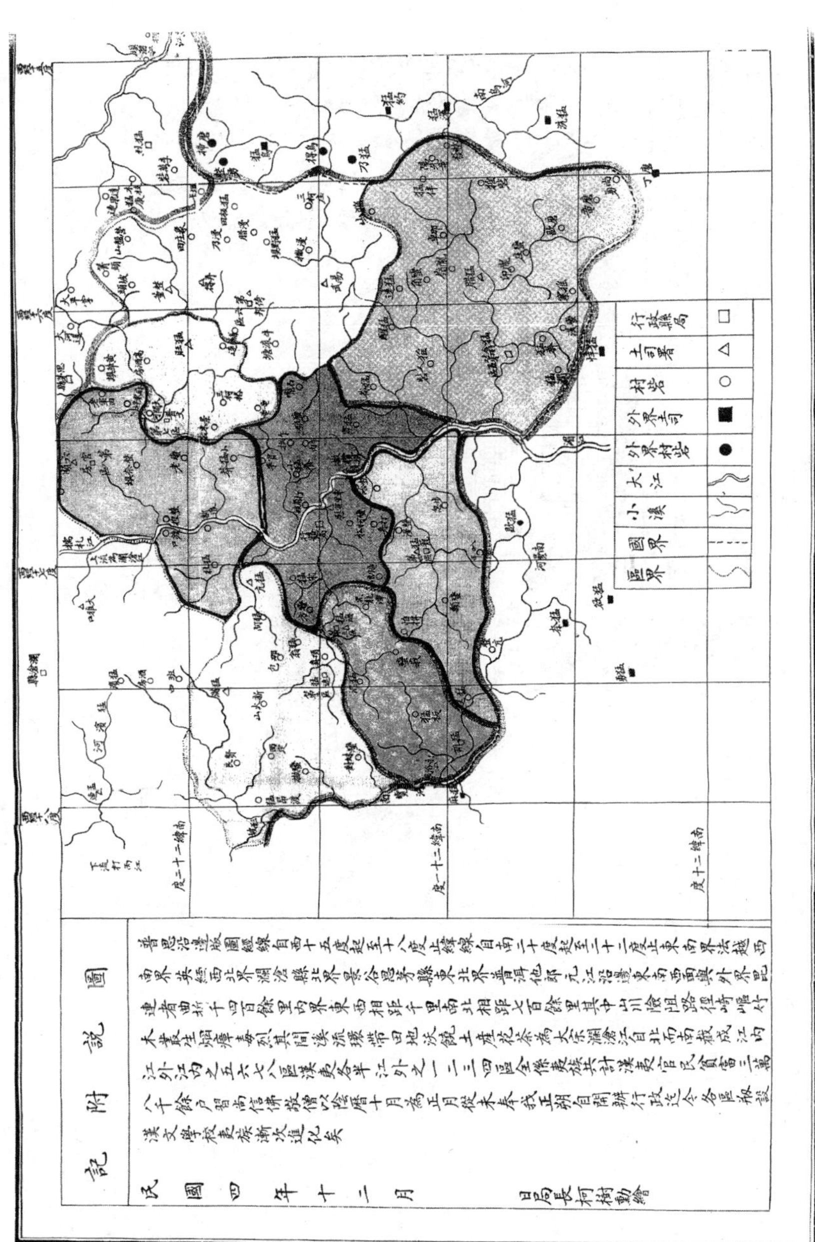
圖說附記
普思沿邊版圖經線自西十五度起至十八度止緯線自南二十度起至二十二度止東南界法越西
南界英緬西北界瀾滄縣北界景谷思茅縣東北界普洱他郎元江沿邊東南西面與外界毘
連者曲折千四百餘里內界東西相距千里南北相距七百餘里其中山川險阻路徑崎嶇竹
木叢生烟瘴毒烈其間溪流環帶田地沃饒土產花茶為大宗瀾滄江自北而南截成江內
江外江內之五六七八區漢夷各半江外之一二三四區全係夷族共計漢夷官民貧富三萬
八千餘戶習尚信佛敬僧以陰曆十月為正月從未奉我正朔自開辦行政迄今各區尤設
漢文學校夷族漸次進化矣
民國四年十二月
日局長柯樹勳繪
行政縣局
土司署
村砦
外界土司
外界村砦
大江
小溪
國界
區界
南緯二十二度
南緯二十一度
南緯二十度

普思沿边版图

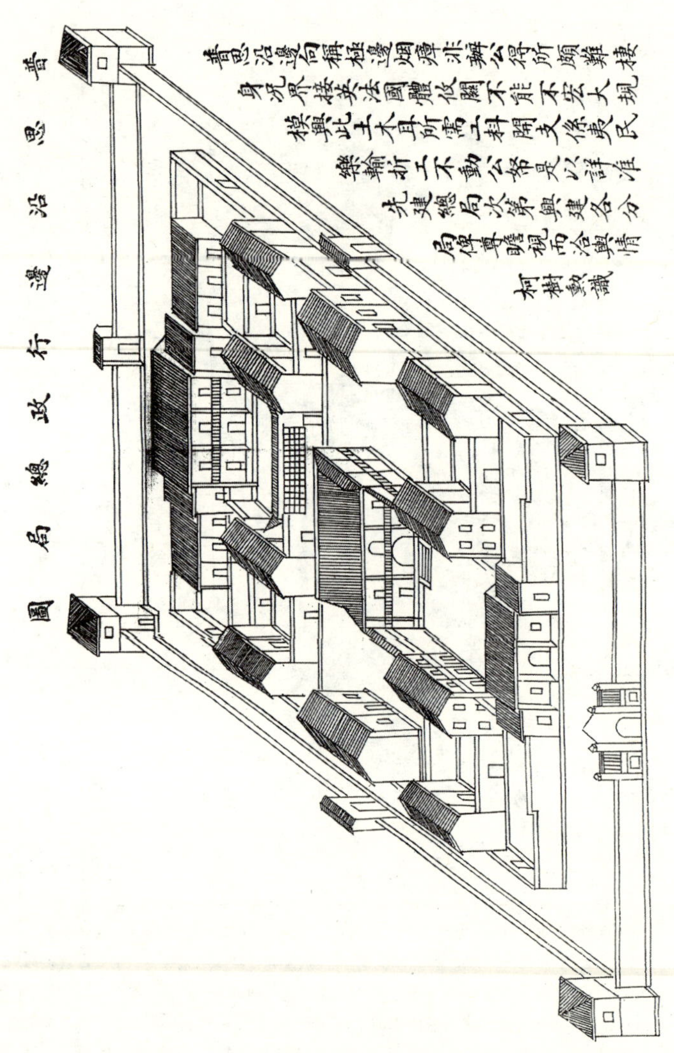

普思沿边局署绘图

普思沿邊志畧正誤表

頁數	行數	字數	誤	正
二	七	六	傳	傳
二	十六	二十	摩	牽
三	六	十四	島	烏
四	二三	十二三	沅鎮	鎮沅
五	一	三	落	地
五	九	二一	烔	烟
五	十二	二五	流	流
五	十八	二二	落	哈
六	十四	二一	賦	賊
六	二一	二四	鍚	蹋
七	十五	三十	巨	叵
七	十七	二三	罔	岡
八	一	十五	如	知
八	十二	九	偪	偃
八	十三	二七	落	僕
九	六	五	鎊	鏽
十一	十六	十一	芥	莽
十一	十七	八	欣	版
十一	十九	九	落	外
十一	二一	五	商	酉
十二	二四	二十	落	餘
十三	十八	七	人	入
十三	七	六	恩	思
十四	十六	九	瑞	詔
十六	十七	十九	落	鎮
十六	四	十七八	應揚	揚應
十六	八	二三	落	悉
十六	九	四	落	斌
十七	二三	二五	落	懼
十八	七	十九	十	王
十九	十九	二七	援	拔
十九	五	十九	忝	參
十九	九	十二	忝	參
十九	十二	三十	落	參
十九	十八	三	年	斗
二二	二四	二十	扛	紅
二六	四	十一	卒	卒
三二	十七	十四	年	平
三三	八	五	伏	仗
三三	一	二一	落	辦
三三	二	一	正	八
三五	五	二四	勦	數
三六	七	二一	落	設
三七	二四	五	落	辦
三八	十八	十七	落	熟
三八	八	二	桂	往
三八	十八	六	人	入
三八	二二	十三	闆	闢
三九	四	十六字下	多官字	

普思沿边行政区域一览表

名称 类别	四至境界	形势气候	地点距离	委员姓名籍贯	任期久暂	沿革说明
行政总局兼第一区分局	东至猛宽一百二十里界五区小猛仑，南至打舟八十里界四区大猛笼，西至猛宋一百里界三区猛海，北至三义河一百二十里界八区小猛满	澜沧江北绕流沙河南环，中开平坝四围高山，夷族依山傍水而居约三千余户，地极卑湿，著名烟瘴，思普孔道缅越通衢且为各区适中枢纽	总局在景德系宣慰旧城，距车里十里，思茅七站	总局长柯树勋，广西人	前清宣统二年督军剿平遮乱，续办善后改流。民国二年一月开办沿边行政，任总局长兼第一区分局	元置车里总管府，明置宣慰司清因之，乾隆时废而复设，民国二年添设行政总局长兼辖橄榄坝，土把总亦清乾隆时设
第二区分局	东至猛亢一百五十里界八区猛往，南至怕达三十里界三区猛海猛混，西至三面坡六十里界英属大猛养，北至猛满六十里界镇边县班中	四山环绕，倮苗倮伡蒲满居之，中开田坝纵横三十余里，摆夷二千余户，新添汉族数十户，土产花茶最佳，冠于各猛，地极边要，微有烟瘴	局设猛遮城内山顶，系土千总旧署，距总局三站，思茅十站	段儒纶，云南人；王人龙，云南人；陈濬，云南人；李潭，广东人	民国三年四月到任八月交卸；三年八月到任四年六月交卸；四年六月到任五年四月交卸；民国元年充编户委员接任行政，三年四月交卸，五年四月复任	清雍正时置土把总，宣统二年刀正经作乱正法，永革土职。民国二年设行政，兼辖顶真便委、猛阿土把总，均因叛裁撤，惟存猛满猛元两土便委，均清雍正时设

续表 1

类别\名称	四至境界	形势气候	地点距离	委员姓名籍贯	任期久暂	沿革说明
第三区分局	东至南乐山六十里界一区车里，南至打洛一百八十里界英属孟艮，西至顶真四十里界二区猛遮，北至猛亢七十里界八区猛往	地当英缅通衢，山川环绕，田地肥沃，土产花茶、樟脑，商贾交通为江外各猛繁盛之区，汉少夷多，微有烟瘴	局署原定猛混，今暂驻猛海，距总局两站，思茅九站	刘泽恩，广西人；俞普年，浙江人；潘镇乾，云南人	民国元年充编户委员二年交卸；二年二月到任十月瘴故；二年十月到任	清雍正时置土把总，屡因争袭滋事，民国二年添设行政兼辖猛混，土把总光绪时被杀，系叭高代办，今因杞事详革，惟存打洛土千总，均雍正时设
第四区分局	东至澜沧江一百二十里界五区小猛仑以江为界，南至分水岭八十里界英属猛勇，西至怕得一百四十里界三区蛮峨，北至邦沙八十里界一区打舟	地处极边外，界英缅，烟瘴剧烈，汉人视为畏途，中开平坝湾长七十余里宽十余里，或数里溪流环灌，土田沃美，四面高山，土产花茶颇多	局设猛笼城内，距总局三站，思茅十站	吴启鹏，贵州人；贾印堂，云南人；周国华，湖南人	民国二年一月代理三月交卸；二年六月到任十月交卸；民国二年二月任调查九月设行政十二月交卸；三年三月回任六月交卸，十月复回任	清雍正时置土把总，弑杀频仍，民国二年添设行政

续表2

类别＼名称	四至境界	形势气候	地点距离	委员姓名籍贯	任期久暂	沿革说明
第五区分局	东界法属猛乌地一百五十里，南界法属猛悻老挝地均一百八十里，西界一区猛宽四区整哈均二百四十里，北界六区易武地一百二十里	极边烟瘴，山谷深远，猛腊、猛龠、猛仑、猛伴各开平坝，夷族聚居。区属磨歇产盐，行销附近及英法属地，为数颇巨	局设猛腊，距总局七站，思茅九站	尹彤，浙江人；何树坤，湖南人；柯锡光，云南人	民国二年二月任调查十一月设行政，二年十一月交卸；民国二年二月任橄榄坝调查，二年十一月调第五区行政，五月交卸；三年五月到任	清雍正时置土把总，民国二年添设行政兼辖猛龠，土把总光绪时被杀，今系代办，惟存猛伴、猛仑两便委，均清雍正时设
第六区分局	东至三颗庄二百二十里界法属乌得，南至三乂河二百一十里界五区猛伴，西至慢打江一百里界一区攸乐山，北至菜子地二百八十里界宁洱县猛先	地势高凉，山峦重叠，著名五大茶山，商贾辐辏，漫乃设洋关厘局，惟整董平坝有瘴，汉夷杂处，产盐无多，向称边要	局设倚邦，距总局四站，思茅六站	何光汉，云南人；陈钺，湖南人；李孔训，河南人	民国二年二月任调查九月设行政，二年十二月交卸；民国三年三月到任；民国二年十二月到任三年三月交卸	清雍正时置土把总，民国二年添设行政，兼辖整董、易武两把总、弄得土便委，均清雍正时设

续表3

名称 类别	四至境界	形势气候	地点距离	委员 姓名籍贯	任期久暂	沿革说明
第七区分局	东至猛旺一百里界五区整董，南至苏红街一百二十里界一区戛勒山，西至太平掌八十里界八区整奈坝，北至麻栗坪六十里界八区属地	普文、猛旺开坝，地低湿，有瘴，余多山，高气凉，汉居多数，附近思普盗贼滋多，地多硗瘠，并无著名土产	局署暂驻黄草坝，应照原议设于普文，距总局四站，思茅三站	何瑛，云南人；张开泰，云南人	民国二年六月到任十月裁撤交卸；民国四年八月复设到任	清雍正时置土千总，光绪二十八年土司被杀绝嗣，改设办事委员，民国二年设行政，何瑛详准裁并，四年八月复设
第八区分局	东至七区普文坪八十里，南至一区小猛养界二百四十里，西至澜沧县大了口界一百六十里，北至思茅县整碗界八十里	澜沧江北面环绕，据九龙江上游有新渡、整控两渡口，山峦重叠，气候不齐，汉夷杂居。整奈、猛往两处平坝膏腴，微有烟瘴	局设官房，距总局五站，思茅两站	石云章，云南人；杨自培，云南人；罗家俊，云南人；车尚选，江西人	民国二年一月任调查九月设行政，三年十一月交卸；三年十一月到任四年十一月交卸；四年十一月代理五年一月交卸；五年一月到任	清雍正时置土千总，嗣因事降把总，民国二年添设行政

普思沿边各猛土司户口表

名称 类别	辖境	土司	姓名	种类	民族	户数	男丁	女口
第一区	车里	宣慰	刀承恩	摆夷	夷佧倮苗	六千九百五十二	一万八千四百一十七	一万七千四百二十一
	橄榄坝	把总	刀正伦	摆夷				
	小猛养	叭目	宰八雅	摆夷				
第二区	猛遮	团正	刀忠良	摆夷	汉夷倮佧	五千八百九十九	一万二千一百二十三	一万一千一十二
	顶真	团正	刀金贵	摆夷				
	猛阿	团正	叭弄真	摆夷				
	猛亢	把总	刀世荣	摆夷				
	猛满	把总	刀嗣宗	摆夷				
第三区	猛海	把总	刀柱国	摆夷	夷回倮佧	五千四百四十五	一万三千七百九十七	一万三千八百零八
	猛混	团正	叭弄高	摆夷				
	打洛	千总	那扎翁	摆夷				
第四区	大猛笼	把总	拉扎翁	摆夷	夷佧倮	三千零七十七	五千四百六十八	五千三百九十
	整哈	团正	叭高	摆夷				
第五区	猛腊	把总	召孟	摆夷	夷佧傜苗倮	三千八百一十二	七千零五十六	八千一百三十九
	猛龕	代办	叭弄拱加	摆夷				
	猛伴	便委	召叭	摆夷				
	小猛仑	便委	召孟	摆夷				
第六区	倚邦	把总	曹清民	汉人	汉夷土傜	三千九百一十六	八千一百八十七	七千一百一十六
	易武	把总	伍树勋	汉人				
	整董	把总	召国顺	土人				
	弄得	便委	叶桂芳	汉人				
第七区	普文	团正	陶阿寿	汉人	汉夷	一千七百零五	三千九百一十三	三千七百六十六
	猛旺	把总	召国藩	土人				
第八区	六顺	把总	刀继善	土人	汉夷佧	七千四百五十	一万六千八百七十五	一万六千五十九
	猛往	土目	刀继美	土人				

附　记

谨查普思沿边，原系十三版纳，今猛乌割归法属，只余十二版纳矣。东自整董属之坝卡起，沿界西行，由漫乃转南至猛伴，复西行至猛龕，循澜沧江北上到整哈，又折而西南行经大猛笼过打洛江，北行至猛遮属之三面坡止。湾环千四百里，到处溪流灌溉，地多沃壤，夷民待五六月天雨，驱牛犁田一次，即行插秧，多种糯谷为食，不事耘耨，秋末自然收获，是殆天所以养惰夷也！习尚无论男女，日赴清流洗浴，故曰水摆夷。界接英法，风俗榛狉，专嗜醉酒佞佛，婚配自由。子弟皆以学僧习缅文为荣，不读汉书。所以风气不开，一切因陋就简，须俟数年后修道开埠，置电设邮，将土产花茶各项设法改良，则商业自渐发达，而荆棘可变膏腴矣！

附录 龙江竹枝词十首

学 僧

夷童至八、九岁送入缅寺，学僧身披袈裟，如汉人送子读书，反是则不专贵。至弱冠，学成还俗，谓之变人。

稽首慈悲佛一尊，
袈裟新着晚风翻，
他年学就都还俗，
见说人才出梵门。

胆 佛

夷俗佞佛重僧，每遇疾病事故，必往缅寺祈祷，谓之胆佛。

钟鼓声喧缅寺开，
老僧持扇坐蒲台，
腊条数炬花双朵，
队队夷姑胆佛来。

抛 球

夷女二、三月抛球，见美少年击之，中则即成夫妇。

时样衣衫趁体妍，
绣球抛掷早春天，
邻家姊妹齐声贺，
恰中多情美少年。

捕 蝉

三、四月夜深，夷姑持火捕蝉，一遇年少，即同宿乱草中，并不为耻。

夜色清凉四月天，
相思无那不成眠，
手携火把江边去，
可有同心共捕蝉。

浴　水

男女每日必同一水洗浴二三次，赤身露体言笑自如。

一副罗裙却[1]水边，
美人游戏浪花天，
脸如粉腻肤如雪，
波面新开朵朵莲。

淡　妆

夷女颇多秀美，不涂脂粉丰韵大然。

金髻银环翡翠裳，
轻移莲步到前廊，
生成一副娇模样，
不抹胭脂淡淡妆。

理　鬓

夷女浴罢理鬓，必脱上衣受风，双乳毕露，见人则故抖花裙。

午晴浴罢曲江阴，
卸却罗衣理鬓云，
双露鸡头新剥乳，
见人犹故抖花裙。

唱　歌

夷俗每遇喜庆必呼歌，女唱贺音调可听。

一曲当筵进酒行，
歌喉宛转啭流莺，
休嫌鸩舌音难解，
笛韵悠扬也动情。

---

① 有的版本“却”字为“卸”。

约　　骚

年少男女夜深互相调戏，谓之约骚，父兄不禁。

春心脉脉夜迢迢，
笑语楼头两意调，
郎本痴情侬少艾，
莫教辜负此良宵。

离　　婚

男女婚配自由，稍一拂意即相离弃，毫无留恋。

美人何事遽多情，
一笑相逢意倍亲，
艳说自由婚配好，
离婚未必太文明。

《云南省农村调查》解题

佟应芬

一、国民政府行政院农村复兴委员会与《云南省农村调查》

20 世纪 30 年代初期，我国农业濒临破产，农民生活日益窘迫，这直接威胁到社会秩序的稳定。造成农村如此凋敝的原因是多方面的，主要有以下几点：

首先，国民政府吏治腐败，农民所受剥削太多。除了繁重的田赋附加税之外，农产品有税，原料有税，就是耕具亦有税。在这种情形之下，耕具税、肥料税提高了农民生产的成本，出口税、通过税又限制了农产品的销路，农村经济日渐凋败，农民生活日渐穷困。

其次，内地货币制度不良，各省滥发铜元，使铜元贬值，农民售物后得到的铜元，其购买力大减。另外，由于城乡间工农业产品的不等价交换，导致乡村资金大量外流，而现代农业金融机构在乡村又太少，农村金融枯滞，农民生产生活资金难以周转。

第三，1929—1933 年爆发了世界性的经济危机，为挽救危机，各帝国主义国家都加紧向殖民地半殖民地倾销过剩商品。沦为半殖民地的中国受此影响，农产品价格急剧下落。

面对全国农村经济陷入如此窘境，“救济农村”“复兴农村”成为当时人们关注的热点。南京国民政府对此也给予了相当的重视，并视“复兴农村”为当下最重要且最迫切的工作之一，对各种“复兴农村”的计划力谋进行，行政院院长汪精卫于1933年4月11日，在该院第96次会议上提出“救济农村”一案，拟组织委员会，筹议救济办法。随后即拟具章程，报交行政院第97次会议进行决议。4月18日，在第97次会议上，决议改会名为农村复兴委员会，并通过了该会章程，派彭学沛为该会秘书处主任，筹备一切，蒋介石、汪精卫、孙科、宋子文、孔祥熙为该会的常务委员。

根据工作原则及会章规定，农村复兴委员会为非执行机关，它附属于国民政府行政院，其全称是“国民政府行政院农村复兴委员会”，任务是为行政院制定农村政策提供参考依据，主要侧重于农村的社会问题，如土地所有制和土地占有关系的现状与变化等。

农村复兴委员会成立之初，急欲初步了解各省概况，故于1933年七八月相继举行了浙江、江苏、陕西、河南四省一般农村状况的调查，由陈翰笙、唐文恺、孙晓村、鲁成等人主持。调查内容为土地分配、农田使用、租佃制度、借贷关系、捐税负担、作物产别及乡村政治组织等，并相继编撰了《浙江省农村调查》(1934年商务印书馆出版)、《江苏省农村调查》(1934年商务印书馆出版)、《陕西省农村调查》(1934年商务印书馆出版)、《河南省农村调查》(1934年商务印书馆出版)。1933年冬，又对云南、广西进行调查，并出版了《云南省农村调查》(1935年商务印书馆出版)和《广西省农村调查》(1935年商务印书馆出版)。

农村复兴委员会自成立以后，据其调查及研究所得，确实向行政院提出了一些有价值的建议，对民国时期农村经济的恢复有一定的促进作用。还有一些进步学者加入该会，从事了一些有意义的调查研究工作，并编辑出版了各省农村调查报告。这些农村调查，是中国历史上第一次以国家机关的名义对农村经济情况所做的记载，并成为国家统计工作的一部分，其资料具有一定的价值。总之，农村复兴委员会的设立虽有一定的政治目的，但该会的工作对当时农村经济的复兴确实起到了一定的推动作用。到1936年该会解散时，民国社会经济发展达到最高峰，排除物价因素，1936年比1920年农业总产值增长17.5%，这不能说与农村复兴委员会所做的工作没有一点儿关系。尤其是，由农村复兴委员会所编辑出版的一些著作和调查报告，客观上也为民国时期农村经济的改造做出了尝试，为当时及日后研究农村经济提供了珍贵的资料，其学术价值不容忽视。20世纪70至80年代，台湾与美国学术界合作，曾把包含本书在内的这批资料全部影印成“中国土政研究丛书”，卷帙浩繁达上千册之巨，成为当前国际学界研究中国土地问题的重要称引资料。

二、《云南省农村调查》的主要内容

《云南省农村调查》是农村复兴委员会系列丛书之一，1935年由商务印书馆出版。云南省农村调查由孙晓村主持，陈翰笙参与了总体设计，参加此次云南省农村调查工作的有当时中央研究院社会科学所的王寅生、张锡昌等人，并培训了一部分云南当地人做调查员。他们从1933年冬天开始深入到云南农村，首先对云南各县情况进行大致的调查，然后开展分村调查。调查方式分为三个步骤：第一步是事先设计，即预先造出调查表装订成册(每册二十多页)，一户一册；第二步挨户进行实地调查和记录；第三步是事后进行分析。这三个步骤，每一户都要由同一个人自始至终地进行主持，避免前后不一致或情况不确实。经过近两年的艰苦调查，终于在1935年完成了《云南省农村调查》一书。

本书把云南省20世纪30年代的农村经济状况完整地呈现出

来。全书近20万字，除序言和附录外，正文部分共为三章，并附有大量的图片、数据表格、组织结构图等说明资料。序言大略介绍了云南省的地质状况，并指出此次调查，事前经过与云南省民政和实业两厅研究商定，决定对云南省进行分区调查，中部平原选择了昆明、禄丰、玉溪三县开展调查，东北部调查马龙一县，东南部则有阿迷（今开远）一县。末尾简单总结了调查结果。第一章对云南的自然环境概况做了简单的介绍，内容包括：云南的气候、山脉、河流和面积。指出云南的总面积为110万方里，有124个县，呈现温、热、寒三种不同的气候。云南素称山国，耕地面积只占全部面积的4.525%。第二章对云南的政治经济状况做了进一步的介绍，包括云南的民政、教育、财政、建设和实业。此部分是对云南20世纪30年代的社会经济状况的全面勾勒。第三章是本书的重点，用大量的数据对云南具有代表性的五个县的情况进行对比分析。报告首先对这五个县的自然状况进行介绍，其次对这五个县的土地分配（包括土地所有、田产移转、土地使用、雇工与耕畜、租佃关系）、农村副业、农村借贷、田赋、农村捐税、农村教育、政治情形等做了细致的调查统计和分析。

调查结果得出：昆明大致具有水田区域中农村经济之一般属性，如农村中租佃关系甚为发达，租田耕种的农民占全体农民总数的70%以上，地主均在城内。农民所有田亩，自耕农均在10亩以下，半自耕农均在5亩以下；使用情形大致相似，半自耕农大都在10亩以下，佃农在5亩以下。租额很高，不论上、中、下各等农田，大都超出正产量，因此农村中贫穷状况十分显著，半自耕农、佃农、雇农的负债率在50%以上。

禄丰情形，也大致相似，不过生产工具与直接生产者脱离的病态，较昆明略好，租佃关系虽仍为农村中的主要关系，但纯粹佃农的数率仅12%。农民所有田亩，自耕农大都在20亩以上，半自耕农大都在10亩以下。使用情形亦大致相似，半自耕农大都在20亩以下，间有经营一二百亩农田、雇工甚多的大自耕农——农业经营者，但为数不多。租额较昆明为低，农村中资金仍感枯竭，自耕农、半自耕农、佃农中负债者平均占50%，利息有高至七分者。

玉溪情形，亦无甚显著差异，地权分配及农户类别都与禄丰近似，就是说，租佃关系在农村经济结构中的重量，较昆明稍轻，纯粹佃农约70%。农民所有田亩甚分碎，自耕农及半自耕农者，90%左右均在5亩以下。使用情形，自受影响，使用5亩以下农田之农家成为农村中之绝大多数。一般租额较禄丰为高，较昆明为低，平均约占正产量的80%。

昆明、禄丰、玉溪三县均以稻为主要作物，农田大都为水田，故上述情形，足以代表云南中部平原区及一般水田区域的特性，尤以租佃关系及经营上的集约程度为最显著。这一区域中，地价很高，平均在七八十元至一百元上下，而最堪注意者，近些年来地价在逐年上涨。

马龙的情形，相比较则不同。第一，这是以小麦为农作物主体的区域；第二，经营方面也比较粗放。在这儿，纯粹的佃农更少，自耕农和半自耕农的总数占到80%。地权情形，则自耕农大都在10亩以下，半自耕农大都在5亩以下。使用情形也不相上下，半自耕农使用5~10亩之间者最多，佃农则均在5亩以下，当地租额不高，平均相当正产量的30%。这里地价很便宜，每亩中等田，只值十二三元。马龙确实反映了东北部贫瘠区域中的一般情形。

开远是一个产稻及宜于种植甘蔗的地方，农村中租佃关系较昆明尤为发达，地主很多，纯粹的佃农占到63%以上，一到农村中，几乎全是贫苦的佃农。其余有限的自耕农和半自耕农大都只有极有限（5亩以下）的田地，而且近年以来，这有限的自耕农还在不断地没落。使用情形，佃农大都在5亩至10亩之间，租额很高，至少在正产量的一半以上，所以开远的佃农境况很苦，负债的百分比在所有佃农中也最高。

从调查报告中我们可看出：在调查的三个区域中，租佃关系实为农村中的主要关系，土地所有与土地使用之分离的矛盾现象，在云南是十分严重的。又因水田区域中均有鸦片种植，所以租额奇高，常超出正产量以上。农田的使用，范围都较狭小，大农经营比较少见，农村中资金枯竭异常，不论自耕农还是佃农，负债的成分都很高，利息尤为惊人，七八分者亦属常见，原因除租税等一般关系居主要外，云南过去滥发纸币也是一个不可忽视的因素。

三、《云南省农村调查》的价值

《云南省农村调查》一书是中国历史上，也是云南历史上首次以县为单位的实地农村社会调查报告，内容务实而完备。此书问世后在国内及省内产生了较大影响。该书以科学的调查方法，以真实可靠的第一手材料，脚踏实地的工作作风，尽可能地反映出了当时云南农村社会的全貌。调查团在该书中以大量的抽样调查数据为基础，得出了符合当时中国社会性质的科学结论，也为民国政府在农村实行正确的政策和策略提供了可靠的依据。调查资料以客观、详尽的数据，利用多种表格，从不同角度分析当地情形，不但对各种复杂之田权及租佃制度进行了详细剖析，而且对于研究农村经济所不容忽视的雇佣制度、农产品价格、副业收入、借贷制度等进行了阐述，使人读来一目了然。通读全文，还可以感受到云南省农村调查团队，不仅有科学严谨的治学态度，而且有一颗忧国忧民的心。调查团在书中描绘了云南农民的穷苦之态，详尽分析了造成农民种种苦难的原因，一次次呼吁政府"减免赋税，还地于劳动者"，并向政府提出了大量的改革建议。

我们认为，这些学者可以被称为真正的爱国学者，也是值得人们尊敬的学者，国家应以此类学者为荣。本书从侧面反映出当时的政府是看到了农民生活的困难，有为农民解决问题的意愿。政府愿意看到真相，愿意听到各方面的声音，并能制定相应的政策来缓解这些尖锐的社会矛盾。为此，这一时期被称为民国历史上的“黄金十年”，确实是无可非议的。

此书作为当时的调查资料是极其宝贵的，对于今天云南建设社会主义新农村、发展现代农业仍具有一定的启示作用。当时乡村建设运动的理论、措施、方式、方法、经验及其教训等对于我们今天正在进行的新农村建设有着极其重要的参考价值和现实意义。尽管在今天，中国农村已有了很大变化，但云南各地所处的地理位置、物产、经济结构等仍然停留在原来的状态，毋庸讳言，“农民苦、农村穷、农业弱”的状况依然普遍存在，“三农”问题仍然是中国目前最大的问题，所以建设新农村仍是我国现代化进程中的艰巨任务。

《云南省农村调查》点校说明

佟应芬

一、本书以行政院农村复兴委员会编辑、商务印书馆1935年4月出版的《云南省农村调查》为底本，参考其他史料予以点校、勘订。

二、原书有一些错别字、漏字、衍文及生造字、俗字，点校时一仍其旧，但以脚注说明。字迹漫漶不清者尽可能查证相关史籍补充完善，不能补充者以□代之。

三、点校时，一律使用规范简化字加标点，并按现行行文规范及志书的内容实际对原书进行合理分段。

四、尊重所据版本，负责志书的断句标点和必要的纠谬工作。不妄加妄改。对生字、生词和历史典故不做注音、释义、考辨，以利于文本整洁。

五、原书对少数民族的称谓及述白没有丝毫的歧视之意，只是为了保持原貌。但将歧称改正，如猓、狪、狆、獠之类均改为倮、侗、仲、僚。

六、旧志所引古籍文献，均以书名号标示。所引古籍文献原文均加引号，所引古籍文献的大意则不加引号。

七、原书使用序号与现行标准不一，点校时按现行语体文规范一并改正。

八、原书有部分文字传写有误，佶屈不通，不得已一仍其旧。望读者有以正之。

九、原书己、已、巳、戊、戍、戎、戌混用，点校时一并改正，不再出校。

十、原书目录与正文标题不符，点校时保持原貌，未予以改动。

行政院農村復興委員會叢書

雲南省農村調查

商務印書館發行

目录

农妇以稻草制成草索

苗女负薪赶市

苗女卖薪后，购买日用品

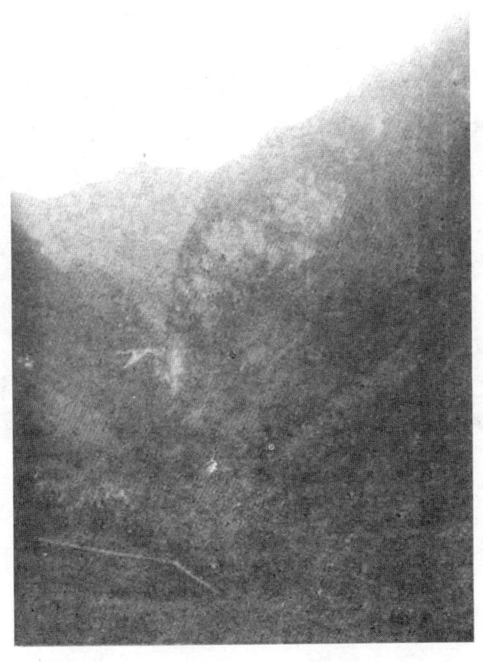

滇越铁路之飞桥

玉溪县之苗村，小儿均不着衣裤。有×者为云南实业委派协助下乡调查之李绍竹先生

玉溪县苗村，远望之下泷潭村

玉溪县之苗村

玉溪县苗村之远望

玉溪县春和村之小学

玉溪县之早市，农妇卖布易纱

玉溪县旧产青靛，现因为洋靛所侵，土靛销路一落千丈；图示旧时之澱池，现已作为人肥坑

玉溪县东古村乡人集会

禄丰县建设局内摄有 X 者为云南实业厅农林督察员缪致和先生协助本会调查员下乡工作，右第二人为罗县长

禄丰县之农民，右四为乡长官锡恩

禄丰县老鸭关附近之一熟田

昆明照宗乡居民系苗人

禄丰某农村之耕牛

禄丰县大路中所见之掮负矿盐者

昆明农村中之瓦窑

昆明昭宗乡之苗妇

农妇之副业

昆明之云南省立第一农业学校

农村调查，农民口头报告填表之情形

农牛

昆明市内公园

昆明市外公园（大观楼）

昆明市之新市街道

昆明大街

昆明严家村之远望

绪　言

云南是中国最西南的一个省份，面积很大，但因地势过高，境内山脉丛迭，耕地面积仅占百分之五左右。

全省地质，大部分表面呈中生代层，下即古生代层，岩石种类，有花岗岩，绿岩，斑岩等，并有喷火岩存于各处，表现为一个多火山，所以云南称为中国地震区域之一。一般说来，地层中石灰岩实占大部，间有为水流所浸蚀，或至悉被浸蚀者，又有昔本大湖，今被淤塞而为冲积层者，然区域甚狭，不过一小部分而已。云南因地势高耸，气候温湿，风化的作用很烈，所以土壤均呈红色，为红色土壤。惟因地势与水利的关系，其壤土表面，亦因而稍异，在滇池洱海等处，云南平原区域中因水力的冲积，表土呈灰色，土填肥沃，适于农作。性质和表象。与红土区域的湘浙各省，颇相类似，其在南部开远以下，气候尤为温湿，土壤呈纯红色，表土疏松易于播植，适于种植甘蔗等，至高地区域则表土很薄，气候尚温湿，可以种树。

全省大致可分为六区：西北部即阿墩子，中甸，维西，丽江，兰坪等县，及上帕，知子罗，菖蒲桶三设治局为一区域，这一区域，与其说属于云南，无宁说属于西康，因为居民是藏族及其他夷族较多，汉人很少，当地喇嘛教势力很大，僧侣是实际上的统治者，文字亦以藏文为普通。西南部腾越边地，即腾越，龙陵，保山等县，以及猛卯，陇州，盏达，千崖，南甸等行政区，凡澜沧江以西者，又为一区，这一区域中，居民大都为摆夷，风俗习惯，与云南内地完全殊异，土司为地方上的最高统治者，性质类似封建领主，故一般人民均为农奴；因与缅甸毗连，所以这一区域已成为英帝国主义侵略的标的。南部思茅，宁洱（即普洱），澜沧，景谷，缅宁等县以及车里，猛满佛海等处又为一区，称普思沿边，这区域中，居民百分之八十为摆夷，土司及佛教僧侣（号大佛爷）势力均甚大，同时复因西南与缅甸交界，东南与安南交界，故帝国主义势力亦已深入，尤其是美国教会的活动，在有些地方已很取得人民的信仰。东南部开远（即阿迷）蒙自，文山，马关，富州，广南，邱北等县直至河口又为一区，这区域中，除铁路沿线外，苗人居住校多，因毗连安南，且交通便利，故法人势力甚大。其邻近广西一带。土司制度仍有存在。东北部马龙，东川，宣威，昭通，绥江等县又为一区，称东昭一带，这一区域中，地瘠民贫，水田较少，旱田为多，农民大都以杂粮为生，在滇越铁路未通前，云南与中原的交通，概由这一区域道出贵州，故曾有一时期商业繁盛，居民亦多。除上述五区外，最后一区，即为中部平原区，位置在滇池至洱海一带，约有二十余县；其范围大致与从前所谓滇中道者相埒，居民均为汉人，区中灌溉便利，水田甚多，农作甚为发达，为全省经济政治的中心。

本会此次之调查，事前曾与云南民政实业两厅研究商定，故按照上述分区进行。在中部平原区域，计调查有昆明，禄丰，玉溪三县，其次，在东北部计调查有马龙一县，东南部则有阿迷（即开远）一县。以全省所分区域言，则于中部平原，东北部及东南部三区，均得有抽样的代表。

就调查结果而言，昆明大致具有水田区域中农村经济之一般属性，如农村中租佃关系甚为发达，租田耕种的农民占全体中百分之七十以上，地主均在城内。农民所有田亩，自耕农均在十亩以下，半自耕农均在五亩以下；使用情形大致相似，半自耕农大都在十亩以下，佃农在五亩以下。租额很高，与正产相比时，不论上中下各等农田，大都超出，因此农村中贫穷状况，十分显著，半自耕农，佃农，雇农的负债率在百分之五十以上。

禄丰情形，也大致相似，不过生产工具与直接生产者脱离的病态，较昆明略好，租佃关系虽仍为农村中的主要关系，但纯粹佃农的数率仅百分之十二。农民所有田亩，自耕农大都在二十亩以下，半自耕农大都在十亩以下。使用情形亦大致相似，半自耕农大都在二十亩以下，间有经营一二百亩农田，雇工甚多的大自耕农——农业经营者，但为数不多。租额较昆明为低，农村中资金仍感枯竭，自耕农，半自耕农，佃农中，负债者平均占百分之五十，利息有高至七分者。

玉溪情形，亦无甚显著差异，地权分配及农户类别都与禄丰近似，即是说，租佃关系在农村经济结构中的重量，较昆明稍轻，纯粹佃农约百分之十七。农民所有田亩甚分碎，自耕农及半自耕农者，百分之九十左右均在五亩以下。使用情形，自受影响，使用五亩以下农田之农家成为农村中之绝大多数。一般租额较禄丰为高，较昆明为低，平均约占正产量百分之八十。

昆明，禄丰，玉溪三县均以稻为主要作物，农田大都为水田，故上述情形，颇足代表云南中部平原区以及一般水田区域中的特性，尤以租佃关系及经营上的集约程度二者为最显著，六年以来，变动甚微，但在这极微的变动中，仍可看出地权之继续向地主方面在集中。这一区域中，地价很高，平均在七八十元至一百元上下，而最堪注意者，便是六年以来，地价的逐年上涨。

马龙的情形，就比较稍异，第一，这是以小麦为农作主体的区域，第二，经营方面也比较粗放。在那儿，纯粹的佃农更少，自耕农和半自耕农的总数占到百分之八十。地权情形，则自耕农大都在十亩以下，半自耕农大都在五亩以下。使用情形也不相上下，半自耕农使用五亩至十亩之间者最多，佃农则均在五亩以下，当地租额不高，平均的当正产量百分之三十。六年以来的动态，自耕农在逐渐没落中。地价很贱，每亩中等田，只值十二三元。马龙是确实代表了东北部贫瘠区域中的一般情形。

开远也是一个产稻及宜于种植甘蔗的地方，农村中租佃关系较昆明尤为发达，地主很多，纯粹的佃农占百分之六十三以上，一走到农村中时，几乎全是贫苦的佃农。其余有限的自耕农和半自耕农也大都只有着极有限（五亩以下）的田地，而且近年以来，这有限的自耕农还在不断的没落中。使用情形，佃农大都在五亩至十亩之间，租额很高，至少在正产量一半以上，所以佃农景况很苦，负债的百分比在佃农中也最高。

总之，往我们调查的三个区域中，租佃关系实为农村中的主要关系，土地所有与土地使用之分离的矛盾现象，在云南是十分严重。又因水田区域中均有鸦片种植，所以租额奇高，常超出正产量以上。农田的使用，范围都是狭小，大农经营比较少见，农村中资金枯竭异常，不论自耕农或佃农中，负债的成分都很高，利息尤为惊人，七八分者亦属常见，这原因除租税等一般关系居主要外，云南过去的滥发纸币，也是一个不可忽视的因子。不过究因四周多山，交通不便，市场关系不甚发达，帝国主义商品的侵略（滇越沿线除外）还不甚深入。

第一章　云南的自然环境概况

云南位置于北纬二十五度，东经一〇三度，全省占经线自西十至西十九，凡九度，北纬自二十一至二九占八度。东界贵州广西，北界四川西康，南界法属安南，西界英属缅甸。东西距一千六百余里，南北距一千五百四十六里。面积约一百十一万方里，占各省区中的第二位。旧分四道：滇中道，驻昆明，县四十一；蒙自道，驻蒙自，县十八；普洱道，驻普洱，县十；腾越道，驻腾冲，县二十九；共辖县九十又九。十六年增置双城一县，十八年冬，又增置车里，五福，佛海，镇越，六顺，普文，江城等七县，共计一百另七县；此外沿边行政区域凡十五，其职秩等于县治，而辖地广袤或且过之，实为将来设县之初步。南陲又有河口及麻栗坡两特别行政区域，皆置“对汛督办”，职掌保存国界，下辖对汛十处，直隶于省政府，地位亦与县同等。则云南可谓共有一百二十四县。

一、气候

中国各省气候，因土地高低，及纬度等关系，差异殊甚。而云南气候，分温热寒三种不同之气候；其西北部（北纬二十七度以北），高峰达万四千尺，即最低之河谷，高度亦在七千尺以上。例如丽江县在北纬二十七度，高度达八千尺，终年寒冱，平均温度在四十五度左右，雪山千古不消，春夏犹须拥火，是为寒带区域。其在澜沧江下游，即本境之西南部，山岳高度，仅五千尺左右，其在北纬二十三度之思茅县，高度四千五百尺，平均温度在七十度左右，长年溽暑，而夏尤甚，低地与高地相反，殆全为热带性，夏季炎热潮湿，常见浓雾蔽天，愈低之地愈甚，往往瘴气流行，死亡时见，经商是地者，辄皆居山巅而避之，至冬至则渐凉，是为热带地域。其中部之昆明。北纬二十五度，位于六千尺以上之高原，平均温度五十七度，夏季在华氏表八十二度上下，冬季在三十二度左右，降至二十五度者甚罕，天气温和，四季如春，日炙如初夏，稍阴如早秋，故有“六月无三伏，一朝有四时”之谣，惟因空气稀薄，气压甚低，玻璃器械，辄易破裂，全境一年，只有干湿二季，干季自十一月至翌年五月，湿季自六月至十月；而高地虽当湿季，亦不甚湿，低度[①]则湿度甚烈，以受孟加拉湾的影响，此为温带区域。

① 原书为“度”，疑误，据文意似当为“地”。

云南昆明县气象台报告

（21 年）

月份	晴	云	阴	雨	平均气压	平均温度		总降雨量	总降雨时
						最高	最低		
1	12	1	11	2	765.55	12.6	5.2	11.3	6.5
2	10	10	1	8	761.91	14.1	5.3	60.4	46.0
3	17	7	3	4	759.00	19.3	9.2	31.5	12.0
4	14	10	2	4	755.30	23.3	13.3	37.0	9.5
5	9	9	6	7	753.27	25.8	16.5	49.6	21.5
6		2	6	22	752.42	23.0	17.4	438.3	96.1
7	1	2	5	23	752.67	23.1	16.6	332.1	80.7
8	1	1	8	21	753.94	23.3	17.9	240.1	75.8
9		2	11	16	754.77	20.9	15.8	164.9	58.9
10		6	9	16	760.94	19.7	13.0	101.8	45.5
11	9	10	11	13	761.89	17.4	10.6	20.3	28.0
12	15	8	5	3	764.67	12.3	4.6	2.7	5.7

二、山脉

云南西部有横断山脉，世称奇观，盖中国山脉大抵为自西向东，而云南西部，与川边一带，则一变而为南北方向，与经度相平行，所以称做横断山脉；其地大山丛衍，高度多在万尺以上（如高黎贡山最高峰拔海万四千尺）。横断山脉，自西康南行，分三大支：（1）上承伯舒拉岭脉，纵亘俅江（即恩梅开江）与怒江之间者，为高黎贡山脉，其主峰在腾冲县北一百二十里之高黎贡山，入缅甸境。（2）上承他念他翁山脉，纵亘怒江澜沧江之间者，为怒山山脉，主峰在维西县西北（地为怒夷所居），其脉南入缅甸境。（3）上承宁静山脉，斜倚于澜沧金沙两江之间者，为云岭山脉，主峰在丽江县西北三十里之玉龙山，又南抱大理之洱海，为点苍鸡足梁王诸大山。是脉至此，又分二支：（1）南下，纵亘澜沧江把边江（下即安南之李仙江）二江之间者，为蒙乐山脉，主峰在景东县，西北九十一里之无量山，是脉南入法领，接安南山脉，其崛起鄂嘉景东两县界，斜倚把边江与河底江之间，并行入安南者，为哀牢山脉，则为蒙乐山脉东面分出之旁支。（2）东折，迤逦于金沙江元江盘江之间者，为乌蒙山脉，系南岭首部，主峰在禄劝县东北二百里之乌蒙山，其干支分走入贵州境，其自滇池西南庙儿山分出，东南迤盘元二江之间者，为火焰山脉，六诏山脉，系勾漏首部，主峰皆在文山广南两县交界处，其干支分走入广西境，昔为南岭一支，今则自成一系。

三、河流

境内河流，其最主要者，为金沙澜沧怒江三川，各以其山脉的形势而导流，是以云岭山脉为金沙江与澜沧江之分水岭。怒山山脉为澜沧江与怒江之分水岭。高黎贡山为怒江与龙骨江（下游即恩梅开江）之分水岭。云岭主峰在丽江县西北，亦曰雪山，北临金沙江，上有十二峰，山巅积雪，经夏不消。南下至大理城东又崛起而为鸡足山，自此东行，即为乌蒙山脉，金沙江之由东南流突折而为东北流者，实为云岭山脉阻之也。兹将河流分述如下：

金沙江　金沙江，以江底产金得名；为长江上源，发源处拔海万六千尺，巴塘距水源千五百里，拔海九千尺。自巴塘以上，藏名州曲，蒙名穆鲁伊乌苏，南流入境至鹤庆县石鼓，折向北行，至永宁县西之干却，又顺流南行至鸡足山相近，因受云岭之阻，折向东北流，曲折至四川云南边境间，会鸦盘江（小金沙江）之水东流入四川之叙州府，巴塘以下，叙州以上，三千里间，称为金沙江，水势湍急，绝少航行之利，叙州为大江航路之起点。

澜沧江 该江源出西康之杂楚河，南流入境，过维西县，东溢一支，曰漾濞江，左岸先后纳剑湖洱海之水，至顺宁县东，复归本流，右受孟佑河南允河，左受巴景河，罗梭江之水，经安南入海，其流经云龙永昌之间，广仅三十余丈，其深莫测，其流如奔，上架铁索桥。澜沧江与漾濞江之分水岭高八千尺。

怒江 怒江或讹为潞江，源出西康西藏边境之布克池，南流入境，驰行于怒山高黎贡山之山谷间，至镇康县西，左纳枯柯河，近滇缅交界处，又纳南丁河南板江之水，南行入海，怒江以波涛汹涌而名，其西即高黎贡山，径隘箐深，马不可骑，为西出腾越之要冲，路旁古树擎天，夹道绿竹，密似重帘，相传行人过此，不得高声嘻笑，笑则无风即雪，遇阴即降。上下贡山凡百二十里始到片马，日午过此，黑暗惊心。

俅江 即（恩梅开江），源出高黎贡山，水流湍迅，合野人山之戛鸠江，会流入缅甸之伊洛瓦底江，水流益浩瀚汹涌，兵轮商轮，通行无阻，自缅甸灭于英，下游通海之道，尽为英有。

南盘江 即（泸江），源出石屏县之石屏湖，及征江县抚仙湖诸水，东流广西贵州边境，入广西之黔江。

元江 下游即（安南之富良江），源出楚雄县之紫溪山，会马龙河白岩江之水，迤逦于哀牢山脉火焰山脉之间，入安南之富良江。

李仙江 即（把边江）源出蒙乐山脉东支间，与蒙乐山脉并行，南行入安南。

湖泊，则有昆明之滇池，在昆明之西南，周三百余里，苍崖万丈，绿水千寻，风景幽秀之至，有小轮航行于昆明昆阳之间，是为云南独一无二之水上航行，下游即普渡河，入金沙江。洱海，在大理东，水面狭长，形如人耳，故名。拔海六千五百尺，古名叶榆泽，亦曰洱水，长九十里，广十里乃至二十里，波涛万顷，澄泓一色，源出于洱源县北之罢谷山，汇山谷诸流，又合点苍山十八川而成巨浸，西南流，会于漾濞江。洱海水淡，其上渔船甚多，至其灌溉之利，与滇池相比美。其余如澄江县之抚山湖，江川县之星云湖，河西县杞麓湖，而抚山星云二湖，相距不过数里，蒙自之缕海，石屏县之石屏湖，均称湖光山色，风景宜人。

四、面积

云南全部面积，计一百十一万方里，每里以五百四十亩计之，则有五九九，四〇〇，〇〇〇亩，根据国府统计局材料，云南全省耕地面积，为二千七百十二万五千亩，则耕地（九十八县）面积，只占全部土地（包括山林川泽）百分之四·五二五。而云南素称山国，以其地多崇山峻岭，故耕地面积，实占少数，是无疑问，惟耕地究竟是否为二千七百十二万五千亩，是尚有探讨之必要。

第一，根据云南清丈处已清丈完竣之十县报告，清丈之结果，溢出面积一倍乃至三倍者，则将来全省清丈完竣，全省耕地之面积，则必倍于现在所统计之数字，兹将清丈处清丈完竣之十县报告录下以供参考：

（旧有面积 = 100）

县别	旧有面积	新测面积	增溢面积	增加之百分率
昆明	178 000. 000	431 877. 990	253 877. 990	242. 62
晋宁	51 000. 000	123 415. 400	72 415. 400	242. 00
呈贡	54 000. 000	253 261. 500	199 261. 500	469. 00
昆阳	64 191. 100	200 079. 400	135 888. 300	311. 13
宜良	81 110. 000	274 544. 514	193 434. 514	339. 47
徵江	61 000. 481	133 273. 100	72 272. 616	218. 48
富民	24 920. 800	66 807. 800	41 887. 000	268. 09

续表 1

县别	旧有亩积	新测亩积	增溢亩积	增加之百分率
安宁	61 659. 990	234 544. 283	172 884. 293	380. 39
玉溪	108 244. 260	202 571. 200	94 326. 940	187. 14
嵩明	103 319. 120	363 242. 400	259 923. 280	351. 57
总计	787 445. 754	2 284 328. 587	1 496 882. 833	290. 09

根据上表十县清丈之结果，增溢耕地百分之二九〇・〇九，实际增加已将两倍。

第二，国府统计局所发表耕地之数字，系根据云南九十八县之报告而汇成，惟单就其中昆明等十县已清丈完竣之县份，耕地之数字亦有出入处，兹将国府统计局昆明等十县耕地数字抄录于下：

县别	亩数	县别	亩数
昆明	600 000	徵江	61 000
晋宁	50 000	富民	56 000
呈贡	59 000	安宁	140 000
昆阳	71 000	玉溪	95 000
宜良	120 000	嵩明	346 000
总计	1 598 000		

上列十县之数字，只有昆明一县，是超过新测亩积计十七万亩，其余九县，均在新测亩积数字之下。如以此十县耕地数字一五九八〇〇〇亩，与新测亩积二二八四三二八・五八七亩比较，则新测亩数增加百分之一四二・九五，如果舍去昆明只以晋宁等九县来推算，国府统计局九县耕地为九九八〇〇〇，新测九县亩积为一八五二四五〇・五九七则新测亩积应增加百分之一八五・六二。

第三，云南现有行政区域，计有一百另七县，十五设治局，二特别区，一市区。除昆明市并入昆明县及特别区并入靖边马关不计外，国府统计局只九十八县之统计，尚缺西畴，江城，双江，车里，五福，佛海，镇越，六顺，永仁等九县；及威信，金沙，靖边，猛丁，临江，干崖，盏达，陇川，猛卯，芒遮板，泸水，阿墩子，上帕，知子罗，菖蒲桶等十五设治局之耕地统计（滇省之西南部西北部，与英法缅甸安南相毗连，居民大都夷人，故政府特置设治局以治之，为将来设县之初步），而设治局区域，其广袤且有超过内地县治者，基上三点原因，则云南耕地非全部清丈完竣后，无从知其确数，但可确知其耕地面积必超过国府统计局之材料（即二千七百十二万五千亩）。兹就国府统计局所发表云南各县耕地之数字，其已清丈者，则根据新测亩积，并根据二十二年云南民政厅户口总调查册，汇成云南各县总户农户田地表如下：

云南各县总户农户田地表

县号	县名	户数		田地亩数		
		总户数	农民户数	总亩数	水田亩数	旱地亩数
1	昆明（市）	66 704	28 540	431 877	310 951	120 926
2	富民	6 971	4 940	66 807	39 416	27 391
3	晋宁	9 688	8 428	123 415	113 542	9 873
4	呈贡	16 126	10 482	253 261	103 077	150 184
5	宜良	22 242	17 097	274 544	183 039	91 505
0	易门	12 254	11 089	56 000	37 000	19 000
7	安宁	10 766	9 689	234 544	130 641	103 903
8	禄丰	7 116	5 692	62 973	40 932	22 041
9	罗次	9 759	5 855	347 000	322 000	25 000
10	嵩明	20 513	17 751	363 242	232 724	130 518

续表 1

县号	县名	户数		田地亩数		
		总户数	农民户数	总亩数	水田亩数	旱地亩数
11	昆阳	11 030	9 044	200 079	143 717	56 362
12	武定	25 696	22 098	434 000	217 000	217 000
13	元谋	7 759	6 575	239 000	70 000	169 000
14	禄劝	23 959	17 250	200 000	50 000	150 000
15	徵江	14 330	10 747	133 273	87 520	45 753
16	玉溪	28 287	18 386	202 571	159 931	42 640
17	江川	13 773	12 492	35 000	20 000	15 000
18	路南	18 099	17 915	359 000	64 000	295 000
19	曲靖	24 035	15 622	250 000	198 000	52 000
20	沾益	33 732	33 563	315 000	290 000	25 000
21	陆良	33 617	32 151	225 000	180 000	45 000
22	罗平	24 626	14 283	150 000	18 000	132 000
23	寻甸	29 925	23 940	420 000	252 000	168 000
24	宣威	58 467	48 692	215 000	58 000	157 000
25	马龙	9 342	8 713	130 000	62 000	68 000
26	平彝	23 639	22 009	335 000	3 000	332 000
27	巧家	40 369	32 295	542 000	216 000	326 000
28	昭通	46 651	38 393	800 000	168 000	632 000
29	大关	23 284	17 625	225 000	124 000	101 000
30	永善	34 344	22 427	200 000	80 000	120 000
31	绥江	16 544	8 454	200 000	18 000	182 000
32	鲁甸	14 147	12 732	553 000	27 000	526 000
33	镇雄	59 937	41 956	1 362 000	613 000	749 000
34	彝良	35 544	24 881	806 000	274 000	532 000

续表 2

县号	县名	户数		田地亩数		
		总户数	农民户数	总亩数	水田亩数	旱地亩数
35	楚雄	22 824	21 774	199 000	107 000	92 000
36	广通	8 077	7 654	160 000	104 000	56 000
37	双柏	13 355	10 176	120 000	59 000	61 000
38	牟定	17 125	13 700	214 000	176 000	38 000
39	盐兴	5 192	3 634	110 000	50 000	60 000
40	盐津	17 798	12 458	580 000	80 000	500 000
41	蒙自	26 699	21 359	318 000	159 000	159 000
42	个旧	16 496	6 928	244 000	181 000	63 000
43	建水	44 150	17 836	199 000	75 000	124 000
44	河西	15 696	5 179	128 000	41 000	87 000
45	峨山	13 650	7 215	105 000	25 000	80 000
46	石屏	32 218	14 820	116 000	85 000	31 000
47	通海	16 466	6 805	24 000	8 000	16 000
48	开远	19 636	13 745	125 600	25 120	100 480
49	文山	37 833	34 049	603 000	90 000	513 000
50	马关	37 197	26 038	1 050 000	168 000	882 000
51	广南	51 486	20 543	1 667 000	267 000	1 400 000
52	富州	17 654	12 358	512 000	87 000	425 000
53	泸西	29 919	23 845	160 000	100 000	60 000
54	师宗	9 970	6 979	113 000	37 000	76 000
55	弥勒	24 038	12 019	1 095 000	756 000	339 000
56	邱北	13 412	8 342	564 000	94 000	470 000
57	华宁	20 792	16 634	1 080 000	648 000	432 000
58	西畴	27 429	16 457	84 855	50 913	33 942

续表 3

县号	县名	户数		田地亩数		
		总户数	农民户数	总亩数	水田亩数	旱地亩数
59	曲溪	6 330	4 431	10 000	9 000	1 000
60	宁洱	14 044	9 831	268 000	214 000	54 000
61	景谷	17 904	12 621	82 000	58 000	24 000
62	墨江	24 961	19 219	150 000	10 000	148 000
63	思茅	5 573	2 786	144 000	108 000	36 000
64	元江	18 319	12 823	94 000	36 000	58 000
65	新平	12 775	11 625	152 000	76 000	76 000
66	澜沧	37 468	21 656	503 000	161 000	342 000
67	镇沅	11 038	7 760	29 000	19 000	10 000
68	景东	32 074	16 165	179 000	70 000	109 000
69	缅宁	16 809	13 511	247 000	105 000	142 000
70	江城	5 759	4 147			
71	双江	11 466	8 255			
72	车里	7 559	5 442			
73	五福	7 166	5 158			
74	佛海	5 513	3 859			
75	会泽	58 413	40 889	206 000	96 000	110 000
76	镇越	5 150	3 708			
77	六顺	6 634	4 776			
78	腾冲	52 596	36 817	313 000	232 000	81 000
79	龙陵	18 725	16 722	180 000	80 000	100 000
80	保山	67 045	44 471	214 000	161 000	53 000
81	大理	16 192	11 027	134 000	131 000	3 000
82	顺宁	42 612	34 409	260 000	144 000	116 000

续表 4

县号	县名	户数		田地亩数		
		总户数	农民户数	总亩数	水田亩数	旱地亩数
83	镇康	23 823	20 460	102 000	32 000	70 000
84	永平	7 596	6 381	138 000	134 000	4 000
85	祥云	21 067	14 747	208 000	146 000	62 000
86	洱源	11 297	8 857	104 000	70 000	3 400
87	邓川	7 157	4 695	74 000	51 000	23 000
88	云龙	15 214	10 649	183 000	93 000	90 000
89	凤仪	10 402	7 666	70 000	59 000	11 000
90	云县	22 912	16 038	218 000	90 000	128 000
91	漾濞	5 059	3 556	38 000	37 000	1 000
92	姚安	18 099	12 099	177 000	114 000	63 000
93	华坪	14 414	10 089	527 000	318 000	209 000
94	蒙化	36 884	22 130	276 000	132 000	144 000
95	弥渡	17 672	15 699	117 000	60 000	57 000
96	鹤庆	15 309	13 778	201 000	181 000	20 000
97	剑川	13 501	9 450	80 000	55 000	25 000
98	中甸	6 034	5 114	85 000	34 000	61 000
99	丽江	28 375	14 188	208 000	125 000	83 000
100	维西	9 107	6 858	66 000	20 000	46 000
101	兰坪	12 409	7 445	101 000	34 000	67 000
102	大姚	14 809	14 512	96 000	48 000	48 000
103	永仁	15 653	10 957			
104	宾川	18 232	16 409	225 000	112 000	113 000
105	盐丰	5 995	4 196	212 000	127 000	85 000
106	镇南	16 712	11 698	128 000	80 000	48 000

续表 5

县号	县名	户数		田地亩数		
		总户数	农民户数	总亩数	水田亩数	旱地亩数
107	永北	22 276	15 593	178 000	12 500	53 000
108	威信设治局	7 606	5 324			
109	金河设治局	6 380	4 466			
110	靖边设治局	14 769	10 338			
111	猛丁设治局	3 352	2 346			
112	临江设治局	2 072	1 450			
113	干崖设治局	5 475	3 833			
114	盏达设治局	5 111	3 578			
115	陇川设治局	2 272	1 590			
116	猛卯设治局	4 599	3 219			
117	芒遮板设治局	7 907	5 535			
118	泸水设治局	3 434	2 404			
119	阿墩子设治局	1 214	849			
120	上帕设治局	4 316	3 021			
121	知子罗设治局	3 280	2 296			
122	菖蒲桶设治局	1 985	1 390			
总计	122	2 338 272	1 659 364	27 896 183	12 592 603	15 303 680

注：1. 总户数系根据云南民政厅民国二十二年户口总调查册所录。

2. 农民户数系按国府统计处之数字比例折算而成。

3. 田地总亩数系根据国府统计处所发表之数字，惟昆明西畴等十一县，则根据云南清丈处之清丈报告。

4. 昆明西畴等十一县之水旱耕地面积，按国府统计处之水旱田比例折算，其余县份则根据国府统计处之数字。

根据上表统计结果，全省农户占总户口之百分之七〇·九六，全省耕地总面积（缺八县十五设治局）为二千七百八十九万六千一百八十三亩，水旱田之比例，水田占百分之四五·一四，旱田占百分之五四·八六。

第二章　云南的政治经济概况

一、民政

云南民政总括看来，尚属进步。但与腹地省分同犯名不副实的毛病。查云南有百零七县及昆明市中，有四十八县名为完成自治，但自治的实质，并不是代表人民的利益。各区长多是由自治学校卒业的青年学子，并经政府指派。其中认真办事，肯为人民谋利者，亦尚有之。

警察行政，各县均有，条理尚欠整齐，例如警察人数不能与户口或人口为比律，枪支亦不全。

保卫团各县及各设治区均有。人数不定，枪枝多于人数。但枪枝甚坏，枪数约共九千余枝。

除正式军队以外，县政府及其他有统计的枪枝在一万五千以上，可知道云南地方之不靖，且每到村中小市镇，都可看见许多碉楼林立，作为御匪击匪的保障。

根据二十一年云南民政厅全省户口总调查统计报告书，云南的人口约一一，七九五，四八六。其分布状况，平原每方英里约四百余人，山地约四十余人除老年及未成年外，其职业分类如下：

农人	二，四三七，六八四	四三・七四%
工人	七〇九，三九七	一二・七三%
商人	一六九，六〇二	三・〇四%
学界人	四三，五〇三	〇・七八%
军政界人	五六，四八二	一・〇一%
家事人	一，六二八，二八一（注）	二九・〇四%
自由业人	二六，〇九三	〇・一九%
不正当业	四〇，〇四七	〇・七二%
无职业	三五二，五三七	六・三二%
废人	一三四，九八九	二・四二%
计	五，五七二，八八二	一〇〇・〇〇

注：家事人即各界家中妇人。

云南全省自治，已完成者计有四十八县，其西南部与西北部因地面辽阔种族语言之复杂，则设立设治局，委任佐治人员治理之，兹将云南全省自治及警卫人数列表于下。

县名	自治	警察		保卫	
		人数	枪	人数	枪
昆明市	完成	785	418	116	82
昆明县	完成	42	27		
富民		23	10	91	136
晋宁	完成	34	14	46	59
呈贡	完成	33	29	35	91
宜良		23	52	51	138
易门	完成	26	10	71	160
安宁	完成	28	10	81	25
禄丰	完成	14	14	131	92
罗次	完成	45	17	68	
嵩明	完成	23	18	31	61

续表 1

县名	自治	警察		保卫	
		人数	枪	人数	枪
昆阳	完成	21	11	57	242
武定		10	14	57	
文谋	完成	11	7	61	172
禄劝		11	10	32	85
澂江	完成	36	20		
玉溪	完成	50	52	74	206
江川		16	6	114	150
路南		34	7	21	14
曲靖		44	141	61	69
沾益		22	17	101	110
陆良		52	12	67	81
罗平	完成	14	0	70	
寻甸		52	7	28	25
宣威	完成	36	20	151	98
马龙		28	0	78	91
平彝		23	10	71	121
会泽		28	6	120	94
巧家		39	4	71	91
昭通		116	11	28	327
大关	完成	22	12	55	84
永善	完成	67	46	61	84
绥江		12		46	86
鲁甸	完成	23	13	41	38
镇雄		22		121	61

续表 2

县名	自治	警察		保卫	
		人数	枪	人数	枪
彝良	完成	14	10	41	38
楚雄	完成	23	4	85	145
广通		27	24	31	
双柏	完成	10	9	94	258
牟定		18	17	41	43
盐兴		63	47	41	43
盐津		14	20	126	110
蒙自		46	50	55	173
个旧		78	26	325	32
建水		11	2	235	
河西		12	10	45	69
峨山	完成	22	14	41	
石屏		60	38	45	
通海	完成	14		85	
开远		34	14	65	
文山	完成	20	13	81	400
马关	完成	22		110	
广南		15	10	55	33
富州		10		45	95
泸西	完成	23	11	85	
师宗		9	5	35	136
弥勒	完成	33	10	85	33
邱北		19		85	

续表 3

县名	自治	警察		保卫	
		人数	枪	人数	枪
华宁		15	5	120	287
西畴		10		95	168
曲溪	完成	38	5	55	
宁洱	完成	26	14	131	90
景谷	完成	15	21	21	9
墨江		26	14	41	17
思茅		15	21	34	83
元江	完成	34	10	61	57
新平	完成	15	17	61	34
澜江	完成	20	20	55	34
镇沅				55	
景东	完成	14	8	91	109
缅宁		13		68	107
江城	完成	7	7	51	32
双江	完成			18	30
车里				20	17
五福	完成			20	13
佛海				16	6
镇越				21	3
六顺	完额①			21	21
腾冲		67	67	79	101
龙陵		13	4	21	27
保山		75	15	90	250
大理		73	22	45	145

① 原文是“额”，似应为“成”。

续表 4

县名	自治	警察		保卫	
		人数	枪	人数	枪
顺宁		40	19	86	170
镇康	完成	10		60	62
永平	完成	20		25	51
祥云		43	8	37	82
洱源	完成	19		42	120
邓川	完成	22		35	157
云龙	完成	62	29	65	
凤仪		40	22	42	128
云县		36	20	120	
漾濞	完成	14		35	167
姚安		31	12	45	123
华坪		6		71	71
蒙化		56	26	31	
弥渡		29	20	41	140
鹤庆		25	10	121	216
剑川	完成	37		61	
中旬①		12	38	19	
丽江		33		109	109
维西		16	10	54	52
兰坪	完成	11	3	96	124
大姚		23		101	
永仁		12	7	51	72
盐丰	完成	24		46	

① 原文是“旬”，似应为“甸”。

续表 5

县名	自治	警察		保卫	
		人数	枪	人数	枪
镇南		13	10	81	
永北		67		45	
宾川	完成	79	33	164	101
威信治局				52	15
金河治局				71	
靖边治局				35	17
猛丁治局				35	45
临江治局				21	24
干崖治局					
盏达治局				24	
陇川治局				20	
猛卯治局				45	
芒遮治局					
泸水治局				80	6
阿墩孜治局				27	33
上帕治局				11	6
知子罗治局				40	43
菖蒲桶治局				17	23
合计 123	48 完成	3 719	1 914	8 297	9 114

二、教育

云南省之教育经费独立始于民国十八年三月。自十九年度起，逐年收入，均有增加，平均每年约滇票五百万余元（合大洋六十三万元）。该款来源是由省府决议，指定卷烟特捐作为全省教育专款，并规定该项特捐未实行整理增加收入以前，若有不敷，应由财政应如数拨足。经费既已确定，云南教育，今后当有发达的希望。滇省的教育，在满清时已有相当基础。宣统三年教育经费即达四十余万两（国币六十余万元）。民元时，亦不下六十三万余元，至民五护法军兴，库款支绌，经费减至十四万余。民十二年以后币价低落，学务人员之精力殆大半疲于经费之奔走呼号，难有进展。民十七，滇省政府召集整理内政会议，教育厅乃提出“请划拨教育经费保障其独立”之议案。至十八年，始得圆满结果。教育经费全恃卷烟特捐共分三种征收：

1. 纸卷烟捐率分为下列十六项。

项目	1	2	3	4	5	6	7	8	9	10	11	12	13	14	15	16
每十枝捐银数	〇·〇一元	〇·〇二	〇·〇三	〇·〇四	〇·〇五	〇·〇六	〇·〇七	〇·〇八	〇·〇九	〇·一〇	〇·一二	〇·一四	〇·一六	〇·二〇	〇·二五	〇·三〇

2. 叶卷烟捐率分为下列二项。

（1）外国或外省。

一等（大枝吕宋烟）每枝纳捐一角至三角；

二等（小枝吕宋烟）每十枝纳捐一角至三角。

（2）本省造叶卷烟分五等。

一等每百枝纳捐　一角八仙至二角；

二等（每百枝纳捐）　一角六仙至一角八仙；

三等（每百枝纳捐）　一角至一角二仙；

四等（每百枝纳捐）　六仙至八仙；

五等（每百枝纳捐）　四仙。

3. 烟丝其烟叶捐率分为下列二项。

（1）烟丝分三等。

一等每担值国币一百元以上者纳费二百元；

二等每担值国币五十元以上至百元者纳捐一百元；

三等每担值国币五十元以下者纳捐五十元。

(2)、烟叶分三等。

一等每担值国币　一百元以上者纳捐一百元；

二等（每担值国币）　五十元以上至一百元者纳捐五十元；

三等（每担值国币）　五十元以下者纳捐二十五元。

滇省教育经费之分配如下

二十一年度教育岁出预算表

（单位旧滇币元）

款目	预算数	备考
第一款省办学校教育费	二，二九六，四七〇元	大学由省库补助一九四，二八〇元
第二款各校学生奖助学金	五四五，一〇〇元	
第三款省办社会教育	四一一，九八八元	
第四款留学费	四〇六，四四〇元	
第五款县市私学	一三七，九一六元	
第六款学术文化团体补助	二九，七〇〇元	
第七款经费管理费	一六二，六三〇元	
第八款教育厅及附属机关费	一〇五，〇〇〇元	
第九款各县区义民教育补助	四八七，四五〇元	
第十款预备费	二二九，一三四元	
合计	四，八一一，八二八元	

滇省最高学府为东陆大学，校址在昆明。该校发起于民国九年。十一年筹备成立，始办预科。十四年春办文工科。因须提高中学程度，故于十六年春办附属中学。十七年第一届本科学生毕业。民十九停办预科及中学。校制一切均遵照中央法令办理。现校内各学院分系如下：

文理学院｛政治经济系
　　　　　法律系

工学院{探矿冶金系
土木工程系}

教育学院{文史地组
数理化组
教育组}

医学专修科（为将来改医学院之准备）

全校学生约共二三百人，职员六十余人，教员六十余人。

每月经费共现金一万一千八百元（合大洋八千二百元）。

中等教育及师范机关全省共有八十所，普设于六十余县，约每二县有中学一所。

全省小学统计约如下

	高级小学	初级小学	幼稚园
省立	六校	六校	二校
县立	二二八校	八七四校	
区立	四一一校	八，五三六校	一校
学生数	四〇，二四五人	四〇七，〇一四人	一，四〇三人
教职员数	二，七四三人	一五，二六五人	五九员

根据云南民政厅二十一年云南全省户口总调查统计报告书，成年（十九岁以上）的识字人数，仅百分之九·三（识字者四八五，五四一人，不识字者四，六六三，二三九人），而十三岁至十九岁的识字者增至一〇·三（内识字者二五六，一一三人，不识字者一，二六六，〇三〇人）；学龄儿童识字人数又增至百分之十六半（已入学者二八七，二九三人，未入学者一，四五〇，二七五人）未始非教育逐渐普及之表现也。但昆明城里仍不免有私塾，乡间小学虽挂学校牌字，教员仍是教小学生读《三字经》《百家姓》《论语》《诗经》。其所以如斯者，缺乏人材为最大原因。不但小学如斯，所见中学，程度亦不甚高。据在大学教书的朋友谈，亦感觉人材的缺乏。闻教育界党派意见甚深，此诚为学

术进步之大障碍，亟须改革者也。

云南省城民众教育馆

民众教育馆即文庙旧址，因陋就简，改为六部，每部设备尚属完全。游览人亦踊跃。读书室杂志报纸阅览室，都常有不少读者。该馆历史是由民国十九年始办云南省立博物馆及民众图书馆。二十一年改名云南省立昆华民众教育馆。一切组织都是按照教育部颁行的民众教育馆组织规程办理。现已有总务，出版，阅览，陈列，健康，推广诸部。每月经费不过国币千元（请参看照片）。该馆的组织内容及经费如下：

<table>
<tr><td rowspan="2">名称</td><td colspan="6">职员</td><td colspan="6" rowspan="2">组织</td></tr>
<tr><td colspan="3">男</td><td colspan="3">女</td></tr>
<tr><td rowspan="2">云南省立昆华民众教育馆</td><td colspan="3">三十八人</td><td colspan="3">一人</td><td>健康部</td><td>推广部</td><td>出版部</td><td>总务部</td><td>阅览部</td><td>陈列部</td></tr>
<tr><td colspan="6">总计三十九人</td><td colspan="6">活动场所</td></tr>
<tr><td>馆址所在地</td><td colspan="6">职员资格</td><td rowspan="4">国术研究会
网球场
乒乓球室
儿童运动场
星期旅行团</td><td rowspan="4">通俗演讲会
美术研究会
民众音乐室
民众音乐研究会
民众棋弈室</td><td rowspan="4">民众生活周刊社
民众画报室
民众丛书编辑处</td><td rowspan="4">文书处
会计处
庶务处</td><td rowspan="4">普通阅报室
杂志阅览室
妇女阅览室
儿童阅览室
普通阅书室</td><td rowspan="4">科学陈列室
卫生陈列室
美术陈列室
二古物书画陈列室
实业出品陈列室</td></tr>
<tr><td>昆明市孔庙内</td><td>大学毕业者</td><td>高师毕业者</td><td>专科学校毕业者</td><td>师范学校毕业者</td><td>中学毕业者</td><td>其他</td></tr>
<tr><td>成立年月</td><td rowspan="2">三人</td><td rowspan="2">四人</td><td rowspan="2">九人</td><td rowspan="2">六人</td><td rowspan="2">九人</td><td rowspan="2">八人</td></tr>
<tr><td>二十一年四月</td></tr>
<tr><td>馆长</td><td colspan="6" rowspan="2"></td><td colspan="6" rowspan="2">此外尚有设计委员会及经费稽核委员会等组织</td></tr>
<tr><td>陈玉科</td></tr>
</table>

经费								
经常岁入数	临时费岁入数	岁出数						
		职员薪俸	事业费	办公费	修缮费	推广费	出版费	
九六〇〇〇	定数	七二〇〇〇〇	一四四〇〇〇	九六〇〇〇	二四〇〇〇〇	三〇〇〇〇〇	二四〇〇〇〇	
来源	来源							
省教育经费委员会	同上							

三、财政

云南的财政，在清时常受黔川两省之协助。民国以来，虽协助中绝，尚能自给。自民国四年以后，因护国军讨袁，军需异常扩大。截至民十八，无日不在内战空气中，所以财政困难，达于极点。政府为弥缝计，铸造劣等现币，发行纸币，致使财政更加紊乱。加以政府及土匪向农村捐款，征夫，征粮，征税。小匪四出，鸡犬不宁。尚幸该省民气不开，交通不便，外国货物输入不多，风俗俭朴。自民十八以来，财政渐次整理，颇有成效。兹将二十年度收支预算照录如下（根据云南财政特刊，二十年财政厅印行）：

云南省财政厅二十年一月至六月收入统计表

税目	二十年收入概算	每年平均应收数	半年实收数	备考
田赋及附税	1 100 000.00	91 666.66	268 756.90	照银本位计算
牲屠税	450 000.00	37 500.00	785 914.06	
商税	160 000.00	13 333.00	32 537.76	
茶税	40 000.00	3 333.33	22 370.51	
糖捐	260 000.00	26 666.66	43 395.45	
锡税	750 000.00	62 500.00	167 142.20	
厘金	530 000.00	44 166.66	144 107.56	
布纱杂货附捐	700 000.00	58 333.33	232 301.87	
煤油化妆品附捐	500 000.00	41 666.66	22 944.72	
川盐捐	150 000.00	12 500.00	47 832.72	
烟酒税	500 000.00	41 666.66	177 406.12	
契税矿税官租及各项杂收	110 000.00	9 166.66	130 127.96	
河口俱乐捐	60 000.00	5 000.00	6 212.62	
盐税	840 000.00	70 000.00	520 000.00	根据盐务稽核所税收概算之数
军饷捐	800 000.00	66 666.00	402 440.94	根据盐运使署函报预算数
禁烟罚金	4 060 000.00	338 333.33	1 442 081.29	根据禁烟局呈报预算数

续表 1

税目		二十年收入概算	每年平均应收数	半年实收数	备　考
造币余利		480 000.00	40 000.00	200 000.00	省令每月以纸币十万元解厅补助军政临时费其余解整理金融委员会
印花税				15 836.20	省府议决拨充建设修路经费
个旧俱乐捐				154 212.62	
消费税				812 672.93	
总计	本位币	11 490 000.00	957 499.94	5 028 244.43	
	纸币	57 450 000.00	4 787 499.70	25 141 472.17	

云南省财政厅二十年一月至六月支出统计表

（照银本位计算）

科目	经常支出(元)	临时支出(元)	上年度支出(元)	合计(元)
党务费	51 320.00	2 375.00		53 695.00
陆军费	1 136 108.49	1 144 487.25	17 539 61	2 298 135.35
省政府费	27 436.51	183 846.93	1 345.68	212 692.12
民政费	109 662.99	70 726.57		182 052.43
财政费	164 126.22	20 500.17		184 626.39
教育费	47 452.40	11 440.00		58 892.40
建设费	122 730.74	10 744.46		133 475.20
农矿费	14 289.33	92 004.80	1 112.84	107 406.97
外交费	6 397.44	4 275.87		10 673.31
司法费	39 140.13			39 140.13

续表1

科目		经常支出(元)	临时支出(元)	上年度支出(元)	合计(元)
市政费		142 139.15	4 706.18		146 846.33
各项补助费		25 393.12	4 237.04		29 630.16
杂费		36 814.97	42 284.32	1 728.00	80 827.29
整理金融款			2 429 094.58		2 429 094.58
交通费		22 837.09			22 837.09
总计	本位币	1 945 848.58	4 020 723.17	23 389.00	5 989 960.75
	纸币	9 729 242.90	20 103 615.85	116 945.00	29 949 803.75

注:根据云南财政厅之统计,纸币五元抵本位币一元。

据深悉云南财政者言：该省收入，每年至少在一千六百余万以上。目下财政，亦算能实现统收统支，但财政前途，仍不容许乐观。因若将来鸦片禁绝，收入顿减少半数。以交通不便，工商不发达的时期，一时要增加岁收百分之五十，是万不可能的。如须澈底禁烟，则除中央补助经费，同时改良农业，振兴工业，以增加收入外，别无良法。况云南地域辽阔，约百余县，每年行政费预算至少四百四十余万元，较之江浙只及七分之一。以边疆之省，界于二大国领土之间，行政费用如此之少，可算省无可省了。现时因为政费不丰，致使边疆的吏员，难免贪污，诸事更形腐败，不可不注意也。

云南的苛捐杂税，我们调查所得不多，其性质异常复杂，因云南捐税全省颇不一律：因人而异，因地而异，因事而异，因时而异。比较普通的有：门户摊派，屠宰，酒税，人马店，馆店，斗称，戏园，小号，碾，船，押号，栈，油行，路捐，摊子，水款，牙捐，布捐，皮捐，党务，米代等类。带有地方性的有旱碾，水碾，兽毛，杉板，各项兜捐，川烟，板桥。

又有同一捐而巧立名目作几种收法者，如屠宰捐可分为官肉，牲屠，肉案，肨猪，屠案，屠宰验查等。

现政府拟将杂税取消，而附加于田赋上。上上田每亩加税至六角，中上一角一分二厘，下上四分。

云南的通货最通行的共有三种：

（1）新滇票，系云南省立富滇新银行。最近所发行。目的在改良该省币制，取消旧滇币，以后拟一律通行新票，现规定每新滇币一元换该省所铸之银质半开币（每枚五角）两枚（即一元）。

（2）半开银圆系该省历年来所铸，重量三钱六分，即二枚合七钱二分。所以二枚等于一元。但因为汇水的关系，早晚时价不同，大概三个半开币可以换国币大洋一元。半开币在市面上换新滇票，虽名为一元兑三元。但收用银币的人对半开银元仍有新旧之分，此由于银之成色不同。最喜用的是清末时所铸者；以唐督以后龙主席以前的为最劣。

（3）旧滇币系唐督滇时富滇银行所发行之纸币。因政治的变迁，原来一元纸币可值半开银币一元（二枚），现时旧滇币五元；只可换半开币一元；旧滇币七元五角只能换国币一元。人民所受的损失，可想而知。

云南财政之主要收入——鸦片税

初到昆明，就看见劳动市民很多是带了一副无精打彩的样子。我们坐人力车都要注意选择强壮的车夫，不然不是使你达不到目的地，就是二步一喘，三步一停。昆明市的机关，一般的商店和手艺店，日间都是开门甚迟。以昆明之微，人口不过十四万余，据说每日要销熟烟约八千余两。坐在四等的小火车里面，一个车厢里也可以发见一二个烟灯。由昆明到昆阳的小轮船，不过三小时的航程，也有人要烟灯横陈的过瘾。烟瘾之养成大约不外下列数因。

1．富人无事做，吃烟以消闲，因而成瘾。

2．因病吸烟治疗而成瘾。老百姓因无知识，医生又没有好的。凡一生病，都以鸦片烟为医百病之良药，因为多吸鸦片，可使知觉麻醉，如牙痛，湿气，花柳，甚至如脚指痛，都以吸鸦片烟疗之。

3. 因娱乐而吸者。社会缺少正当娱乐。青年多流于赌与嫖。嫖赌必以吸烟补神，终致成癖。

4. 劳动阶级每因劳动过度，常吸一口烟，可得暂时的舒畅，因而成瘾者不少。

5. 由社交应酬，普及更快，致使家中妇女受害者亦不乏人。

云南因为，（1）官不禁鸦片，（2）鸦片烟价廉，所以烟毒已深流入了上中下各种社会。有瘾的人虽无确实的统计，在成年的男子总有百分之三十五乃至四十。若是外省人到了云南，一旦染了此癖，则永无出云南而回家乡的希望了。

吸烟的人，无论任何人都说烟是世界上最可恶的东西。吸烟有烟瘾者，莫不希望政府澈底禁烟。在吸烟人心理，只要市上无买烟所，当然成为不戒自戒了。反之，只要有买处，烟瘾者虽明知犯法，亦非买一点来畅快一时不可，所以各地禁烟不成，不由于人民的反对，实在于政府的敛财。

鸦片为害云南农村至为明显。大约农家的衰落十分之八是由于吸烟。凡一家农人的兴旺，全靠当家（主人）为人如何。若主人一朝将鸦片成瘾，家中一举一动，都由紧张而变成松缓了。因此田园荒芜，收入低减，而消费方面特别增加。除购烟与纳烟捐需款外，还须增加医药费。五口之家，因而家破人散，其惨不可言状。因此男则为盗，女流为娼，小则为害一方，大则为害社会。加以吸鸦片成瘾后，都不愿努力工作，得过且过，至财产用尽，则思为非作歹。有本领的则造群结党，以为绿林豪杰，无能的只好偷窃农产品或四季小菜，至使农村无不受害。农人为预防损失计，或不敢种植小菜花果；或稻谷之类不待成熟，即提前收割，以免偷盗。可见间接直接农村受其毒害，实难言其万一。如鸦片烟不禁绝，贼盗则不能消灭，地方绝无安宁的可能，为害农村前途，实可叹也。

云南当局，莫不认禁烟为目前的急务，但虽如此说，事实上却不易办到，因为云南烟一旦禁绝，财政收入则必大减少，况且除特税，附加税，地亩捐等等收入都出于鸦片外，尚有价值一二千万元的特货输出，可以从外省换来大批的洋纱布匹等，这都是云南当局看得到的，因此云南的禁烟，非中国全部禁烟有具体办法后，是不可能行的。但他们虽在此困难环境之中，还在想设法改良寓禁于征的办法：

（1）禁种，放弃多种多罚的办法，而采取限种改种的政策，以每年递减，五年完全改种他种农产品，以免农村经济之受恐慌。

（2）禁运，采统运统收政策，不使私漏。

（3）禁吸，采取公膏办法，使已成瘾者，自由戒除，日渐减少，未成瘾者，无法玩弄，不再增加。

云南鸦片税

（1）地亩捐，凡种鸦片之田亩，除纳正当粮丁以外，须再纳一种特别税，名曰地亩捐（又名禁烟罚金）。近来由禁烟局酌量情形，限定各县最高种烟亩数，每亩须纳滇币十五元，若超出所指定的亩数，须预先呈报，照章纳税，不然被区公所查出后，罚十分之三，经县长查出，罚十分之五，经禁烟局查出倍之。所以云南百零七县十五设治局，每县平均八千亩，每年的地亩捐，约在旧滇币一千四百万元以上（罚款在外）。

（2）特税，凡农民所收鸦片，不得私自输出他省或他国，须经小商人收集，运至昆明省城，经特许的商人收买，由商人报关，每百两生鸦片烟，须纳特税旧滇币百元，报关五元，公路捐二十五元，据说每年仅特税一项，约旧滇币两千万元以上，报关公路捐约六百万元以上，此外在收买鸦片时，由富滇银行放款，每百两烟土须放款滇币三百元，该放款由该特许商人在输入地（如梧州，广州，南宁，上海，香港等处），以该银行牌定的汇价偿还，因此可以避免商人操纵汇水。关于禁止私运烟土，定有章程，凡在边地三十里以内，系向边地运输者，应即截回，照现行税率罚十分之五外，勒令交保，运省城纳税存储，由特许商运出。

四、建设

建设厅组织

建设厅成立于民国十七年，其组织详下表，主管事项，原有公路，邮政，电报，农林，工，商，矿，水利，航空，新市，新村合作事业等十二项之多，改组后，即将农林，矿，工，商，水利等项划归实业厅办理，故现在的建设厅主管事项仅九项，即公路，邮电，行道树，河工，航政，新市，新村合作事业，乡道，县道等九项而已。

（一）公路

昆明市环城公路的宽度，普通为三丈六尺，然最宽者亦有至七丈二尺，最窄有二丈一尺者。城市以外的公路分省道，县道，乡道三种，省道宽二丈一尺，省道已拟定者有六：（1）滇东北路即由昆明经嵩明寻甸会泽鲁甸照通至四川边界之滩头。（2）滇东路由嵩明经沾益宣威或经陆良宗师罗平达贵州边界。（3）滇西路由昆明安宁禄丰广通楚雄镇南祥云大理至丽江达西康四川边界。（4）昆剥路由嵩明宜良路南弥勒开远文山广南至剥隘达广西边界，而与百色联络。（5）滇南路由昆明呈贡昆阳玉溪峨山新平墨江普洱思茅至打洛通缅甸边界。（6）滇北路由昆明经富民罗次武定元谋以达川边。现已成的土路，我所经过的有：（1）东北路已达羊街。（2）东路已达西靖沾益。（3）西路已超过禄丰。（4）滇南路已达玉溪。长途汽车，每路均已设立，并且各路均有

建设厅组织一览表

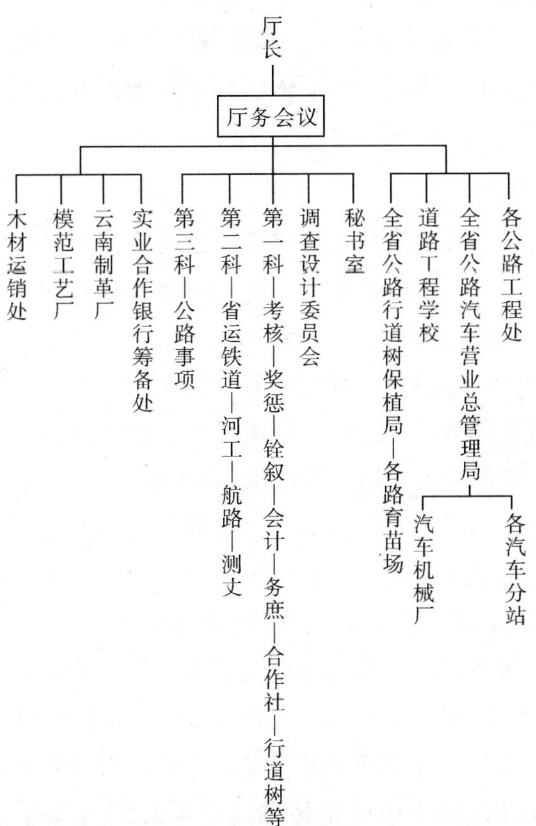

商办长途汽车，因官办长途汽车，管理欠完善，无利可得，诸种设备亦较商办者为劣，且车价油价，滇地均较上海高出一倍有余，又因汇水过高，一般人民无能利用，所以顾客甚少，加以官商竞争更不能获利矣。因之建设厅除应得之政费外，收入毫无，所以建设亦难进展。公路工程沿路虽均在动工，然人民之服征役者，大有不堪其苦之势，观一户常服征役至一百五十余工者，即知其梗概矣。加以滇省人才缺乏，技术人员不敷分配，常有筑成之路一经雨季即形崩坏。至于桥梁涵洞更成问题，除石木材料以外，其他价资俱高，而且无技术人材，建筑上不免有许多困难也，如能先将昆剥路修通，则滇货可由广西百色出口，可免法人之剥削，又北路修通。粮食药材大部份均可以由金沙江而出扬子江，是为云南最重要之公路。北路较短不成大问题，昆剥路甚长，非三五年不能竣工。行道树已着手办理，各县建设局亦均有苗圃设立。

（二）邮电

建厅之对于邮政除各县要求增设分局或代邮处转呈总局酌量增设外，其他一切事项均不能干涉，云南有邮局四十三所，代办所百九十所，民国十七年收入为一，三八七，七五三元，而支出一，五五三，〇〇〇元，所以每年约亏补十五六万元。云南对外贸易，货物之量小者，运转上利用邮政小包为多，因为省内无转运公司并可避免法国人检查及课税的麻烦。

云南电报局直属中央，省政府仅有保荐局长之责，故局内一切行政也不便过问，现无线有线分设两局，为管理方便计只设局长一人，统管两局电务，兹将大势情形分项写于下：

（1）电政管理局。该局远在光绪十二年，线路东达川黔，西通英缅，南联法越，直接粤西，国际交通，国防耳目至为灵便，自护靖诸役之后，云南成为西南重心，所有川黔粤闽赣湘鄂诸省筹备军国大计，靡不由电报传达，电局几致专供军用，商电几绝，因之收入减少，交通部对于历来协济，亦因此停止，是以业务至民八以后一蹶不振，至民十三，盗匪蜂起萑苻遍地，民十四以后，电报几无百里之通，至民十七年八月由财厅拨滇币十七万元委电工学士萧君扬勋接办整理，始修理旧线，十八年又添设滇黔线，由昆明曲靖平彝盘县，现已修复及新架线路长一万一千五百四十九里，设分局三十七，现在全区的收入，已达四十九万元，比较十七年之收入七万六千余元，几增七倍矣。

（2）无线电原先用长波，仅能与奉天广东之中国电台，及天津河内之法国电台通报，所有军政商务电报，大都由河内电台转达，电费既高，往来复滞，不惟垄断消息，抑且利权外溢，十七年改用短波后，乃由电局竭力与国内各电台联络，试验结果与南京沪川黔香港各电台直接通电，凡前由河内转之各电，至是概由上海转矣。迄今与滇台直接通报者，计有二十三台，凡从前各有线局所收由外国水线经转之京津港沪各电，一律拍至省局者，现已改归无线电局经转，不惟官商电报可期迅速，而发报人责任亦减轻不少。在十七年仅有百瓦特发报机一部，十八年秋又增一部，十九年夏增二百五十瓦特发报机一部，现无线电局共有收报机四部，百瓦特发报机二部，二百五十及五百瓦特发报机各一部，故同时可与四个电台通报，不可谓非云南建设上之一大进步。

云南省最近四年收发官商数字表

电别 / 数额 / 年别	收报				发报			
	官电		商电		官电		商电	
	通数	字数	通数	字数	字数	通数	字数	通数
17年	1 587	325 660	6 891	295 122	1 349	758 728	4 172	84 253
18年	1 627	299 677	8 698	312 872	1 476	154 830	7 055	135 480
19年	1 216	217 452	11 472	354 324	1 189	144 613	10 812	206 277
20年	722	122 790	14 217	365 905	714	84 218	14 782	286 274
合计	5 152	965 579	41 278	1 328 223	4 728	1 142 389	36 821	712 284

昆明市也有电话局，不过是用单线而已，用户仅四百八十户，其中商店约一半，官署机关及私宅用户约一半。

（三）滇越铁路

云南之滇越铁路在西历一九〇一年开工一九一〇年正式通车，现在里长，由海防到河口三八七公里（须十二小时三十七分），河口至阿迷二二〇公里（须十小时十六分），全程单轨，宽一公尺，由河口至昆明有地硐百六十余，全路大小机车八十六辆，客车二百二十辆，货车九百三十余辆，民二十及二十一年之收支状况如下：

（均以安南币计算） （单位：元）

年别	客车收入	货车收入	合计	支出
20 年	13 313 371.35	30 023 162.61	43 336 533.96	41 208 025.20
21 年	11 209 393.50	29 882 228.10	41 091 621.60	37 675 960.08
合计	24 522 764.85	59 905 390.71	84 428 155.56	78 883 958.28

运输数

年别	客数	货物（单位：吨）
20 年	3 199 101	417 699
21 年	2 711 390	371 762
合计	5 910 491	789 461

个碧铁道，长约百余里由滇越线之碧色黑驿经蒙自线至个旧锡矿厂，详情未悉。

（四）昆明市

昆明市的建设，昆明市全城面积仅七十五方里左右，人口约十四万三千七百人，市内建筑物在昔各街皆为有檐口之瓦房，其高度不过六七尺，居住甚感不便，至繁华之街市，如马市口，南正街，文明街等处，已改筑规模较大之楼房，城外之三市街，金马街，护国街等处，外省商人较多，其建筑多优良之西式房屋，高度二三层不等，主要交通工具是人力车，汽车全城只有二三辆，省政府主席出街多用轿，前呼后拥，颇为威严，有时亦乘汽车，该市有环城马路十八里，宽三丈六，其余宽窄不一，路之建筑或用方块石或用大片岩。

（五）工厂

云南兵工厂，规模不大，工人约一千二百人，除铜用本地产外，其余一切材料均由香港或法国输入。日出十五万步枪弹，十五万野炮弹，二十枝步枪。

云南的火柴工业，民营者颇为发达，昆明大理两处均有，共不下二十余家，但资本不过数千元乃至一二万元，制品不良，各种原料药品均购自外国，惟梗多用本地造。

云南酿造业原料多用高粱麦谷，无大规模之酿造厂，生产量亦不明，法国白兰地酒输入颇多。

模范工艺厂，可以造碾米机及压面机，有男女技工学徒二百人，设备颇好。

建设厅制革厂，于十九年成立，资本二十万元，由财政厅拨，造品为皮革，陆军用品，及靴鞋等，每年出产总价值十五万元上下。

云南的水上交通甚不发达，有之亦不过在昆明附近之滇池，可以行舟，通邻县之安宁，昆阳，普宁①等处耳。

航空亦时见有飞机在昆明的高空飞翔，为数只有八九架，且系军用，民间航空，目下尚谈不到。

五、实业

实业厅组织

云南省政府的组织除建设厅以外有实业厅，原由农矿厅改组而成，其组织系统如下：

（一）实业概况

云南地居边陲，交通不便，且邻邦省分，文化俱不甚高，所以云南的商工业被外国侵害者似不如长江流域之甚，人民用洋货的成分，亦远不如长江流域之多，民四以后，常与四川贵州广西内战，因此公私经济俱破产至不可收拾之程度，一旦内争平息，人民得以安居乐业，内政自可纳入正轨矣。

云南之对外贸易，据年来海关的统计，每年虽有四五百万两的入超，但以鸦片烟之输出可以抵销有余。

云南之主要进口货为洋纱匹头，次为烛，胶，油，皂。至洋

---

① 原书为“普宁”，疑误，普宁为广东省的一个县级市，此处似应为“晋宁”。

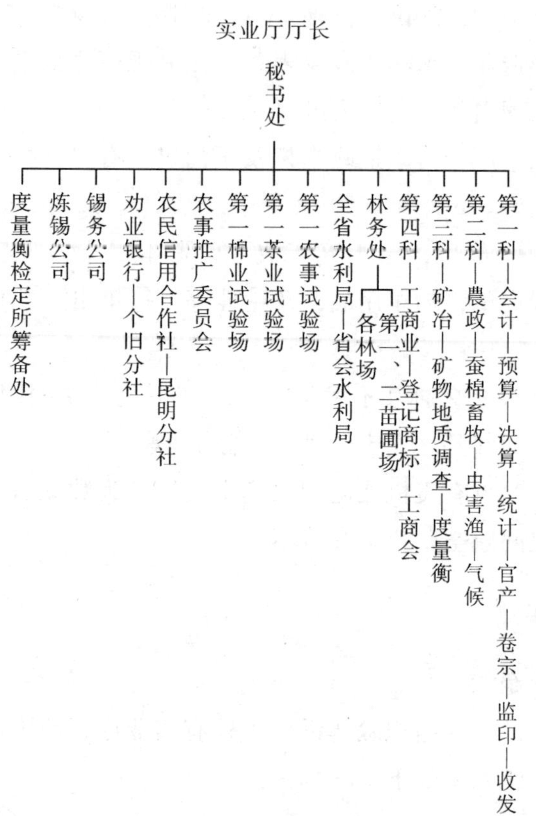

纱大批输入的原因，当由于棉产量少，不敷使用，每当棉花开花结实的时节，雨水太多，致棉产备受损害。所以该政府对于棉产非常注意，现已成立了棉业试验所，试种早熟棉或木棉。同时该厅对于山林培养颇知提倡，亦为调和气候促进棉产办法之一种。匹头洋纱的输入，固多为日本英国产品，然中国货亦不少，从蒙自关输入的约半数为日英货，其余则为中国货，思茅腾越关入口货完全系英国货，及少数日本货。在城市或交通繁盛之口岸，多点洋油灯，及有公路交通后，多用汽车，所以洋油入口不少，这种漏卮在云南只有借水力发电可以制止。该厅亦曾注意及此。

（二）云南之农业

云南平原区域之农产，比较腹地丰富，水田可以有两季收获，第一次种稻，第二次多种鸦片或蚕豆，麦，油菜，豌豆等，较瘠之田亦可种荞麦，马铃薯等，在内地十二月本属严冬时节，约在降雪时，而滇省仍满地青绿，芳香刺鼻，犹如四五月天气，冬季在昆明所吃的蔬菜，如青蚕豆，青椒，茄子等，都是在内地得不到的。兹将试验所关于种植五谷蔬菜等农产物的报告抄录如下，以示农产丰富之一般。

最近三年云南各关进口

年别 / 关别 / 货别	十八年			十九年		
	蒙自关	思茅关	腾越关	蒙自关	思茅关	腾越关
本色,漂色,印花,匹头	1 699 081	1 160	417 992	2 834 972	1 268	450 590
棉花,棉纱,棉线	6 657 329	89 957	1 952 551	4 484 705	93 044	1 606 706
麻及麻制品	1 713		125	2 195		366
丝货,丝夹杂质货	15 777		84	39 533		24
毛,及毛棉制品	100 481	39	22 028	143 706	15	9 642
杂质匹头	10 354		10 785	9 999		3 997
金属及草物	123 769	810	22 484	161 892	1 734	31 044
鱼介,海产	39 611		40 801	52 064		27 282
罐头食物,日用杂货	86 085	386	23 221	62 181	180	12 447
粮食,菜品,药材子仁,香料	1 003 079	1 359	26 907	224 280	656	30 630
糖	245 550	60	1 643	202 315	40	2 288
酒	34 810		2 547	22 832		2 040
烟草	199 293	64	2 030	33 140	94	1 321
化学产品	172 434	576	12 147	178 367	267	5 261
染料,颜色	291 853	95	22 577	519 370		8 139
烛，胶，油，皂，蜡等	831 254	658	67 276	700 421	1 036	48 416
纸张	194 351	30	11 882	164 872	32	10 400
生皮，熟皮，及皮货	38 130	3 357	6 557	88 312	2 271	873

续表 1

年别 关别 货别	十八年			十九年		
	蒙自关	思茅关	腾越关	蒙自关	思茅关	腾越关
骨，毛，角，筋，牙等	6 103	7 146	5 655	4 711	2 097	1 746
木材	150		253	8 273		12
木,竹,藤	39 100	1 033	3 425	29 381	388	2 813
煤,燃料	212 207		10	203 040		46
磁器，搪磁器，玻璃	105 415	40	8 321	202 214	45	13 353
水泥	77 917		1 019	74 397		865
火柴,及制造材料	157 196	322	32 002	135 062	442	28 638
杂货	951 947	504	113 603	990 485	246	63 210
总计	13 294 989	107 596	2 807 925	11 572 719	103 855	2 326 176

注意：(1) 表列数字以统①海关关平银两计算。

货物分类总值统计表

二十年			三关总计		
蒙自关	思茅关	腾越关	十八年	十九年	二十年
1 759 532	15 517	249 739	2 118 233	3 286 830	2 024 788
499 334	115 420	1 225 803	8 699 837	6 184 455	1 840 557
4 661			1 838	2 561	4 661
30 102		115	15 861	39 557	30 217
196 970	112	2 252	122 548	153 363	199 334
8 964	168	214	21 139	13 996	9 346
134 607	2 253	18 200	147 063	194 670	155 060
94 140	510	13 722	80 412	79 346	108 372
69 484	1 796	10 087	109 692	74 835	81 367
188 034	1 725	25 679	1 031 345	255 566	215 438

① “以统”似应为“统以”。

续表 1

二十年			三关总计		
蒙自关	思茅关	腾越关	十八年	十九年	二十年
217 654	2 699	751	247 253	204 643	221 104
73 194		1 997	37 357	24 872	75 191
31 925	471	642	201 387	34 555	33 038
184 685	1 725	4 545	185 157	183 895	190 955
542 392	35	4 851	314 525	527 609	547 278
622 958	5 768	46 532	899 188	749 873	675 258
158 853	39	6 441	206 263	175 304	165 333
45 655	5 314	728	48 044	91 456	51 697
12 798	6 950	2 212	18 904	8 554	21 960
4 035			403	8 285	4 035
28 387	1 082	2 279	43 558	32 582	31 748
249 653		245	212 217	203 086	249 898
130 016	936	7 445	113 776	215 612	138 397
16 942	342	1 700	78 936	75 262	18 984
66 005	1 707	23 037	189 520	164 142	90 749
1 193 161	10 324	50 825	1 066 054	1 053 941	1 254 310
6 564 141	174 893	1 700 041	16 210 510	14 038 750	8 439 075

（2）此表系根据二十年中外贸易统计年刊卷下汇编。

最近三年云南各关出口

货别 \ 关别 \ 年别	十八年			十九年		
	蒙自关	思茅关	腾越关	蒙自关	思茅关	腾越关
动物及产品	1 418 533	1 561	60 201	1 152 097	2 748	52 821
植物产品	249 537	6 859	60 961	228 946	4 417	50 281
织造品	6 216	6 486	61 802	719	7 633	25 732

续表 1

货别 \ 关别 \ 年别	十八年			十九年		
	蒙自关	思茅关	腾越关	蒙自关	思茅关	腾越关
丝,丝料,及丝产品	12 904		943 675	6 420		1 165 049
木,燃料,纸		150	5 109		323	5 657
矿砂,金属,草物,及制品	8 789 961	5 524	103 245	8 686 675	6 660	149 243
杂货	452 233	982	47 885	715 754	1 022	43 452
总计	10 929 384	21 562	1 282 878	10 790 611	22 803	1 492 235

注意:(1)表列数字统以海关关平银两计算。

入超	2 365 605	68 034	1 525 047	182 108	81 052	869 941
每年入超			3 928 686			1 733 101

货物分类总值统计表

二十年			三关总计		
蒙自关	思茅关	腾越关	十八年	十九年	二十年
1 081 250	9 754	68 625	1 480 295	1 207 666	1 159 629
299 587	10 415	73 467	317 357	283 644	383 465
280	19 039	36 498	74 504	34 684	55 817
9 945	373	947 459	956 579	1 171 469	957 404
138		2 872	5 259	5 980	3 383
9 054 624	17 329	109 765	8 898 730	8 842 578	9 181 718
327 793	1 076	23 906	501 100	760 228	352 775
10 773 617	57 986	1 262 588	12 233 824	12 305 649	12 094 191

(2) 此表系根据二十年中外贸易统计年刊下卷汇编。

—4 209 476	116 907	437 453	3 976 686	1 733 131	—3 655 116
		355 116			2 053 701

（单位：斤）

品名	产地	每亩收量	与各省及各国比		
			国别	省别	数量
小麦	晋宁	180		晋辽	132
大麦	昆明	175		山西	110
谷	富民	595		浙江	360
蚕豆	昆明	225		浙江	185
大豆	丽江	192		奉天	160
绿豆	昆明	152			
菜豆	昆明	180		奉天	140
玉蜀黍	昆明	300		奉天	261
高粱	呈贡	380			
甘薯	阿迷	3 250			
马铃薯	会泽	1 890			
大麻	昆明	230			
烟草	玉溪	207	美国		245
油菜	玉溪	231			
甜菜	昆明	4 106			
萝蔔	玉溪	4 912		北平	3 341
胡萝蔔	昆明	1 855			
菜花	昆明	1 137	美国		1 058
甘蓝	昆明	3 154	美国		2 815
波菜	昆明	1 424	日本		1 235
萵苣	昆明	2 495	日本		1 181
白菜		3 987			
青菜		4 246			
葱		3 125			

续表 1

品名	产地	每亩收量	与各省及各国比		
			国别	省别	数量
韭		580			
蒜		453			
芹		1 415			
芋		2 100			
姜		1 850			
扁豆		495			
缸豆	玉溪	490			
茄子		3 350			
辣子		1 090			
南瓜		2 290			
冬瓜	玉溪	3 200			
黄瓜		1 500			
丝瓜		1 200			

观上表试验之结果，除烟叶比美国较逊外，其余各种产物俱较国内外各产地为优，惟试验地在云南平原区域，即昆明一带，土壤之肥沃与气候之适宜，故其产量较为优渥，至于边地则因地势气候之关系，出产颇不一致，盖农作物各有其特性，宜于甲地之植物或不宜于乙地故耳。例如滇南区域，因地居热带，适宜于种甘蔗，滇东区域，则山峦耸叠，水田缺少的关系，农家大都耕种杂粮，故试验所试验之农作物，只能代表平原区域之情形。

关于农人耕作方法，大致与长江流域相仿。我们调查农家所用的农具，大都亦不外水车，风箱，磨子，石臼，犁耙，锄头，镰刀，篰筐等类，其耕作方法，自可以想见了。据友人说：在大理附近，农人栽种稻秧时，辄负一石灰袋，一手将秧插入田中，一手取石灰埋入秧之周围。至于普洱思茅一带因瘴气弥漫，夷人栽秧方法，系将田耕耘后，用手播撒谷种，即视为耕种手续已完了，然后移居于山巅，以防瘴气，直至八九月间，天气清爽，瘴疠稍杀始下山，其时稻禾已熟，夷农即于满面笑容中而收割了。他若边地夷人，常将瘠地荒弃三年或五年，然后用火烧草，次年利用草灰为肥料耕种荞麦，少则三年多则五年，即循环一次，此种耕种方法，在内地甚为罕见或竟无。

至于灌溉，可分地面水，地下水，山上水三种，利用地面水较为普遍，天然河流多借人工河引水入于田际。河床较高者，借堤下筑洞以引水，较低者，则用畜力或人力车水（车水器有水车，兜水具二种）。

利用地下水时，则为凿井取水，惟凿井都用土法，在水源甚深及地势较高之处，往往不易充分利用。取水方法，亦沿用旧习，如搭架盘索汲水是，故时间劳力两不经济。利用抽水机者实无一有。盖云南远处西南边陲，交通不便，工业尚在萌芽，农民连抽水机的印象都没有，安能谈利用。

利用山上水，只限于有梯田的农村。因为在山中的农田，不易储水，故多用竹筒衔接于山中水源处，灌入农田，上级梯田灌完，再导之于下田，天旱时用水比较更为经济。

关于云南主要农产品之产量，根据国府主计处二十一年之估计列表如下。

根据国府统计局调查统计月报二十三年一二月合刊农业专号

种类	亩数	产量
稻	13 652 000	3 771 787 000 斤
小麦	4 443 000	616 299 000
高粱	718 000	77 509 000
粟	143 000	89 037 000
大豆	2 671 000	346 204 000
玉蜀黍	3 888 000	582 571 000

续表 1

种类	亩数	产量
大麦	2 047 000	218 184 000
荞麦	538 000	75 910 000
豌豆	272 000	39 458 000
其他之类	1 630 000	302 308 000
山薯	241 000	340 704 000
马铃薯	390 000	442 046 000

至于其他农产品如棉丝茶之产量情形如下：棉在云南明清时代产量尚丰，近年来产量不多，其原因以夏秋之交，雨水太多，棉桃不能开放以至于腐烂。从前曾经试种美棉，初年收获良好，但农人不悉选种之方法及气候土壤等不同关系，美种变劣，产量减少，以致一蹶不振，故人民对于衣的问题甚感困难，所需之棉纱大都从香港上海输入，每年漏巵[①]何止百万，该省实业当局有鉴于斯，现正积极改良棉种，成立棉业试验场种植早熟棉，并设法成立纺织厂，以求自给，一面鼓励人民，提倡国货，而塞漏卮。

全省棉花产量根据实业部二十一年云南省棉产调查表，则云南有棉田九八二〇〇亩，产量为三五六九〇〇斤，兹将云南省棉产调查表列下：

县别	亩数	产量
宾川	61 500	246 000 斤
弥渡	18 000	54 000
保山	3 700	11 000
开远	2 000	6 000
文山	1 000	3 500
元江	2 000	6 000

① 原文是“漏巵”，似为“漏卮”的误写。

续表 1

县别	亩数	产量
曲溪	300	900
石屏	300	900
富县	1 000	3 000
广南	2 000	6 000
元谋	300	900
巧家	800	2 400
普洱	2 000	6 200
永北	200	600
绥北	200	600
双江	300	950
车里	500	1 500
佛海	300	950
五福	300	950
镇越	300	950
普文	400	1 200
六顺	400	1 200
江城	400	1 200
总计	98 200	356 900

其次云南的丝，云南因湿度过高，天气变动甚烈，故养蚕者不多，产量甚少，茶叶的产量，云南最著名者为普洱茶。普洱县现今改名宁洱，该县原不产茶，因其邻县如镇越，五福，佛海，江城等处，所产之茶，集中于普洱为商场，故有斯名。至滇省茶叶产量及产销地，根据云南实业厅之调查，产量约有三百万余斤，见后表：

年来云南茶叶也是在衰颓，原因是很复杂，要之不外频年内战捐税繁重及交通阻塞，对外输出困难，造茶方法不统一，与商人之层层剥削，是茶业衰败之原因，观下列三年来红茶出口报告可知其梗概矣。

云南省茶叶产量及产销地调查表

地名	产量(斤)	销费地
景东	1 150 000	运至昆明,大理等处分配各地
佛海	520 000	多红茶,输出西藏,缅甸,印度,安南
思茅	400 000	向西康,印度,推售
顺宁	320,000	大理,四川
镇越	260 000	缅甸,暹罗,安南,香港
景谷	200 000	昆明
元江	200 000	本省及香港
双江	100 000	四川,缅甸,维西
澜沧	85 000	昆明及缅甸,西藏等属
广南	47 000	广西及安南边地
五福	35 000	西藏,上海等处
云县	62 000	红茶五分之一输出四川
江城	60 000	安南及本省
宜良	5 000	本省
大关	3 000	本省

云南省三年来红茶出口之报告

关别	18 年		19 年		20 年	
	数量	值	数量	值	数量	值
蒙自关	3 976 担	79 513 两	2 901 担	66 759 两	3 231 担	96 931 两
腾越关	195 担	3 900 两	143 担	2 431 两	95 担	1 247 两

滇省丘陵起伏，草源广漠，各种兽类，概能繁殖，兹根据实业厅调查各县家畜家禽分布状况，列表如下：

	水牛	黄牛	马	骡	猪	驴	山羊	绵羊	鸡	鸭	鹅	鸽
河西	3 000	1 000	4 000	200	7 000	100	500	200			——	
华宁	2 000	1 000	4 000	1 500	90 000	5 000	7 000	3 000	70 000	5 000	600	——
马龙	16 000	3 000	5 000	500	3 000	——	10 000	500			——	
牟定	4 400	4 100	2 100	2 320	2 400	1 080	1 619	59	66 000	1 090	154	1 700
永善	10 500	2 100	19 000	5 000	5 000	2 000	40 000	30 000			——	
祥云	300	1 620	850	1 000	30 000	450	7 600	1 180	20 000	300	60	——
安宁	7 300	6 620	3 400	1 500	28 860	1 500	8 660	——	137 900	5 800	——	——
玉溪	2 200	800	1 600	200	15 000	200	2 000	500	92 200	85 000		
广通	3 800	3 000	1 500	800	1 200	1 200	2 800	500	8 600	8 500	53	
墨江	1 200	8 700	540	——	15 500	——	3 600	——	127 000	4 380	280	——
文山	51 000	650	486 300	——	153 210	——	46 200	——	3 631 400	2 100	350	
洱源	9 800	360	5 000	——	30 000	——	6 000	——	45 000	20 000	2 000	
马关	2 000	3 000	300	——	4 000	——	1 500	——	90 000	8 000	300	——
中甸	2 610	442	569	572	2 586	364	183	1 362	1 612	164	——	——
车里	3 650	8 220	1 142	——	13 789	——	120	——	58 560	1 330	12	——
建水	1 083	1 567	1 754	572	7 858	——	2 576	3 285	25 685	18 543	634	——
蒙自	4 000	5 000	1 000	——	12 000	——	2 500	500	30 000	500	35 000	——
景谷	64 000	98 200	8 000	8 000	88 900	1 000	5 600	2 000	83 500	42 300	——	——
鲁甸	3 500	22 500	7 000	800	30 000	20	35 000	15 000	50 000	1 000	600	
徽江	1 509	1 220	2 000	520	199 720	180	5 200	3 800	25 959	6 500	——	——
陆良	2 500	2 200	700	800	25 00 0	500	1 200	5 500	55 000	10 000	——	——
会泽	420	9 860	3 000	——	600 000	——	22 000	10 000	12 500	——	——	——
呈贡	480	88	342	1 200	3 000	30	320	27	5 000	200	15	
永仁	420	2 150	550	1 240	9 020	285	1 650	520	32 000	1 300	2 200	280
禄劝	800	14 000	8 800	500	8 000	——	1 068	5 032	77 000	15 600	15 000	——
康乐	1 023		——	——	5 804	——	605	——	22 098	——	——	——

续表 1

	水牛	黄牛	马	骡	猪	驴	山羊	绵羊	鸡	鸭	鹅	鸽
元谋	270	1 315	375	292	5 600	—	2 400	—				
峨山	1 400	1 800	1 200	350	4 500	290	3 700	50	8 600	3 530	530	—
五福	8 200	11 900	300	900	2 000	—	763	529	80 000	5 000	—	—
盐丰	1 500	500	3 000	—	8 000	—	763	529	1 000	500	300	—
昆明	1 500	500	3 000	—	8 000	—	3 677	653	40 000	10 000	50	—
顺宁	1 500	500	3 000	—	150 000	1 000	2 000	1 000	20 000	40 000	2 000	
嵩明	9 000	8 000	18 000	2 000	20 000	—	1 500	—				
双江	12 000	5 000	1 500	2 000	7 000	100		—	20 000	2 000	—	—
富州	5 000	3 900	3 000	200	30 000	—	1 000	—	—	—	—	—
大理									90 000	900	30	1 000
景东									80 000	4 000	100	3 000
云县									80 000	—	—	—
兰坪									50 000	1 000	—	—
澜沧									40 000	200	—	—

至云南特种植物，如蚱蜢连，三七，贝母等药材尤多。按民国十一年该项特产之出口额约值二十四万两，至二十二年则已超出三十八万两，不可谓非滇省农民一大收入。

1. 蚱蜢连。乃一种特别黄连，出于普思极边之土司地方生于深山穷谷之中，人迹罕到之处，用以治热症异常有效，其数量亦多，惟难采集。

2. 三七。出于广南，年产约五千五百余斤，文山县产尤多，药可与人参同功，且无燥性，生血益神，更于妇女虚症极有功效。

3. 冬虫夏草。产于阿墩，年获三百余斤，亦滋补品也。

4. 鸡血藤。为顺宁县之特产，年产三百余斤，妇女虚症之特药。

5. 鹿衔草。产于普洱，年产五百余斤，提神清血之补品也。

6. 奏归。产于剑川，年产约二千斤。

7. 贝母。产于大理一带，年产约三千余斤。

（三）云南之林业

林务在滇省会发生了极大的影响，所以无论政府人民对于此事都很关心，此滇省林业较腹地各处特别发达之原因也。该省总面积约三，九八五，八三〇，〇〇〇公亩，林地有一半以上，已有森林约九一六，七四〇，九〇〇公亩，故无论走到何处，均有相当优美的山林。兹将该省最近普及森林方法，略举于次，以备热心林政者之参考：

（1）民国十九年十二月呈奉省政府核准公布施行，凡本省可供造林之公有私有土地限于十年内完成造林，公种者林利归公，私种者林利归私，自民国二十年起一律照办。

（2）民国二十年为第一期督察造林，会委督察员七人分赴昆明附近等县督同地方官，建设局长设立林场。计现已有林场在一千六百个以上，每一林场，委一当地富有造林兴趣者一人为管理员。

（3）分划林区，每县以五区为标准，以土地广狭酌量增减，每区置林务员一人管理其一切。

（4）在昆明之双乳山，铁峰庵山，眠犬山等设置模范林以资他区之参考。

（5）规定保安林法则，凡指定为保安林者，在未有解除保安林之法令以前，绝对不许采伐及一切损害行为。

（6）兴立各种纪念林以资提倡。

森林之培植，关系于促进农业者甚大，盖农业第一须先调和气候，换言之，调和雨季，即冬春要有相当的雨，夏秋要有更多的晴天，使农作物不至因雨量之过多与不足而受损害，至云南原有森林之所以衰败者，不外下列诸因：

（1）伐而不栽；（2）自然的森林为牲畜践踏；（3）愚民无知，辄酿成森林之焚烧；（4）因欠人管理，为乡民偷伐；（5）将成之林而为强有力之侵占，致使人民不愿培林。

滇省实业厅有鉴及此，最近曾劝导人民造林，凡称为村者，必须没有荒山，凡乡村荒山均可由实业厅发给执照以资造林，并保护其所有权，限定从发照之日起，即实行种林，并由地方公举一人为森林管理员，由厅加委以重职责，遇有毁坏林业情事者，将严究重惩，以资保护，兹将滇省整理林业全文录后。以示该省从事林务整理之梗概。

（云南省实业厅为通令第二第三两期督察造林各县办理公造林场业权等事令文）二十二年十月

查本省第二期造林督察员所编个旧，蒙自，开远，昭通，大关，彝良，祥云，盐兴，盐丰，九县造林场，第三期造林督察员所编泸西，义宁，弥勒，会泽，鲁甸，巧家，大理，凤仪，宾川，九县造林场，已经照章分别编制填具三联表，以一联发交林场管理员收执，以一联发交建设局备案，以一联呈报本厅核查各在案。此项已经编制各造林场，亟应照章公告林场业权，监立林场界石，筹发管理员津贴，预备造林种苗，按季实施造林，特为分项饬准办理如次：

（1）公告林场业权。查已编各公私林场，按照前颁造林章程第九条之规定，呈报本厅查核登记，满一年后，如不发生轇轕，即发给执照，以资保障，在未发执照以前，应由各县县长查照存建设局之造林场编制表，将其坐落四至面积及所有权者姓名，或团体名称等项，摘录列表，分区公告，俾众周知，并召集所属各林场管理员明白宣告，转知造林场附近人民。凡已编各造林场，如有轇轕情事，应在公告林场业权六月内，呈报县政府，转呈处理或更正，幸弗自误，俟公告满期，各县县长应将办理公告林场业权情形，详细呈报本应核办，以凭发给执照。

（2）监立林场界石。查已编各公私造林场，按照前颁造林章程第十五条之规定，由所有权者自行于场之四周，设立界石，以清界限，此项界石，应用长形石条分别镌明“某县第几造林场某人或公私团体东界西界南界北界”字样，限文到一月办理竣事，由各造林场管理员呈局报县转呈本厅备案。

（3）筹发林场管理员津贴。查已编各公私造林场管理员，自奉委就职之日起，按照管理员待遇办法之规定，由林场所有权者按月筹给津贴，即每一管理员，每月津贴半开现金二元，应饬各县县长召集各林场所有权者，迅即筹定管理员津贴，按月解缴建设局，不得拖延，即由建设局长每月定期召集林场管理员开会一次，考察其工作之勤惰，训练其管理之要事，其津贴即于召集时发给之，每月发给津贴之后，取具收证，造册呈报本厅备案。

（4）预备造林种苗。查已编各公私造林场移植所需之树秧，播种所需之树籽照章应由各县县长督饬建设局长及林务员等充分预备，以每年足供各林场造林之用，至树秧应设苗圃，广为培育，树籽应于成熟时，就地采购，如不足用，分向外县采购之，并于预备种苗足数时，即将种苗之名称，数量等项造表呈报本厅备案。

（5）按季实施造林。查已编各公私林场，除现有树木严厉保护外，照章每年分季实施推广造林，其分季造林日期，及造林适宜之树籽，暨造林方法等项，已于造林章程第四章各条内明白规定，应饬各县县长督率建设局长林务员暨林场管理员等照章认真遵办，并于每年每季造林，造林之后，按照上项章程第十八条之规定，据实分析报告造林实况及成绩，本厅即以造林成绩而定考定，慎毋自误。

除分令外，合行令仰该县长分别遵照办理，仍先将奉令日期及遵办情形具报查考，勿违，切切，此令。

（云南省实业厅通令第一第二第三期督察造林各县自行准备

籽秧推广造林令文）二十二年十一月

查本省第一第二第三期编制各县造林场，照章应于每年春夏秋季实行推广造林，每年推广造林之数量，应以各造林场编制表所填亩数为准，以期依限完成。

凡各造林场每届造林之前，应由各县县长督率建设局长，林务员及林场管理员等，准备籽种，培养秧苗，以供分发播种之用。

所需林木之种籽，向例多由各县就地自采，亦有呈请本厅饬由林务处采集转发者，惟由省采集转发，诸多不便，或则往返需时，贻误播期或则包装邮寄愆期不到，又或大粒籽种贮藏日久，有碍发芽，不如概由各县就当地及附近产有林木籽种之处，自行采集，以便乘时播种。

兹值秋季，为柯松，飞松，圆柏，扁柏，楸木，麻栗，茶紬，桐紬等项籽种成熟之时，应饬各县县长督率所属建设局长，及林务员等，各就附近产有上项林木籽种地方，分别采集，如法贮藏，所有采得各项林木籽种之数量，列表呈报，以凭考查，其在转发各林场播种时，应否收价由各县县长自行酌办。

至于特种林产籽种，在当地不能采集，仍准照案开单呈厅发给。

除分令外，合行令仰遵照办理，此令。

（云南实业厅通令处理保护森林事项随到随结并剔除流弊令文）二十二年十一月

查本省自推广造林以来，逐年公私所种之树，关于厉行保护，预防灾害，杜绝一切盗伐，践踏，及水灾等事，此种责任，迭经令饬各地方官督率所属建设局长，林务员，及林场管理员等认真担负办理，又于去岁五月内明白规定预防森林灾害及联合保护森林办法，撰印布告，以第七六七号训令通行饬遵，并于令内饬知“凡林务员林场管理员呈报保护林场事件，不得以讼案论，免缴讼费，及一切案费”等因。各在案。

兹查各县对于实施保护森林事项，其能切实奉行以收成效者固多，而敷衍塞责者亦所不免，迭据各县林场管理员呈报：“林场发生偷树滥伐，及一切损害情事，一经报县，往往搁置不理，或则于呈报之时，勒索讼费，或则于传讯之时，一同提审，其于判处森林盗犯之罪，轻重失当，甚有故意纵放行为。”各等情，到厅，似此玩忽林政，放弃职责，殊于保护森林前途，窒碍甚大，须知各县林务，列为地方行政考成之一，关于造林及保护事项，务各负责办理，一概遵照造林章程森林保护暂行条例及保护林场办法等项，切实奉行，期收实效。

至于各县已编林场之保护事项，注意预防工作，避免一切有害森林情事，每届春冬天干之际，尤须严密防避森林火灾，应各查照本厅第七六七号训令及联合保护森林办法，一律实行，并于每月召集林务员，林场管理训练一次，俾便遵循，凡遇有林场管理员呈报保护森林案件，严禁收索讼费，及一切讼案陋规，并应随到随传，随传随结，以免拖累，至对于林场管理员之召集，应用通知方式，不得票传，其于森林犯罪之处罚，属于保护范围者，依据森林保护暂行条例办理，属于刑事民事范围者，依据森林法办理，不得畸轻畸重，稍有偏袒，是为至要。

又各县林场管理员津贴，仍应遵照通案每月发给一次，即于召集训练之时发之，并按月造册具报，以凭查考。

除分令外，合行令仰遵照办理，并转饬所属林务员林场管理员一体遵照，此令。

至限制滥伐森林，实业厅亦订有详细办法，特录后以资参考：

云南省实业厅限制滥伐森林办法

一、凡本厅所指定各县遇有采集森林情事不论公私均应遵照本办法办理之。

二、采伐森林应照造林运动章程第六章，采伐之规定，分为间伐轮伐及削枝三种，兹将采伐标准列左：

甲、间伐　建筑用材于种植后每隔七年间伐一次为度。

乙、轮伐　造林满三十年后得轮伐之，轮伐面积每年不得超过全林场面积二十分之一，并须于伐后三年以内即照所伐去之面积更新种植完毕，又轮伐时每地一亩须有母树二株至三株。

丙、削枝　削枝于冬季行之，以不妨碍林木本干为度。

三、采伐森林严禁左列事项：

甲、不准砍伐保安林及风致林。

乙、不准砍伐幼树。

丙、不准砍伐成林之全部。

丁、不准挖掘树根。

四、采伐森林应于开始采伐之前三个月呈报本厅核准始得兴工。

五、采伐森林时应由采伐者自行提存所伐树价十分之三以作采伐迹地更新造林及保护之用。

六、采伐迹地造林须于采伐之年或其翌年开始实行以三年完成之。

七、呈报采伐森林应备载左列各款：

甲、采伐人姓名住址　公有森林由公家具呈，私有森林由私人具呈，如系买卖森林行为，应将买主卖主姓名住址分别载明。

乙、采伐森林地点　应将采伐森林地方之村名山名或地名及其四至记载清楚。

丙、采伐森林之种类数目及价值　例如采伐柯松一百株值价若干。

丁、采伐森林之时期　预定采伐之日期及时间，例如某月日开始采伐至某月日采伐完毕。

戊、证人及保人姓名　呈请采伐森林者，应于呈内说明证人为谁，保人为谁，并由证人及保人各自盖章或画押，证人之责任系证明所伐森林，并由轇轕侵冒及其他不法情事，保人之责任系担保伐后提价依限种植。

八、本厅核准采伐森林事件应发给采伐森林许可证。

九、各林场管理员及地方乡管人等，得向采伐森林者取验本厅所发采伐森林许可证，若无此证即系私自滥伐应一面制止伐树行为，一面呈报本厅究办。

十、伐后种植竣事应呈报本厅查验备案。

十一、违背本办法而滥伐森林或伐后不更新种植者，应照造林运动章程及保护森林条例之罚则从重处罚。

十二、本办法除呈报省政府备案外自公布日实行。

（四）云南之渔业

滇本山国，西半幅为高黎贡山脉及怒山之脉所割据，东半幅，为南岭及勾漏山脉所发端，因山脉概属螺旋式，故其间低谷错落，散置淡水湖，然面积有限，水产亦少，虽各县河流微有鱼虾之属，亦不足以言渔业，故严格而言，云南实无渔业可言也。虽然，就本省情况而言：此面积有限之淡水湖，亦有不少之渔民，生活其中，此种渔民，均系半农半渔生活，备极清苦！兹篇所属，即就本省微有渔业重要之区，根据实地调查，作一简略之报告耳。

（甲）渔区。本省湖泊之最主要者大别如下：

A. 附于澜沧江之湖泊：

（1）剑湖——位于剑川县之南。

（2）洱海——位于大理县之东。

B. 附于红河之湖泊：

（1）缕海——位于蒙自县之西北，旧有波墨三角长桥鲤海四海水形若器字今仅存缕海。

（2）白龙潭——位于文山县之西南。

C. 附于长江之湖泊：

（1）草湖——位于中甸之北。

（2）程海——位于永北县之西南。

（3）周官海——亦名叶镜湖位于祥云县之东

（4）滇池——位于昆明市之西南。

（5）嘉利泽——位于嵩明之南。

（6）八仙海——位于昭通之南。

D. 附于盘江之湖泊：

（1）中涎泽——位于陆良县之东。

（2）杨宗海——亦称明湖位于宜良之东。

（3）抚仙湖——位于澂江县之南。

（4）星云湖——位于江川县之南。

（5）杞农湖——位于通海县之北。

（6）宝秀湖——位于石屏县之西。

（7）赤瑞湖——亦曰异龙湖位于建水之西。

（8）矣邦湖——位于泸西之南。

（9）老乌湖——位于文山之西北。

上述淡水湖，均有鱼类，惟产量以滇池洱海抚仙湖中涎泽为最多。兹即就此四渔区分述其概况于下，其余各湖概从略焉。

（乙）滇池。滇池为国内著名淡水湖之一，属长江流域，又称昆池，亦名滇南泽，面积周约三百里，位于六千三百余尺之高地，苍崖数丈，绿水千寻，风景幽秀，昆明晋宁呈贡昆阳四县环绕之水产最常见者，有下列二十种：

（1）鲤鱼；（2）白鱼；（3）金线鱼；（4）鳝鱼；（5）鲇鱼；（6）鲫鱼；（7）黑鱼；（8）鲢鱼；（9）细鳞鱼；（10）红鱼；（11）花鱼；（12）海鳅；（13）扁头鱼；（14）小虾；（15）螺

蛳；(16) 海菜；(17) 藻类；(18) 小蟹；(19) 龟；(20) 鳖。

以上二十种均为滇池中最普通之水产。就实际而言：以渔鱼为大宗，其他各种除捞海藻作海粪外，余均成一种偶然之渔获，鱼之产量，就实地调查之结果，年约六十余万斤，其分配如下：

(1) 昆明境内年约三万余斤。

(2) 昆阳境内年约五十余万斤。

(3) 呈贡境内年约六万余斤。

(4) 晋宁境内年约三万余斤。

除鱼产外，滇池中尚有水藻，经捞取后，晒干成饼状，用作肥田之用，计每饼重五六斤，每百斤售价十元左右，普通以个计，每百个可售价五十余元，此项藻饼，一般农民呼为海粪，因含氮甚丰，故农民乐用，在滇池中可自由捞取，亦有专从事于此项海藻肥之捞取者，其年产不详。渔妇捞取滇池中一种名为海菜之藻，腌以盐，加辣料米粉等，制为一种咸菜，以之佐食，名曰海菜酢，亦有专制以出售者，每斤价二三角。

鱼之价值，因种类及销场而不同，如在昆明市销售鲤鲫，有时一斤可售一元七八角。但在乡街仅售四五角一斤而已，估计滇池年产水产约值滇币六七十万元。

滇池内从事渔业之船，大小共约三百余艘，其分配如下：

(1) 昆明县属一百余艘。

(2) 昆阳县一百余艘。

(3) 呈贡县属四十七艘。

(4) 晋宁县属一百余艘。

就渔具而言：滇池内普通系用以麻线制成篆网麻遮线龙线花篮线网丝网撒网挟网，或竹制成之篾笼子篾花篮等数种，此外尚有以及管水乌鸦捕捉者，以用撒网捕捉者为多。

滇池之渔获物以昆明市为最大销场各县街期附之多以售卖鲜鱼为主其中白鱼等则先行腌之始行出售者，但在渔期盛时——

六、七、八、九等月——其他各种鱼亦因渔获较多而有腌之者。

滇池之渔民，多系半农半渔，其专持渔业者为数甚少，盖专门从事渔鱼不能解决其最低之生活也。彼等渔获鱼时，直接赴市贩卖者固有，但往往售与居间之贩子，再由渔贩子运市销售，故渔民遂受一种剥削。此外尚须缴纳一种捐税，在昆明呈贡二县，县政府未征收此种捐税，昆阳则征收所谓渔粮，按年由县政府征收，其额不详。

经调查后约略估计滇池有渔民二千人，其渔村分布如下表：

县别	渔户数	渔民数	著名渔村名称
昆明	百余户	五百余人	大欢楼　明家地　西坝　海坝　五甲塘　清河
昆阳	百余户	七百余人	坝硬村　亮沟村　大沟尾　大河嘴　白山村　有余村　老塘嘴　独房子
呈贡	百余户	五百余人	斗南村　红尾村　乌龙浦　安乐村　徐家沟　黄家地　老荒滩　沙堤村　江渡佛墩河泊所
晋宁	百余户	五百余人	下海埂

上表所列数字系根据各该县报实业厅之调查表，滇池渔民之生活因受农村经济破产之巨潮，日陷崩溃，急待设法挽救也。

（丙）洱海。洱海一名昆弥池，亦淡水湖，即古叶榆水源出洱海北之罢谷山，南流至大理，东名西洱河，汇山溪诸流及点苍十八溪而为巨津，面积二百余里，略小于滇池，以形为人耳，故称洱海。位于六千五百余尺之高地，四面为山所抱，风景过滇池，为附于澜沧之湖泊。水产有下列各种：

（1）虾；（2）蟹；（3）蚌；（4）螺；（5）谷花鱼；（6）竹钉鱼；（7）鳕；（8）鳝；（9）蚬；（10）田鸡；（11）白鱼；（12）大头鱼；（13）弓鱼；（14）鲫鱼；（15）黄皮鱼；（16）白皮鱼；（17）细鳞鱼；（18）花鱼；（19）油鱼；（20）鲤鱼；（21）鳔鱼；（22）面肠鱼。

上列各种水产中，有数种鱼类，颇为特异，为他处所少见。兹分述于下：

（1）弓鱼。以产洱海西北面者为佳，鳞细，长不盈尺，即杨慎称为渔魁者。

（2）花鱼。大者重十余斤，味最美，产洱河，尾鳞细，嘴尖，身有黑黄花纹。

（3）油鱼。此鱼甚不多见，因烹食时以白水煮之无须放油而油自出故名，八九月始偶见之。

（4）金鱼。鳞甲金黄，长盈尺余，唇有两须，产洱河东石峡处，不能网捕故大者难得，二三月间满腹有油味极可口。

（5）鳔鱼。长仅二三寸，脊青腹白鳞细而软，秋冬极肥，味鲜美适口。

（6）面肠鱼。形似鲫鱼而腹大，剖之一肠环结于内，加切面丝故名秋季为渔期。

除上述六种外，尚有一种飞鱼。于无人时则跃在岸边岩石上，见人仍入水中，但与太平洋所产之飞鱼异。

洱海内之船，分大中小三种，大船专供装运货物，以油盐柴米牲畜果物为大宗。自东岸至西岸，约需二小时，自上关河口至下关小河边，计水程一百二十里，顺风六小时可到，是每小时船行约二十里。逆风则无一定之到达时，普通二三日不等。小艇则专为渔业之用，总计洱海有从事渔业之船四百六十四艘。

在洱海从事渔业之渔民，据大理县政府调查，有渔户二百二十六户，计一千二百五十四丁口，除少数兼营农业外，均系专营渔业，此与滇池渔民不同之点。

洱海渔民仍以渔鱼为主，其主要渔鱼具，系以人工编成之丝网或麻网，亦有用渔莺渔取者，用网渔取时，普通投网入水中，历一二小时，然后取网视查，用渔莺捕捉者，船盛渔莺，驶行湖面，渔莺瞥见鱼时，自船跃入水中，追捕获鱼时，即出水登舟，渔者自其口中取鱼。

洱海年产一百五十一万七千四百斤（根据大理县政府调查表），以城乡市镇各区街场为销场，鱼之售价因时期及种类而不同，普通鲜鱼平均价每斤六角至一元。年产鱼约值一百余万元，弓鱼鳔鱼及竹钉鱼则有盐腌晒干，运输出境销售者。

大理对于鱼有渔课之征取，由建设局承办，出包与承包人，再向各渔户征收，其征收额不详。

大理渔户散居下列各渔村：北邑，西湖，东湖，小石桥，三岔河，后湖潭寺，文笔湖，海潮河，东西闸，江尾，大小排晒网，登舟子，甸东马厂，白马双廊，大唱旁，良甸村，莲花曲廊，青山拖东白石曲才村，下鸡邑，龙王庙，小邑庄，五塔户，下河，向阳大溪，上沧，海岛塔村，南村，北村，大关邑，罗久邑，下龙龛，洱滨村，太和曲，打鱼村，下庄山，曲村，南关邑，黄瓜园，满江邑，石坪村，波罗甸，晒经坡，乔甸海，骚沙村，金圭寺，白马登，洱源海口，白塔邑，潘汉，波溯邑，西城尾，赤土江，下阳溪，林邑村，小江边，古生新溪邑，石岭，弓鱼洞，波罗旁，木马邑，沙坪河，汉城深江村，马久邑，就上列渔户分布渔村之广而言，渔民恐不止上所云之一千二百五十四丁口，渔船或亦超过调查数四百三十四艘也。

（丁）抚仙湖。抚仙湖位于澂江县南，所产最多之鱼及产量如下：

（1）鱇㿜年产约三十余万斤。

（2）青鱼年产约三千余斤。

（3）鲤鱼年产约一千余斤。

抚仙湖之水产，仍以鱼为大宗，尤以鱇㿜鱼为特产。此种鱇㿜鱼之渔取，系以湖边岩穴为鱼洞，或砌石为鱼沟，亦有挖沙滩作环沟形，拉水引鱼上沟者。

抚仙湖及明湖中无渔鱼之船只，此与其他渔区不同。盖由于湖水深彻，风浪甚大，船不能驶故也。此湖渔具，系破竹编成大口小颈腹宽而头部置倒业须之笼，此笼构造之目的，在使鱼易入难出，簾熸鱼在空气中之生活力易常薄弱，往往甫离水面即死者，故渔获后即以盐水腌渍，撒置竹篱晒干后出境销售，每斤平均价约一元七八角至二元。

抚仙湖之鱼，除簾熸鱼系盐腌出售外，青鱼及鲤鱼均系鲜售，每斤平均价约八九角。渔期起于二月或三月以四至六月为渔期最盛时。

渔民数五百六十八户，约二千余人，但纯以渔业为生活者少数。多系半渔半农，或兼营商业，分居玉笋绿冲集点岸口府前等乡，渔场系矣旧五村暨海口路歧平坡尖山绿冲等处，岩穴水汇及沙滩。澂江县政府征取一种鱼税，每年由渔户直接赴县政府解缴，每户沟洞每年征银之钱。最近有人计划簾熸鱼制为罐头运销外埠，此计划若实现，本省利源，又当增一新途径也。

（戊）中涎泽。中涎泽又名云严泽，位陆良县城东南三十里，陆良人呼为东海子，周广百余里，为滇左巨津，渔业仍以渔鱼为主，水产以下列各种较多。

（1）鲤；（2）鳝；（3）虾；（4）油鱼；（5）白条鱼；（6）青鱼；（7）石骈头；（8）风攒子鱼；（9）风参鱼；（10）谷花鱼；（11）蚌；（12）青螺蛳；（13）白鱼。

上述水产中，以鲤鱼之产额为最多，年约三万七千斤，白鱼次之，年约一万零三百斤，风攒子鱼年产五千余斤，鲫鱼鲢鱼年各产约一千数百斤，总计中涎泽年产鱼约六万余斤，值银三万余元。

中涎泽从事渔业之船约三十余只，渔业人数七十三人，平均半渔半农，散居于陆良县属之古城河头村及师古湾等渔村，渔具普通用洒网竹罩丝网等，渔获之鱼，在陆良县城或陆良县属之马街三岔河与东板桥等处销售，每斤平均价约三角。渔期以夏秋之交为最盛。陆良县政府征收一种渔粮，系由渔户直接上纳县政府，其额不详。

（己）结论：本省渔业不兴，固由于天然环境所限，但人力未尽亦不为无因。目下渔业获额距实际产量尚远，渔民生活受种种压迫，痛苦异常，交通不便，渔获物不能运销远方，直接间接影响渔业于不进，岂非人力未尽哉。今后应如何改善渔民生活，废除苛捐杂税，普及水产知识，设立渔业警察，健全组织渔会，凡此种种均有待于倡导者也。

（五）云南之矿业

云南之矿山，多未探询，产量究有多少，尚无从计算，然以露出之矿脉推之，则知云南矿产之丰富，堪为各省之冠，奈因交通不便，人民知识浅陋及缺乏资本诸种原因，过去并不断有小规模的试开，结果类遭失败，据该省实业厅对于锡，铜，铁，铅，锌等生产量之统计，有如下表：

矿别	产量		
	19 年	20 年	21 年
锡	6 015 吨	5 633 吨	6 744 吨
铜	586 吨	648 吨	650 吨
铁	844 吨	948 吨	974 吨
铅	160 吨	150 吨	188 吨
锌	80 吨	70 吨	80 吨
砒	300 吨	320 吨	300 吨
硫磺	300 吨	300 吨	374 吨
煤炭	648 160 吨	708 080 吨	760 000 吨
金	100 两	100 两	100 两

1．个旧锡之近况。个旧锡厂一处，年来采办者，计二千余户，矿工达二万八千余人，产额之丰，输出之巨，关系滇省财政

至为重大，实为中国之优良矿厂也。该地采矿炼冶，除锡务公司采用新法外，其余概用土法，其洗矿作业遗弃之渣，有含锡百分之四十者，至锡务公司采用新法，然洗矿遗弃之渣，仍含百分之一或二，炼冶遗弃之渣，仍含锡百分之八乃至十四，其每吨炼费约合国币三百二十元，且出品成色不一，故运抵香港复须由广东商收买装造后，方能转销英美，其间即不免受其操纵，每年之损失，即粤商所获于滇锡者，约港币百万。故滇锡实有改良并减轻成本，划一成色，直接贸易之必要，该实业厅缪云台厅长有鉴于此，爰于民国二十一年聘请前充新加坡炼锡公司之工程师英人亚次迪克君来滇，经缪厅长亲偕往矿地，阅两月余之试验，证明原来制炼太差，拟于土法所用石磨，加以改良，用畜力运转，并将洗矿遗弃之渣，充分研细，再用水洗，可使含量减至千分之二，再利用廉价化学药品，循环使用以处理成分复杂之矿石，使其精纯。则所出锡即可增多，成色又能划一，再又改良炼炉之构造，使热力充分而平均，在最短时间能溶出多量之锡，使其溶渣所含之锡减五百分之二，因之价廉物美，不受间接商人之剥削而直接运销欧美矣。至其利益：(1) 虽贫矿均可利用。(2) 洗矿及溶矿遗弃之渣，可以收回全量十分之一之锡，以全厂计之，可收回锡八百吨，约值港币百三十万元。(3) 经改良之后，制炼费低减百分之三十，全省可收回港纸百万余元。(4) 免粤商之剥削，每年可增高利益港币百万元左右。

所以该厂发起云南炼锡公司，目的在集合锡业界能力共同发展个旧锡事业，资本为滇币五百万元（约合大洋六十三万元）之股份有限公司，业已成立实为滇省富源之一。

2. 云南之盐矿。云南矿盐，出产至为丰富，盐之种类，分卤盐与矿盐二种，卤盐系凿深井三五丈处，得盐水煎成，惟产量不丰，价格亦较高；矿盐系石质，由人工入矿撬挖，用水浸泡后，去其杂物而煎之，是称石盐。至于盐场行政，各区盐场由财政厅委派盐场知事，官督商煎，由盐商领照煎盐，并缴纳一切捐税。

至于云南盐井，有黑井，元永，阿陋，白井，乔后，喇鸡，石膏，益香，云龙，磨黑，按板，香盐共十二井。黑井在盐兴县，面积长约二十里，宽半里；井十三，琅井为其分场，井四，灶十五座。元永井以元兴永济两井合并而成，在盐兴县之东南，面积纵五里余，横半里，盐井二。安宁井为其分场，井十三，灶六十九。阿陋井在盐兴县北，面积二百五十方丈，井三，白井在盐丰县，面积纵五里许，横半里许，总井有五，灶四十五座。乔后井在剑川县西南之乔后图，面积长约七里许，宽五里，有盐矿一，灶八十。喇鸡井在兰坪县西北，面积纵横一里余，井三灶八十五，丽江井为其分场，井十四，灶一百三十一。云龙井在云龙县，盐井有六。磨黑井在普洱县营盘山，其面积东至大椿树，西至安乐寨，南至老官寨，北至磨弄寨纵横一里余，井三，灶二十六。石膏井为其分场，井三灶六。板井在镇源县东北境，面积周围广约三里许，井五，灶一百另四座，抱母井为其分场，井二灶十四座，香盐井在景谷县，面积周广不及半里，其置梅花灶三十二座，益香井为其分场，井二灶八座。

上列各盐井，论其盐货之佳，盐味之厚，当以黑井，磨黑，喇鸡等井为最上，元永，白井，石膏，香益等次之，安宁，琅，阿陋等井为最下，兹将民国二十一年云南盐斤产量捐税产销价格，盐之成分列表于下以备参考。

盐区	盐场	每年最大产量	民廿一年产量	百斤产价百斤税捐							批价	盐源种类	盐成分		
				薪本	工资	正税	附税	军饷	公路	人马税			ClNa①	H_2O	杂物
黑井区	黑井场	8 779 900	8 338 300	5.5	0.4	3.0	0.3	2.0	0.8	.07	12.07	卤	86.13	7.24	6.45
	永元场	15 627 600	5 496 012	5.4	1.0	3.0	0.3	2.0	0.2	.07	12.47	矿卤	63.98	3.22	32.86
	阿陋场	9 540 100	4 622 270	4.3	0.3	4.0	0.3	2.0	1.0	.07	11.12	卤	79.21	6.50	14.21
白井区	白井场	8 205 900	7 720 300	4.5	0.4	3.5	0.3	2.0	0.6		11.34	卤	93.68	1.19	6.22
	乔后场	10 176 900	7 795 900	3.4	0.1	3.5	0.3	2.0	0.6		9.90	矿卤	91.32	0.12	8.56
	喇鸡场	3 591 800	2 374 550	2.6	0.2	3.5	0.3	2.0	0.6		9.20	卤	93.90	3.40	4.51
	云龙场	2 034 600	1 806 600	4.2	0.4	3.5	0.3	2.0	0.6		11.14	卤	84.31	9.34	6.44
磨黑区	磨黑场	10 322 600	6 346 781	4.1	1.0	3.5	0.3	2.0	0.6		11.52	卤	89.56	4.32	6.12
	石膏场	2 705 000	1 562 148	3.0	0.8	3.5	0.3	2.0	0.6		10.20	卤	93.20	0.42	6.38
	按板场	5 646 300	1 992 970	3.5	1.3	3.5	0.3	2.0	0.6		11.20	卤	66.98	0.26	52.76
	香盐场	2 983 670	606 449	3.1	1.0	3.5	0.3	2.0	0.6		10.50	卤	69.42	3.41	27.17
	益香场	2 825 462	569 820	3.0	0.8	3.5	0.3	2.0	0.6		10.20	卤	87.32	4.14	8.54
			49 233 100斤												

第三章　各县报告

昆　明　县

一、全县概况

昆明是云南省会所在地，为云南中部的一县，与宜良呈贡昆阳安宁富民嵩明等县相毗连，拔海一千八百五十尺，位于北纬二十五度，东经一百零三度。气候温和，冬夏咸宜，寒暑表常在八十度与三十度之间。全年雨量以五六七三月为多。气候一日三异，变动无常，故滇谚有“四季无寒暑，有雨便是冬”之语。

主要的山脉，东有孔乳山，西棋盘山，北长虫山，分布环绕

① “ClNa”疑误，似应为“NaCl”。

于县境，其西南部为滇池，系地层局部陷落所形成，周三百余里，金马碧鸡二山东西夹护，相距五十余里。苍崖万丈，绿水千寻，风日明霁，水天映彻，风景幽秀之至。下流为螳螂川（即普渡河），萦回而北，注于金沙江。滇池灌溉之田，无虑数万顷，皆膏腴沃壤，沿滇池村落，多以捕鱼为副业，小舟萍浮，依依崖下，所以昆明称为鱼稻之乡。池中有汽船航行，往来数县之境，自昆明至昆阳，每日二次，滇池属大江流域，而与盘江切近百里之间。

昆明河流，纷披四散，大多以人工开掘，引水入于农村，其主要河流有六，其水源及长度经过村落，分述如下：

盘龙江 来源自嵩明冷水涧，经邵甸，黑龙潭，而入县境之小河村，至松华坝遂分支流（为金汁河），经两树村岗头，大小马村，沿昆明东城郭，直流陈家营，叶家村，小寺，海埂村，而注滇池。此河由北向南，直流昆明中部，约长二百余里，其在上游松华坝为天然河，松华坝以下，半为天然，半为人工筑成，周年有水，惟在二月间水量较小。

金汁河 来源由瀼龙坝分盘龙江之水，经大小瓦窑村，竹园村，麦地村，龙头村，青泉村，波罗村，下河埂，老里山，小坝，昙华寺，大树营，岔街，前卫营，高家村，双桥，小板桥，七甲六甲等，注入滇池。此河全借人工筑成，约长六十余里，在二月间，下游河身干涸无水。

宝象河 来源自一朵云，经大东冲，宝象庵，龙泉观，大板桥，栗子园，瓦角村，高坡村，双水碾，羊普头至小板桥，左支分流入官渡，大小马村注入滇池。右支自小板桥起至织布营又分，左支经三甲名罗罗河，右支经九门里中闸七甲六甲九甲等村，直流入滇池，此河上游为天然河，下游分支则为人工河，长约一百余里。

马料河 来源自昆明之藉塘新村，黄龙潭，经呈贡县属之大冲村，倪家营，萧家营，矣直堡，官村，直流入滇池，此河为天然河，长约七十里。

海源河 来源自普吉沙河，经龙院小屯，黄土坡，洪家营，梁家河，干沟尾，下峰等村，直流入滇池，此河系人工河，约长五十余里。

龙须河 来源自海源寺，经龙院梁家河张家黑林铺班庄等村，直流入滇池，此河系人工筑成，约长三十余里。

上列六河，在清季时已设水利府专司其事，具修掘各河，则有岁修与数年一修之分。岁修约于二、三月间农隙时期动工挖河，其海开河为昆明各河入海之总汇。修挖此河定为十年大修一次，五年小修一次，事属定例，习以为常。迨至民国以还，政局时变，军兴不已，年复一年，故修挖河道之举，政府无暇顾及，各河亦日见淤塞，一遇多雨之年，时有水患之虞。及至民十九年，始修挖海开河一次，沿河昆明呈贡普宁[①]昆阳四县会同修挖，每日四县共出夫一千二百名，为时两星期竣工，用去民工一万八千名，二十三年一月实业厅令饬修挖昆明六河，其需夫总额为九万七千名，市区担任一万二千五百名，余八万四千五百名由县区担任，其派夫方法，为征工制度，市区则按住户之人口比率，商铺以其资本大小为征夫之标准，市区大多雇夫替代或缴钱代雇，至县区担任之八万四千五百名，由县政府就自治区域所经过之河道所须之夫力，责成区公所向乡镇农户征夫，乡镇农户之被征，亦依其人口多寡而定，惟乡村内殷富之户，均由长年工人或雇工代筑，故贫苦之农家，其本身工作完了后，往往再被雇于殷户代筑河工。

昆明在民二十二年夏季时，霉雨为患，一时河水陡涨，水势汹涌，河身因淤塞排泄为难。一二两区较为低洼，二区堤岸决裂，田庐淹没，灾情甚重。

---

① 此处“普宁”似应为“晋宁”。

境内土壤的性质，以黏土较多，占百分之五十，砾土占百分之三十五，壤土占百分之十五，黏土壤土以一二两区为最多，砾土以七八两区为最多，黏土是土质中最佳者，适宜稻作物，砾土以种杂粮，如玉蜀黍，山芋为适宜，一二两区因地势较低，高处之肥质冲积而来，成昆明肥沃之区，故人口密度，亦以一二区为最高。

农作物以稻为主，豆麦次之，每年二熟，稻在四月间插秧，八月收割，成熟时间约一百二十日，蚕豆在十月间下种，次年三月收获，麦在九月间下种，次年三月收割，全县土地之作物估量，据县政府之估计，夏作物：稻占百分之七十，山芋占百分之十，玉蜀黍占百分之十，黄豆，荞麦，花豆占百分之十；春作物：蚕豆占百分之三十五，春麦占百分之三十，大小麦占百分之二十，芸薹占百分之十，豌豆占百分之五。惟境内之鸦片烟田竟有二万九千七百五十亩，占夏作物面积百分之六·九一，而县政府之估计中，鸦片烟未曾列入。烟亩税由县政府报解禁烟局，名曰禁烟罚金，每亩征收现金三元，合国币二元，则全县烟亩罚金，为现金八万九千二百五十元，合国币为五万九千五百元，罂粟于九月下种，培工甚重，至二月间开花，三月间可收浆，每亩产量，上则田六十两，中则田五十两，下则田三十两。烟田分布，亦以一二两区为多，烟民亦以一二两区为多。惟种烟不与正产时间相冲突。烟之价值每两现金一元，其产值占地价百分之二五。农村内鸦片烟馆随处皆是，一榻横陈，为农村中普遍现象，稍有殷实之农户，常备烟灯以款客，烟灯税并不征收。

昆明农民生活，简单而朴实，除沿滇池之农村中，农民多以捕鱼为副业外，他处既不植棉又不育蚕，农村之副业，甚不发达。一二两区之农妇，虽大多以织布为副业，然纱线均由城市商店取来代织者，工资极微薄，每匹上布只二三角而已。采樵，烧炭为农村普遍之副业，尤以农隙时，贫农以此为重要收入。平时农民，多以采樵为副业，除供给自己燃料外，并肩挑城市贩卖。农村有所谓“墟期”，俗称“赶街子”，每遇墟期，农民以农产品米豆等物，出售于市场，易其日用品，墟场以龙头小街子官渡三处为最热闹，墟期三日两头，六日两头不等。

二、土地分配

我们为求明白昆明土地分配的情形，会在一、二、三、五、七不同的区域内，选择了严家季管菊花下河埂桃源昭宗等六村，挨户调查得一百七十六户。在昆明所谓村者，与南方一般情形相类似，即较北方为小，而农村户口，每村大都在三四十户之间，百户以上的农村，很不多见。我们所调查的六村中，村户分类的情形，大致为：地主兼自耕农占百分之二·二七，自耕农占百分之二二·一六，半自耕农占百分之四三·七五，佃农占百分之二九·五五，雇农占百分之二·二七。

昆明县六村村户的分类

（民23年）

村户类别	户数	对总户数的%
地主兼自耕农	4	2. 27
自耕农	39	22. 16
半自耕农	77	43. 75
佃农	52	29. 55
雇农	4	2. 27
其他		
合计	176	100. 00

在农村内地主很少发见，原因是，地主大都居住在城市的，所以这儿所调查到的地主兼自耕农，只有四户，都是将大部份农田自己耕种的，出租的农田比较微弱。

半自耕农则因生活的需要，除耕种自己一部份土地外，更租种他人的土地，在七十七户的半自耕农当中，大部份耕地系租来者占百分之五一·九五。

昆明县六村半自耕农性质的分析

（民23年）

类别	户数	对总户数的%
大部份耕地系自有者	37	48.05
大部份耕地系租来者	40	51.95
合计	77	100.00

我们再从六年来变迁的情形来看，昆明的农村，除了少数因田产移转或分家等关系稍有变动外，农村社会并没有急剧崩溃的趋势。这种保持性的内在原因，为城市的经济，并没有新发展，农民除依农业生活外，没有其他谋生的途径的缘故。

六年之中，地主兼自耕农仍保持原有地位。自耕农变动的有三户，二户因将田产完全典出，但典田仍归自己租种，按年缴纳租谷，事实上已降为佃农。这两户自耕农的田产是很微薄的，一户占有二亩一分，一户只一亩六分。其他一户有田产三亩三分，因典出一亩而仍租种，遂降为半自耕农。其次半自耕农只有一户变动，因分家后一亩三分之旱田被原主赎去，失去所有权而降入为佃农者二户。佃农有二户变动，一户因分家后仍为佃农，一户则变为雇农，而依染业帮工为生活矣。一户因买进田产一亩，升入于半自耕农。雇农原为五户，一户因买进旱田六分半，而升入自耕农，一户因租种田一亩七分而为佃农。

各类村户变迁的结果，自耕农减少二户，半自耕农增加一户，佃农增加五户，雇农减一户。民国二十三年六村总户数因分家关系增加三户。

昆明县六村六年来各类村户的变迁

民 17		民 23						
类别	户数	地主兼自耕	自耕农	半自耕农	佃农	雇农	总计	
地主兼自耕①	4	4					4	
自耕农	41		38	1	2			
半自耕农	76			75	2		77 *	因分家关系增一户
佃农	47			1	47	1	49 *	因分家关系增二户
雇农	5		1		1	3	5	
总计	173	4	39	77	52	4	176	

(一) 土地所有

昆明全县面积，约五千方里，据县政府粮册上所载的田亩数共有四十三万五千余亩，其中田三十万余亩，地十三万五千余亩，内有公产，庙产，机关产，学校产，族产，私产等分别。全县公产计二万另七百零九亩，庙产一万四千亩，机关产二十八亩，学校产四千亩，族产一千亩。全县总户数为三万五千六百七十五户，计十八万四千二百七十二人，其中男九万二千一百八十九人，女九万二千另八十三人。农户约占百分之八〇。我们如将全县总田亩数，四十三万五千亩，除去公产，庙产，机关产，学校产，族产，三万九千七百三十七亩，私产只有三十九万五千二百六十三亩。再以二万八千五百四十农户除之，平均每户得十三亩八分。若以十四万七千四百十八农业人口除之，则每人平均只得二亩六分八厘。至于根据县政府所填的概况调查表中，关于私有土地分配的估计，县境内有田五百亩以上者根本没有，二百亩以上者只有五六户，一百亩以上者约十户。根据这个估计，似乎拥有多数土地的地主为数尚少，所以土地之分配，尚称平均。

① 原书为“地主兼自耕”，似当为“地主兼自耕农”。后同。

但据我们抽样地六村，共一百七十六户，挨户调查的结果，有土地者占百分之六八·一八，无土地者竟占百分之三一·八二的比例观之，土地分配不均的现象，正严重地存在着。

其次各类村户地权分配，所有田亩总面积中，地主兼自耕农的所有占百分之一〇·八五，自耕农占三九·九四，半自农占四九·二一。

昆明县六村各类村户的地权分配

（民23年）

类别	所有田亩数	对所有田亩总数的%
地主兼自耕	48.8	10.85
自耕农	179.65	39.94
半自耕农	221.39	49.21
佃农	——	——
雇农	——	——
合计	449.84	100.00

再以各类村户户数作对比，百分之二·二七的地主兼自耕农，在所有田亩总面积中，占百分之一〇·八五。百分之二二·一六的自耕农占百分之三九·九四。百分之四三·七五的半自耕农占百分之四九·二一。这情形，似乎地主兼自耕农略占优势，半自耕农比较平均。

昆明县六村各类村户的地权分配

（民23年）

类别	户数%	所有田亩%
地主兼自耕	2.27	10.85
自耕农	22.16	39.94
半自耕农	43.75	49.21
佃农	29.55	——
雇农	2.27	——
合计	100.00	100.00

地主兼自耕农所有田亩的阶段分析，在户数中五亩至十亩者占百分之二五，十亩至二十亩者占百分之五〇，二十亩至三十亩者占二五。

昆明县六村地主兼自耕所有田亩的阶段分析

（民 23 年）

所有田亩阶段	户数	对总户数的%
0.1—4.9	—	—
5—9.9	1	25
10—19.9	2	50
20—29.9	1	25
合计	4	100

自耕农所有田亩的阶段分析，五亩以内的，占百分之五三·八，五亩至十亩者占百分之四三·六，十亩至二十亩者，占百分之二·六。

昆明县六村自耕农所有田亩的阶段分析

（民 23 年）

所有田亩阶段	户数	对总户数的%
0.1—4.9	21	53.8
5—9.9	17	43.6
10—19.9	1	2.6
合计	39	100.00

半自耕农所有田亩的阶段分析，五亩以内的占百分之八三，五亩至十亩者占百分之一四，十亩至二十亩者占百分之三。

昆明县六村半自耕农所有田亩的阶段分析

（民23年）

所有田亩阶段	户数	对总户数的%
0.1—4.9	64	83
5—9.9	11	14
10—19.9	2	3
合计	77	100

我们再看这三种农户，在所有田亩各阶段中所求得的指数。以地主兼自耕农为基数，在五亩至十亩的阶段中，自耕农的指数，为一百七十四。半自耕农只有五十六，在十亩至二十亩阶段中，自耕农的指数甚为微小，只有五数。半自耕农则略高过自耕农而亦只有六数，而在五亩以内的阶段中，因为地主兼自耕农，没有此阶段，如以自耕农作为基数，则半自耕的指数高过于自耕农为一百五十四。一般的看来，五亩以内的农户，是半自耕农占多数，自耕农次之，自然，这是可以看出昆明的农村土地琐碎的一种实据，其次五亩至十亩阶段中，自耕农的指数虽在一百七十四，但是这种阶段内的农户耕作结果，亦仅足维持生活。而半自耕农的指数，不及自耕农之三分之一，仅作生活的成分，尚形微弱，所以租种土地以求生活之需要，是必然事实。十亩至二十亩的阶段内，地主兼自耕农占了优势，自耕农与半自耕农的指数，同样的低微。

昆明县六村地主兼自耕农，自耕农，半自耕农所有田亩阶段的比较

（民23年）

所有田亩阶段	地主兼自耕		自耕农		半自耕农	
	对总户数的%	基数	对总户数的%	指数	对总户数的%	指数
0.1—4.9	—	—	53.8	—	83	—
5—9.9	25	100	43.6	174	14	56
10—19.9	50	100	2.6	5	3	6
20—29.9	25	100	—	—	—	—

各类村户在所有田亩阶段内的每户平均所得的田亩数。地主兼自耕农在五亩至十亩内的，每户平均得六亩，十亩至二十亩的，每户得十一亩另五厘，二十亩至三十亩的，每户得二十亩另七分，其总平均亩数，则每户平均得十二亩二分。而五亩至十亩阶段内的平均数不及总平均之一半，十亩至二十亩的，平均每户数亦差于总平均数一亩一分五厘，二十亩至三十亩的，则高过总平均数八亩五分。

昆明县六村地主兼自耕每户平均的所有田亩

阶段别	户数	所有田亩数	每户平均所有田亩数
0.1—4.9	—	—	—
5—9.9	1	6	6
10—19.9	2	22.1	11.05
20—29.9	1	20.7	20.7
合计	4	48.8	12.2

自耕农 在各阶段内的每户平均田亩数，五亩以内，每户得二亩四分六厘，五亩至十亩，每户得六亩九分四厘，十亩至二十亩，每户得十亩，而其总平均亩数，则每户得四亩六分。则五亩以内阶段内的平均数，相差总平均数的二亩一分四厘，五亩至十

亩之每户平均亩数，则高过于总平均数二亩三分四厘，十亩至二十亩之平均数高过总平均数一倍以上为五亩四分。

昆明县六村自耕农每户平均田亩数

阶段别	户数	所有田亩数	每户平均所有田亩数
0.1—4.9	21	51.75	2.46
5—9.9	17	117.9	6.94
10—19.9	1	10.	10.
合计	39	179.65	4.6

半自耕农　各阶段内的每户平均田亩数，五亩以内的，每户得二亩另四厘，五亩至十亩，每户得六亩一分七厘，十亩至二十亩，每户得十一亩五分。而与每户总平均比较，则五亩以内的阶段平均数相差于总平均数八分五厘。五亩至十亩的，则高过总平均数三亩二分八厘。而十亩至二十亩的，更高过总平均数三倍为八亩六分一厘。

昆明县六村半自耕农每户平均所有田亩

（民23年）

阶段别	户数	所有田亩数	每户平均所有田亩数
0.1—4.9	64	130.49	2.04
5—9.9	11	67.9	6.17
0①—19.9	2	23	11.5
合计	77	221.39	2.89

我们再以各类村户在各阶段内的平均所有田亩的比较。五亩以内的，因为没有地主兼自耕农，假使以自耕农来做基数时，则半自耕农之指数逊于自耕农，只得八十三。五亩至十亩，自耕农的指数高过地主兼自耕农，为一百十六。半自耕农指数，亦略高于地主兼自耕农，而与自耕农相较则为低，其指数为一百零三。

① 原书为“0”，似应为“10”。

如果将此三类农户总平均指数来比较，自耕农只得三十八，半自耕农更低得可怜，只得二十四，所以总平均的结果，还是地主兼自耕农占了优势。

昆明县六村地主兼自耕农，自耕农，

半自耕农每户平均所有田亩的比较

（民23年）

阶段别	地主兼自耕农		自耕农		半自耕农	
	每户平均所有亩数	基数	每户平均所有亩数	指数	每户平均所有亩数	指数
0.1—4.9			2.46		2.04	
5—9.9	6.00	100	6.94	116	6.17	103
10—19.9	11.05	100	10.00	90	11.50	104
20—29.9	20.70	100				
总平均	12.20	100	4.60	38	2.89	24

但是上述是根据农村挨户调查表所得的材料，以分析的结果，求出各阶段内的平均亩数及其指数。然而与全县田亩数的每户平均分配数来比较一下，更是相差得太远，在前面已经说过，昆明的农户，每户应得十三亩八分，但是调查的结果，不是这样，上表可以显明的看出，超过全县平均数的，只有地主兼自耕农在二十亩至三十亩的阶段中。此外自耕农，半自耕农的平均数，均不能与全县分配平衡。并且各类农户的总平均数，亦未超过全县分配数。那么读者一定会发生疑问："究竟土地到哪里去了?"这个答复是：（1）我们所调查的农村是纯粹的农村，（2）大多拥有土地者不住在镇市上，就是住在城里的，因为有了第二个原因纯粹农村内调查到的土地，不会与全县分配数相平衡的，这是一个显明事实。

但是反过来说，农村内的农户，平均所有田亩的差数，是被住在城镇的地主占有着。这个差数，我们可以从六个农村一百七十六户的挨户调查所得的全体所有田亩数四百四十九亩八分四厘，来做平均分配，则每户平均所得极微，只有二亩五分六厘，如以全县每户平均数十三亩八分来做比较时，则农村内的农户所得只当前者百分之一八·五五，可见农村内的百分之八一·四五的土地，是住在城镇内的富户占有着，是无疑义的。

各类村户在各个阶段内的每人平均所有田亩数，地主兼自耕农在五亩至十亩阶段内，每人平均所得亩数只有四分三厘，十亩至二十亩，每人得一亩七分，二十亩至三十亩，每人得一亩三分，总平均数，亦只得一亩□分三厘，如与全县每人平均应得亩数二亩六分八厘来比较时，则其相差数为百分之五八。

昆明县六村地主兼自耕每人平均所有田亩

（民23年）

阶段别	人数	所有田亩数	每人平均所有田亩数
0.1—4.9	——	——	——
5—9.9	14	6.	0.43
10—19.9	13	22.1	1.7
20—29.9	16	20.7	1.3
合计	43	48.8	1.13

自耕农在五亩以内的阶段中，每人平均得五分八厘，五亩至十亩，每人得一亩二分半，十亩至二十亩，每人得一亩四分三厘，总平均数每人不到一亩，而与全县每人平均数来比较，则相差百分之六四·五五。

昆明县六村自耕农每人平均的所有田亩

（民 23 年）

阶段别	人数	所有田亩	每人平均所有田亩数
0.1—4.9	89	51.75	0.58
5—9.9	94	117.9	1.25
10—19.9	7	10	1.43
合计	190	179.65	0.95

半自耕农在五亩以内的阶段中，每人平均得三分七厘，五亩至十亩的，每人得七分五厘，十至二十亩，每人得一亩六分四厘，总平均数不到半亩，而与全县每人平均数来比较，则相差百分之八一·七二。

昆明县六村半自耕农每人平均所有田亩

（民 23 年）

阶段别	人数	所有田亩数	每人平均所有田亩数
0.1—4.9	348	130.49	0.37
5—9.9	90	67.9	0.75
10—19.9	14	23	1.64
合计	452	221.39	0.49

（二）田产移转

上面所述土地分配系平面现象，我们要窥测农村经济的盈虚及了解农民经济的情形，对于农民土地买卖典当是不能忽视的，因为土地是农民唯一的生产工具，在经济枯竭的时候，是赖以周转流通的东西。

在六年来各类村户地权分配的增减表中，地主兼自耕农相当的增加，自耕农和半自耕农均在减少，而佃农与雇农，因其间有一户买进田产，而有向上发展的趋势。

但是二十三年的总亩数，是低落下去，虽然相差数很是微弱，证明农村土地渐落于城镇手掌中，是无可避免的事实。这六年来各类村户因受土地买卖典当与分家继承双重影响之下，其户数与土地所有均见增减，地主兼自耕农户数的百分比减少，而土地所有的百分比在增加。自耕农与半自耕农的户数和土地所有百分比均在减少。佃农的户数与土地所有百分比均增加。雇农户数百分比是减少，土地所有百分比则增加。

昆明县六村六年来各类村户地权分配的增减

（以民17年的分类为坐标）

类别	民17年时				民23年时				百分比的增减	
	户数	百分比	所有田亩数	百分比	户数	百分比	所有田亩数	百分比	户数＋－	所有田亩数＋－
地主兼自耕农	4	2.31	47.10	10.40	4	2.27	48.80	10.85	－	＋
自耕农	41	23.70	184.60	40.74	41	23.30	182.30	40.53	－	－
半自耕农	76	43.93	221.39	48.86	77	43.75	217.09	48.26	－	－
佃农	47	27.17			49	27.84	1.00	0.22	＋	＋
雇农	5	2.89			5	2.84	0.65	0.14	－	＋
总计	173	100.00	453.09	100.00	176	100.00	449.84	100.00		

如其根据十七年的分类为坐标，而只取各类村户买卖典当的关系舍象掉分家的关系来观察这六年来每户平均所有田亩数的增减时，则以十七年的所有田亩作指数，则地主兼自耕农的指数为一百零四，自耕农九十九，半自耕农九十八，而十七年时的佃农和雇农，其间因有一户买进了农田，故其指数突然增高。

昆明县六村各类村户六年来买卖典当对于各类村户平均所有田亩的影响

（以民17年的分类为坐标，舍象分家关系）

类别	户数	所有田亩数		平均每户所有田亩数		
	民17年	民17年	民23年	民17年	民23年	民23年的指数（民17=100）
地主兼自耕农	4	47.1	48.8	11.78	12.2	104
自耕农	41	184.6	182.3	4.50	4.45	99
半自耕农	76	221.39	217.09	2.91	2.86	98
佃农	47		1		0.02	200
雇农	5		0.65		0.13	1 300

我们再以分家关系和继承的关系，舍象掉买卖的关系，来看这六年来各类村户分家后，每户平均所有田亩的影响。地主兼自耕农和自耕农，因为没有分家的关系，其每户平均所有田亩的指数，并无高低外，半自耕农的指数则为九十九。

昆明县六村分家和继承对于各类村户平均所有田亩的影响

（以民17年的分类为坐标，舍象买卖关系）

类别	所有田亩数	户数		平均每户所有田亩数		
	民17年	民17年（未分家前）	民23年（分家后）	民17年	民23年	民23年的指数（民17=100）
地主兼自耕农	47.1	4	4	11.78	11.78	100
自耕农	184.6	41	41	4.50	4.50	100
半自耕农	221.39	76	77	2.91	2.88	99

土地转让，是有典当与买卖二种形式。典当就是活卖，并有典田自种，与得主耕种之分。典田自种者，就是田典出后仍向得主租种，得主种者，乃脱离土地使用关系，由得主耕种。前者等于租佃关系，每年缴纳租谷，以代利息。后者于典契内载明“田无租，洋无利”之语，即是以土地使用权授与典主，典洋亦不取

息。典当的手续，由典受两方邀集介绍人及中证人签订同式契约两张，一由典主收执，一由受主收执。契约内载明典田亩数，期限，典银若干等字样，并须将红契缴质于受主。如典出之田仍须自种者，则双方另书租契，载明每年应纳租额。至于所邀请之中证人，例有相当酬劳金，双方各自负担，其额数各村互有不同，大概是以典银全部之百分之二致酬，或有多少不论随意致酬者。如典主自己不能书写契约时，则须请人代书，其书契人之酬金，例由典主付给。至于典田年限，各村亦不一致，大概普通三年，最低一年，最高五年，以一年为最低限度，五年为最高限度，至于赎田问题，有未到期能否赎取，到期无力赎取二问题。未到期向受主赎取，须视双方感情关系，并稍加利息则可，否则受主方面不予允许。到期因典主无力赎回时，延长典当年限，或由受主原价转典于人。而典田之买卖权尚操之于典主，受主方面，是不能没收该田或找价等习惯。

土地买卖，手续甚为简单，双方邀集中证人，缮写杜绝契，契内书明田之坐落何处，田之等则，亩数以及四至，并款数若干。如田上栽有农作物，则言定俟收获后交田。至于中证人及写纸者酬金，依其习惯上而定，大致以田价之百分之三为酬金，或随意致酬者。年来农村经济枯竭，故买者多数为军政界商人地主，农村内之农民企图扩大农场至为微细。而杜卖之田地，先经典当而后出售者，大都在七八成。可见农民在非不已时，不愿将尚有希望赎回之典田遽尔杜绝也。

农村内的抵押，系借款性质，农民如遇经济上需要而举债时，请证人书抵押契，契内书明指定某丘田为担保品，及抵押年限，兼有附契（红契）抵押者。抵押年限，最高三年，最低数月不等，利息则按清偿。

昆明土地买卖价格，系以土壤肥瘠而分上中下三等，其价格各村有不同。六村调查之结果，上则田平均为一百三十三元四角，中则田均为一百元，下则田平均为六十六元二角。而上则田最高者为一百十元，最低为一百另七元。中则田最高一百二十元，最低六十七元。下则田最高八十元，最低五十三元。

昆明县六村每亩农田买卖价格

（民 23 年）　　（单位：元）

村名	上则田	中则田	下则田	
严家村	107	67	40	
季管营	120	80	53	
菊花村	160	120	80	
下河埂	160	120	80	
桃源村		120	77	
昭宗村	120	93	67	
平均数	133.4	100	66.2	

这六年来六村农田买卖价格的上落。严家，季管，菊花，昭宗四村农田的价格，十七年与二十三年并无变动。下河埂桃源二村农田价则上涨。十七年六村农田平均价格，上则田为一百二十五元四角，中则田为八十九元七角，下则田为五十九元七角。而以民十七年的中则田价格作基数时，二十三年下河埂的指数为一百二十九，桃源村则为一百四十一。

昆明县六村六年来每亩农田买卖价格的上落

（自民 17 至民 23 年）　　（单位：元）

村名	上则田		中则田		下则田		民 23 年的指数
	民 17	民 23	民 17	民 23	民 17	民 23	（民 17 = 100）＊
严家村	107	107	67	67	40	40	100
季管营	120	120	80	80	53	53	100
菊花村	160	160	120	120	80	80	100
下河埂	120	160	93	120	67	80	129
桃源村			85	120	51	77	141
昭宗村	120	120	93	93	67	67	100
平均数	125.4	133.4	89.7	100	59.7	66.2	＊仅指中则田价而言

六村农田典当的价格，上则田平均为八十二元六角，中则田为六十五元七角，下则田为三十四元。如以中则田的典价对中则田的地价百分率，则最高典价占田价的百分之八九·一六，最低占田价百分之二九，而平均典价占田价的百分之六五·七，故中上则田因土壤肥沃，典价普通均在田价十分之六七。

昆明县六村每亩农田的典当价格

（民 23 年）（单位：元）

村名	上则田	中则田	下则田	中则田典价对中则田地价的%
严家村	67	40	27	59.7
季管营	80	60	24	75
菊花村	93	73	40	60.83
下河埂	133	107	67	89.16
桃源村		87	33	72.5
昭宗村	40	27	13	29.
平均数	82.6	65.7	34	65.7

典当价格的上落，系随田价之上落为依据。表中以十七年的中则田典价作基数时，菊花村民二十三年的典价指数低落到七十三，下河埂桃源二村典价，指数为一百三十四与一百三十六。

昆明县六村六年来每亩典当价格的上落

（自民 17 至 23 年）（单位：元）

村名	上则田		中则田		下则田		民 23 年的指数（以民 17 = 100）*
	民 17	民 23	民 17	民 23	民 17	民 23	
严家村	67	67	40	40	27	27	100
季管营	80	80	60	60	24	24	100
菊花村	120	93	100	73	40	40	73
下河埂	107	133	80	107	47	67	134
桃源村			64	87	28	33	136
昭宗村	40	40	27	27	13	13	100
平均数	82.8	82.6	61.8	65.7	29.8	34	* 仅指中则田典价而言

抵押的价格，上则田平均数为六十三元，中则田平均数为四十二元□角，下则田为二十五元二角。中则田的抵押价格对中则田的典价百分率，严家季管二村抵押与典当的价格是相同的，菊花村占对典价的百分之六八·四九，下河埂村占百分之三七·三八，桃源村占百分之五四·〇二，昭宗村占百分之五九·二六。六村平均押价对典价百分率，则占百分之六四·二三。中则田的押价对中则田的地价所占的百分率，严家村为五九·七，季管村为七五，菊花村为四一·六七，下河埂为三三·三三，桃源村为三九·一七，昭宗村为一七·二。六村总平均数为四二·二。

昆明县六村每亩农田的抵押价格

（民 23 年）　　（单位：元）

村名	上则田	中则田	下则田	中则田押价对中则田典价的%	中则田押价对中则田地价的%
严家村	67	40	27	100	59.7
季管营	80	60	24	100	75
菊花村	80	50	40	68.49	41.67
下河埂	64	40	28	37.38	33.33
桃源村		47	20	54.02	39.17
昭宗村	24	16	12	59.26	17.2
平均数	63	42.2	25.2	64.23	42.2

抵押价格的上落，严家季管二村无变动，菊花村昭宗村则在减少，下河埂与桃源二村则为增高。

昆明县六村六年来每亩农田抵押价格的上落

（自民 17 至 23 年）　　（单位：元）

村名	上则田		中则田		下则田		民 23 年的指数（民 17 = 100）＊
	民 17	民 23	民 17	民 23	民 17	民 23	
严家村	67	67	40	40	27	27	100
季管营	80	80	60	60	24	24	100

续表 1

村名	上则田		中则田		下则田		民 23 年的指数（民 17 = 100）*
	民 17	民 23	民 17	民 23	民 17	民 23	
菊花村	67	80	53	50	33	40	94. 34
下河埂	40	64	32	40	20	28	125
桃源村			40	47	16	20	117. 5
昭宗村	33	24	20	16	13	12	80
平均数	57. 4	63	40. 8	42. 2	22. 2	25. 2	* 仅指中则田抵押价格而言

（三）土地使用

各类村户的使用田亩，在六村一百七十六户调查的结果，总田亩数八百二十七亩二分六厘，以半自耕农占全数百分之五四·六三，自耕农次之，占百分之二一·七二，佃农占百分之一八·七三，地主兼自耕农使用田亩，很是微小，只占百分之四·九二。

昆明县六村各类村户的使用田亩

（民 23 年）

类别	使用田亩数	对使用田亩总数的%
地主兼自耕农	40. 7	4. 92
自耕农	179. 65	21. 72
半自耕农	451. 95	54. 63
佃农	154. 96	18. 73
合计	827. 26	100. 00

各类村户在其使用田亩阶段内所占户数的成分，地主兼自耕农，都在五亩至二十亩之间。

自耕农五亩以内的阶段占百分之五三·八，五亩至十亩阶段内占百分之四三·六，十亩至二十亩阶段内占百分之二·六。

昆明县六村自耕农使用田亩阶段分析

（民 23 年）

使用田亩阶段	户数	对总户数的%	指数
0.1—4.9	21	53.8	
5—9.9	17	43.6	
10—19.9	1	2.6	
合计	39	100	

半自耕农在五亩以内的阶段占百分之四一·六，五亩至十亩占百分之四二·八，十亩至二十亩占百分之一五·六。

昆明县六村半自耕农使用田亩阶段分析

（民 23 年）

使用田亩阶段	户数	对总户数的%
0.1—4.9	32	41.6
5—9.9	33	42.8
10—19.9	12	15.6
合计	77	100.00

佃农五亩以内的阶段占百分之七八·八，五亩至十亩占百分之一九·三，十亩至二十亩占百分之一·九。

昆明县六村佃农使用田亩的阶段分析

（民 23 年）

使用田亩阶段	户数	对总户数的%	指数
0.1—4.9	41	78.8	
5—9.9	10	19.3	
10—19.9	1	1.9	
合计	52	100.00	

从各类村户使用田亩的情形，可略窥昆明农场的大小程度。如果将这一百七十二使用田亩的户数，不分类别，只分析使用土

地阶段内的所占的成分。则在使用五亩以内者，占百分之五四·六五，五亩至十亩者，占百分之三六·〇五，十亩至二十亩者，占百分之九·三，而昆明农民经营之农场之微小，可见一般。

其次土地所有与土地使用的关系，地主兼自耕农的所有田亩占总数的百分之一〇·八三，而使用田亩只对使用总亩数的百分之四·九二。自耕农所有田亩占总亩数的百分之三九·九五，使用田亩占使用总数的百分之二一·七二。半自耕农所有田亩占四九·二二，而使用田亩，则占使用总数的百分之五四·六三。佃农则占使用总数的百分之一八·七三。

昆明县六村各类村户地权分配与农田使用的对比

（民23年）

类别	所有田亩数	对所有田亩总数的%	使用田亩数	对使用田亩总数的%
地主兼自耕	48.8	10.83	40.7	4.92
自耕农	179.65	39.95	179.65	21.72
半自耕农	221.39	49.22	451.95	54.63
佃农	——	——	154.96	18.73
合计	449.84	100.00	827.26	100.00

这六年来各类村户使用田亩的增减，除半自耕农减少外，一般的状况均呈增加的趋势。但是增加的成分，都是很微细的，不见激烈高涨的姿态。

昆明县六村六年来各类村户使用田亩的增减

（以民17年的分类为坐标）

类别	民17年时				民23年时				百分比的增减	
	户数	百分比	使用田亩数	百分比	户数	百分比	使用田亩数	百分比	户数+－	使用田亩数+－
地主兼自耕农	4	2.31	39.00	4.72	4	2.27	40.70	4.92	－	+
自耕农	41	23.70	184.60	22.37	41	23.30	187.00	22.60	－	+
半自耕农	76	43.93	456.55	55.32	77	43.75	450.05	54.40	－	－
佃农	47	27.17	145.20	17.59	49	27.84	147.16	17.79	+	+
雇农	5	2.89			5	2.84	2.35	0.29	－	+
总计	173	100.00	825.35	100.00	176	100.00	827.26	100.00		

其次各类村户的参加田间工作者，每人平均耕作亩数，可以见到劳力过剩与否。惟处高原地带之农村，因受地形上之限制，农场经营一般的微小。我们估作以五亩为每人耕作的基数。地主兼自耕农，在五亩至十亩阶段内，每人平均耕作亩数一亩一分，指数只二十二，十亩至二十亩阶段内，每人平均耕作亩数二亩九分，指数五十九，而每人总平均耕作亩数亦只二亩零四，总平均指数亦在四十一。

昆明县六村地主兼自耕农参加田间工作者每人平均耕作亩数

（民23年）

阶段别	耕作人数	使用田亩数	每人平均耕作亩数	指数
0.1—4.9				
5—9.9	10	11.0	1.10	22
10—19.9	10	29.7	2.97	59
总计	20	40.7	2.04	41

（以五亩为基数＝100）

自耕农在五亩以内的阶段,每人平均耕作亩数一亩一分八厘,指数二十四,五亩至十亩阶段内,每人平均二亩三分一,指数四十六,十亩至二十亩阶段内,每人平均耕作亩数一亩六分七,指数三十三,总平均每人耕作亩数,亦只一亩七分八,总平均指数,亦只三十六。

昆明县六村自耕农参加田间工作者每人平均耕作亩数

(民23年)

阶段别	耕作人数	使用田亩数	每人平均耕作亩数	指数
0.1—4.9	44	51.75	1.18	24
5—9.9	51	117.9	2.31	46
10—19.9	6	10	1.67	33
总计	101	179.65	1.78	36

(以五亩为基数 = 100)

半自耕农在五亩以内的阶段,每人平均耕作亩数一亩三分七,指数二十七,五亩至十亩阶段内,每人平均耕作亩数二亩三分半,指数四十七,十亩至二十亩阶段内,每人平均耕作亩数二亩九分三,指数五十九,总平均每人耕作亩数为二亩一分六,总平均指数四十三。

昆明县六村半自耕农参加田间工作者每人平均耕作亩数

(民23年)

阶段别	耕作人数	使用田亩数	每人平均耕作亩数	指数
0.1—4.9	69	94.75	1.37	27
5—9.9	92	216.5	2.35	47
10—19.9	48	140.7	2.93	59
总计	209	451.95	2.16	43

(以五亩为基数 =100)

佃农在五亩以内的阶段，每人平均耕作亩数九分五厘，指数十九，五亩至十亩阶段内，每人平均耕作亩数二亩一分九，指数四十四，十亩至二十亩阶段内，每人平均耕作亩数二亩七分半。指数五十五，总平均每人耕作亩数一亩三分一，总平均指数为二十六。

昆明县六村佃农参加田间工作者每人平均耕作亩数

（民23年）

阶段别	耕作人数	使用田亩数	每人平均耕作亩数	指数
0.1—4.9	85	80.56	0.95	19
5—9.9	29	63.4	2.19	44
10—19.9	4	11	2.75	55
总计	118	154.96	1.31	26

（以五亩为基数=100）

根据上述情形，耕作指数一般的很低，劳力似在过剩状态，结果便发生离村向外觅生活的现象，观下表各农户中出外工作人数的情形便知：

昆明县六村各类村户中出外工作的人数

（民23年）

类别	有工作能力人数	出外工作的人数	出外对工作能力的%
地主兼自耕	21	——	——
自耕农	113	3	2.66
半自耕农	221	2	0.91
佃农	132	11	8.33
雇农	9	——	——
总计	496	16	3.23

佃农出外工作人数，比一般的为多，自耕农和半自耕农出外工作者也有，大都是比较贫苦的农户。

(四)雇工与耕畜

农村雇工问题,农户在栽秧,及收获的时候,需要人工的帮助,但是大都是交换工作,彼此在栽秧及收获,互相的帮忙,比较富裕的农民则雇用长工耕耘,忙时,尤须添短工。长年工资,每年普通约合国币四十元,最高亦在五十元左右,女工工资,每年普通二十七元,最高三十三元,童工工资,每年亦只十元左右。长年工人,由雇主供给衣食,童工大多牧牛。短工工资以日计。农忙时,男工工资四角,女工五角,闲时男工工资二角七分,女工四角,同时供给膳食。女工工资所以较男工为高,以其除田间工作外兼操家庭之杂务故耳。各类村户雇工的成分,地主兼自耕农,是完全雇工的,自耕农雇工占百分之四八·七二,半自耕农占百分之一〇·三九,佃农占百分之四〇·三九,合计雇工成分是在百分之三〇·二三。

昆明县六村各类村户雇工者成分

(民23年)

类别	户数	雇工者户数	雇工者之数所占%
地主兼自耕	4	4	100
自耕农	39	19	48.72
半自耕农	77	8	10.39
佃农	52	21	40.39
合计	172	52	30.23

地主兼自耕农,五亩至十亩阶段内,雇用短工者一户,雇工七十日。兼雇长工及短工者一户,雇用长工一人,短工一百十工。十亩至二十亩阶段内,雇用短工者二户,雇工一百日。合计雇工者四户,雇用长工一人,短工二百八十日。

自耕农,五亩以内的阶段,用雇工的户数九户,同时雇用短工一百七十五日,五亩至十亩阶段内,有雇工户数亦为九户,雇用短工三百四十三日,十亩至二十亩阶段内,用雇工者一户,雇用短工二十五日,合计用雇工者十九户,短工五百四十三日。

半自耕农,五亩以内的阶段,用短工者十二户,共用短工一百六十九日。五亩至十亩阶段内,用短工者十四户,共四百二十八日。十亩至二十亩阶段内,用短工者七户,共二百四十四日,尚有一户,雇长工一人,短工八十日。合计雇用短工者三十三户,兼雇长工及短工者一户,雇用长工一人,短工九百二十一日。

佃农多用短工,五亩以内的阶段,雇短工者十四户,共雇短工二百二十六日。五亩至十亩阶段内,雇短工者六户,共雇短工二百八十七日。十亩至二十亩阶段内,雇短工者一户,共雇短工三十日。合计雇短工者二十一户,共雇短工五百四十三日。

依雇工的情形,与上面所述,土地使用一般的减低,农民劳力似在过剩状态发生抵触,其原因:(1)栽种与收获时期,须要人工来帮助,(2)农村内除富裕者一般农民雇用人工外,常被雇于人。

各类村户的耕畜,有耕畜者对其户数所占百分率,地主兼自耕农,占百分之七五,自耕农占百分之三〇·七七,半自耕农占百分之二三·三八,佃农占百分之〇·一九。总计一百七十二农户内,有耕畜者占百分之二〇·三五。

昆明县六村各类村户中有耕畜者之百分比

(民23年)

类别	总户数	有耕畜者之户数	%
地主兼自耕	4	3	75.00
自耕农	39	12	30.77
半自耕农	77	19	23.38
佃农	52	1	0.19
合计	172	35	20.35

耕畜总数为三十五只,地主兼自耕农占百分之一一·四三,自耕农占百分之三四·二九,半自耕农占百分之五一·四三,佃农占百分之二·八五。每户平均数,地主兼自耕农一·三三,自耕农和佃农,每户平均一头,半自耕农因有二家合养一头牛,故每户平均

只〇·九五,合计三十五只,每户平均一头。

昆明县六村各类村户的耕畜

(民23年)

类别	耕畜数	对总数的%	每户平均数
地主兼自耕	4	11.43	1.33
自耕农	12	34.29	1.00
半自耕农	18	51.43	0.95
佃农	1	2.85	1.00
合计	35	100.00	1.00

地主兼自耕农一类农户中,共有耕畜四头,除五亩至十亩阶段内占有一头外,余尽为有田十亩至二十亩者所养。

自耕农,耕畜数十二头,五亩以内阶段,占百分之二五,五亩至十亩阶段内占百分之六六·六七,十亩至二十亩阶段内占百分之八·三三。

半自耕农,耕畜数十八头,五亩以内阶段占百分之二五,五亩至十亩阶段内占百分之五八·三三,十亩至二十亩阶段内占百分之一六·六七。

佃农,耕畜数只一头,比一般的少,他们在贫苦的环境下生活着,购买牛的能力是没有的。

(五)租佃关系

农户租种土地,须订立租契,熟识者只口头上约定,可免订契的。一般习惯,凡租种者应先缴纳押租若干,且视土壤等级立议,并无一定成规。大概上则田,每亩最高五元,中则田最高三元,下则田最高一元五角,押租于租约期满时退还。租田年限,普通大概三年,期满时,退租或续租,双方各自由。至于缴租,均以正产物纳租,分租很少,如遇灾荒歉收时,则由当地乡镇公所议定缴租办法,钱租亦很少,佃农如不纳租米,得以市价折成钱币易租。

土壤等级,有三等九级之分,租额亦凭土壤等级之高下来规定，观下表则田最高纳租米三百斤，最低一百六十二斤，平均数为二百十三斤，三百斤之租田，为上上则田，一百六十二斤租田，为上下则田。中则田最高二百斤，最低一百三十五斤，平均数一百五十八斤。下则田最高一百二十六斤，最低五十斤，平均数九十七斤。各村租额，互不一致，表中如中上则田之租额，及高过上下则田，因其地势环境各有不同也。

昆明县六村每亩农田的租额

（民23年）　　　　（米租:单位斤）

村名	上则田	中则田	下则田
严家	300	200	120
季管	162	135	50
菊花	180	158	108
下河埂	180	158	126
桃源		127	77
昭宗	245	175	105
平均	213.4	158.8	97.7

昆明租额甚高，以夏作物全收获量尚不敷纳租，对农田租额对产量的百分率表中，菊花村，上则田米产量一百八十斤，而只够完租，中则田产量一百四十四斤，须一百五十八斤纳租，超过产量百分之十，下则田产量亦只足纳租。下河埂村，上则田租额，竟超出产量百分之二十，中则田租额，亦超过百分之十，下则田租额，竟超过百分之三十一。昭宗村，上则田租额，超过正产百分之六，中则田租额，超过正产百分之四，下则田以正产完全纳租。（按租额，仅指秋收时之稻作物而言，其他如豆，麦，鸦片等概不在内。）

昆明县六村每亩农田租额对产量的百分率

村名	上则田			中则田			下则田		
	出产量	租额	对出产量%	出产量	租额	对出产量%	出产量	租额	对出产量%
严家		300			200			120	
季管		162			135			50	
菊花	180	180	100	144	158	110	108	108	100
下河埂	216	180	120	144	158	110	96	126	131
桃源					127			77	
昭宗	231	245	106	168	175	104	105	105	100

地主兼自耕农出租农田的成分，很是微细，合计农田只四十八亩八分，出租的农田只占百分之一六・六。

昆明县六村地主兼自耕农出租农田的成分

（民23年）

所有田亩阶段别	所有田亩数	出租田亩数	出租对所有的%	出租对所有总数的%
0.1—4.9				
5—9.9	6.0	1.0	16.7	2.0
10—19.9	22.1	6.1	27.6	12.5
20—29.9	20.7	1.0	4.8	2.0
合计	48.8	8.1	16.6	——

半自耕农，租进农田的成分，以五亩以内者占多数，租田超过自有田。租进之田对使用总亩数，竟占百分之四一・一二。自然，在五亩以内的农户，自有田微少不够生产，需要租田来增加生产，是必然的事实。其次五亩至十亩阶段内，租田对自有田亦占百分之三八・〇五，而租进田亩对使用总数的百分率，占九・二三。十亩至二十亩阶段内，租田对自田占百分之一一・五三，租田对使用总数，则占百分之〇・六六，合计看来，半自耕农的使用田亩，有百分之五一・〇一是租来的。

昆明县六村半自耕农租进农田的成分

（民23年）

所有田亩阶段	所有田亩数	使用田亩数	租进田亩数	使用田亩中的自有田与租田		租进对使用总数%
				自田	租田	
0.1—4.9	130.49	316.35	185.86	41.25	58.75	41.12
5—9.9	67.9	109.6	41.7	61.95	38.05	9.23
10—19.9	23	26	3	88.47	11.53	0.66
合计	221.39	451.95	230.56	48.99	51.01	——

佃农自己没有土地，他的田亩完全是租来的。耕种五亩以内的佃农占大多数，约占租种面积百分之五一·九九，五亩至十亩占百分之四〇·九一，十亩至二十亩，占百分之七·一。此种佃农，除大部份正产纳租外，所得到的只有副产品，所以多数是不足维持生活的，因此他们不得不去作短工，苦力或小贩。

昆明县六村佃农租进农田的成分

（民23年）

阶段别	租进田亩数	租进对各阶段使用总数的%
0.1—4.9	80.56	51.99
5—9.9	63.4	40.91
10—19.9	11	7.1
合计	154.96	100.00

佃农的使用亩数即为租进亩数。

三、农村副业

农村副业，于农民生计关系至巨，贫苦之农民，往往恃劳力换得代价以偿其生活。六村各类村户中，地主兼自耕农有副业者占百分之七五，自耕农有副业者占百分之五三·八五，半自耕农有副业者占百分之三一·一七，佃农有副业者占百分之六九·二三，雇农有副业者占百分之七五。总计一百七十六农户中，有副业者占百分之四九·四三。

各类村户,每户副业平均收入数,以地主兼自耕农为最多,每户平均每年得九十七元强(国币)。次为佃农,每户平均得四十五元八角一分。雇农每户平均得三十六元八角。半自耕农每户平均得三十五元零二分。自耕农每户平均得三十元零七角二分。总计八十七户有副业者,每户平均得四十元零六角六分。

昆明县六村各类村户每户平均的副业收入

(民23年)　　(单位:元)

类别	户数	副业收入数	每户平均收入
地主兼自耕	3	292.6	97.47
自耕农	21	645.05	30.72
半自耕农	24	840.56	35.02
佃农	36	1 649.2	45.81
雇农	3	110.38	36.80
合计	87	3 537.8	40.66

各类村户副业总收入之比较,地主兼自耕农占全数百分之八·二七,自耕农占百分之一八·二三,半自耕农占百分之二三·七六,佃农占百分之四六·六二,雇农占百分之三·一二。副业全数收入,以佃农成分最高,次之半自耕农,又次之自耕农,雇农为最低。

昆明县六村各类村户副业总收入之比较

(民23年)　　(单位:元)

类别	副业收入数	对总收入的%
地主兼自耕	292.6	8.27
自耕农	645.05	18.23
半自耕农	840.56	23.76
佃农	1 649.2	46.62
雇农	110.39	3.12
总计	3 547.8	100.00

地主兼自耕农副业的分类。打渔,打线,织布者一户,每年收

入滇币一千九百元(以国币一元三角三分折合滇币十元),折合国币二百五十二元七角,织布二户,收入滇币三百元,折合国币三十九元九角。合计滇币二千二百元,折合国币二百九十二元六角。

自耕农副业分类。石匠,赶马各一户,卖柴二户,帮工三户,裁缝与织布各四户,小商人六户,合计二十一户。其中以石匠收入为最多,每年折合国币一百五十九元六角,其次小商人,折合国币一百二十六元三角五分,其次帮工,折合国币一百一十一元七角二分,裁缝一百零九元零六分,织布,折合国币五十八元五角二分,赶马与卖柴各折合国币三十九元九角。

半自耕农副业分类。木匠一户,赶马二户,织布三户,采樵四户,小商人四户,帮工九户,合计有副业者二十四户。收入以小商人最多,折合国币二百二十六元一角,次之帮工,折合国币一百九十元一角九分,采樵折合国币一百五十九元六角,赶马折合国币一百一十三元零五分,织布折合国币八十五元一角二分,木匠折合国币六十六元五角。计全数副业收入,折合国币为八百四十元五角六分。

佃农副业分类。木工一户,渔业及织布一户,卖柴及卖菜三户,织布三户,染业三户,小贩五户,苦力五户,帮工十五户,合计有副业者三十六户。其中收入最多者为帮工,折合国币六百五十元零三角七分,染业次之,折合国币三百零五元九角,小贩折合国币二百二十七元四角三分,苦力折合国币二百十二元八角,卖柴及卖菜,折合国币一百零六元四角,渔业及织布,折合国币九十三元一角,织布三十三元二角五分,木工折合国币十九元九角五分,总计副业收入数为一千六百四十九元二角。

雇农副业分类。打柴,染业,小贩,各一户,合计三户,收入以染业为最多,折合国币五十三元二角,次之打柴三十三元二角五分,小贩二十三元九角四分,总计副业收入为一百十元零三角九分。

云贵为高原区域，适宜于畜牧，小康之家，多畜骡马以作交通运输之用，兼有赶马为生活者，六村各类村户的家畜表中，马合计有七十五匹，牧马事业，甚为发达，其次养猪鸡者，亦甚普遍。

昆明县六村各类村户的家畜

（民23年）

类别	马	骡	猪	羊	鸡	鸭
地主兼自耕	3		12	1	16	
自耕农	17	1	36		76	
半自耕农	47		78		175	2
佃农	7	1	22		56	
雇农	1		3			
合计	75	2	151	1	323	2

四、农村借贷

农村借贷，于农民本身经济上影响甚大，且年来农村经济枯竭，农民受重利盘剥者，尤为昆明农村中普遍现象，为状最惨的，莫如农民向商店借款，言定于夏作物收获时，偿还米谷，于农民损失更巨。我们从六村挨户调查的结果，负债者竟占百分之三九·二，尤其贫苦的农民和佃农雇农，负债的成分更多，自耕农和半自耕农，负债的成分，亦一样的严重着。

昆明县六村各类村户借贷的成分

（民23年）

类别	总户数	负债者户数	对总户数的%	对全体总户数的%
地主兼自耕	4	1	25	0.57
自耕农	39	12	30.77	6.82
半自耕农	77	31	40.26	17.61
佃农	52	23	44.23	13.07
雇农	4	2	50	1.14
合计	176	69	39.2	——

兹将各类村户负债的成分，与所有田亩及使用田亩的关系分

述于后。

地主兼自耕农，在五亩以内的阶段，有一户负债，本来他们是有土地出租的农户，情形比一般的好，尚且免不了负债，可见农村经济枯竭之一般了。

自耕农在五亩以内的阶段，负债的成分最多，估该阶段总户数百分之三八·〇九，五亩至十亩负债的，占百分之一七·六五，十亩至二十亩负债的占百分之一〇〇。合计三十九户中，负债的竟占十二户。五亩以内的阶段，占负债总数百分之二〇·五一，五亩至十亩阶段内，占百分之七·六九，十亩至二十亩阶段内，占百分之二·五六。

昆明县六村自耕农中负债成分与所有田亩的关系

（民23年）

所有田亩阶段	户数	负债者户数	对户数的%	对总户数的%
0.1—4.9	21	8	38.09	20.51
5—9.9	17	3	17.65	7.69
10—19.9	1	1	100	2.56
总计	39	12	30.77	——

半自耕农，在五亩以内的阶段，负债的成分为百分之三五·九四对总户数负债的成分是百分之二九·八七，五亩至十亩阶段内，负债的成分百分之六三·六四，对总户数负债成分百分之九·〇九，十亩至二十亩阶段内，负债的成分百分之五〇，对总户数的成分百分之一三，合计七十七户内，有百分之四〇·三六是负债的。

昆明县六村半自耕农中负债成分与所有田亩的关系

（民23年）

所有田亩阶段	户数	负债者户数	对户数的%	对总户数的%
0.1—4.9	64	23	35.94	29.87
5—9.9	11	7	63.64	9.09
10—19.9	2	1	50	1.3
合计	77	31	40.26	——

佃农在使用田亩五亩以内的阶段，负债的成分，百分之三九·〇二，五亩至十亩阶段内，负债成分百分之六〇，十亩至二十亩阶段内，负债成分百分之一〇〇，总计五十二户，负债户数占百分之四四·二三。对总户数的百分比，五亩以内的负债成分百分之三〇·七七，五亩至十亩百分之一一·五四，十亩至二十亩百分之一·九二。

昆明县六村佃农中负债成分与使用田亩的关系

（民23年）

使有田亩阶段	户数	负债者户数	对户数的%	对总户数的%
0.1—4.9	41	16	39.02	30.77
5—9.9	10	6	60	11.54
10—19.9	1	1	100	1.92
合计	52	23	44.23	——

雇农半数是负有债务。

各类村户负债的数别，是看债额之中心点，自耕农十二户，负债额共计九百九十元，以二百元以上者占四百二十六元。半自耕农三十一户，负债额三千六百九十七元，二百元以上，竟占一千九百六十四元。半自耕农负债额实较一般为重。佃农二十三户，负债额一千二百五十二元，占最多者为五十元至一百元占四百二十八元。雇农负债二户，全数只七十三元，在五十元至一百元占最多的成分。总计六十九户，负债的户数，其数别逐步增加，一元至二十元者，合计只一百十五元，到二十元至五十元，则有五百四十二元，以后逐步增高，最多为二百元以上者二千六百五十七元，占全数债额百分之四三·七一。

昆明县六村各类村户负债的数别

（民 23 年）

类别	负债户数	负债金额					合计
		1—20 元	20—50 元	50—100 元	100—200 元	200 元以上	
地主兼自耕	1			67			67
自耕农	12	13	147	138	266	426	990
半自耕农	31	13	221	414	1 085	1 964	3 697
佃农	23	76	174	428	307	267	1 252
雇农	2	13		60			73
合计	69	115	542	1 107	1 658	2 657	6 079

再将每户平均负债额来比较，地主兼自耕农，每户平均六十七元，自耕农，每户平均八十二元半，半自耕农每户平均一百十九元二角五分，佃农每户平均五十四元四角三分，雇农每户平均三十六元五角，总平均则每户平均负债八十八元一角，而以半自耕农每户负债最重，自耕农次之，地主兼自耕农又次之，佃农和雇农更次之。

昆明县六村各类村户负债农户每户平均负债表

（民 23 年）

类别	负债户数	债额	每户平均负债额
地主兼自耕	1	67	67
自耕农	12	990	82.5
半自耕农	31	3 697	119.25
佃农	23	1 252	54.43
雇农	2	73	36.5
合计	69	6 079	88.1

农户负债数额，系历年积欠而成者。如村户历年负债情形表中，地主兼自耕农所负尚系民二十年之旧债，自耕农十七年以前之旧债总额竟有三百六十四元之多，半自耕农以民国十九，二十及二十一年三年中为最多，佃农以二十二年新债为最多，二十一年次

之。雇农十九年最多。合计全数债额,十七年以前之旧债,占全额百分之一〇·五,十七年占百分之一·八八,十八年占百分之三·九五,十九年占百分之二二·〇八,二十年占百分之一八·八二,二十一年占百分之二八·八,二十二年占百分之一三·九七。

昆明县六村各类负债村户历年负债情形

(民23年)　　(单位:元)

类别	负债户数	负债年份及额数							合计
		17年以前	17年	18年	19年	20年	21年	22年	
地主兼自耕	1					67			67
自耕农	12	364	13	133	86	27	340	27	990
半自耕农	31	263	21	67	944	904	1 090	405	3 697
佃农	23	8	80	40	252	146	308	418	1 252
雇农	2				60		13		73
合计	69	638	114	240	1 342	1 144	1 751	850	6 079

负债的用途,地主兼自耕农,全数用于必要生活。自耕农用于必要生活者占百分之四〇·三,次之婚丧占百分之三六·九七,建屋占百分之二一·四一,疾病占百分之一·三二。半自耕农用于婚丧者占百分之五六·四二,次之必要生活占百分之一九·八五,经商占百分之一八·一二,农本占百分之四·八七,建屋占百分之〇·七四。佃农用于婚丧者占百分之七〇·一三,必要生活占百分之一七·〇九,折租占百分之六·三九,农本占百分之五·三五,建屋占百分之一·〇四。雇农则完全用于必要生活。

合计来看,负债用途以婚丧为多数,占全数百分之五四·七八,次之必要生活,占全数百分之二四·四六,经商占百分之一一·〇二,建屋占百分之四·一五,农本占百分之四·〇六,折租占百分之一·三二,疾病占百分之〇·二一。

昆明县六村各类村户负债的用途

（民 23 年）　　　　　　　（单位:元）

类别	负债户数	经商	婚丧	折租	必要生活	农本	疾病	建屋	合计
地主兼自耕	1				67				67
自耕农	12		366		399		13	212	990
半自耕农	31	670	2 086		734	180		27	3 697
佃农	23		878	80	214	67		13	1 252
雇农	2				73				73
合计	69	670	3 330	80	1 487	247	13	252	6 079

农村借贷性质，分抵押与信用，抵押即以田契或房屋为担保品，信用则无担保品。各类村户借贷时以抵押借款居多数，地主兼自耕农完全是抵押借款，自耕农之抵押借款亦占百分之六三·〇三，余为借用借款。半自耕农押借占百分之八〇·七七。佃农因无土地故借款时常以房屋作抵押，抵押借款占百分之四六·四一，信用借款占百分之五三·五九；雇农则完全为信用借款，因其无抵押品故也，合计抵押借款占百分之七〇·〇四，信用占二九·九六。

昆明县六村各类负债村户借贷时抵押与信用的比率

（民 23 年）　　　　　　　（单位：元）

类别	抵押借款		信用借款	
	额数	%	额数	%
地主兼自耕	67	100		
自耕农	624	63.03	366	36.97
半自耕农	2 986	80.77	711	19.23
佃农	581	46.41	671	53.59
雇农			73	100
合计	4258	70.04	1821	29.96

借贷利息，分物息与银息二种，物息即农产品之米谷。观物息与银息比率表，则知地主兼自耕农完全为银息。自耕农物息占百分之九·三九，银息占百分之九〇·六一。半自耕农物息占百

分之四五·九八，银息占百分之五四·〇二。佃农物息占百分之五八·五五，银息占百分之四一·四五。雇农物息占百分之一七·八一，银息占百分之八二·一九。合计物息占全数百分之四一·七七，银息占百分之五八·二三。

昆明县六村各类负债村户借贷时物息与银息的比率

（民23年）（单位：元）

类别	物息		银息	
	额数	%	额数	%
地主兼自耕			67	100.00
自耕农	93	9.39	897	90.61
半自耕农	1 700	45.98	1 997	54.02
佃农	733	58.55	519	41.45
雇农	13	17.81	60	82.19
合计	2 539	41.77	3 540	58.23

借贷利息，分年息与月息。月息很不普遍，大多为年息，利息最重者莫如物息。在借贷利息表中，最高的竟有至五分者，米息在偿还时与米价高低关系很大，推算较为困难，而依其乡村中一年之米价平均折算。例如下河埂村，平均米价滇币一百元一斗，借贷滇币百元，须年纳米息五升，故年利为五分。银息较物息为低，普通为三分，最低二分。

昆明县六村的借贷利息

（民23年）

村名	月息			年息		
	最高	最低	普通	最高	最低	普通
严家村				3.6	2	3
季管营				3.8	3	3
菊花村				3	2.5	3
下河埂				5	3	4
桃源村				3.5	3	3
昭宗村				4	3	3

昆明农民信用合作社，设于第一区之莲德镇，资本额旧滇币十四万元，已贷出三万元，资金来源，由社员集股，并向城商募股，办理社员借贷及农民抵押借款等，借贷数额不得超过滇币五十元，利息年息二分。

五、田赋

昆明田赋科则，在民二十年以前，分上中下三等征赋，至民二十一年土地清丈完竣后，改征耕地税，土地等级。亦从新勘定，以新制三等九级征收，民二十年以前田赋征收情形，全县田赋共计粮米六千八百二十五石五斗九升九合，每石折征当地现金七元零二仙，合折现金四万七千九百八十五元八角三仙五厘，惟十九二十两年，因受虫旱水灾影响，受灾农村，概减征田赋，是以短收，查民十八年征收数为四万六千八百九十五元三角五仙，十九年征收数四万二千九百四十五元三角四仙，二十年征收数三万六千六百四十八元八角九仙。二十年以前田赋科则，分田地二目，并分上中下三等，兹将每亩农田正附税征收数列表于后，附税分：（1）附捐，每石带征一元，（2）团费，每石带征三角，（3）村团费，使差费，修路费，每亩征收五角，附捐缴解财政厅，团费归县政府办团用；村团费使差修路费，由县政府征收分配，田赋正税对附税的比率，附税均超过正税，上则田正税对附税的比率为一七七·三，中则田为一九六·五八，下则田为二二二，上则地为三一五·二五，中则为三七五·三五，下则为四六三·七五。

昆明县每亩赋税表

（单位：元）

类别	田			地		
	上则	中则	下则	上则	中则	下则
正税	0.315 0	0.280 8	0.245 7	0.168 5	0.140 4	0.112 3
附税	0.558 5	0.552 0	0.545 5	0.531 2	0.527 0	0.520 8
总数	0.873 5	0.832 8	0.791 2	0.699 8	0.667 4	0.633 1
附税对正税的比率	177.3	196.58	222.0	315.25	375.35	483.75

二十一年耕地清丈办理完竣，实行征收耕地税，其旧时粮目名称及附加，一律取消，其耕地税制等则，分上中下三等九级征收，在粮户纳税，既简单便利，税额尤为公允，耕地税系根据田亩面积，算至厘为止，每年征收耕地税，一次缴纳，不分上忙与下忙，由粮户直接到县缴纳。并为便利纳税人起见，由县政府委托各地乡镇长征收，兹将耕地税表列于下：

昆明县每亩之耕地税

（单位：元）

税则	正税
上上则	0.30
上中则	0.24
上下则	0.18
中上则	0.14
中中则	0.11
中下则	0.08
下上则	0.05
下中则	0.03
下下则	0.01

二十三年经省府议决。在耕地税项下，附征八成团费，如果决定实行，则农民负担，与旧时相埒。

田赋均以当地现金征收，现金每元易旧滇币五元，每一国币（上海大洋）换旧滇币七元五角，故每一国币可易现金一元五角，故现金一元只等于国币六角六分六厘六毫，田赋如以国币折算，则上则田每亩正附税合计折合国币七角三分零一毫。

田地买卖典当之验契税，系按照土地价格征收，民国十七年之契税为土地价格百分之六。典契征百分之三。至十八年，买卖契则减至百分之四，典契仍旧。

六、农村捐税

农村税捐，根据农民口述，分常年负担与临时负担二种。常年捐税有八种，表中所列税款，系折成国币计算。第一项烟亩罚金，即系烟亩捐，凡种植罂粟者，每亩征收当地现金三元，折合国币二元。菊花与昭宗二村种植最多，每年应缴亩捐七十四元。其次屠宰税，其税额每只自一元二角六分至一元二角九分，农民宰猪自食，亦须报缴税款，否则受罚。教育款，大多取自学田之租米，每学田之农村，如季管下河梗二村，则须摊派教育款。自治经费，乡镇公所费本无的款，有地方公款者，用公款，否则向村民筹措。团款系乡镇民团费，全由农户摊筹。亦称门户捐。表中除菊花村昭宗村无门户捐外，每村年须负担二十元左右之团费。凡购买马匹，例须报税，称曰马税。税额为价格百分之四及百分之十不等。牛税与马税大致相同。猪税征额亦不一律，有以其价值之百分率征收者，亦有按头征收者。表中菊花等四村，因未明征额故不列入，并非没有猪税。大凡购买一猪，须负屠宰及猪税双重税。凡军队驻防或经过，例由农村供给草料，惟各村不普遍耳。

昆明县六村各村常年负担之税捐

（民23年）（单位元）

村名	税捐名称								
	烟亩罚金	屠宰税	教育款	自治经费	团款	马税	牛税	猪税	军队草料
严家村	53	每只1.26			每户0.8	买马一匹征税1.6	买牛一匹征税2.7	买猪一只	27.
季管营	40	每只1.24	15	50	20	10%	10%	征5%	3.
菊花村	74	每只1.25				4%	4%	每只0.13	
下河埂	每亩2元	每只1.24	7	50	20	10%	10%		3.
桃源村	57	每只1.24			17.5	10%	10%		
昭宗村	74	每只1.29				10%	10%		

临时负担之税捐。民国十七年至现在，云南曾募兵五次之多，然省库空虚，为应军事当局补充新兵计，率多着各县政府征募，并且按县之等级规定兵额之多少。昆明系一等县，所以每次征额亦较一般为多。县复令以各自治区域之户口多少为比例，责成区长征募之，区长更以乡镇之大小，着乡镇长分配。最终乡镇长又按村之贫富及人口之多寡责成村长征募。惟乡村农民对于当兵，率皆视为畏途，无人应征。结果村长只得集款收买，应征者给以八百元或千元旧滇币安家费，故每次募兵，村户均负担甚重，如所征之兵，不幸半途脱逃，军官必向村长坐索，而村长又须集资招募。故意刁难，谓所征之兵体力不强亦不少，而农民却敢怒而不敢言。表中六村募兵额，为半个或一个不等，自十七年至现在，严家村募兵费国币一百另六元，季管营二百元，菊花村一百八十六元，下河埂二百元，桃源村一百零六元，昭宗村最少

尚出一百十元。其次救国捐，系民二十二年一次征收，按农户等级征收，无力应征或延期不缴者，均被押于区公所，乡镇长奉行不力，则被押县政府。表中严家村曾出国币六十七元，桃源村五十二元，昭宗村六十七元，季管菊花下河埂三村，因未明额数，故未列入，其额数大致相同。

昆明县六村临时负担之税捐

（民23年）　　　　（单位：元）

村名	募兵	救国捐	附注
严家村	106.0	67.0	募兵自民17年至21年共募兵五次
季管营	200.0		
菊花村	186.0		
下河埂	200.0		
桃源村	106.0	53.0	
昭宗村	110.0	67.0	

七、农村教育

昆明位居省城，教育较各县发达，省立有东陆大学，省立中学，女子中学，省立农业学校等。全县计有小学二百十七所，学生人数一万零七百人，平均每校学生四十九人。全年经费旧滇币二十一万三千八百零七元，平均每校每年九百八十一元九角四分，折合国币一百三十元六角。县立中学一所，学生二百五十八人，全年经费旧滇币二万三千八百元，折合国币三千一百六十五元四角一分。县立师范一所，学生人数四十六人，全年经费旧滇币三万零六百二十二元，折合国币四千零七十二元七角三分。

农民教育情形，在被调查之一百七十户村户中，即可窥见一般。兹按村户识字人数的比较，地主兼自耕农，识字人数占百分之一三·九五，自耕农占七·九，半自耕农占五·七五，佃农占三·四二，总计农民九百三十二人中，识字人数只有五十五人，识字的成分百分之五·九。

昆明县六村各类村户识字人数的比较

（民23年）

类别	人数	识字人数	识字人数的%	对总人数的%
地主兼自耕	43	6	13.95	0.64
自耕农	190	15	7.90	1.61
半自耕农	452	26	5.75	2.79
佃农	234	8	3.42	0.86
雇农	13	——	——	——
总计	932	55	5.90	——

农民识字程度，小学占百分之九四·五五（共五十二人），中学占百分之五·四五（三人）。

八、政治情形

昆明旧制，划东西南北中为五乡，现已改为八区，以东西北三乡，地面辽阔交通不便，划外东，外西，外北各设一区，全县计有十镇一百九十乡六百四十四村。

自治组织系统，系遵内政部自治组织法规定，五户为邻，五邻为闾，合数闾编为一乡，若干乡为一区，区公所组织，区长一人，助理员一人，区丁二人，区调解委员会，委员五人，乡镇公所，乡镇长副乡镇长，监察委员二人或三人，乡调解委员会，委员三人，乡长下闾长，邻长等属之。

区公所不分等级，其经费月支现金五十元，合滇币二百五十元，由财政局就地方款项下支付，区长月支薪滇币八十元，助理员五十元，区丁二人合支四十元，除薪给外，公费只滇币八十元，以总负全区的自治机关，经费之缺乏，推动自治事业，戛戛乎其难。乡镇公所，并无经费，乡长均义务职，亦不支薪，遇举办自治事务，其用款向由农户摊派。

区公所及乡镇公所，举办自治事项；可归纳自治，土地，教育，警卫，农业，其他等六项：

（1）自治。调查户口，编订门牌，办理人事登记，举办积谷；制定公约。

（2）土地。调查土地等级事项。

（3）教育。乡村教育之举办及设计事项。

（4）警卫。训练常备队，编制预备团。

（5）农业。农田水利，森林培植保护，垦牧狩猎。

（6）其他。县政府委办事项。

至于警卫方面，有公安局，常备队，预备团。公安总局一所，设分局三，警察人数只二十五名，杂枪三十枝，其经费由财政局就地方款项下支拨，警察月给现金十元，以警力之单薄，办理全邑警务力有所不逮。

常备队，一中队分八分队，总队部设县公署，各区公所设一分队，常备队人数共计一百二十名，杂枪一百二十支，全年经费现金一万四千元，每月由财政局支拨，队兵待遇与警察同等，预备团已成立者计有九十分队，总团长由县长任之，营连排班长，则由区长，乡镇长，闾邻长任之，团丁系义务职，由各村庄抽调而来者，所有枪械，均系乡民之铜帽枪及刀矛等。

禄　丰　县

一、全县概况

禄丰县距离省会西面约二百十里，为滇西干道必经之地。大理运商来省贸易者，必经禄丰而达省会，禄丰段现已有长途汽车，昆禄交通称便。与禄丰毗连者有昆明，安宁，易门，广通，富民等县。禄丰县东之老鸦关，县西之响水关，县北之南平关，三关鼎足连锁，地势险要，实为省会之咽喉。地势较昆明略低，拔海约七百余尺；北纬二十五度，东经西十四。气候适宜，惟在冬季时，较昆明为寒。全年雨水，以五六七三月为最多。

山脉自云岭南行至定西岭折向东南行，而入县境，经县之东为三尖山。经县之西为龙顶山，县北有五台山纵横数百里。

河流有三：（1）东河长一百二十里，经一，二区，而向西行；（2）西河长一百里，由北向南行，经一、三两区，与东河合流向西；（3）南坝河长二十五里，自东向西行，经一、二两区合东西二河，三河合流向西而入邻县之易门。

境内土壤性质，壤土占百分之五〇，黏土占百分之三〇，砾土占百分之二〇。农作物，春季种植蚕豆，麦子，鸦片三种，土地之作物占量，据县政府之估计，蚕豆占百分之五〇，麦子占百分之一〇，鸦片烟占百分之二〇，空地占百分之二〇。夏作物，稻子占百分之八〇，玉蜀黍占百分之五，烟草占百分之二，马铃薯占百分之十，甘薯占百分之三。

二、土地分配

我们选择了玉龙，董户，凤鸣，柴家，大营，土官等六村，六村挨户调查的结果，得一百六十六户。村户分类的情形，地主兼自耕农占百分之七·八三，自耕农占三一·九三，半自耕农占四四·五八，佃农占一二·〇五，雇农占三·六一。

禄丰县六村村户的分类

（民23年）

村户类别	户数	对总户数的%
地主兼自耕	13	7.83
自耕农	53	31.93
半自耕农	74	44.58
佃农	20	12.05
雇农	6	3.61
合计	166	100.00

在十三户的地主兼自耕农农户中，其性质大部份耕地自种者为多数，大部份出租者占少数。其成分大部份土地出租者，占百分之三八□四六，大部土地自己耕种者占百分之六一·五四。

禄丰县六村13户地主兼自耕农性质的分析

（民23年）

类别	户数	对总户数的%
大部份土地出租者	5	38.46
大部份土地自耕者	8	61.54
合计	13	100.00

七十四户的半自耕农，其向人租来的土地，而未超过其自有的土地，即系大部份耕地系自有者，在半数以上。租来的土地，超过自有的土地，即系大部份土地系租来者，计三十五户。换过来说，半自耕农当中，还是大部份土地系自有者比较占了多数。

禄丰县六村半自耕农性质的分析

（民23年）

类别	户数	对总户数的%
大部份耕地系自有者	39	52.70
大部份耕地系租来者	35	47.30
合计	74	100.00

我们再从这六年来十七年与二十三年，各类村户变迁的比较，以窥测禄丰农村的实际状况。十七年的八户地主兼自耕农，因为分家的关系增加四户，其中一户因分家后，他的耕地完全自己经营耕作，而变为自耕农，其余的十一户则仍旧为土地出租的地主兼自耕农。至于自耕农，十七年的时候有六十一户，因为分家的关系增加了三户，但是到了二十三年只有五十一户维持自耕农地位，其余十三户的变迁原因，有二户是因出租了土地变为地主兼自耕农；有一户因土地完全出卖，并租种他人之地，遂变为

佃农；有十户变为半自耕农（内有七户耕地缺少，租进了土地，这是于他自己的所有田亩是没有变动，而使用土地则增加；有一户因为典进土地又租进土地，他的所有田亩与使用田亩则在双重的情形之下增加着；有一户是卖出耕田六亩三分而同时又租进田五亩三分，有一户典出田一亩，租进田三亩，这是与卖出又租进的情形相仿的，虽则典出的田，尚有赎回的机会，但是典当是已取得百分之六十的地价，就是活卖）。其次半自耕农，十七年有六十四户，到了现在短少了一户。原因是其中的一户他的所有田亩只有一亩地，而全家有人口八个，在生活窘迫的时候，是将这一小方地去典给于人，同时又将这地租回来耕种，每年纳一些苞谷租，他的所有田亩既是活卖了，使用土地完全是要纳租的，那末变为佃农性质。又其次佃农，十七年的十八户佃农，到了二十三年仍旧是十八户，可以说是没有变动，则足以表示农村社会中贫苦的农民，是没有发展的机会，佃农还是佃农，年年在租田制度剥削下过他甘苦的生活。雇农变迁的情形，其中有一户一变而为自耕农，因为积蓄了历年从掮盐雇工汗血所得来的工资，典进了地五亩三分，虽则典来的地，到了期是要赎去的，可是在典期内，使用这块典地是与使用自己的土地一样的。一户雇农，亦是历年从劳力所得来的积蓄，买进了地二亩同时又租进田三分，变了半自耕农。各类村户变动的结果，盛衰的关系，可以从十七年和二十三年的比率，显明地可以看得出来。地主兼自耕农增加了数户；而自耕农是减少了；半自耕农则随自耕农的变动而增加十户，因为他的骨子里，是包含所有田亩的缩小，使用田亩的增高，比率的增加，反映出悲观的情景。佃农的增加是受自耕农和半自耕农变动的影响而来的。雇农的比率，是减少了二户，他的变动的趋向，是好的现象，一个穷民依靠出卖劳力来维持生活，从勤俭耐劳积下来的血汗钱购置田产，是不容易的。

禄丰县六村六年来各类村户的变迁

民 17		民 23						备注
类别	户数	地主兼自耕	自耕农	半自耕农	佃农	雇农	总计	
地主兼自耕	8	11 *	1				12	因分家关系增四户
自耕农	61	2	51 *	10	1		64	因分家关系增三户
半自耕农	64			63	1		64	
佃农	18				18		18	
雇农	8		1	1		6	8	
总计	159	13	53	74	20	6	166	

（一）土地所有

禄丰全县面积，约八千方里，约应合四百三十二万亩，据县政府粮册上所载的田亩数田地共有六万二千九百七十三亩，其中田五万八千三百三十七亩，地四千六百三十六亩，则山占全县面积百分之九八·五四，熟田只占一·四六。从土地所有权说，有公产，庙产，族产的存在。公产计有四百三十三亩，庙产二千〇七十五亩，族产则因县政府向无统计，无从查考，公产和庙产共计有二千五百另八亩，占全县熟地面积百分之三·九八。我们如果根据这六万二千九百七十三亩的熟地，除去二千五百零八亩的公产和庙产，则剩六万零四百六十五亩。全县户口共有七千零八十五户，农户约占八成，则农户共有五千六百六十八户，以六万零四百六十五亩来分配，每户平均得十亩零六分七厘，如以人口来分配，全县人口共有四万零六百五十二人，其中农民约占八成，则农户人口有三万二千五百二十一人，每人平均得一亩八分六厘弱。据县政府的估计，拥有五百亩以上土地的农户是没有的，二百亩以上者有十四户，一百亩以上者有二十二户。照估计的情形看来，禄丰土地的分配，既没有大地主存在，分配的程度，尚称平衡。

从六村一百六十六户挨户调查的结果，有土地者与无土地者的对比，无土地者占百分之一五·六六，有土地者占百分之八四·三四。

地权分配的情形，根据一百四十户的有土地的农户，总计田亩面积一千三百六十二亩零五厘。地主兼自耕农的土地有五百零四亩二分，自耕农土地有四百二十四亩三分五厘，半自耕农土地有四百三十三亩五分，以百分比来看，地主兼自耕农占百分之三七·〇二，自耕农占百分之三一·一五，半自耕农占百分之三一·八三。

禄丰县六村各类村户的地权分配 1.

（民 23 年）

类别	所有田亩数	对所有田亩总数的%
地主兼自耕	504. 2	37. 02
自耕农	424. 35	31. 15
半自耕农	433. 5	31. 83
合计	1 362. 05	100. 00

我们再将各类村户户数所占百分比与所有田亩百分比来对照时，分配不均可以看得出来。占户数百分之七·八三的地主兼自耕农，竟占所有田亩百分之三七·〇二。占户数百分之三一·九三的自耕农，占所有田亩百分之三一·一五。占户数百分之四四·五八的半自耕农，占有田亩百分之三一·八三。其中以自耕农尚属平衡，但地主兼自耕农与半自耕农之间的百分比的相差，较为悬殊。

禄丰县六村各类村户的地权分配 2.

（民 23 年）

类别	户数%	所有田亩%
地主兼自耕	7.83	37.02
自耕农	31.93	31.15
半自耕农	44.58	31.83
佃农	12.05	——
雇农	3.61	——
合计	100.00	100.00

各类村户的所有田亩数，已见上述，我们再将其每户的所有的田亩作阶段分析，以明了每类村户土地分配的实际情形。

先看这十三户的地主兼自耕农，土地在十亩以上二十亩以下的户数有六户，占全户数百分之四六·一六，其次四十亩以上五十亩以下的户数有四户，占全户数的百分之三〇·七七，其余的五亩以上十亩以下的有一户，占百分之七·六九，二十亩以上三十亩以下的一户，占百分之七·六九，二百亩以上三百亩以下的有一户，亦占百分之七·六九。

禄丰县六村地主兼自耕农所有田亩的阶段分析

（民 23 年）

阶段别	户数	对总户数的%
5—9.9	1	7.69
10—19.9	6	46.16
20—29.9	1	7.69
40—49.9	4	30.77
100—199.9		
200—299.9	1	7.69
合计	13	100.00

其次自耕农。五十三户自耕农的土地分配情形，在五亩以下的有二十三户，占全户数的百分之四三·四〇。五亩以上十亩以下的有十三户，占百分之二四·五三。十亩以上二十亩以下的有十四户，占百分之二六·四一。二十亩以上三十亩以下的有二户，占百分之三·七七。四十亩以上五十亩以下的只有一户。占百分之一·八九。虽然今日之自耕农，他的田亩不算多，大多数是在二十亩以内，可是户与户之间，土地分配不均匀的状态，仍显露着。

禄丰县六村自耕农所有田亩阶段的分析

（民23年）

阶段别	户数	对总户数的%
0. 1—4. 9	23	43. 40
5—9. 9	13	24. 53
10—19. 9	14	26. 41
20—29. 9	2	3. 77
40—49. 9	1	1. 89
合计	53	100. 00

七十四户的半自耕农，一般的看来，所有田亩的渺小，更是可怜，这是事实上证明，他们因为自己的所有田亩，不够使用，是要租种人家的土地。其在五亩以上的农户有四十一户，占了全户数百分之五五·四一；五亩以上十亩以下的有二十四户，占百分之三二·四三，十亩以上二十亩以下的有八户，占百分之一〇·八一。三十亩以上四十亩以下的，只有一户，占百分之一·三五。户与户之间分配的不平衡，显明的看出来，占百分之五五·四一的农户，只占所有田亩百分之二五·三五，而占三二·四三的农户，则占所有田亩百分之四〇·二五，不免有相形见绌之感。

禄丰县六村半自耕农所有田亩的阶段分析

（民23年）

阶段别	户数	对总户数的%
0. 1—4. 9	41	55. 41
5—9. 9	24	32. 43
10—19. 9	8	10. 81
20—29. 9		
30—39. 9	1	1. 35
合计	74	100. 00

我们再看各类村户，从其阶段内每户的平均所有田亩数。地主兼自耕农，在十亩以下的农户，平均九亩九分，二十亩以下的农户，平均十五亩五分，三十亩以下的农户，平均二十四亩一分，五十亩以下的农户平均四十亩，三百亩以下的农户平均二百十七亩。总平均每户得三十八亩七分八厘。十亩的农户与二百十七亩的农户来比较，竟相差到二十倍。所以我们肯定地说，地主兼自耕农不一定个个都是拥有偌大的土地，其中可以分作三等的阶级，四十亩到二百十七亩的可算是上等的农户，十亩到三十亩的是中等的农户，十亩以下的是下等的农户。

禄丰县地主兼自耕农每户平均的所有田亩

（民23年）

阶段别	户数	所有田亩数	每户平均所有田亩
0. 1—4. 9			
5—9. 9	1	9. 9	9. 9
10—19. 9	6	93. 2	15. 5
20—29. 9	1	24. 1	24. 1
30—39. 9			
40—49. 9	4	160. 0	40. 0
200—299. 9	1	217. 0	217. 0
合计	13	504. 2	38. 78

自耕农分阶段的每户平均田亩数，五亩以内农户，平均每户

三亩一分九。十亩以内的农户，每户平均七亩零二。二十亩以内的农户，每户平均十二亩七分二。三十亩以内的农户，每户平均二十亩零八。五十亩以内的农户，每户平均四十亩。总平均每农户八亩。户与户之间的平均数，似有逐步增加一倍数的可能，显露出尾大不掉的姿态。而平均三亩一分九的农户，如果与四十亩的农户来比较，则相差到十一倍。自耕农亦可分作三等的阶段，四十亩的为上等的农户，十亩以上二十亩以下的可以作为中等的农户，十亩以下的是下等的农户。

禄丰县六村自耕农每户平均的所有田亩

（民23年）

阶段别	户数	所有田亩数	每户平均所有田亩
0. 1—4. 9	23	73. 4	3. 19
5—9. 9	13	91. 25	7. 02
10—19. 9	14	178. 10	12. 72
20—29. 9	2	41. 6	20. 8
40—49. 9	1	40	40
合计	53	424. 35	8

半自耕农的每户平均田亩数，五亩以内的农户，平均每户只有二亩六分八。五亩至十亩的农户，每户平均七亩二分七。十亩至二十亩的农户，平均每户十四亩二分七。三十亩至四十亩的农户，则平均每户三十四亩九分。总平均每户得五亩八分六。同是一个半自耕农，其田亩相差数亦有十一倍之多的，而有三十四亩九分的农户，还要租种人家的田地，这是与他的人口多少有关系，可以在下面每人平均分配表内看得出来。半自耕农亦可分为三等不同的农户，三十四亩九分的农户是列为上等农户，五亩到二十亩的是中等的农户，五亩以内的是下等的农户。

禄丰县六村半自耕农每户平均所有田亩

（民 23 年）

阶段别	户数	所有田亩数	每户平均所有田亩数
0. 1—4. 9	41	109. 9	2. 68
5—9. 9	24	174. 5	7. 27
10—19. 9	8	114. 2	14. 27
20—29. 9	——	——	——
30—39. 9	1	34. 9	34. 9
合计	74	433. 5	5. 86

各类村户每户的平均所有田亩的比较，以地主兼自耕农作基数。在阶段内的指数，一般的低于地主兼自耕农，只有自耕农四十亩的一阶段中，其指数是与地主兼自耕农并立着。如果看总平均的指数，则自耕农只有二十一，半自耕农更小，只有十五，这是受了二百十七亩的地主兼自耕农的影响。半自耕农在五亩与二十亩之间的指数，是高过于自耕农。

禄丰县六村地主兼自耕农，自耕农，半自耕农每户平均所有田亩的比较

阶段别	地主兼自耕		自耕农		半自耕农	
	每户平均所有亩数	基数	每户平均所有亩数	指数	每户平均所有亩数	指数
0. 1—4. 9	——	100	3. 19	—	2. 68	—
5—9. 9	9. 9	100	7. 02	71	7. 27	73
10—19. 9	15. 5	100	12. 72	82	14. 27	92
20—29. 9	24. 1	100	20. 8	86	——	—
30—39. 9	——	100	——	—	34. 9	—
40—49. 9	40	100	40	100	——	—
200—299. 9	217	100	——	—	——	—
总平均	38. 78	100	8	21	5. 86	15

我们将这次所调查的一百六十六户的总亩数，一千三百六十二亩零五厘，以一百六十六户来平均分配，每户平均八亩二分，与全县每户田亩平均数十亩零六分七厘较，尚差二亩四分七厘，以全县每户平均数作基数时，则农村内的农户，占百分之七六·八五，分配情形比较昆明好得多，但是百分之二三·一五的田亩，还是在城内的富有者手中。

各类村户在其阶段内的每人平均的所有田亩数。地主兼自耕农在十亩以下的农户，每人平均三亩三分。十亩至二十亩的农户，每人平均二亩三分三。二十亩至三十亩的农户。每人平均一亩六分一。四十亩至五十亩的农户，每人平均十亩。二百亩至三百亩的农户，每人平均二亩六分二。总平均每人平均是三亩二分一。我们如果以全县田亩每人的分配数“每人一亩八分六厘”作水准线时，则只有二十亩与三十亩之间之农人，是在水准线下，其余的都在水准线上面，尤其是四十亩与五十亩之间的农人，特别的超过水准线的四倍以上。

禄丰县六村地主兼自耕农每人平均的所有田亩

（民23年）

阶段别	人数（注）	所有田亩数	每人平均所有田亩数
5—9.9	3	9.9	3.30
10—19.9	40	93.2	2.33
20—29.9	15	24.1	1.61
40—49.9	16	160.0	10.00
200—299.9	83	217.0	2.62
合计	157	504.2	3.21

注：农户的人口数是以每户的全人口而言，以下同。

自耕农每人平均所有田亩的情形，最多的是六亩六分六，最少的不到一亩，只有六分七，相差到十倍。而总平均亦只有一亩三分四厘，在全县分配的水准数字的下面。超过水准数的，是二十亩到五十亩的农人，其余的都不能与水准数相比较。

禄丰县六村自耕农每人平均的所有田亩

（民23年）

阶段别	人数	所有田亩数	每人平均所有田亩
0.1—4.9	109	73.40	0.67
5—9.9	75	91.25	1.22
10—19.9	106	178.10	1.68
20—29.9	20	41.60	2.08
40—49.9	6	40.00	6.66
合计	316	424.35	1.34

半自耕农的每人平均田亩数，最多的二亩零五，最少的只有五分一，总平均亦只有八分四。与自耕农比较更形见绌。其中只有三十亩到四十亩的农人，略越出水准数，其余的都在水准数的下面。五亩到十亩的农人，相差水准数的一倍。而五亩内的农人，更相差到二倍以上。

禄丰县六村半自耕农每人平均的所有田亩

（民23年）

阶段别	人数	所有田亩数	每人平均所有田亩
0.1—4.9	217	109.9	0.51
5—9.9	189	174.5	0.91
10—19.9	94	114.2	1.21
20—29.9			
30—39.9	17	34.9	2.05
合计	517	433.5	0.84

（二）田地[①]移转

我们在前面已经说过，土地是农民唯一的生产工具。农民在

① 原文是“田地转移”，似应为“田产转移”。

土地买卖典当的影响下，田产移转是与他们发生直接关系的。六年来各类村户田产的消长，肯定今日禄丰农村经济的盈虚。

在六年来各类村户地权分配的增减表中，地主兼自耕农和自耕农因为分家的关系，户数的百分比是增加，并且影响到半自耕农，佃农，雇农户数百分比的减少。至于所有田亩百分比的增减，地主兼自耕农其间有一户买进田五十亩，所以百分比是增加了，其余的七户在六年来，是没有典当和买卖的关系，仍是保存原有的田亩，以只能说是畸形的发展，没有普遍的进展。自耕农在实际上是增加田亩二十一亩三分五，但是十七年与二十三年的百分比，则在减少。这原因是受了地主兼自耕农增加了百分之十一的田亩，而自耕农只增加了百分之四·五的田亩，故形势上看来反见微弱。如果单独对自耕农而言，则其在户数的百分比与所有田亩的百分比一致的增加情形下，是没有受到益处，换句话说，增加的户数，是要田亩同时增加来维持平衡的。

其次半自耕农，所有田亩是减少了百分之一·〇七，虽然数字上很微细，但是与地主兼自耕农比较，显有肥瘦的不同。佃农还是佃农，这六年来仍旧耕种人家的土地，没有购买田亩的能力。雇农的情形是很可观的，他们在六年前是没有土地的雇农，现在已有二户购买了田产，变为自耕农和半自耕农了。我们在总田亩看来，二十三年与十七年的田亩比较是增加了七十四亩七分五，增加了百分之五·八，但这增加的土地大部份是落在地主兼自耕农的手掌里。

禄丰县六村六年来各类村户地权分配的增减

（以民 17 年的分类为坐标）

类别	民 17 年时				民 23 年时				百分比的增减	
	户数	百分比	所有亩数	百分比	户数	百分比	所有亩数	百分比	户数 + -	所有亩数 + -
地主兼自耕	8	5.03	453.1	35.20	12	7.23	503.1	36.94	+	+
自耕农	61	38.36	467.7	36.33	64 *	38.55	489.05	35.9	+	-
半自耕农	64	40.25	366.5	28.47	64	38.55	362.6	26.64	-	-
佃农	18	11.32	——	——	18	10.84	——	——	-	
雇农	8	5.04	——	——	8	4.83	7.3	00.52	-	+
总计	159	100.00	1287.3	100.00	166	100.00	1362.05	100.00		

我们如果舍象掉分家的关系，对这六年来各类村户买卖典当的影响于每户平均所有田亩，作一比较，以民十七年为基数，则二十三年地主兼自耕农的指数为一百十一，自耕农为一百零一，半自耕农九十九。其间以地主兼自耕农占了优势，自耕农次之，而半自耕农适得其反。

禄丰县六村买卖典当对于各类村户平均所有田亩的影响

（以民 17 年的分类为坐标，舍象分家关系）

类别	户数	所有田亩数		平均每户所有田亩数		
	民 17 年	民 17 年	民 23 年	民 17 年	民 23 年	民 23 年的指数（民 17 = 100）
地主兼自耕	8	453.1	503.1	56.64	62.89	111
自耕农	61	467.7	489.05	7.67	8.02	104
半自耕农	64	366.5	362.6	5.73	5.67	99
佃农	18	——	——	——	——	——
雇农	8	——	7.3	——	0.91	——

各户类村舍象掉买卖的关系，只对于分家和继承的关系下，每户平均田亩的影响。地主兼自耕农的指数为六十七，自耕农为九十五，半自耕农因为没有分家的关系存在，所受的影响不大，自耕农则较微小。

禄丰县六村分家和继承对于各类村户平均所有田亩的影响

（以民17年的分类为坐标，舍象买卖关系）

类别	所有田亩	户数		平均每户所有田亩数		
	民17年	民17年未分家前	民23年分家后	民17年	民23年	民23年的指数（以民17＝100）
地主兼自耕	453.1	8	12	56.64	37.76	67
自耕农	467.7	61	64	7.67	7.31	95
半自耕农	366.5	64	64	5.73	5.73	100
佃农	——	18	18	——	——	——
雇农	——	8	8	——	——	——

土地买卖的手续，各村是相同的，照例卖受双方是要请中证人，并书写杜绝契。书内载明田之四至，款洋若干。至于买卖时的费用，如彼此情感的关系，则由受主备酒饭以酬劳，普通是以田亩的价格百分之一二作为酬金，亦有并无规定，随意致酬者。写纸费则例由卖方负担，但为数甚微，不过半元而已。农村内出卖的田亩，先经典当者约占五六成，这是普通的情形，因为典当尚有赎回的希望。

农田的价格，各村互有不同，其于土质水利等自然环境及经济环境，是有关系的。在我们所调查各村中，上则田有的村每亩值二百四十元，有的村只值八十元，相差竟有二倍。平均每亩一百四十一元，中则田有的村每亩值一百三十三元，有的村只值六十元，平均每亩八十六元八角。下则田有的村每亩值九十三元，有的村只值三十元，平均每亩五十五元八角。

禄丰县六村每亩农田买卖价格

（民 23 年）　　　　（单位：元）

村名	上则田	中则田	下则田
玉龙村	240	133	93
董户村	107	68	52
凤鸣村	200	120	80
柴家营	120	80	40
大营村	100	60	30
土官村	80	60	40
平均数	141	86.8	55.8

这六年来土地价格，在一致的高涨，单以中则田来比较时，以十七年的价格为基数，则二十三年中则田的指数如下：玉龙村为一百六十六，董户村为一百三十六，凤鸣村为一百二十九，柴家营为一百五十一，大营村为三百，土官村为一百五十，其间以大营村增加最速。

禄丰县六村六年来每亩农田买卖价格的上落

（自民 17 至民 23 年）　　　　（单位：元）

村名	上则田		中则田		下则田		民 23 的中则田指数（民 17 = 100）*
	民 17	民 23	民 17	民 23	民 17	民 23	
玉龙村	120	240	80	133	50	93	166
董户村	80	107	50	68	25	52	136
凤鸣村	120	200	93	120	47	80	129
柴家营	85	120	53	80	33	40	151
大营村	40	100	20	60	10	30	300
土官村	47	80	40	60	27	40	150
平均数	82	141	56	86.8	32	55.8	* 仅指中则田价而言

土地典当分二种，一是典出后直接由受主管理耕种，一是典

出后仍由典主耕种，惟后者订立典契之外，另立租田契约，每年缴纳租谷。前者所谓“田无租，洋无利”之谓，土地使用权属于受主，故典洋亦不起息。典当年限，普通三年，最多五年，过期无力赎收时，则可展期，或受主方面将原价转典于人，如受典双方同意找价，重订杜绝契约，而并无于典田期满后受主可没收该田及受主要求找价等习惯。典当价格，系以地价为转移，上则田最高一百七十三元，最低五十二元，平均每亩九十五元七角，中则田最高一百二十元，最低四十七元，平均每亩六十七元二角。下则田最高八十元，最低二十元，平均每亩四十元二角，如果以典价对地价的百分率，大都在六成以上。单指中则田的比率，则最高为玉龙村百分之九〇·二，最低凤鸣村百分之六六·二五，平均数为百分之七七·三五。

禄丰县六村每亩农田的典当价格

（民23年）　　　　（单位：元）

村名	上则田	中则田	下则田	中则田典价对中则田地价的%
玉龙村	173	120	80	90. 2
董户村	52	50	47	73. 53
凤鸣村	120	80	40	66. 67
柴家营	87	53	27	66. 25
大营村	75	47	20	78. 33
土官村	67	53	27	88. 33
平均数	95. 7	67. 2	40. 2	77. 35

六年来典当的价格，亦随地价的高涨而上升，十七年的中则田平均典价为三十四元八角，至二十三年平均价格上升至六十七元二角，增高百分之九十六。兹以民十七年典当价格为基数，则二十三年六村典当的指数，玉龙村为二百五十五，董户村为一百二十五，凤鸣村为一百五十，柴家营为一百三十三，大营村为二百九十四，土官村为四百零八。

禄丰县六村六年来每亩农田典当价格的上落

（自民17至民23年）　　　　（单位：元）

村名	上则田		中则田		下则田		民23年的指数*（以民17＝100）
	民17	民23	民17	民23	民17	民23	
玉龙村	93	173	47	120	40	80	255
董户村	48	52	40	50	19	47	125
凤鸣村	93	120	53	80	27	40	151
柴家营	67	87	40	53	27	27	133
大营村	33	75	16	47	9	20	294
土官村	20	67	13	53	7	27	408
平均数	59	95.7	34.8	67.2	21.5	40.2	*仅指中则田典价而言

土地抵押，是农村中借款的一种担保品，与土地所有权及使用权没有发生特殊的关系。抵押的手续，亦很简单，请中证人订立抵押契，契内载明某处田为借款担保，亦并无年限，只要本利清偿，随时可以取消抵押契。抵押的价格，是视抵押者需要而定，但是不能超过典当的价格。抵押的价格，上则田最高每亩六十七元，最低二十元，平均为四十八元五角。下则田最高每亩四十七元，最低十二元，平均为二十八元三角。如果以中则田之押价对中则田的典价的百分率，玉龙村为百分之五五·八，凤鸣村为百分之八三·七，柴家营为百分之七五·五，土官村为百分之三七·七。四村平均数为百分之七二·二。以中则田的押价对中则田的地价的百分率，则玉龙村为百分之五〇·四，凤鸣村为百分之五五·八，柴家营为百分之五〇，土官村为百分之三三·三，平均数为五五·八七。

禄丰县六村每亩农田抵押价格

（民23年）　　　　（单位：元）

村名	上则田	中则田	下则田	中则田押价对中则田典价的%	中则田押价对中则田地价的%
玉龙村	133	67	47	55.8	50.4
董户村					
凤鸣村	120	67	27	83.7	55.8
柴家营	67	40	27	75.5	50
大营村					
土官村	24	20	12	37.7	33.3
平均数	86	48.5	28.3	72.2	55.87

六年来抵押价格，是随地价高涨而上升，十七年的中则田，平均每亩抵押价格为二十五元三角，到二十三年抵押价格平均为四十八元五角，增加了百分之九十二。若以十七年抵押价格为标准时，则中则田抵押价格，在二十三年的指数，玉龙村为二百零三，凤鸣村为一百二十六，柴家营为一百，土官村为一百五十四。其间柴家营并无更动，其余的三村在一致的上升。

禄丰县六村六年来每亩农田抵押价格的上落

（自民17至民23年）　　　　（单位：元）

村名	上则田		中则田		下则田		中则田民23年的指数*（民17＝100）
	民17	民23	民17	民23	民17	民23	
玉龙村	40	133	33	67	13	47	203
董户村	16		13		8		
凤鸣村	93	120	53	67	27	27	126
柴家营	67	67	40	40	27	27	100
大营村							
土官村	20	24	13	20	7	12	154
平均数	39.3	86	25.3	48.5	13.7	28.3	*仅指中则田抵押价格而言

（三）土地使用

各类村户的使用田亩，一百六十六户调查的结果，使用田亩总数为一千五百七十四亩八分五厘。地主兼自耕农占使用总面积百分之一六·四一，自耕农占二六·九五。半自耕农占五〇·三六，佃农占六·二八。其以半自耕农使用田亩成分最多，自耕农次之，地主兼自耕农又次之，佃农为最少。

禄丰县六村各类村户的使用田亩

（民23年）

类别	使用田亩数	对使用田亩总数的%
地主兼自耕	258.5	16.41
自耕农	424.35	26.95
半自耕农	793.1	50.36
佃农	98.9	6.28
合计	1574.85	100. 00

各类村户在其使用田亩阶段内所占户数的成分，地主兼自耕农在使用五亩以内的农家只有一户，占全户数的百分之七·七，五亩以上十亩以下的占三八·四六，十亩以上二十亩以下占三八·四六，二十亩以上三十亩以下的占七·六九。一百三十亩以上一百四十亩以下的占七·六九。其间以使用五亩至二十亩的为最多。

禄丰县六村地主兼自耕的使用田亩阶段分析

（民23年）

使用田亩阶段	户数	对总户数的%
0.1—4.9	1	7.70
5—9.9	5	38.46
10—19.9	5	38.46
20—29.9	1	7.69
130—139.9	1	7.69
合计	13	100.00

自耕农使用田亩在五亩以内者占百分之四三·四，五亩以上十亩以下占百分之二四·五三，十亩以上二十亩以下占百分之二六·四一，二十亩以上三十亩以下占百分之三·七七，四十亩以上五十亩以下占百分之一·八九，自耕农的使用田亩，大多数是在十亩以内的农户。

半自耕农的使用田亩，在五亩以内的占百分之一〇·八一，五亩以上十亩以下占四四·五九，十亩以上二十亩以下占三五·一四，二十亩以上三十亩以下占八·一一，三十亩以上四十亩以下的占一·三五。半自耕农的使用田亩，最多的是在五亩至十亩之间的农户，其次是十亩至二十亩的农户。

禄丰县六村自耕农使用田亩阶段分析

（民23年）

使用田亩阶段	户数	对总户数的%
0. 1—4. 9	23	43. 40
5—9. 9	13	24. 53
10—19. 9	14	26. 41
20—29. 9	2	3. 77
40—49. 9	1	1. 89
合计	53	100. 00

禄丰县六村半自耕农使用田亩阶段分析

（民23年）

使用田亩阶段	户数	对总户数的%
0. 1—4. 9	8	10. 81
5—9. 9	33	44. 59
10—19. 9	26	35. 14
20—29. 9	6	8. 11
30—39. 9	1	1. 35
合计	74	100. 00

佃农的使用田亩，在五亩以内的占百分之六〇，五亩至十亩占百分之三〇，十亩至二十亩的占百分之一〇，其中以使用五亩以内的占多数，五亩以上的次之。

禄丰县六村佃农使用田亩的阶段分析

（民23年）

使用田亩阶段	户数	对总户数的%
0.1—4.9	12	60
5—9.9	6	30
10—19.9	2	10
合计	20	100

我们如果将这一百六十农户的使用农田，不分类别，只分析使用田亩阶段内所占的成分，可窥见农场的大小。使用五亩以内者为四十四户，占全户数的百分之二七·五。使用五亩至十亩的农户计五十七户，占百分之三五·六三。使用十亩至二十亩的农户，计四十七户，占百分之二九·三七。使用二十亩至三十亩的农户计九户，占百分之五·七。使用三十亩至四十亩的农户计一户，占百分之〇·六。使用四十亩至五十亩的农户计一户，占百分之〇·六。使用一百三十亩至一百四十亩的农户计一户。占百分之〇·六。农场的大小互有参差不同者，惟大多数农场是在一亩以上二十亩以下的农户。在三十亩以上的是占少数。

其他地权分配与农田使用的对比。占所有田亩总数百分之三七·〇二的地主兼自耕农，他因为出租农田的关系，使用田亩只占使用总亩数的百分之一六·四一。自耕农占所有田亩总亩数百分之三一·一五，而使用田亩占使用总亩数的百分之二六·九五。半自耕农占所有总亩数百分之三一·八三。而其使用田亩占使用总亩数的百分之五〇·三六，这是因他有租进农田的关系。佃农是没有所有田亩的，他占使用田亩总亩数的百分之六·二八。总之农村使用田亩的关系上，是有两种情形存在着，一是将农田出租于人，一是不够使用而向人租来耕种者。

禄丰县六村各类村户地权分配与农田使用的对比

（民23年）

类别	所有田亩数	对所有田亩总数的%	使用田亩数	对使用田亩总数的%
地主兼自耕	504.2	37.02	258.5	16.41
自耕农	424.35	31.15	424.35	26.95
半自耕农	433.5	31.85	793.1	50.36
佃农	——	——	98.9	6.28
合计	1 362.05	100.00	1 574.85	100.00

六年内各类村户使用田亩的增减，根据十七年的分类为坐标。地主兼自耕农使用田亩增加了百分之十八，自耕农增加了百分之九，而半自耕农减少了百分之一弱，佃农亦增加百分之二强，在百分比率看来是减少。这是因为二十三年的使用总亩数增高的关系。雇农在十七年前是不使用田亩的，到了二十三年因为有二户雇农购买了田亩，他们变为使用土地的农户了。

各类村户参加田间工作者，每人平均耕种亩数，每人耕作以五亩作基数，来看农户耕作劳力过剩与否，地主兼自耕农，耕作指数最多的在使用十亩至二十亩之间的农户，超过指数，其指数为一〇〇·六。最少的是使用五亩以内的农户，指数为四〇，平均指数是五七·四。

禄丰县六村六年来各类村户使用田亩的增减

（以民 17 年的分类为坐标）

类别	民 17 年时				民 23 年时				百分比的增减	
	户数	百分比	使用田亩数	百分比	户数	百分比	使用田亩数	百分比	户数 + -	使用田亩数 + -
地主兼自耕	8	5.03	226.1	15.25	12	7.23	268.1	17.02	+	+
自耕农	61	38.36	467.7	31.55	64	38.55	510.85	32.44	+	+
半自耕农	64	40.25	695	46.89	64	38.55	689.1	43.75	-	-
佃农	18	11.32	93.5	6.31	18	10.84	96.2	6.10	-	-
雇农	8	5.04	——	——	8	4.83	10.6	□.69	-	+
总计	159	100.00	1 482.3	100.00	166	100.00	1 574.85	100.00		

禄丰县六村地主兼自耕农参加田间工作者每人平均耕作亩数

（民 23 年）

阶段别	耕作人数	使用田亩数	每人平均耕作亩数	指数 5 亩 =100
0.1—4.9	1	2.0	2.00	40.0
5—9.9	10	37.8	3.78	75.6
10—19.9	12	60.3	5.03	100.6
20—29.9	7	21.4	3.06	61.2
130—139.9	60	137.0	2.28	45.6
总计	90	258.5	2.87	57.4

自耕农耕作指数，最多的在使用四十亩至五十亩的农户，超过指数三倍为四百。最少的是使用五亩以内的农户，其指数为二七・二，平均指数是五九・四。（以五亩为基数）

禄丰县六村自耕农参加田间工作者每人平均耕作亩数

（民23年）

阶段别	耕作人数	使用田亩数	每人平均耕作亩数	指数5亩＝100
0. 1—4. 9	54	73. 4	1. 36	27. 2
5—9. 9	34	91. 25	2. 68	53. 6
10—19. 9	45	178. 10	3. 96	79. 2
20—29. 9	8	41. 6	5. 20	104
40—49. 9	2	40	20. 00	400
总计	143	424. 35	2. 97	59. 4

半自耕农耕作指数，最多的在使用三十亩至四十亩的农户，其指数为一〇五·四；最少的仍为在五亩以内的农户，其指数为三六·八，平均指数是六三·八。（以五亩为基数）

禄丰县六村半自耕农参加田间工作者每人平均耕作亩数

（民23年）

阶段别	耕作人数	使用田亩数	每人平均耕作亩数	指数5亩＝100
0. 1—4. 9	17	31. 3	1. 84	36. 8
5—9. 9	88	241. 2	2. 75	55
10—19. 9	105	348. 9	3. 32	66. 4
20—29. 9	32	134. 8	4. 21	84. 2
30—39. 9	7	36. 9	5. 27	105. 4
总计	249	793. 1	3. 19	63. 8

佃农耕作指数最多的为九〇，最少的为二五·二，平均指数是四四。（以五亩为基数）

禄丰县六村佃农参加田间工作者每人平均耕作亩数

（民23年）

阶段别	耕作人数	使用田亩数	每人平均耕作亩数	指数5亩＝100
0. 1—4. 9	25	31. 6	1. 26	25. 2
5—9. 9	14	40. 3	2. 88	57. 6
10—19. 9	6	27. 0	4. 50	90
总计	45	98. 9	2. 20	44

农民出外工作人数的多寡，是与农业经济盛衰是有关连的，禄丰近年来并无天灾的遭遇，在十七年以前，是受匪乱的影响，小康之农家大都逃避省会。当时土地荒芜，农产上受了重大损失，经当局剿抚兼顾，农村逐渐安定，避难出外者，亦重返故乡，处理农事。而禄丰近三年来，是丰稔之年，农产品米谷等尚有向外输出，故农村经济趋于进展现象。出外工作的人数的稀少，是在意中。观下表出外工作的人数，只占有工作能力者百分之一·五八，其中最多的为半自耕农，出外工作有七人，地主兼自耕农和雇农各有一人出外，出外对工作能力的百分率，以雇农成分最大，半自耕农次之，地主兼自耕农更次之。

禄丰县六村各类村户中出外工作的人数

（民23年）

类别	有工作能力人数	出外工作的人数	出外对工作能力的%
地主兼自耕	97	1	1.03
自耕农	152		——
半自耕农	262	7	2.67
佃农	46	——	——
雇农	13	1	7.69
总计	570	9	1.58

（四）雇工与耕畜

农家在农忙时，需要人工的帮助，富有之家，且雇用长工。此类长工兼有终身为其主操作农事，其衣食住均由雇主供给，工资亦以年计，普通在农忙时，雇用短工，工资以日计，其伙食亦由雇主供给。长工工资分三等，男工，最高每年约合国币四十元，最低十三元。女工，最高二十元，最低六七元。童工，最高六七元，最低三四元。短工工资分忙时闲时，忙时男工每日三角，闲时一角五分。女工忙时一角五分，闲时一角。

各类村户雇工的成分，地主兼自耕农，完全是雇有雇工的。自耕农和半自耕农约有一半是有雇工的，佃农亦有少数雇用雇工的。

地主兼自耕农，在使用田亩阶段内雇工的情形，单雇长工的有三户。兼雇长工及短工者有七户。雇短工者三户，合计长工人数十八人，童工二人，短工日数为一千三百四十日。雇长工的最多有八人。

禄丰县六村各类村户雇工者成分

（民23年）

类别	户数	雇工者户数	雇工者户数所占%
地主兼自耕	13	13	100
自耕农	53	24	45.28
半自耕农	74	35	47.30
佃农	20	3	15.00
合计	160	75	46.88

禄丰县六村地主兼自耕农雇工人数

（民23年）

使用田亩阶段别	雇用长工者		雇用短工者		兼雇长工及短工者		
	户数	雇用长工人数	户数	雇用短工日数	户数	长工人数	短工日数
0.1—4.9	1	1	—	——	—	——	——
5—9.9	—	——	3	410	2	3	220
10—19.9	1	2	—	——	4	4	650
20—29.9	1	2*	—	——	—	——	——
130—139.9	—	——	—	——	1	8	60
合计	3	5	3	410	7	15	930

*童工

自耕农的雇工情形，单雇长工者一户，兼雇长工及短工者九户，雇短工者十四户，合计长工九人，童工二人，短工日数为二千四百九十六日。

禄丰县六村自耕农雇工人数

（民 23 年）

使用田亩阶段别	雇用长工者		雇用短工者		兼雇长工及短工者		
	户数	雇用长工人数	户数	雇用短工日数	户数	长工人数	短工日数
0. 1—4. 9	—	——	3	54	—	——	——
5—9. 9	—	——	2	230	3	3	400
10—19. 9	1	1 *	9	1 120	3	4	530
20—29. 9	—	——	—	——	2	3（童工一人）	102
40—49. 9	—	——	—	——	1	1	60
合计	1	1	14	1 404	9	11	1 092

* 童工

半自耕农的雇工情形，雇长工者四户，兼雇长工及短工者二户，雇短工者二十九户，合计长工六人，短工二千五百六十四日。

禄丰县六村半自耕农雇工人数

（民 23 年）

使用田亩阶段别	雇用长工者		雇用短工者		兼雇长工及短工者		
	户数	雇用长工人数	户数	雇用短工日数	户数	长工人数	短工日数
0. 1—4. 9	—	——	2	100	—	——	——
5—9. 9	1	1	8	597	1	1	300
10—19. 9	2	2	14	831	1	1	6
20—29. 9	1	1	5	730	—	——	——
合计	4	4	29	2 258	2	2	306

佃农的雇工情形，并无雇长工者，雇用短工户数三户，合计短工日数为二百三十五日。

禄丰县六村佃农雇工人数

（民 23 年）

使用田亩阶段	户数	雇用短工日数
0.1—4.9	1	50
5—9.9	1	80
10—19.9	1	105
合计	3	235

耕畜在农业经营上甚为重要。云南农人耕种用牛。各类村户有耕畜者的百分率如下：地主兼自耕农，有耕畜者占百分之七六·九二。自耕农百分之四七·一七。半自耕农百分之六六·二一。佃农百分之三〇。合计一百六十的农户，有耕畜者为九十户，占全数的百分之五六·二五。

禄丰县六村各类村户中有耕畜者之百分比

（民 23 年） 有耕畜的

类别	总户数	有耕畜者户数	百分比
地主兼自耕	13	10	76.92
自耕农	53	25	47.17
半自耕农	74	49	66.21
佃农	20	6	30
合计	160	90	56.25

其次各类村户耕畜的比率，地主兼自耕农占百分之一四·一二，自耕农占百分之二三·一六，半自耕农占五一·九八，佃农占一〇·七六，每户平均数以佃农为最多，每户平均三头又一七。地主兼自耕农次之，每户平均二头半，半自耕农又次之，每户平均一头又八八。自耕农最少为一头又六四。合计总平均每户平均一头又九七。

禄丰县六村各类村户的耕畜

（民23年）

类别	耕畜数	对总数的%	每户平均数
地主兼自耕	25	14.12	2.5
自耕农	41	23.16	1.64
半自耕农	92	51.98	1.88
佃农	19	10.76	3.17
合计	177	100.00	1.97

地主兼自耕农的耕畜分配情形，合计耕畜数为二十五头，使用土地在五亩以内者有二头，占全数百分之八，五亩至十亩者有十头，占百分之四〇，十亩至二十亩者有六头，占百分之二四，二十亩至三十亩者有三头，占百分之一二，一百三十亩至一百四十亩者有四头，占百分之一六。

自耕农耕畜的分配情形，合计四十一头。使用五亩以内的占百分之二六·八三，五亩至十亩的占百分之一七·〇七，十亩至二十亩占百分之四三·九，二十亩至三十亩占百分之七·三二，四十亩至五十亩占百分之四·八八。

半自耕农的耕畜分配，合计耕畜九十二头。使用五亩以内占百分之二·一七，五亩至十亩的占百分之三一·五二，十亩至二十亩的占百分之四六·七四，二十亩至三十亩的占一五·二二，三十亩至四十亩的占百分之四·三五。

佃农的耕畜分配情形，合计耕畜数十九头。使用五亩以内的占百分之一〇·五二，五亩至十亩的占百分之四七·三七，十亩至二十亩的占百分之四二·一一。

（五）租佃关系

禄丰租田制度，大多均系包租制。此种包租制有二种不同的形式存在：（1）是地主不问年成之好坏，照额定的租额收租；（2）是于稻熟时，佃户请地主下乡看田，如收成不好，是以年成丰歉而缴租的。故简单的说来，第一种是板租，第二种是活租。缴租以谷为主，分租是很少有的，力租制是没有。至于钱租，因佃户以谷供自己需要，无余谷缴租时，根据谷价以钱币折租，直接纳钱租是没有的。租田手续，是要写租约，惟彼此熟习，佃户信用可靠的，可以口头约定。租田年限，普通三年，最长五年。至于押租，根据六村的调查，土官村和董户村，租田是不要押租的，凤鸣村，柴家营，玉龙村，大营村，兼而有之，并不普遍。大凡有押租的，其租额较轻。

农田租额是以土壤等则而纳租的，六村的价格亦不同。总括来说：六村中农田每亩的租额，上则田最高的是凤鸣村为四百五十斤，最低的是大营村为二百二十五斤，平均三百十七斤半。中则田最高的是凤鸣村和柴家营为二百七十斤，最低的是玉龙村，董户村，土官村为一百八十斤，平均二百十一斤又十分之三。下则田最高的是玉龙村，董户村，凤鸣村，柴家营为九十斤，最低的是大营村为三十八斤，平均七十三斤又十分之八。

禄丰县六村每亩农田的租额

（民23年）　　（单位：斤）（谷租）

村名	上则田	中则田	下则田
玉龙村	330	180	90
董户村	270	180	90
凤鸣村	450	270	90
柴家营	360	270	90
大营村	225	188	38
土官村	270	180	45
平均数	317.5	211.3	73.8

租额对于正产量的百分率。上则田最高为百分之一〇〇，最低百分之五七·六，中则田最高百分之一〇〇，最低百分之五〇，下则田最高百分之一〇〇，最低百分之三四·五，六村的情

形，以董户村和凤鸣村租额最高，上中下三等的农田，其租额均在百分之一〇〇。

其次农户租佃的情形，除了自耕农和雇农并不租种外，地主兼自耕，半自耕农，佃农是与租佃发生关系的。以六村的地主兼自耕农出租农田的成分来看，五亩至十亩的农户，出租农田的成分是百分之二〇・二。十亩至二十亩的农户，出租农田为百分之三五・四一。二十亩至三十亩的农户，出租成分为百分[1]一一・二。四十亩至五十亩的农户，出租成分为百分之八〇。二百亩至三百亩的农户，出租成分为百分之三六・八七。总计出租的农田对所有田亩的百分之四八・七三。如果出租对所有总数的百分率，则五亩至二十亩的农户，出租的成分很是微细，四十亩至三百亩的农户，出租成分比较大得多。

禄丰县六村每亩农田租额对产量的百分率

（民23年）　　　　（单位：斤）

村名	上则田			中则田			下则田		
	出产量	租额	对出产量%	出产量	租额	对产量%	出产量	租额	对产量%
玉龙村	540	330	60	360	180	50	240	90	37.5
董户村	270	270	100	180	180	100	90	90	100
凤鸣村	540	450	83.3	360	270	75	240	90	37.5
柴家营	360	360	100	270	270	100	90	90	100
大营村	390	225	57.6	270	188	69.7	110	38	34.5
土官村	450	270	60	360	180	50	120	45	37.5

① 此处疑漏“之”字。

禄丰县六村地主兼自耕农出租农田的成分

（民23年）

所有田亩阶段	所有田亩数	出租田亩数	出租对所有的%	出租对所有总数的%
5—9.9	9.9	2	20.20	00.40
10—19.9	93.2	33	35.41	6.55
20—29.9	24.1	2.7	11.20	00.54
40—49.9	160	128	80.00	25.39
200—299.9	217	80	36.87	15.87
合计	504.2	245.7	48.73	——

半自耕农——租进农田的成分，五亩以内的农户，租田超过自有田。租田占使用田百分之六三·一一。这是证明土地微细的农户，自己的农田不够使用，而需要租种人家的土地。五亩至十亩的农户，租田占百分之四四·四四。十亩至二十亩的农户，租田占百分之二〇·八一。三十亩至四十亩的农户，租田占百分之五·四二。这是可以看出，土地比较多的农户，租田的成分是占少数。合计自有田占百分之五四·六六，租田占百分之四五·三四。租进农田对使用总数的百分率，亦是以五亩以内农户占多数，最少是三十亩至四十亩的农户。

禄丰县六村半自耕农租进农田的成分

（民23年）

所有田亩阶段	所有田亩数	使用田亩数	租进田亩数	使用田亩中的自田与租田%		租进对使用总数%
				自田	租田	
0.1—4.9	109.9	297.9	188	36.89	63.11	23.70
5—9.9	174.5	314.1	139.6	55.56	44.44	17.60
10—19.9	114.2	144.2	30	79.19	20.81	3.79
30—39.9	34.9	36.9	2	94.58	5.42	0.25
合计	433.5	793.1	359.6	54.66	45.34	——

佃农——佃农的使用田亩，完全是租来的，租进对使用总数

的百分率，五亩以内的农户，占百分之三一，九五。五亩至十亩的农户，占百分之四〇·七五。十亩至二十亩的农户，占百分之二七·三〇。

禄丰县六村佃农租进农田的成分

（民23年）

阶段别	租进田亩数＊	租进对使用总数的%
0.1—4.9	31.6	31.95
5—9.9	40.3	40.75
10—19.9	27.0	27.30
总计	98.9	100.00

＊佃农的使用亩数即租进亩数。

三、农村副业

农民在农业生产之外，兼有操作副业及兼业上之收入。此种收入，于农民本身经济上占重要地位。各类村户副业及兼业的，每户平均收入数，地主兼自耕农每年每户平均收入为国币二百七十二元九角二分。自耕农为一百二十八元八角。半自耕农为八十七元 角六分。佃农为三十四元一角。合计总平均每户为一百零四元九角。

禄丰县六村各类村户平均的副业兼业收入

（民23年）（单位：元）

类别	户数	副业兼业收入数	每户平均收入数
地主兼自耕	5	1 364.58	272.92
自耕农	19	2 447.2	128.8
半自耕农	29	2 526.77	87.13
佃农	11	375.06	34.1
合计	64	6 713.61	104.9

各类村户兼业及副业的收入比较，地主兼自耕农占全数收入的百分之二〇·三二，自耕农占三六·三九，半自耕农三七·七，佃农占五·五九。

其次有副兼业的村户对无副兼业村户的百分率。地主兼自耕农有副兼业的占百分之三八·四六，自耕农占三五·八五，半自耕农占三九·一九，佃农占五五。这很能看出佃农对于副业关系的重要，因为佃农的经济薄弱。是需要副业的收入来补助生计的。

禄丰县六村各类村户收入比较

（民23年） （单位：元）

类别	副业兼业收入数	对总收入的%
地主兼自耕	1 364.58	20.32
自耕农	2 447.2	36.39
半自耕农	2 526.77	37.7
佃农	375.06	5.59
合计	6 713.61	100.00

禄丰县六村各类村户有副兼业对无副兼业百分比

（民23年）

类别	户数	副业兼业户数	%
地主兼自耕	13	5	38.46
自耕农	53	19	35.85
半自耕农	74	29	39.19
佃农	20	11	55
合计	160	64	40

副业和兼业的不同，是依其性质而定的。例如公务员，经商等，则不能视为副业，只能说是一种兼业。采樵，煮糖，雇工等与农业上发生密切关系的，则称副业。村户的副业和兼业是依这个标准而划分。

地主兼自耕农，只有兼业上的收入。其中公务员二户，年得薪金九百二十五元六角八分，经商二户，每年约赚三百九十九元，赶马一户，每年三十九元九角。

自耕农有副业者四户，兼业者十五户。副业煮糖采樵一户，每年二十六元六角，雇工三户，每年一百三十三元。兼业的分类揹盐，赶马，经商，各五户，以赶马收入最多，每年一千三百零三元四角，次之经商者八百二十四元六角，揹盐为一百五十九元六角。

半自耕农有副业者十二户，米粉业一户，每年收入二百六十六元，水碾米店一户，每年十九元九角五分，小贩二户，每年七十九元八角，雇工八户，每年五百零六元五角。兼业的分类，打铁一户，每年七十九元八角，教员一户，每年五十三元二角，厨役一户，每年三十九元九角，经商四户每年一百九十九[1]五角，揹盐三户，每年一百零九元零六分，赶马六户，每年一千一百十九元八角六分，医生一户，每年五十三元二角。

佃农有副业者六户。采樵一户，每年五十三元二角，雇工五户，每年一百九十五元五角一分，兼业分类，缝衣一户，每年十三元三角，医生一户，每年十九元九角五分，庙祝一户，每年十三元三角，揹盐二户，每年七十九元八角。其次农家饲养之牲畜，亦系副业之一种。各类村户之家畜种类及数别，共计马九十一匹，骡二头，猪四百七十只，羊一百零七只，鸡一百九十四只，鸭三十四只。

禄丰县六村各类村户的家畜

（民23年）

类别	马	骡	猪	羊	鸡	鸭
地主兼自耕	12	1	60	18	21	8
自耕农	33	——	144	24	60	15
半自耕农	44	1	225	61	85	11
佃农	2	——	39	4	27	——
雇农	——	——	2	——	1	——
合计	91	2	470	107	194	34

---

① 此处疑漏“元”字。

四、农村借贷

禄丰农民负债情形及高利贷之剥削与昆明相仿佛。我们根据调查所得的一百六十六农户，负债的有七十八户。地主兼自耕农有百分之一五·三八，是负债的。自耕农负债的成分为百分之五二·八三。半自耕农为百分之四八·六五。佃农为百分之五〇，雇农为百分之三三·三三。合计一百六十六户当中，百分之四六·九九，是负着债务的。

禄丰县六村各类村户借贷的成分

（民23年）

类别	总户数	负债者户数	对总户数的%
地主兼自耕	13	2	15. 38
自耕农	53	28	52. 83
半自耕农	74	36	48. 65
佃农	20	10	50
雇农	6	2	33. 33
合计	166	78	46. 99

其次各类村户负债的成分与所有田亩的关系，地主兼自耕农只有十亩至二十亩以内的农户有二户负债，其余均无债务。

自耕农——五亩以内的农户，负债的成分为百分之四七·八三，五亩至十亩的农户，负债成分为百分之五三·八五，十亩至二十亩的农户，负债成分为六四·二九，二十亩至三十亩的农户，负债成分为百分之五〇，以负债的户数对总户数的百分率来看，则五亩以内的农户负债成分最重，最少还是二十亩至三十亩的农户。

禄丰县六村自耕农中负债成分与所有田亩的关系

（民23年）

所有田亩阶段	户数	负债者户数	对户数的%	对总户数的%
0.1—4.9	23	11	47.83	20.76
5—9.9	13	7	53.85	13.21
10—19.9	14	9	64.29	16.98
20—29.9	2	1	50	1.89
40—49.9	1	——	——	——
合计	53	28	52.83	——

半自耕农——五亩以内的农户，负债的成分占百分之四八·七八，五亩至十亩的农户，负债成分占百分之六二·五，十亩至二十亩的农户负债成分占百分之二五。总计半自耕农负债的几达半数。

禄丰县六村半自耕农中负债成分与所有田亩的关系

（民23年）

所有田亩阶段	户数	负债者户数	对户数的%
0.1—4.9	41	19	48.78
5—9.9	24	15	62.5
10—19.9	8	2	20
20—29.9	——	——	——
30—39.9	1	——	——
合计	74	36	48.65

佃农——使用五亩以内的农户，负债成分为百分之四一·六七，五亩至十亩的农户，负债的成分为百分之五〇，十亩至二十亩的农户，负债的成分为百分之一〇〇，合计二十户的佃农，适有一半是负债的。

禄丰县六村佃农中负债成分与使用田亩的关系

（民23年）

使用田亩阶段	户数	负债者户数	对户数的%
0.1—4.9	12	5	41.67
5—9.9	6	3	50
10—19.9	2	2	100
合计	20	10	50

雇农负债情形，合计六户里面，有二户是负债的。

各类村户负债的数别，地主兼自耕农负债户数二户，负债额二二七元。但是在二百元以上者占了大多数。自耕农负债户数二十八户，债数共为一九五三元（内中债额系一元至二十元者共二十九元。债额系二十元至五十元者共三九八元，债额系五十元至一百元者共六八〇元，债额系一百元至二百元者共六四六元，债额在二百元以上者共二百元）。半自耕农负债户数为三十六户，债数共为二九九八元（内中债额系一元至二十元者共五八元，债额系二十元至五十元者共五一四元，债额系五十元至一百元共四八八元，债额系一百元至二百元共八〇五元，债额在二百元以上者共一一三三元）。佃农负债户数为十户，债数共为三七五元（内中债额系一元至二十元者占四九元，二十元至五十元者占一三九元，五十元至一百元者占六七元，一百元至二百元者占一二〇元）。雇农负债户数二户，债数共为一一九元（内中债额系一元至二十元者占一三元，一百元至二百元者一〇六元）。合计负债户数为七十八户，负债总额为五六七二元（内中债额系一元至二十元者占全额百分之二①六三，二十元至五十元者占百分之一九·〇，五十元至一百元者占百分之二一·七七，一百元至二百元者占百分之二九·五七，二百元以上者占二七·〇三）。

① 此处疑漏“·”。

禄丰县六村各类村户负债数别

（民 23 年）　　　　（单位：元）

类别	负债户数	负债金额					合计
		1—20 元	20—50 元	50—100 元	100—200 元	200 元以上	
地主兼自耕	2		27			200	227
自耕农	28	29	398	680	646	200	1 953
半自耕农	36	58	514	488	805	1 133	2 998
佃农	10	49	139	67	120		375
雇农	2	13			106		119
合计	78	149	1 078	1 235	1 677	1 533	5 672

各类负债农户，每户平均的负债额，地主兼自耕农每户平均一百十三元半，自耕农每户平均六十九元七角半，半自耕农每户平均八十三元二角八分，佃农每户平均三十七元半，雇农每户平均五十九元半，统平均每户七十二元七角二分。

农户历年负债情形，地主兼自耕农系二十二年份之债务，自耕农除十八年份无债务外，历年均举债，而以二十二年及二十年份为最多。半自耕农十九年份无债款，其余各年份均有，亦以二十二年份为最多，其十八年及二十一年份为次。佃农自十九年至二十二年各年均负债，以二十一年份最多。雇农的债务是在十九年份及二十二年份，而以十九年份为最多。合计历年负债款别，十七年以前之旧债，占全数百分之五・一七，十七年份占百分之七・九七，十八年份占百分之一一・九五，十九年份占百分之六・九七，二十年份占百分之二〇・三六，二十一年份占百分之一七・三五，二十二年份占百分之三〇・二三。

禄丰县六村负债农户每户平均负债表

（民23年） （单位：元）

类别	负债户数	债额	每户平均负债额
地主兼自耕	2	227	113.5
自耕农	28	1 953	69.75
半自耕农	36	2 998	83.28
佃农	10	375	37.5
雇农	2	119	59.5
合计	78	5 672	72.72

禄丰县六村各类负债村户历年负债情形

（民23年） （单位：元）

类别	负债户数	负债年份及额数							
		17年以前	17年	18年	19年	20年	21年	22年	合计
地主兼自耕	2							227	227
自耕农	28	160	93		279	403	348	670	1 953
半自耕农	36	133	359	678		648	439	741	2 998
佃农	10				10	104	197	64	375
雇农	2				106			13	119
合计	78	293	452	678	395	1 155	984	1 715	5 672

负债的用途，地主兼自耕农用于婚丧者占百分之八八·一，建屋占百分之一一·九。自耕农用于婚丧者占百分之四六·四七，必要生活占百分之一八·〇七，农本占百分之七·四八，建屋占百分之二二·四八，其他占百分之五·五。半自耕农用于婚丧者占百分之三〇·九二，必要生活占百分之四一·二六，农本占百分之一八·二一，建屋占百分之九·六一。佃农用于婚丧者占百分之二七·七三，折租占四一·〇七，必要生活占百分之二七·七三，农本三·四七，雇农完全用于婚丧部分占百分之一〇〇。合计全额债务，用于婚丧者占百分之三九·七九，折租占百分之二·七二，必要生活占百分之二九·八七，农本占百分之一

二·四三，建屋占百分之一三·二九，其他占百分之一·九。从债务用途方面看来，以婚丧占第一位，举债以办婚丧，足见农村风俗之急宜改良。必要生活占第二位，建屋，农本，折租，其他等用途次之。

禄丰县六村各类村户负债的用途

（民23年）　　　　（单位：元）

类别	负债户数	婚丧	折租	必要生活	农本	疾病	建屋	其他	合计
地主兼自耕	2	200					27		227
自耕农	28	907		353	146		439	108	1 953
半自耕农	36	927		1 237	546		288		2 998
佃农	10	104	154	104	13				375
雇农	2	119							119
合计	78	2 257	154	1 694	705		754	108	5 672

农村贷款分信用与抵押两种。抵押借款，系以土地，房屋作保证品。信用借款，纯凭信用关系，无保证品。

兹将各类村户借贷时抵押与信用比率列表于下：

禄丰县六村各类负债村户借贷时抵押与信用的比率

（民23年）　　　　（单位：元）

类别	抵押借款		信用借款	
	额数	%	额数	%
地主兼自耕	27	11.89	200	88.11
自耕农	949	48.59	1 004	51.41
半自耕农	2 326	77.92	672	22.08
佃农	35	8.33	340	90.67
雇农			119	100
合计	3 337	58.83	2 335	41.17

地主兼自耕农信用借款占百分之八八·一一。余为抵押借款。自耕农抵押占百分之四八·五九，信用占百分之五一·四

一。半自耕农抵押占百分七七·九二，余为信用借款。佃农抵押占百分之八·三三，余为信用借款。雇农欠债全由信用借来。全部债额，抵押占百分之五八·八三，信用占百分之四一·一七。但是农村内部借贷问题，是有这样一种情形存在着，譬如佃农和雇农，他们的不动产，只有零落不全的几椽房屋或茅房，在事实上向人举债是不容易的，要全凭自己的信用，人家才肯借给他，否则告贷无门。有的佃农与田主的关系，是世代相袭的老佃户，他们向田主比较容易通融。至于地主兼自耕农及自耕农，借贷是无困难，因为他们是有田的农家，并且可以将田契作抵押，借贷是不成问题。

借贷的利息，是有二种，一种是银利，一种是谷息，谷息就是物息，谷息普通比银息要高，并且流弊很大，因为谷价是涨落不定的，如果谷价高涨，债户方面的损失是很重的。各类村户债款的物息与银息的比率，物息在百分之五八以上，银息反占少数，这分明是农村金融的涸竭，现金缺乏的现象。合计全额的债款，物息占百分之七七·五七，银息占百分之二二·四三。

禄丰县六村各类负债村户借贷时物息与银息的比率

（民23年）（单位：元）

类别	物息		银息	
	额数	%	额数	%
地主兼自耕	200	88.11	27	11.89
自耕农	1 550	79.37	403	20.63
半自耕农	2 324	778.5	674	22.15
佃农	220	58.67	155	41.33
雇农	106	88.24	13	11.76
合计	4 400	77.57	1 272	22.43

利息在各村互不一致，最高竟有年利七分者，普通四分，最低二分五，高利贷之剥削，可想而知，年来农村金融愈涸竭，高

利贷恶魔之势力愈嚣张，我们要解除高利贷盘剥之痛苦，非从举办农民贷款所，及农民信用合作社，否则根深蒂固的恶势力不易铲除的。

禄丰县六村的借贷利息

（民23年）

村名	年息		
	最高	最低	普通
玉龙村	6分	3分	4分
董户村	5分	3分	4分
凤鸣村	6分	2分5	4分
柴家营	7分	3分	4分
大营村	6分	3分	4分
土官村	6分	3分	4分

五、田赋

禄丰田赋，名目繁多，其征收税率亦不一致，兹将田赋名称，原征粮数，征收率统收数列表于左：

禄丰田赋及征收情形表

税名	原征粮额数 石	征收率 元	统征数 元
地军税	5.711 40	每石5.303	30.288
垦军税	9.583 40	每石4.676	44.812
苏伍军秋	11.210 55	每石5.847	65.548
宪伍军秋	51.491 33	每石5.653	291.080
杂军秋	417.508 36	每石5.845	2 440.336

续表 1

税名	原征粮额数 石	征收率 元	统征数 元
丁军	两 6.987	每两 2.285	15.965
民税	石 16.642 00 45.794 00	每石 6.721 5.549	111.851 254.111
民秋	478.734 85 194.097 00	每石 7.669 6.399	3 671.418 1 242.027
总计	1 230.772 89 两 6.987	征率不一	8 167.436

观上表田赋名称有八种之多，其田赋历史，亦无材料可考。惟大致以前云南地广人稀，当时军人解甲归农，从事开垦，故有军税，军秋等名词。民税，民秋系当地土民之田赋。其各种田赋征收税率，亦有轻重之处。至于田赋附征，与各县一律，团费每石附加三角，附粮捐每石附征一元。其中丁军一种则无附征。禄丰田赋正税收入为现金八千一百六十七元四角三仙六厘，附征团费为现金三百六十九元二角三仙一厘，附粮捐收入，现金一千二百三十元七角七仙二厘。统共正附税收入为现金九千七百六十七元四角三仙九厘，租课，系官产租于农民耕地之租息，每年收入为五十六石一斗二升二合，每石折征现金一元八角九仙，计现金一百零六元七仙一厘。

查禄丰现正开始清丈，预期今年六月以前，可办理完竣，在二十三年度，可实行征收耕地税。旧时田赋名称及附加一律取消，惟省府经议决在耕地税内附加八成团费，其负担较旧时为重，但尚未实行附加，待后考证。

田赋征收时期，每年于十月一日开征，至次年三月底为止，过期即须加征罚金，乡镇不设分柜，由粮户直接向县完纳。

田地买卖典当之验契税，在二十一年前，杜契按其买卖价格征收百分之六，典契税为百分之三，至二十二年则改为杜契征百分之四，典契征百分之二。

六、农村捐税

农村税捐，分常年负担及临时负担二种。每年负担之税捐，计有烟亩罚金，屠宰税，教育款，自治经费，牛马税，团款，门户捐等七项。第一项烟亩罚金即烟田税，每亩征收现金三元，约折合国币二元。其间以凤鸣村栽种最多，故每年应缴税捐国币二百八十三元。其次屠宰税，每只征收八角九角不等。教育款，系区立小学之经费，每年由乡村中筹措。自治经费，只董户与凤鸣二村有之，大概系乡村公所办理自治之用。牛马税，系以从价抽税，每只抽百分之五，及百分之六不一。农民购买牛马，例须报价抽税。团款，系地方民团经费，以各乡村情形不同，办理民团之村落，是有是项团款经费之负担。门户捐，各村征率互不一致，董户柴家二村则无此税捐。

禄丰县六村常年负担之捐税

（民23年）　　（单位：元）

村名	税捐名称							
	烟亩罚金	屠宰税	教育款	自治经费	牛马税	团款	门户捐	其他
玉龙村	每村 50	每只 0．8	每村 30	每村	每只 5/100	每村 183	每村 156	
董户村	16	,, ,,		15	,, ,,			
凤鸣村	283	,, ,,	226	20	,, 6/100	20	18	
柴家营	108	,, ,,			,, 5/100			
大营村	56	,, ,,	4		,, ,,		每户月.08	
土官村	60	,,0.9	18		,, ,,	18	每户月.02	

临时负担之税捐，分募兵及救国捐二种。禄丰自民国十七年

至现在计募兵三次。募兵之标准，以乡村人口富力为准则。每村遇募兵时，由村长向农户摊款，以为应募者之安家资金，但中途逃脱，仍须集资征募，六村募兵负担以凤鸣村为最多，三次募兵负担计国币八百五十一元，但至少都在二百元以上。其次救国捐，系民二十二年省府当局因鉴外侮频仍，为准备实力计，乃有救国捐之征收，其间以土官村负担为最多。

禄丰县六村临时负担之捐税

（民23年） （单位：元）

村名	募兵	救国捐	附注
玉龙村	306	30	17，18，20，年募兵三次
董户村	200	80	
凤鸣村	851	40	
柴家营	395	20	
大营村	200	93	
土官村	266	332	

七、农村教育

禄丰全县小学计有九十八所，学生人数三千八百五十五人，平均每校三十九人。经费大多由学校自筹，县政府每年补助经费为旧滇币一万一千五百六十二元，折合国币只一千五百三十八元，杯水车薪，无补实际，故设备简陋。师范学校一所，学生人数为一百二十人，全年经费县政府补助四千四百元，折合国币只五百八十五元。

农民识字人数，根据一百六十六户调查结果，地主兼自耕农识字成分为百分之三五·六七，自耕农识字成分为百分之九·八一，半自耕农识字成分为百分之九·〇九，佃农识字成分为百分之二·三三。总计一千零九十九农民中，识字人数为一百三十六人，其识字成分为百分之一二·三七，在平民教育尚未推行的今日禄丰，农民的教育问题，是束缚在经济的关系下，富裕的农户，是可以送子女往学校求学，贫民因为经济力的薄弱，谈不到读书问题。

禄丰县六村各类村户识字人数的比较

（民23年）

类别	人数	识字人数	识字人数的%	对总人数的%
地主兼自耕	157	56	35.67	5.1
自耕农	316	31	9.81	2.82
半自耕农	517	47	9.09	4.28
佃农	86	2	2.33	0.18
雇农	23	——	——	——
总计	1 099	136	12.37	——

农民教育程度，地主兼自耕农比较充分，曾受中学程度有十人，大学程度有三人，其余的都是小学程度，只有半自耕农有三个曾受中等教育。统计识字成分，私塾占百分之二〇·五八，小学占百分之六七·六五，中学占百分之九·五六，大学占百分之二·二一。

禄丰县六村各类村户的识字人数

（民23年）

类别	识字人数				合计
	私塾	小学	中学	大学	
地主兼自耕	23	20	10	3	56
自耕农	1	30	——	——	31
半自耕农	4	40	3		47
佃农	——	2	——	——	2
总计	28	92	13	3	136

八、政治情形

禄丰自治区域，划分四区。其自治组织系统，区公所下，乡镇公所，闾长，邻长等属之。区公所内部组织，区长一人，助理员一人，区丁二人，区设调解委员会，委员五人。乡镇公所之组织，乡镇长一人，副乡镇长一人，并设调解委员会，委员三人，监察委员二人或三人。区公所经费，系由寺庙公抽，及农村摊派而来，每年经费共为旧滇币二万五千三百八十九元六角，折合国币计三千三百七十七元，以四个区公所分配，每年每区经费计八百四十四元二角五分，每月计国币七十元三角五分。以经费言之，似较昆明为高，然自治基础在于农民知识，禄丰农民知识幼稚，如问农民地方自治情形，其对于自治意义尚不能作解，且派捐征税，农民皆厌恶之，其对于区公所之感想又如何。总之农民知识幼稚及环境等关系，办理地方自治，收效甚鲜。

全县警卫之组织，计县公安局一所，内部组织，局长一员，警长一员，见习雇员各一员，巡警二十名，夫役四名，四乡亦不设分局，警力甚为单薄，全年经费一万四千余元，由粮附带征收。

其次保卫团，团分常备队，预备队。常备队一中队计一百二十名，中队长一员，分队长二员率之，中队长月支薪旧滇币七十元，分队长月支薪六十元，队兵月饷三十元，常备队全年经费计旧滇币六万二千四百元，其经费来源本由门户捐，自二十三年一月奉省令取销，改由粮额抽收，常备枪械，计有各种杂枪四百六十二枝。预备队，全县五十四乡镇，每乡镇成立一分队，每队三十名，凡乡镇住民年在十六岁以上四十岁以下者，均得编为团丁之义务，全县团丁计一千六百二十名，由县长任团长，区乡镇长分任营连排长等，官兵均义务职，概不支薪。乡镇之预备团，亦兼有聘请熟习军事者，担任教练官，其薪给亦当地筹派。预备团之枪械，均系土造单响毛瑟枪，计有七百余枝。

玉　溪　县

一、全县概况

玉溪县位于昆明滇池之南部，与江川河西峨山易门昆阳等县相毗连。在北纬二十四度与二十五度之间，东经一百零三度西十四之间。全境气候温和，水利适宜，为云南富庶区域之一。

境内主要山脉系出自六诏山脉之庙儿山之余脉，其西南部与西北部，山脉绵亘，其主峰南部为凤凰山，西部为白马龙山，北部主峰为西边山，卧牛山。以形势言，西南部与东北部地势较高，中部一片平畴，其水利，境内河道，多引自山涧溪水，是以灌溉之利与昆明相埒。

境内土壤，粘土占百分之二〇，壤土占百分之三〇，砾土占百分之五〇。农作物以稻，蚕豆为主，每年二熟，兹将作物名称产量及作物面积百分率列表于下：

作物次数	作物名称	全作物%	下种时期	收获时期	每亩产量
第一次作物	谷	90	清明	立秋后十天	上则田 700 斤 中则田 630 斤 下则田 420 斤
	玉蜀黍	5	立夏后十天	立秋时	400 斤
	黄豆	1	同上	同上	500 斤
	高粱	1	同上	同上	400 斤
	荞麦	1	芒种后	立秋	400 斤
	烟叶	1	同上	十月前后	1 200 担
	淀（染料）	1	同上	同上	

续表 1

作物次数	作物名称	全作物%	下种时期	收获时期	每亩产量
第二次作物	蚕豆	50	九月初	翌年三月	上则田 400 斤 中则田 300 斤 下则田 200 斤
	麦子	20	同上	同上	上则田 150 斤 下则田 100 斤
	鸦片烟	17	同上	同上	上则田 80 两 下则田 50 两
	菜子	10	同上	同上	上则田 350 斤 中则田 300 斤 下则田 250 斤
	萝葡	1			
	马铃薯	2			1 000 斤

注：淀系玉溪县特产，产量正丰，自民国以来，市场为洋淀所占，几无土淀之存在，现利用提倡国货口号，该地方人，虽竭力提倡淀染，恐不易收效。

二、土地分配

我们为求明了玉溪县的土地分配的情形，曾选择了春和，大小陇水塘，上下庄，东古城，上郑境，麻线屯等六村，挨户调查，得一百二十八户。分类的结果，地主占百分之一·五六，地主兼自耕农占百分之三·九一自耕农成分最多，占百分之三五·九四，半自耕农占百分之二五，佃农占百分之一七·九七，雇农占百分之七·八一，其他占百分之七·八一。

玉溪县六村村户的分类

（民 23 年）

村户类别	户数	对总户数的%
地主	2	1.56
地主兼自耕	5	3.91
自耕农	46	35.94
半自耕农	32	25.00
佃农	23	17.97
雇农	10	7.81
其他	10	7.81
合计	128	100.00

在农村内，地主的占少数，乃是普遍的情形，他们大都是住城内的。地主兼自耕农，则除了自己耕种自己田亩外，还将一部份土地分租与人耕种，坐收租息，但是有大部份出租与小部份出租的区别，我们单以这五户地主兼自耕农来分其性质，则大部份土地出租的占百分之四〇，即两家，大部份土地自耕的占百分之六〇，即三家。

其次半自耕农，此种半自耕农，就是自耕农兼佃农，他们自己的土地是不够自己耕种，为了生活上的关系，乃向地主租种土地。我们在三十二户的半自耕农分析里，大部份土地系自有者，与大部份土地系租来者，占了同样的成分。

这六年变迁的情形，在十七年的时候，农户数本是一百二十五户，因为经过分家的关系，增加了三户，他们的变迁，地主和地主兼自耕农，仍保持原有的地位，没有变动。自耕农中有六户变动，因分家而增加的一户，因为租种的关系，列为半自耕农，尚有五户，因田地逐渐的卖去或者当掉，地权丧失，不得不租种人家的土地，所以变为佃农的有四户，变为其他的有一户。半自耕农，变动得还要厉害，其中有九户，他们的所有田亩，在买卖典当下失去，变为十足的佃农；一户因为买进了田亩，同时退租的关系，变为自耕农；其次佃农，与雇农，他们老是佃农与雇农，没有变动。其他有一户变为雇农，一户因为买进了田地，变为自耕农；变动的结果，我们可以概括的说，中农是在逐渐破产，小农更因破产而没落。这可以证明玉溪的农村恐慌的深刻性。

玉溪县六村六年来各类村户的变迁

民17		民23								备注
类别	户数	地主	地主兼自耕	自耕农	半自耕农	佃农	雇农	其他	总计	
地主	2	2							2	
地主兼自耕	5		5						5	
自耕农	49			44 *	1	4		1	50	因分家关系增一户
半自耕农	40			1	31 *	9			41	因分家关系增一户
佃农	10					10			10	
雇农	9						9		9	
其他	10			1			1	9 *	11	因分家关系增一户
合计	125	2	5	46	32	23	10	10	128	

这六年来地主兼自耕农性质的变迁，没有更动，这就是说地主兼自耕农六年以来，没有将出租的土地收回自耕，没有更多的土地出租。

半自耕农性质略有变迁，大部份土地系自有者的百分率在减少，大部份土地系租来者则在增加，这是在说，半自耕农一年不如一年的趋入穷途了。

玉溪县六村半自耕农性质的变迁

（以民 17 年的分类为坐标）

类别	户数		百分比		百分比的增减
	民 17	民 23	民 17	民 23	
大部份土地系自有者	16	14	40	34. 15	—
大部份土地系租来者	24	27 *	60	65. 85	+

* 因分家关系增 1 户。

（一）土地所有

玉溪全县田地，计有二十万零二千五百七十一亩，内有水田十五万九千九百三十一亩，旱田四万二千六百四十亩，至于县有官产，据县政府的统计，只有三百三十亩，其余庙产，族产因无统计，无从根据，但是庙产，大多已移作教育款产。全县的户口，为二万八千二百八十七户，其中农户为一万八千三百八十六户。全县人口为十四万零零一十六人，其中男七万二千八百零七人，女子六万七千二百零七人，平均每户为四・九五人；依此平均数计算，则农人应有九万一千零一十一人；如果作全县土地分配的状况，除去官产，则每农户平均应得田地十一亩，每农人平均应得二亩二分。并且据县政府的调查，全县有田五百亩以上者，仅邓姓李姓二家，二百亩以上者，有黄，刘，潘，冯四家，百亩以上的约有五十余家，土地分配从表面上看来，似乎是没有集中在少数人的现象，但是在挨户表统计的结果，无土地者与有土地者的对比，无土地者是要占百分之三三・五九，这分明说土地分配不均衡的事实，仍然存在着。

各类村户的地权分配，我们从有地权的八十五农户的统计，所有田亩总面积中，地主占百分之一・二六，地主兼自耕农占百分之二七・八五，自耕农占百分之四七・五五，半自耕农占百分之二三・三四。

玉溪县六村各类村户的地权分配 1.

(民 23 年)

类别	所有田亩数	对所有田亩总数的%
地主	3.5	1.26
地主兼自耕	77.2	27.85
自耕农	131.8	47.55
半自耕农	64.7	23.34
合计	277.2	100.00

如果我们从户数的百分比与所有田亩的百分比来对照一下，则占百分之一·五六的地主，占所有田亩百分之一·二六，与占百分之三·九一的地主兼自耕农，占所有田亩百分之二七·八五，比较相差得很多。占百分之三五·九四的自耕农，占了百分之四七·五五的所有田亩，如果与占百分之二五的半自耕农占所有田亩百分之二三·三四来比较，自然，又是自耕农比较占优势，总括的看来，地主兼自耕农是胜过一般的，自耕农又胜过半自耕农，地主与半自耕农的情形，不见得有多大高低。

玉溪县六村各类村户的地权分配 2.

(民 23 年)

类别	户数%	所有田亩%
地主	1.56	1.26
地主兼自耕	3.91	27.85
自耕农	35.94	47.55
半自耕农	25.00	23.34
佃农	17.97	——
雇农	7.81	——
其他	7.81	——
合计	100.00	100.00

从地权分配再来分析各类村户的田亩阶段，在村中调查得的二户地主，他们的田亩是微细得很，从他们地权出租的性质上说，不得不列为地主，其实这种所谓地主，实在是贫农不能与拥有千百亩的地主一概而论的。

地主兼自耕农的田亩阶段，多数的成分，是在十亩到二十亩的阶段（三户），五亩以内的农户与三十亩至四十亩的农户成分是相等的（各一户）。

自耕农的田亩阶段，五亩以内的农户要占大多数，即百分之八六·九六（四十户），五亩到十亩与十亩至二十亩的农户，各占百分之六·五二（各三户）。

半自耕农的田亩，五亩以内的农户，要占百分之九〇·六二（二十九户），五亩至十亩的农户占百分之六·二五（二户），十亩至二十亩的农户占百分之三·一三（一户），这显明地表现出，他们自己的田亩不够自己耕种。

各类村户在阶段内的每户的平均田亩数，地主在五亩以内的农户，每户平均只得一亩七分五，如果与全县平均数相比较，每户应得十一亩，相差到百分之八十四。可见这实是一家贫农。

地主兼自耕农，每户在阶段内的平均数，五亩以内的，每户平均一亩二分，十亩至二十亩的，每户平均十三亩六分六，三十亩至四十亩的，每户平均三十五亩，总平均每户为十五亩四分四，这样看来，总平均数已超过全县总平均数百分之四〇·三六。

自耕农的每户平均数，在五亩以内的农户，平均不到二亩，五亩到十亩的农户，平均六亩三分三厘，十亩到二十亩的农户，平均十一亩八分三厘，总平均每户只得二亩八分七厘，与全县平均数相比较，则相差百分之七四。

半自耕农的每户平均的田亩数，在五亩以内，每户只得一亩四分四，五亩至十亩的，每户六亩五分，十亩至二十亩的，每户为十亩，总平均每户只得二亩零二，与全县的总平均数相差百分之八一·七。

以上这四类村户，每户平均的田亩，除了地主兼自耕农，超过全县的分配水平线以上，其余的都在水平线以下。

每户平均田亩的比较，以总平均数作成指数来看，则以地主兼自耕农为最高，次之自耕农，半自耕农又次之，地主为最低。

玉溪县六村地主，地主兼自耕农，自耕农，半自耕农

每户平均所有的田亩的比较

（民23年）

阶段别	地主		地主兼自耕农		自耕农		半自耕农	
	每户平均所有亩数	基数	每户平均所有亩数	指数	每户平均所有亩数	指数	每户平均所有亩数	指数
0.1—4.9	1.75	100	1.2	69	1.93	110	1.44	82
5—9.9					6.33		6.50	
10—19.9			13.66		11.83		10.00	
20—29.9								
30—39.9			35.00					
总平均	1.75	100	15.44	882	2.87	164	2.02	115

各类村户，每人的平均所有田亩数，地主的每人平均只五分八厘，与全县每人总平均（二亩二分）相差到百分之七四。

地主兼自耕农的每人平均数，在五亩以内的农户，他的平均数是很低，十亩到二十亩的农户，就比较的高，但还是在水平线以下，三十亩到四十亩的农户，每人平均数有三亩五分，是超过了全县的水准以上，总平均每人为二亩零九厘，尚差于全县的总平均百分之百分之五①。

自耕农的每人平均田亩数，五亩以内的农户，不到四分，五

① “百分之百分之五”似应为“百分之五”。

亩至十亩的农户，不到八分，十亩至二十亩的农户，不到一亩三分，他的总平均，每人亦只有五分一厘，与全县总平均的相差为百分之七六·八。

玉溪县六村地主兼自耕农每人平均的所有田亩

（民23年）

阶段别	人数	所有田亩数	每人平均所有田亩数
0.1—4.9	2	1.2	0.6
10—19.9	25	41	1.64
30—39.9	10	35	3.5
合计	37	77.2	2.09

玉溪县六村自耕农每人平均的所有田亩

（民23年）

阶段别	人数	所有田亩数	每人平均所有田亩数
0.1—4.9	205	77.3	0.38
5—9.9	25	19	0.76
10—19.9	29	35.5	1.22
合计	259	131.8	0.51

半自耕农的每人平均数，五亩以内的农户，每人只二分三厘，五亩到十亩的农户，每人平均五分二厘，十亩到二十亩的农户，每人平均二亩，总平均每人只三分一厘，与全县总平均数相差到百分之八六。

各类村户每人的总平均数比较，地主兼自耕农指数为三百六十，自耕农的指数为八十八，半自耕农的指数为五十三。

玉溪县六村半自耕农每人平均的所有田亩

（民23年）

阶段别	人数	所有田亩数	每人平均所有田亩数
0.1—4.9	178	41.7	0.23
5—9.9	25	13	0.52
10—19.9	5	10	2
合计	208	64.7	0.31

玉溪县六村地主，地主兼自耕农，自耕农，半自耕农每人平均所有田亩的比较

（民23年）

阶段别	地主		地主兼自耕农		自耕农		半自耕农	
	每人平均所有田亩	基数	每人平均所有田亩	指数	每人平均所有田亩	指数	每人平均所有田亩	指数
0.1—4.9	0.58	100	0.6	113	0.38	65	0.23	40
5—9.9	——	—	——	—	0.76	—	0.52	—
10—19.9	——	—	1.64	—	1.22	—	2	—
30—39.9	——	—	3.5	—	——	—	——	—
总平均	0.58	100	2.09	360	0.51	88	0.31	53

（二）田产移转

这六年来玉溪的农村，呈现普遍的不景气，所有田亩逐渐在缩小，各类村户地权分配的增减，从十七年到二十三年的过程中，自耕农的土地减少百分之八·二三，半自耕农减少百分之一八·九，地主和地主兼自耕农的土地既没有增高，又无退步，仍保持原有的情形。但是在二十三年的相对数，似乎比较十七年时为优势。各类村户，只有其他村户，本身稍稍发展一点；在土地减少方面看来，我们可说今日的玉溪农村，确是在频年破产中，因为他在六年当中，农村的土地的流出，要占百分之七·五一。

玉溪县六村六年来各类村户地权分配的增减

（以民 17 年的分类为坐标）

类别	民 17 年时				民 23 年时				百分比的增减	
	户数	百分比	所有田亩数	百分比	户数	百分比	所有田亩数	百分比	户数 + −	所有田亩数 + −
地主	2	1.88	3.5	1.16	2	1.83	3.5	1.27	−	+
地主兼自耕	5	4.72	77.2	25.76	5	4.59	77.2	27.85	−	+
自耕农	49	46.23	139.8	46.65	50	45.87	128.3	46.28	−	−
半自耕农	40	37.74	79.2	26.43	41	37.61	64.2	23.16	−	−
其他	10	9.43	——	——	11	10.10	4	1.44	+	+
总计	106	100.0	299.7	100.00	109	100.00	277.2	100.00		

根据十七年的分类为坐标，来看这六年来各类村户对于买卖典当影响下的每户平均田亩的比较。则地主和地主兼自耕农，每户的平均指数，还是一百，自耕农的指数是九十二，半自耕农的指①是八十一。

每户的平均田亩，不但在买卖典当的关系下受到影响，分家的关系，亦能影响到每户的平均数，我们舍象掉卖买典当的关系，来看村户在分家后每户的平均田亩数。自耕农分家后的指数是九十八，半自耕农的指数是九十七，所以农村内分家的关系，是会影响到村户的原有平均田亩。

① 此处疑漏“数”字，似应为“指数”。

玉溪县六村各类村户六年来买卖典当对于各类村户所有田亩的影响

（以民17年的分类为坐标，舍象分家关系）

类别	户数	所有田亩数		每户平均所有田亩数		
	民17年	民17年	民23年	民17年	民23年	民23年的指数（民17=100）
地主	2	3.5	3.5	1.75	1.75	100
地主兼自耕	5	77.2	77.2	15.44	15.44	100
自耕农	49	139.8	128.3	2.85	2.62	92
半自耕农	40	79.2	64.2	1.98	1.6	81
其他	10		4			

玉溪县六村分家和继承对于各类村户平均所有田亩的影响

（以民17年的分类为坐标，舍象买卖关系）

类别	所有田亩数	户数		每户平均所有田亩数		
	民17年	民17年（未分家前）	民23年（分家后）	民17年	民23年	民23年的指数（民17=100）
地主	3.5	2	2	1.75	1.75	100
地主兼自耕	77.2	5	5	15.44	15.44	100
自耕农	139.8	49	50	2.85	2.8	98
半自耕农	79.2	40	41	1.98	1.93	97

田产移转，是有买卖典当二种形式，买卖典当的手续与习惯，大致与昆明相似，并无特殊处。土地买卖的价格，视土壤的肥瘠而定的，但是亦有依当地的等级而定价格的，表中上小庄的上则田每亩只值二十七元，不能与春和村的上则田每亩值一百三十三元相比较，这是因为土壤的好坏关系，并非同是上则田其价格相差的悬殊。玉溪五村地价调查结果，上则田最高一百三十三元，最低二十七元，平均价格九十八元六角，中则田最高一百零七元，最低十六元，平均价格七十五元二角，下则田最高八十

元，最低六元七角，平均价格四十四元一角。

玉溪县六村每亩农田买卖价格

（民23年）（单位：元）

村名	上则田	中则田	下则田
春和	133	107	80
大小泷水塘	133	93	40
上小庄	27	16	6.7
东古城	133	107	67
上郑境	67	53	27
麻线屯	——	——	——
平均数	98.6	75.2	44.1

这六年来土地价格的上落，要算东古城村涨得最快，次之为春和村，单以中则田而言，春和二十三年土地价格的指数，是一百十五，东古城的指数是一百三十四。

玉溪县六村六年来每亩农田买卖价格的上落

（自民17至23年）（单位：元）

村名	上则田		中则田		下则田		民23年的指数
	民17	民23	民17	民23	民17	民23	（民17＝100）*
春和	120	133	93	107	67	80	115
大小泷水塘	133	133	93	93	40	40	100
上小庄	27	27	16	16	6.7	6.7	100
东古城	100	133	80	107	47	67	134
上郑境	67	67	53	53	27	27	100
麻线屯	——	——	——	——	——	——	——
平均数	89.4	98.6	67	75.2	37.5	44.1	*仅指中则田价而言

其次农村内的典当价格，上则田典价，平均为六十元零六角，中则田三十八元三角，下则田二十三元六角。中则田的典价

对中则田的地价的百分率，各村互有不同，最高是上小庄典价对地价的百分之六六·五，最低的是大小泷水塘为二九·〇三平均的百分率是五〇·九三。

玉溪县六村每亩农田的典当价格

（民23年）

村名	上则田	中则田	下则田	中则田典价对中则田地价的%
春和	107	67	40	62.62
大小泷水塘	40	27	13	29.03
上小庄	16	10.7	5.3	66.5
东古城	107	60	40	56.07
上郑境	33	27	20	50.94
麻线屯	——	——	——	——
平均数	60.6	38.3	23.6	50.93

典当价格的上落，除了春和村及东古城村相当上趋外，其余的村落，是与十七年的价格没有丝毫变动，单以中则田而言，春和二十三年的典当价格的指数，是一百二十六，其余的指数都无变更。

至于农田的抵押，本系借贷性质，无固定的可言，表中所列价格，系大致能抵押何价。上则田平均抵押价格，是四十三元四角，中则田三十元零一角，下则田二十二元七角；中则田抵押价格对中则田的典当价格的百分率，最高者是上小庄，抵押价格与典当相同，次之春和村，对典价的百分之八九·五五，平均抵押对典价的百分之七八·五九。中则田抵押价格对中则田地价格的百分率，最高是上小庄，抵押价格当地价的百分之六六·八七，至其平均，抵押当地价的百分之四〇·〇二。

玉溪县六村六年来每亩农田典当价格的上落

（自民17至23年）　　　（单位：元）

村名	上则田		中则田		下则田		民23年的指数（民17=100）*
	民17	民23	民17	民23	民17	民23	
春和	93	107	53	67	27	40	126
大小泷水塘	40	40	27	27	13	13	100
上小庄	16	16	10.7	10.7	5.3	5.3	100
东古城	93	107	60	60	40	40	100
上郑境	33	33	27	27	20	20	100
麻线屯	——	——	——	——	——	——	——
平均数	55	60.6	35.5	38.3	21	23.6	*仅指中则田典价而言

玉溪县六村每亩农田抵押的价格

（民23年）

村名	上则田	中则田	下则田	中则田抵押价对中则田典价的%	中则田押①价对中则田地价的%
春和	80	60	40	89.55	56.07
大小泷水塘	27	20	10.7	74.07	21.51
上小庄	16	10.7		100	66.87
东古城	67	40	27	66.67	37.38
上郑境	27	20	13	74.07	37.74
麻线屯	——	——	——	——	——
平均数	43.4	30.1	22.7	78.59	40.02

六年来抵押价格的上落，单以中则田而言，春和的指数是一百二十，东古城的指数是一百四十八。

① 此处似应为“抵押”。

玉溪县六村每亩农田抵押价格的上落

（自民 17 至 23 年）　　　　（单位：元）

村名	上则田		中则田		下则田		民 23 年的指数
	民 17	民 23	民 17	民 23	民 17	民 23	（民 17 = 100）*
春和	80	80	50	60	40	40	120
大小泷水塘	27	27	20	20	10. 7	10. 7	100
上小庄	16	16	10. 7	10. 7			100
东古城	53	67	27	40	20	27	148
上郑境	27	27	20	20	13	13	100
麻线屯	——	——	——	——	——	——	——
平均数	40. 6	43. 4	25. 5	30. 1	20. 9	22. 7	* 仅指中则田抵押价格而言

（三）土地使用

各类村户的使用田亩，根据六村一百零六户的调查，使用总亩数共计三百九十八亩二分，平均每户使用不到四亩，使用的面积，以半自耕农的成分为最多，自耕农次之，佃农又次之，地主兼自耕农为最少，其百分比如下：地主兼自耕农占九·五七，自耕农占三三·一，半自耕农占三七·八五，佃农占一九·四八。

玉溪县六村各类村户的使用田亩

（民 23 年）

类别	使用田亩数	对使用田亩总数的%
地主兼自耕	38. 1	9. 57
自耕农	131. 8	33. 10
半自耕农	150. 7	37. 85
佃农	77. 6	19. 48
合计	398. 2	100. 00

各类村户使用田亩，在其阶段内所占户数的成分，地主兼自

耕农，五户中使用五亩以内的占百分之四〇即二户，五亩到十亩的占百分之六〇即三户。

自耕农的使用田亩阶段，在使用五亩以内的农户成分最多，要占到百分之八六·九六，五亩到十亩的占百分之六·五二，十亩到二十亩的亦占百分之六·五二。

玉溪县六村自耕农使用田亩阶段分析

（民23年）

使用田亩阶段	户数	对总户数的%
0. 1—4. 9	40	86. 96
5—9. 9	3	6. 52
10—19. 9	3	6. 52
合计	46	100. 00

半自耕农的使用阶段，五亩以内的农户，占百分之六二·五，五亩到十亩的占百分之二八·一三，十亩到二十亩的占百分之六·二五，三十亩到四十亩的占百分之三·一二。

玉溪县六村半自耕农使用田亩阶段分析

（民23年）

使用田亩阶段	户数	对总户数的%
0. 1—4. 9	20	62. 5
5—9. 9	9	28. 13
10—19. 9	2	6. 25
30—39. 9	1	3. 12
合计	32	100. 00

佃农的使用阶段，五亩以内的占百分之七八·二六，五亩到十亩的占一七·三九，十亩到二十亩的占四·三五。

玉溪县六村佃农使用田亩阶段分析

（民23年）

使用田亩阶段	户数	对总户数的%
0. 1—4. 9	18	78. 26
5—9. 9	4	17. 39
10—19. 9	1	4. 35
合计	23	100. 00

总合使用田亩的各村户，不分其类别，只分其使用的阶段，以窥玉溪的一般使用面积的大小。则使用五亩以内的农户，要占百分之七五·四七，五亩到十亩的占一七·九二，十亩到二十亩的占五·六六，三十亩到四十亩的占〇·九五，微小的情形，可见一般了。

其次是地权分配与农田使用的对比，地主是只有所有田亩而不使用土地的，地主兼自耕农，因为有出租的关系，使用的土地是要少于他的所有田亩，其所有对使用对比，所有占百分之二七·八五，使用占百分之九·五七。自耕农的所有占四七·五五，使用占三三·一，半自耕农，所有占二三·三四，使用占三七·八五，佃农是无所有田亩的，他们使用的成分占百分之一九·四八。

玉溪县六村各类村户地权分配与农田使用的对比

（民23年）

类别	所有田亩数	对所有田亩总数的%	使用田亩数	对使用田亩总数的%
地主	3. 5	1. 26	——	——
地主兼自耕	77. 2	27. 85	38. 1	9. 57
自耕农	131. 8	47. 55	131. 8	33. 10
半自耕农	64. 7	23. 34	150. 7	37. 85
佃农	——	——	77. 6	19. 48
合计	277. 2	100. 00	398. 2	100. 00

这六年来各类村户使用田亩的增减，自耕农在十七年时，使用田亩为一百三十九亩八分，到了二十三年，使用数少了二亩半，只有一百三十七亩三分，半自耕农从二百零一亩二分，减到一百九十亩零二分，减少十一亩，佃农和地主兼自耕农，没有增加亦无减少，只有其他村户增加了四亩。可以说玉溪的农民，他们使用田亩的减少，是受着地权失去的影响的。

玉溪县六村六年来各类村户使用田亩的增减

（以民 17 年的分类为坐标）

类别	民 17 年时				民 23 年时				百分比的增减	
	户数	百分比	使用田亩数	百分比	户数	百分比	使用田亩数	百分比	户数 + −	使用田亩数 + −
地主	–	–	–	–	–	–	–	–	–	–
地主兼自耕	5	4.39	38.1	9.37	5	4.28	38.1	9.57	–	+
自耕农	49	42.98	139.8	34.37	50	42.74	137.3	34.48	–	+
半自耕农	40	35.09	201.2	49.47	41	35.04	190.2	47.77	–	–
佃农	10	8.77	27.6	6.79	10	8.55	27.6	6.91	–	+
其他	10	8.77	–	–	11	9.39	4	1.27	+	+
总计	114	100.00	406.7	100.00	117	100.00	398.2	100.00	+	–

其次，我们再从各类村户的参加田间工作者，每人平均耕作亩数，来窥测玉溪的农人，其劳力是否过剩，每人耕作的基数，以五亩为标准，则地主兼自耕农的耕作指数，是在水平线下面，他的平均指数是四十二。

玉溪县六村地主兼自耕农参加田间工作者每人平均耕作亩数

（民23年）

阶段别	耕作人数	使用田亩数	每人平均耕作亩数	指数
0.1—4.9	2	2.1	1.05	21
10—19.9	16	36	2.25	45
总计	18	38.1	2.12	42

自耕农的耕作指数，最高的指数是八十九，是在十亩到二十亩的阶段内；至于耕作五亩以内的农人，他的指数只有十四，相差水准约六倍。他的平均指数，亦只二十，相差水准有四倍。

玉溪县六村自耕农参加田间工作者每人平均耕作亩数

（民23年）

阶段别	耕作人数	使用田亩数	每人平均耕作亩数	指数
0.1—4.9	112	77.3	0.69	14
5—9.9	10	19	1.9	38
10—19.9	9	35.5	3.94	89
总计	131	131.8	1.01	20

半自耕农的耕作指数，十亩以内的农人，指数不及水准的一半，十亩以上的亦相差于水准数，他的平均指数只有三十，相差水准二倍多。

玉溪县六村半自耕农参加田间工作者每人平均耕作亩数

(民23年)

阶段别	耕作人数	使用田亩数	每人平均耕作亩数	指数
0.1—4.9	53	46.2	0.87	16
5—9.9	29	53.5	1.85	37
10—19.9	6	21	3.5	70
30—39.9	12	30	2.5	50
总计	100	150.7	1.51	30

佃农的耕作指数。五亩以内的农人只有十五，五亩到十亩的农人是三十九，十亩到二十亩的突出二百，那是少数的偶然，平均指数为二十二，亦相差水准的三倍多。

玉溪县六村佃农参加田间工作者每人平均耕作亩数

(民23年)

阶段别	耕作人数	使用田亩数	每人平均耕作亩数	指数
0.1—4.9	56	40.6	0.73	15
5—9.9	14	27	1.93	39
10—19.9	1	10	10	200
总计	71	77.6	1.09	22

玉溪的农人耕作指数，一般的见低，其原因是基于自然的土地不够分配，及地权分配不平均二种状态下造成。所以玉溪的农人，有离村向外谋生的情形，总计三百九十个农人中，有百分之三·五九离村的，他们各个间的出外人数的成分，要算地主兼自耕农和佃农为最高，半自耕农次之，自耕农为最少。

玉溪县六村各类村户中出外工作的人数

（民23年）

类别	有工作能力人数	出外工作的人数	出外对工作能力的%
地主	3	——	——
地主兼自耕	21	2	9.05
自耕农	142	4	2.82
半自耕农	112	4	3.57
佃农	76	4	5.26
雇农	17	——	——
其他	19	——	——
总计	390	14	3.59

（四）雇工与耕畜

在农村内大都是互相合作，甲家在插秧或收获时，乙家帮同插秧割稻，乙家在农忙时，甲家亦如此，这是农村内普遍的状况。但是比较富裕的或者人力不够的农户，他们是要雇长工及短工来帮助的。各类村户雇工的成分，地主兼自耕农，雇工的成分，占百分之八〇，自耕农占三二·六一，半自耕农占二八·一三，佃农占三〇·四四，总计雇工的成分，占百分之三三·〇二。

玉溪县六村各类村户雇工者成分

（民23年）

类别	户数	雇工者户数	雇工者户数所占%
地主兼自耕	5	4	80
自耕农	46	15	32.61
半自耕农	32	9	28.13
佃农	23	7	30.44
合计	106	35	33.02

地主兼自耕农的雇工人数，雇用长工兼短工者二户，长工四人，短工六百二十日，雇用短工者二户，短工日数为一百四十七日。

自耕农的雇工人数，雇长工兼短工者二户，长工四人，短工四百五十日，雇短工者计十三户，短工日数八百三十九日。

半自耕农的雇工人数，雇用长工者一户，长工一人，雇长工兼短工者二户，雇用长工三人及短工二百七十二日，雇用短工者六户，短工日数为三百三十一日。

佃农的雇工人数，雇短工者七户，共计雇用短工三百五十九工。

各类村户的耕畜，有耕畜者对其户数所占的百分率，地主兼自耕农为百分之四〇，自耕农占二一·七四，半自耕农占二八·一三，佃农占三〇·四三，合计农村内有耕畜者的成分，占百分之二一·四一。

其次耕畜数的分配，各村户的耕畜数，共计为三十一头，地主兼自耕农占三三·八七，佃农占二四·一九，每户的平均数，以半自耕农最多，每户为一·一七头，自耕农次之，佃农又次之，地主兼自耕农为最少，总平均每户为一·一一头。

玉溪县六村各类村户中有耕畜者之百分比

（民23年）

类别	总户数	有耕畜者户数	%
地主兼自耕	5	2	40.00
自耕农	46	10	21.74
半自耕农	32	9	28.13
佃农	23	7	30.43
合计	106	28	21.41

玉溪县六村各类村户的耕畜

（民23年）

类别	耕畜数	对总数的%	每户平均数
地主兼自耕	2	6.45	1
自耕农	11	35.49	1.1
半自耕农	10.5	33.87	1.17
佃农	7.5	24.19	1.07
合计	31	100.00	1.11

各类村户，在其使用阶段内，所占的耕畜成分，地主兼自耕农的耕畜，集中在十亩到二十亩的阶段内。

自耕农的耕畜，使用五亩以内的农户，占百分之四五·四五，五亩到十亩的农户，占一八·一八，十亩到二十亩的农户，占三六·三七。

半自耕农的耕畜，五亩以内的农户，占百分之二三·八一，五亩到十亩的农户，占三八·一，十亩到二十亩的农户，占二八·五七，三十亩到四十亩的，占九·五二。

佃农的耕畜，五亩以内的农户，占百分之四六·六七，五亩到十亩的农户，占五三·三三。

（五）租佃关系

玉溪的租佃关系。佃户租种农田的手续，大都订立租约，但是彼此熟悉者，只凭口头上承认而已。至于租田时的押租，并不普遍。租田年限，普通为三年，兼有五年及十年者。缴租以正产粮稻米为主，租佃制度，系行包租制，分租兼亦有之，但力租很少。

租额以土壤的好坏而定的，土壤的等级分三等，上则田的租额，约占正产量的百分之九〇，中则田百分之八〇，下则田百分之六〇乃至七〇，分租，上则田佃户四成，地主六成，中则田。佃主各半，下则田佃户六成，地主四成。

在农村内出租农田的，只有地主和地主兼自耕农，地主的农田，是完全出租的，在我们所调查到的二户地主，他们所有田亩，实在很是微细，不能与拥有千百亩的地主相比拟。但是在性质上说，他是出租农田的地主，不得不用此名称，实际按他的经济程度尚不及仅足生活的一个中农。

地主兼自耕农，出租农田的成分，在五亩以内的农户，他的所有田亩只有一亩二分，出租的成分占一半，十亩到二十亩的农户，出租的成分占百分之三七·八一，三十亩到四十亩的农户，出租的成分占百分之六五·七一。合计地主兼自耕农的所有田亩只七十七亩二分，出租三十九亩一分，出租占百分之五〇·六五。

玉溪县六村地主兼自耕农出租农田的成分

（民23年）

所有田亩阶段别	所有田亩数	出租田亩数	出租对所有的%	出租对所有总数的%
0.1—4.9	1.2	0.6	50	0.78
10—19.9	41	15.5	37.81	20.08
30—39.9	35	23	65.71	29.79
合计	77.2	39.1	50.65	——

其次是租进农田的半自耕农，他的租进田成分，五亩以内的农户；自田占百分之四〇·六，而租田占百分之五九·四，五亩到十亩的农户，自田占百分之三五·一三，租田占百分之六四·八七，十亩到二十亩的农户，自田占百分之九〇·九一，租田占百分之九·〇九。这样看来，除了十亩到二十亩的农户，他的佃进成分比较少数外，十亩以内的农户，他们的租田，大都是要超过自田，合计半自耕农的租进农田的成分，占使用总数的百分之五七·〇七，换言之，自田不及使用总数的一半，可见他们需要租田来维持生活的迫切。租进的农田，在其阶段内所占的成分，要算五亩以内的农户，租进农田的成分最占多数，次之是五亩到十亩的农户，最少的是十亩到二十亩的农户。

佃农是纯粹的租户，他本身是没有所有田亩的，使用的田亩，完全是向地主租来的，二十三户佃农，租进田亩数，共计七十七亩六分，在使用五亩以内的农户，租进的成分，占全数的百分之五二·三二，五亩到十亩的农户，占百分之三四·七九，十亩到二十亩的，占百分之一二·八九，观佃农租种农田的微弱，可肯定玉溪农村中租佃关系的普遍不如昆明远甚。

玉溪县六村半自耕农租进农田的成分

（民23年）

所有田亩阶段	所有田亩数	使用田亩数	租进田亩数	使用田亩中的自田与租田%		租进对使用总数%
				自田	租田	
0.1—4.9	41.7	102.7	61	40.60	59.40	40.48
5—9.9	13	37	24	35.13	64.87	15.93
10—19.9	10	11	1	90.91	9.09	0.66
合计	64.7	150.7	86	42.93	57.07	——

玉溪县六村佃农租进农田的成分

（民23年）

阶段别	租进田亩数	租进对使用总数的%
0.1—4.9	40.6	52.32
5—9.9	27	34.79
10—19.9	10	12.89
合计	77.6	100.00

佃农的使用亩数即为租进亩数。

三、农村副业

农村副业，关系农家经济上至为重要，我们在玉溪调查的一百二十八户，除了其他的村户各有其相当职业外，雇农的副业，是以其雇工的工作以外所兼的副业，故其收入部份，亦限于其副业的性质。各类村户，有副业与无副业的对比，地主是全有副业的，地主兼自耕农，占百分之六〇，自耕农，占八四·七八，半自耕农，占九〇·六三，佃农占九五·六五，雇农，占四〇，合计一百十八户的农户中，兼副业者占百分之八三·九。

玉溪县六村各类村户有副业与无副业的百分比

（民 23 年）

类别	户数	兼副业的户数	%
地主	2	2	100
地主兼自耕	5	3	60
自耕农	46	39	84.78
半自耕农	32	29	90.63
佃农	23	22	95.65
雇农	10	4	40
合计	118	99	83.9

村户每年副业的收入，最少的是地主，每年二十六元六角，平均每户的副业收入，为五十二元六角六分。

玉溪县六村各类村户每户平均的副业收入

（民 23 年）

类别	户数	副业收入数	每户平均副业收入
地主	2	53.2	26.6
地主兼自耕	3	97.09	32.4
自耕农	39	1 913.87	49.1
半自耕农	29	1 593.34	54.94
佃农	22	1 411.13	64.15
雇农	4	144.31	36.08
其他	——	——	——
合计	99	5 212.94	52.66

副业收入的比较，地主的收入，占全数收入的百分之一·〇二，地主兼自耕农，占一·八六，自耕农，占三六·七一，半自耕农，占三〇·五七，佃农，占二七·〇七，雇农，占二·七七。

玉溪县六村各类村户的副业收入比较

（民23年）

类别	副业收入数	对总收入的%
地主	53.2	1.02
地主兼自耕	97.09	1.86
自耕农	1 913.87	36.71
半自耕农	1 593.34	30.57
佃农	1 411.13	27.07
雇农	144.31	2.77
总计	5 212.94	100.00

副业的分类，地主的副业，是手工业的织布，此种织布工作，大都是由农妇操作，他的收入是很微细，每年只有二十六元左右。

地主兼自耕农的副业，二户是织布，每年收入七十九元八角，平均每户不到四十元，一户是小贩，每年的收入十七元二角九分，合计三户的全年收入，计九十七元〇九分，每户收入三十二元四角。

自耕农的副业，经商的有三户，经商在性质上说，是与副业不同，只能说是兼业，但是在农家的经济上看来，他的作用是一样的；经商三户，全年收入四百五十六元余，平均每户收入，为一百五十二元，帮工的有十三户，收入数为六百四十五元余，平均每户收入，不到五十元，织布的有十一户，收入数一百三十六元余，平均每户收入，只十二元余，做小贩的有十二户，收入数六百七十五元余，平均每户收入五十六元左右。合计三十九家的收入数一千九百十三元八角七分，平均每户只四十九元。

半自耕农的副业，运搬一户，全年收八十六元四角五分，臼匠一户，全年收入二十三元九角四分，织布的三户，收入五十五元八角六分，平均每户十八元，小贩九户，收入数六百十五元七角九分，平均每户六十八元；帮工十五户，收入八百十一元三角，平均每户五十四元。合计二十九户的全年收入数一千五百九十三元三角四分，平均每户为五十五元弱。

佃农的副业，织布四户，全年收入一百十五元七角一分，平均每户二十八元九角，帮工有十户，收入四百四十元零二角三分，平均每户四十四元，小贩有八户，收入数八百五十五元一角九分，平均每户一百零六元。合计二十二户的收入一千零四十一元一角三分，平均每户收入六十四元。

雇农的副业织布二户，全年收入二十六元六角，平均每户收入十三元三角，小贩二户，收入数一百十七元七角一分，平均每户，收入五十八元。合计四户的收入，全年一百四十四元三角一分，每户平均三十六元零八分。

其次家畜的饲养，亦系农家的副业，六村农户牲畜的调查，其总数马三十七匹，骡二匹，猪五十九只；鸡二百零四只，鸭六百零四只，其中马匹以自耕农占多数，半自耕农次之，骡只半自耕农饲养，猪亦以自耕农和半自耕农饲养最多，鸡鸭以佃农最多。

玉溪县六村各类村户的家畜

（民23年）

类别	马	骡	猪	鸡	鸭
地主	——	——	——	3	——
地主兼自耕	3	——	6	19	——
自耕农	16	——	24	77	2
半自耕农	12	2	20	11	2
佃农	6		9	87	600
雇农	——	——	——	——	——
其他	——	——	——	7	——
合计	37	2	59	204	604

四、田赋

玉溪县田赋，在未实行耕地税以前，其粮额名称有三：（1）税秋粮：原征粮额数五千六百五十四石九斗四升五合三勺，征收率每石征收现金二元五角五仙，共计征收数，现金一万四千四百二十元一角一仙一厘；（2）夷粮：原征粮额数八十四石三斗八升，每石征收率，现金六元，共计征收现金三百八十元二角八仙；（3）条奏公：原征粮额数六千五百四十五两零九分三厘，每两征收率，现金二元二角五仙，共计征收现金一万四千七百二十六元四角五仙九厘。以上三项统共征收现金二万九千五百三十□元八角五仙。附捐方面：（1）团费：除夷粮及条奏公免抽外，每石征收现金三角，共计征收现金一千六百九十六元四角八仙四厘；（2）附粮捐：除条奏公无附粮捐外，税秋粮及夷粮，每石征收现金五千七百一十九元三角二仙五厘。共计附税现金七千四百一十五元八角零九厘，以上正附税共计现金三万六千九百四十八元六角五仙九厘。租课：其名称为铺租，原征银一百零四两，每石现金一元五角，计征收现金一百五十六元。

该县于二十二年六月，全县土地清丈办理完竣，实行耕地税，其旧时田赋，包括条粮及正杂各款暨随粮附捐等一概取消，实行省定耕地税三等九级之税率征收。其纳税时间，定于每年十一月一日开征，至翌年二月底止，一次完纳，由纳税人亲赴县政府财政局缴纳为原则。财政局为便利纳税人起见，复委托乡镇长就近征收，耕地税实行，农民称便，旧时一切积弊则尽除；此为云南第一良政。但省府因鉴于办理民团经费无着，于民二十三年一月议决，耕地税附加八成团费附加，有未实行，固待证实，惟先议决于前，是必实行，兹将耕地税率列表于后：

玉溪县每亩之耕地税

（单位：元）

税则	正税
上上则	0.30
上中则	0.24
上下则	0.18
中上则	0.14
中中则	0.11
中下则	0.08
下上则	0.05
下中则	0.03
下下则	0.01

查玉溪县旧有耕地亩积，为十万八千二百四十四亩二分六厘，自清丈后，新测亩积二十万零二千五百七十一亩二分，比较增出亩积百分之八七·一四（九万四千三百二十六亩九分四厘）。旧时田赋正税，为现金二万九千五百三十二元八角五仙；现在耕地正税为三万四千零六十一元一角，较原税额增加现金四千五百二十八元二角五仙，其增加比率，为百分之一五·三三强，如照旧时田赋正附税合计收入数现金三万六千九百四十八元六角五仙九厘而论，现时耕地税亦只相差现金二千八百八十七元五角五仙九厘，不足之二千余金，是可另觅弥补办法，今加征八成团费附捐，不无加重人民田赋负担之处，则今后玉溪耕地税连同附捐，全部收入应为现金六万一千三百零九元九角八仙矣。

五、农村教育

玉溪县全县小学，计有一百零六所，男生五千四百余人，女生六百七十人，县立乡村师范一所，男生一百十人，女生十五人，此外民众补习学校十六所，男生四百人，女生四十人，教育经费，除乡师由教育局拨发外，余由当地筹款。

关于农民识字人数，我们所调查的一百二十八户内，农民识字者占百分之九·〇八，各村户识字的对比，地主识字人数，占百分之一六·六七，地主兼自耕农为百分之二九·七三，自耕农一〇·八一，半自耕农六·七三，佃农六·三四，雇农三·一三，其他三·一三，其识字程度，以地主兼自耕农及地主为优，这自然是比较富裕的农家，他的子弟，容易入学读书，反之，经济困难的贫农，很少有读书的机会。

玉溪县六村各类村户识字人数的比较

（民 23 年）

类别	人数	识字人数	识字人数的%	对总人数的%
地主	6	1	16.67	0.14
地主兼自耕	37	11	29.73	1.53
自耕农	259	28	10.81	3.91
半自耕农	208	14	6.73	1.96
佃农	142	9	6.34	1.26
雇农	32	1	3.13	0.14
其他	32	1	3.13	0.14
总计	716	65	9.08	——

玉溪县六村各类村户的识字人数

（民 23 年）

类别	识字人数			合计
	私塾	小学	中学	
地主	——	1	——	1
地主兼自耕	1	10	——	11
自耕农		27	1	28
半自耕农	1	13	——	14
佃农	3	6	——	9
雇农	1	——	——	1
其他	——	——	1	1
总计	6	57	2	65

村户教育程度，总计识字人数，为六十五人，其中私塾六

人，小学五十七人，中学二人，受中等教育者为自耕农及其他的农户。

六、政治情形

县政府之组织，分行政，司法，征收三科，各科设科长一人，科员若干人，并建设，教育，财政，公安四局，各局设局长一人，局员事务员若干人，每月行政经费，只旧滇币九千三百八十元，合现金只 千八百七丨六元（旧滇币五元折现金一元），其分配情形，县政府一千二百元，建设局四百八十元，教育局四千元，财政局七百元，公安局三千元，玉溪系一等县，行政经费尚如此短少，其他各县行政费之微小，可想而知矣。

区公所全县计有自治区四区，四十乡六镇，四百二十余村，每区设区长一人，助理员二人，书记一人，区丁二人，区设调解委员会，委员五人，区以下为乡镇公所，设乡镇长副各一人，调解委员会，委员三人，乡镇以下，五户为邻，五邻为闾，并设闾邻长，区公所办理之事务，已举办者，调查户口，编订门牌，办理积谷，征收救国捐，协助清丈，训练民团，征募民夫筑路等项，至于经费，每月滇币四百元，只合现金八十元。

关于警卫方面，全县警察六十人，旧式老枪六十枝，警察待遇，每月滇币四十元，又常备队七十六人，经费每□滇币四千元，由财政局征收地方捐税项下支付，团兵待遇与警察同，其编制为一中队，设中队长一人，月薪滇币百元，分队长二人，月支薪七十元，事务长一人，月薪五十五元，并有旧式枪七十枝。

马　龙　县

一、全县概况

马龙县，旧时称马龙州，往昆明之东北，与沾益，曲靖，陆良，嵩明，寻甸等县相毗连。其位置东经西十三至一百零四度之间，北纬二十五度至二十六度之间。在滇越铁路未通车以前，凡由云南出中原者是为必经之道，清时我国属地缅甸国，进贡之象，亦由是处经过，故当时置象之屋，至今犹存，而今缅已属英，且有节节东侵之势，不无今昔之感。县境山脉，来自乌蒙山脉，横贯县境，山峦起伏，地势高耸。气候各季较昆明为寒，雨量以六、七、八三月为多，河流稍大者有二：

东河 源出县东水箐山谷间，西流会小龙井之水，经县城向西流入曰蟒河，而入寻甸。

龙洞河 源出县西四十五里，南流入哲家河而入路南县境。

此二水以大小计，龙洞河稍逊，然东河虽大，夏秋水涨，沿河多遭淹没之患，春日流绝，民无灌溉之功，惟自龙潭河以下，稍资灌溉，然亦不过数村而已。龙洞河，自龙洞河流出，春日不涸，秋亦不潦，所经村落，颇获灌溉之利，惜仅东南十余村受其利也。

其他之观音洞河，为东北之界河，属于县者，仅大小绿碑二三村，得资灌溉，其他皆山溪小涧，与农作无关重要。

境内土壤，因地势高峻，四野皆山，故砾土最多，占百分之五〇，次之粘土占百分之三〇，壤土占百分之二〇，昔人称马龙为四大穷州之一，因其地瘠民贫，出产不丰。

农作物以稻麦为主，一年两熟，兹将农作物出产情形列表于下：

作物次数	作物名称	全作物%	下种时期	收获时期	每亩产量
第一次作物	谷	45	芒种	霜降	上则田 240 斤 中则田 120 斤 下则田 60 斤
	马苓芋	35	三月	八月	上则田 1 000 斤 中则田 600 斤 下则田 300 斤

续表 1

作物次数	作物名称	全作物%	下种时期	收获时期	每亩产量
第一次作物	包谷（玉蜀黍）	13	五月	九月	上则田 80 斤 中则田 40 斤 下则田 20 斤
	荞麦	5	同上	同上	同上
	黄豆	2	同上	同上	
第二次作物	麦	70	九月	（翌年）四月	上则田 100 斤 中则田 60 斤 下则田 40 斤
	菜子	20	同上	同上	
	鸦片烟	10	同上	同上	上则田 40 两 中则田 30 两 下则田 15 两

二、土地分配

我们选定大龙井，下西山，柳小田，桂家屯，王三屯，响水等六村为代表村落，挨户调查，共得一百二十三户。统计结果，以村户的性质分类，地主兼自耕农，占百分之二·四四，自耕农，占百分之三三·三三，半自耕农，占百分之三九·〇九，佃农占一四·六三，雇农占七·三二，□□[①]三· 二六，从表中看来，马龙的农村，以半自耕农和自耕农占□□□[②]。

马龙县六村村户的分类

（民 23 年）

村户类别	户数	对总户数的%
地主兼自耕农	3	2.44
自耕农	41	33.33

① 据下面表格判断，此处缺失的两个字似应为“其他”。
② 据下面表格中数据判断，此处缺失的三个字似应为“大多数”。

续表 1

村户类别	户数	对总户数的%
半自耕农	48	39.02
佃农	18	14.63
雇农	9	7.32
其他	4	3.26
合计	123	100.00

在农村内很少发现纯粹的地主，除了少数的农户，他的耕地有一部份出租外，完全出租的地主都在城镇上。但是此种自耕又出租一部份土地的农户，六村内亦不过三户，这三户性质的分析，大部份土地出租者仅占三分之一，大部份土地自耕者，要占三分之二。可知农村内的地主势力的微弱了。

其次半自耕农的耕地性质的分析，大部份耕地系自有者，占百分之五八·三三，大部份土地系租来的，占百分之四一·六七。

马龙县六村半自耕农性质的分析

（民 23 年）

类别	户数	对总户数的%
大部份耕地系自有者	28	58.33
大部份耕地系租来者	20	41.67
合计	48	100.00

这是一个农村现状，我们要看农村变迁的情态，是要从动的方面去了解。根据村户的十七年的分类，村户的变迁，除了自耕农有二户变为半自耕农，一户变为佃农外，其余的村户，仍是维持原有的现状，从自耕农的变迁情形，可以看出马龙的农村，是在逐渐的崩溃，从佃农雇农方面，他在六年中，还是没有发展的机会，亦可见农业经济的停滞。

马龙县六村六年来各类村户的变迁

民17		民23							
类别	户数	地主兼自耕	自耕农	半自耕农	佃农	雇农	其他	总计	
地主兼自耕农	3	3						3	
自耕农	44		41	2	1			44	
半自耕农	46			46				46	
佃农	17				17			17	
雇农	9					9		9	
其他	4						4	4	
合计	123	3	41	48	18	9	4	123	

（一）土地所有

根据县政府粮册上所载，全县耕地为五万六千五百四十亩零七分，荒地为一万二千五百六十二亩，全县户口九千三百四十二户，人口四万六千九百七十九人。农户约九成，公产三百二十八亩，如根据县政府粮册上所载的全县耕地，除了公产，来分配九成的农户，则九成农户数，共计八千四百零八户，全县耕地除去公产外，计有五万六千二百十六亩七分，每农户平均为六亩六分九厘弱。如以每农人分配，则九成农人为四万二千二百八十一人，每农人平均耕地为一亩三分三厘弱。私有土地分配情形，据县政府估计，田一百亩者，仅有五户，可见马龙没有拥着多数土地的地主。

地主兼自耕农性质没有变迁，半自耕农的性质稍有变迁，大部份土地系自有者，百分比在减少，大部份土地系租来者，百分比在增高。

马龙县六村半自耕农性质的变迁

（以民 17 年的分类为坐标）

类别	户数		百分比		百分比的增减
	民 17	民 23	民 17	民 23	
大部份土地系自有者	27	26	58.7	56.52	—
大部份土地系租来者	19	20	41.3	43.48	+

但是我们抽样地六村挨户调查的结果，有土地与无土地的对比，农村内无土地者，实占四分之一强。土地分配不均衡的现象，仍显明地存在着。

村户的地权分配，所有田亩总面积中，地主兼自耕农，占百分之一二·九九，自耕农占百分之五五·三，半自耕农，占百分之三一·七一。

马龙县六村各类村户的地权分配

（民 23 年）

类别	所有田亩数	对所有田亩总数的%
地主兼自耕	60	12．99
自耕农	255．5	55．30
半自耕农	146．5	31．71
合计	462	100．00

我们再从村户所占的百分比与所有田亩作对比来看，则占百分之二·四四的地主兼自耕农，占所有田亩的百分之一二·九九，占百分之三三·三三的自耕农，占所有田亩的百分之五五·三，占百分之三九·〇二的半自耕农，占所有田亩百分之三一·七一。

马龙县六村各类村户的地权分配

（民 23 年）

类别	户数%	所有田亩的%
地主兼自耕	2.44	12.99
自耕农	33.33	55.30
半自耕农	39.02	31.71
佃农	14.63	——
雇农	7.32	——
其他	3.26	——
合计	100.00	100.00

其次将各类村户的所有田亩在其阶段内的分析比较；三家地主兼自耕农一家的所有田亩在五亩以内一家，在二十亩到三十亩之间一家，在三十亩到四十亩之间一家。

自耕农在五亩以内的占全数的百分之四六・三四，五亩到十亩的，占百分之三四・一五，十亩到二十亩的，占百分之一七・〇七，二十亩到三十亩的，占百分之二・四四。

马龙县六村自耕农所有田亩阶段分析

（民 23 年）

所有田亩阶段	户数	对总户数的%
0.1—4.9	19	46.34
5—9.9	14	34.15
10—19.9	7	17.07
20—29.9	1	2.44
合计	41	100.00

半自耕农更不能与自耕农比拟，他的所有田亩阶段，五亩以内的，要占百分之八三・三三，五亩到十亩的，占百分之一四・五八，十亩到二十亩的，占百分之二・〇九，他们的土地微

小，可见一般了。

马龙县六村半自耕农所有田亩阶段的阶段分析

（民23年）

所有田亩阶段	户数	对总户数的%
0.1—4.9	40	83.33
5—9.9	7	14.58
10—19.9	1	2.09
合计	48	100.00

我们再看这三种农户，在同一阶段内的指数，则五亩以下的农户，自耕农的指数为一百三十九，半自耕农为二百五十，这是说，五亩以下的农户，要算半自耕农成分为最多，自耕农次之，地主兼自耕农最少。五亩到十亩的指数，自耕农较半自耕农为高，十亩到二十亩的指数，自耕农亦较半自耕农为强。二十亩到三十亩的指数，自耕农只有七数，是不及地主兼自耕农，半自耕农则根本无此阶段的农户。三十亩到四十亩的指数，自耕农和半自耕农都无此阶段的农户。

马龙县六村地主兼自耕农半自耕农所有田亩阶段的比较

（民23年）

所有田亩阶段	地主兼自耕农		自耕农		半自耕农	
	对总户数的%	基数	对总户数的%	指数	对总户数的%	指数
0.1—4.9	33.3	100	46.34	139	83.33	250
5—9.9	——	100	34.15	—	14.58	—
10—19.9		100	17.07	—	2.09	—
20—29.9	33.3	100	2.44	7	——	—
30—39.9	33.3	—	——	—	——	—

各村户每户平均的所有田亩情形，地主兼自耕农，在五亩以内的农户，平均每户二亩，二十亩到三十亩的农户，平均每户二

十四亩，三十亩到四十亩的农户，平均每户三十四亩，总平均每户为二十亩，如果与全县的分配数，每户六亩六分九厘比较，则超过十三亩三分一厘。

马龙县六村地主兼自耕农每户平均所有田亩

（民23年）

阶段别	户数	所有田亩数	每户平均所有田亩数
0.1—4.9	1	2	2
20—29.9	1	24	24
30—39.9	1	34	34
合计	3	60	20

自耕农的每户平均田亩数，在五亩以内的农户，平均每户二亩二分六厘，五亩到十亩的农户，平均每户六亩五分，十亩到二十亩的农户，平均每户十三亩三分六厘，二十亩到三十亩的农户，平均每户二十八亩，总平均每户六亩二分三厘，与全县平均分配数相比较，则尚相差百分之六·八八。

马龙县六村自耕农每户平均所有田亩

（民23年）

阶段别	户数	所有田亩数	每户平均所有田亩数
0.1—4.9	19	43.0	2.26
5—9.9	14	91.0	6.50
10—19.9	7	93.5	13.36
20—29.9	1	28.0	28.00
合计	41	255.5	6.23

半自耕农的每户平均数，五亩以内的农户，平均二亩三分四厘，五亩到十亩的农户，平均五亩七分一厘，十亩到二十亩的农户，每户平均十三亩，总平均每户三亩零五厘，与全县总平均相较，尚差百分之五四·四一。

马龙县六村半自耕农每户平均所有田亩

（民23年）

阶段别	户数	所有田亩数	每户平均所有田亩数
0.1—4.9	40	93.5	2.34
5—9.9	7	40.0	5.71
10—19.9	1	13.0	13.00
合计	48	146.5	3.05

各村户每户平均田亩的比较，以地主兼自耕农作基数，五亩阶段里，自耕农的指数为一百十三，半自耕农的指数为一百十七，五亩到十亩的阶段，自耕农与半自耕农比较，则自耕农的指数，当高过半自耕农，十亩到二十亩的阶段，自耕农的指数，亦较半自耕农为高，二十亩到三十亩的阶段，自耕农的指数是一百十七，高过地主兼自耕，三十亩到四十亩的阶段，因自耕农及半自耕农无此种业户，所以无指数可表示，总计自耕农的指数为三十一，半自耕农的指数为十五。

马龙县六村地主兼自耕，自耕农，半自耕农，每户平均所有田亩的比较

（民23年）

阶段别	地主兼自耕农		自耕农		半自耕农	
	每户平均所有亩数	基数	每户平均所有亩数	指数	每户平均所有亩数	指数
0.1—4.9	2	100	2.26	113	2.34	117
5—9.9			6.50		5.71	
10—19.9			13.36		13.00	
20—29.9	24	100	28.00	117		
30—39.9	34	100				
合计	20	100	6.23	31	3.05	15

村户的每人平均田亩数，地主兼自耕农在五亩以内的农户，

每人平均二亩，二十亩到三十亩的农户，每人平均二亩一分八厘，三十亩到四十亩的农户，每人平均三亩七分八厘，总平均每人二亩八分五厘，如以全县的每人平均数一亩三分三厘来比较，则高过水准一倍又百分之一四·二八。

马龙县六村地主兼自耕每人平均的所有田亩

（民23年）

阶段别	人数	所有田亩数	每人平均所有田亩数
0.1—4.9	1	2	2
20—29.9	11	24	2.18
30—39.9	9	34	3.78
合计	21	60	2.85

自耕农的每人平均田亩数，在五亩以内的农户，平均每人五分二厘，五亩到十亩的农户，每人平均一亩一分四厘，十亩到二十亩的农户，平均每人一亩四分四厘，二十亩到三十亩的农户，平均每人二亩五分四厘，总平均每人一亩零七厘，与全县的每人总平均来较，则相差百分之一九·五五。

马龙县六村自耕农每人平均的所有田亩

（民23年）

阶段别	人数	所有田亩数	每人平均所有田亩数
0.1—4.9	83	43	0.52
5—9.9	80	91	1.14
10—19.9	65	93.5	1.44
20—29.9	11	28	2.54
合计	239	255.5	1.07

半自耕农的每人平均数，在五亩以内的农户，每人平均四分三厘，五亩到十亩的农户，平均每人七分一厘，十亩到二十亩的农户，平均每人八分七厘，总平均每人为五分一厘，与全县总平均相比校，则相差百分之六一·六五。

马龙县六村半自耕农每人平均所有田亩

（民 23 年）

阶段别	人数	所有田亩数	每人平均所有田亩数
0.1—4.9	218	93.5	0.43
5—9.9	56	40	0.71
10—19.9	15	13	0.87
合计	289	146.5	0.51

（二）田产移转

这六年中，各类村户地权分配的增减，可以看出马龙的农村近几年来在逐渐的破产，在表中，地主兼自耕农，他的所有田亩，在不减不增的情形下，确实没有变动，但因为其余的村户土地在减少，所以他的所有田亩的相对数是增加，自耕农的所有田亩的绝对数实际是减少百分之二·〇九，但其相对数亦增加，半自耕农他的所有田亩减少到百分之三·三六，他的百分比也是减少。

马龙县六村六年来各类村户地权分配的增减

（以民 17 年的分类为坐标）

类别	民 17 年时				民 23 年时				百分比的增减	
	户数	百分比	所有田亩数	百分比	户数	百分比	所有田亩数	百分比	户数 + −	所有田亩数 + −
地主兼自耕	3	3.23	60	12.70	3	3.23	60	12.99		+
自耕农	44	47.31	263.5	55.77	44	47.31	258	55.84		+
半自耕农	46	49.46	149	31.53	46	49.46	144	31.17		−
总计	93	100.00	472.5	100.00	93	100.00	462	100.00		

各类村户除地主兼自耕农外，六年以来都受到买卖典当的影

响，二十三年每户的平均指数，自耕农为九十八，半自耕农则为九十七。

马龙县六村各类村户六年来买卖典当对于各类村户所有田亩的影响

（以民 17 年的分类为坐标舍象分家关系）

类别	户数	所有田亩数		每户平均所有田亩数		
	民 17 年	民 17 年	民 23 年	民 17 年	民 23 年	民 23 年的指数（民 17 = 100）
地主兼自耕	3	60	60	20	20	100
自耕农	44	263.5	258	5.93	5.81	98
半自耕农	46	149	144	3.24	3.13	97

我们在农户内所调查到的农户，因为没有遇到分家的关系，所以每户的平均数，是没有受到分家和继承的影响。

田产移转，是有买卖典当的二种形式，买卖典当的手续与习惯，大致与玉溪县相同。土地买卖的价格，各村互不一致，这是土壤肥瘠的关系，六村农田的价格，上则田最高的，每亩一百元，最低二十元，平均价格，每亩四十三元九角五分，中则田最高五十三元，最低十三元，平均价格，每亩二十六元六角四分，下则田最高二十元，最低六元七角，平均每亩价格十一元二角三分。

马龙县六村每亩农田买卖价格

（民 23 年）　　　　（单位：元）

村名	上则田	中则田	下则田
大龙井	27	17	8
下西山	100	53	13
柳小田	30.7	20	13
桂家屯	33	24	6.7
王三屯	53	33	20
响水	20	13	6.7
平均数	43.95	26.64	11.23

这六年来六村土地价格的上落，各村间互有高低，但是六村的总平均价格，上中下三等的平均价格，二十三年比十七年低落，这可以证明马龙农村经济的涸竭，我们以中则田的地价作二十三年的指数，其间大龙井的指数为一百三十一，下西山为七十九，柳小田为一百二十五，桂家屯为八十，王三屯与响水为一百。

马龙县六村每亩农田买卖价格的上落

（自民17至23年）　　（单位：元）

村名	上则田		中则田		下则田		民23年的指数
	民17	民23	民17	民23	民17	民23	（民17=100）*
大龙井	21	27	13	17	5	8	131
下西山	107	100	67	53	20	13	79
柳小田	27	30.7	16	20	10.7	13	125
桂家屯	40	33	30	24	9.3	6.7	80
王三屯	53	53	33	33	20	20	100
响水	20	20	13	13	6.7	6.7	100
平均数	44.66	43.95	28.66	26.64	11.95	11.23	*仅指中则田价而言

典当的价格，是要看土壤的好坏，土壤好的田地，买卖的价格既高，典当的价格，亦随之而高，反是，土壤坏的田地，典当的价值亦低，有时竟无受主，这是普遍一律的情形。所以典当的价格，是与地价为转移的。六村典当的价格，上则田最高典价为四十元，最低十三元，平均价格，为二十三元，中则田最高二十元，最低六元七角，平均为十二元九角五分，下则田最高十三元，最低二元七角，平均六元四角，中则田典价对中则田的地价的百分比，最多的是王三屯，典价占地价的百分之六〇·六一，最低的柳小田占地价的百分之二〇，六村总平均典价占地价的百分之四八·六一。

马龙县六村每亩农田的典当价格

（民23年）　　　　　　（单位:元）

村名	上则田	中则田	下则田	中则田典价对中则田地价的%
大龙井	16.0	8.00	2.7	47.06
下西山	40.0	20.00	6.7	37.74
柳小田	17.0	10.00	13.0	20.00
桂家屯	20.0	13.00	5.3	54.17
王三屯	33.0	20.00	6.7	60.61
响水	13.0	6.70	4.0	51.54
平均数	23.0	12.95	6.4	48.61

六年来典当价格的上落，中则田二十三年的指数，大龙井为一百十四，下西山为八十三，柳小田为九十三，桂家屯为六十五，王三屯及响水为一百，但总平均指数为八十八。平均而言，也是跌落。

马龙县六村每亩农田典当价格的上落

（自民17至23年）　　　　（单位：元）

村名	上则田		中则田		下则田		民23年的指数
	民17	民23	民17	民23	民17	民23	（民17＝100）＊
大龙井	13	16	7	8	2	2.7	114
下西山	47	40	24	20	8	6.7	83
柳小田	15.7	17	10.7	10	8	13	93
桂家屯	27	20	20	13	8	5.3	65
王三屯	33	33	20	20	6.7	6.7	100
响水	13	13	6.7	6.7	4	4	100
平均数	24.78	23	14.73	12.95	6.12	6.4	＊仅指中则田典价而言

农田抵押，本系农村借贷的一种抵押借款，并无一定的价

格，但是抵押价格，都是在典当价格的下面，至多亦不超过典当的价格，五村的抵押价格，上则田最高每亩二十元，最低十二元，平均十五元六角，中则田最高十三元，最低六元七角，平均为九元二角八分，下则田最高六元七角，最低一元三角，平均四元四角八分。中则田的押价对中则田的典价所占的百分率，以大龙井为最高，押价对典价的百分之八二・七五。最低的，王三屯对典价的百分之四〇。平均对典价的百分之七一・六六。其次中则田押价对中则田的地价所占百分率，是桂家屯最高占百分之四四・二四，最低的，王三屯占百分之二四・二四，平均占地价的百分之三四・八三。

马龙县六村每亩农田抵押的价格

（民23年）　　（单位：元）

村名	上则田	中则田	下则田	中则田押价对中则田典价的%	中则田押价对中则田地价的%
大龙井	13	6.7	1.3	83.75	39.41
下西山	20	13	3.8	65	24.53
柳小田	12	8	6.7	80	40
桂家屯	20	10.7	5.3	82.31	44.58
王三屯	13	8	5.3	40	24.24
响水	——	——	——	——	——
平均数	15.6	9.28	4.48	71.66	34.83

抵押价格的上落，除了桂家屯，现在的押价比十七年低缩，又王三屯没有变更外，其余三村比十七年为高，总平均看来，上中下则田的押价，都比十七年为高，单以中则田二十三年的指数，大龙井为一百二十六，下西山为一百六十二，柳小田为一百十九，桂家屯为八十二，王三屯为一百，五村平均指数为一百十三。

马龙县六村六年来每亩农田抵押价格的上落

（民 17 至民 23 年）　　　　（单位：元）

村名	上则田		中则田		下则田		民 23 年的指数（民 17 = 100）
	民 17	民 23	民 17	民 23	民 17	民 23	
大龙井	10.6	13.0	5.3	6.7	1.3	1.3	126
下西山	13.0	20.0	8.0	13.0	6.7	3.8	162
柳小田	8.0	12.0	6.7	8.0	5.3	6.7	119
桂家屯	27.0	20.0	13.0	10.7	8.0	5.3	82
王三屯	13.0	13.0	8.0	8.0	5.3	5.3	100
响水							
平均数	14.32	15.6	8.2	9.28	5.32	4.48	113

（三）土地使用

各村户的使用田亩，根据六村一百二十三户的挨户调查，除掉雇农和其他的十三村户不使用土地的农户外，使用土地的农户，共计一百十户，使用总面积，共计五百九十八亩四分；各类村户所占的使用面积，地主兼自耕农，占百分之七·二七，自耕农，占百分之四二·六九，半自耕农，占百分之四四·〇三，佃农，占百分之六·〇一。

马龙县六村各类村户的使用田亩

（民 23 年）

类别	使用田亩数	对使用田亩总数的%
地主兼自耕	43.5	7.27
自耕农	255.5	42.69
半自耕农	263.5	44.03
佃农	35.9	6.01
合计	598.4	100.00

各类村户的使用田亩在其阶段内所占的户数成分，三家地主

兼自耕农，在五亩以内的一家，在十亩到二十亩之间的一家，在二十亩到三十亩之间的一家。

自耕农的使用田亩阶段的成分，五亩以内的农户，占百分之四六·三四，五亩到十亩的农户，占百分之三四·一五，十亩到二十亩的农户，占百分之一七·〇七，二十亩到三十亩的农户，占百分之二·四四。

马龙县六村自耕农使用田亩阶段分析

（民23年）

使用田亩阶段	户数	对总户数的%
0.1—4.9	19	46.34
5—9.9	14	34.15
10—19.9	7	17.07
20—29.9	1	2.44
合计	41	100.00

半自耕农的使用田亩阶段内的成分，五亩以内的农户，占百分之四一·六七，五亩到十亩的农户，占百分之四五·八三，十亩到二十亩的农户占百分之一二·五。

马龙县六村半自耕农使用田亩阶段分析

（民23年）

使用田亩阶段	户数	对总户数的%
0.1—4.9	20	41.67
5—9.9	22	45.83
10—19.9	6	12.5
合计	48	100.00

佃农的使用田亩阶段的成分，完全是在五亩以下。

我们如果根据以上的使用田亩的农户，不分村户类别，只分析其使用田亩阶段，以测马龙的农户经营农场的大小，则一百十户中，在使用五亩以内的农户，计五十八户，要占全数的百分之五二·七三，使用五亩到十亩的农户，计三十六户，占百分之三二·七三，使用十亩到二十亩的农户，计十四户，占百分之一二·七二，使用二十亩到三十亩的农户，计二户，占百分之一·八二。在使用的情形看来，马龙的农户，农场经营一般的微小，原因是受着山多田少的自然环境的限制。

其次是各类村户的地权分配与农田使用的对比，占所有田亩百分之一二·九九的地主兼自耕农，使用田亩，占使用面积的百分之七·二七，占所有田亩百分之五五·三的自耕农，占使用面积的百分之四二·六九，占所有田亩百分之三一·七一的半自耕农，占使用面积的百分之四四·〇三，佃农是无所有田亩的，使用面积他占百分之六·〇一，总计六村的所有面积，共计四百六十二亩，而使用面积，共计为五百九十八亩四分，使用超过所有，这是说地权不在农民手中，农村向城镇不事耕种的地主那儿租来的土地，占使用总面积的百分之二九·五四。

马龙县六村各类村户地权分配与农田使用的对比

（民23年）

类别	所有田亩数	对所有田亩总数的%	使用田亩数	对使用田亩总数的%
地主兼自耕	60	12.99	43.5	7.27
自耕农	255.5	55.30	255.5	42.69
半自耕农	146.5	31.71	263.5	44.03
佃农	——	——	35.9	6.01
总计	462	100.00	598.4	100.00

依据十七年的各村户分类为坐标，我们暂且不论村户的本身变到如何程度，单独的看他在这六年来使用的田亩是否增加，抑或减少。地主兼自耕农，还是与十七年一样，自耕农减少的成分很微细，半自耕农减少的成分，为百分之一·八九，佃农是丝毫没有增减，百分比增减，除了半自耕农二十三年的百分比是减少

外，其余的村户都是增加，这是因为全体比重的关系，以致没有增减的村户，反而增加，而实际减少的自耕农，因为他减少的成分微乎其微，所以亦能影响到他的百分比增加，总之六年来的使用总面积，从六百零三亩九分，减到五百九十八亩四分，减少的比率为百分之〇·九一。

马龙县六村六年来各类村户使用田亩的增减

（以民17年的分类为坐标）

类别	民17年时				民23年时				百分比的增减	
	户数	百分比	使用田亩数	百分比	户数	百分比	使用田亩数	百分比	户数 + -	使用田亩数 + -
地主兼自耕	3	2.73	43.5	7.2	3	2.73	43.5	7.27		+
自耕农	44	40	263.5	43.63	44	40	263	43.95		+
半自耕农	46	41.82	264.5	43.8	46	41.82	259.5	43.37		-
佃农	17	15.45	32.4	5.37	17	15.45	32.4	5.41		+
总计	110	100.00	603.9	100.00	110	100.00	598.4	100.00		-

现在，我们再从各类村户参加田间工作者，每人平均的耕作亩数上，来测农人的劳力是否过剩。但是云南处于高原地带，山多田少的环境下农人耕作情形，一般的微小，马龙全县土地分配，平均每人只有一亩三分三厘，可见其劳力受自然上限制，不能尽量的发挥。我们以当地情形，五亩为每人耕作的标准，则地主兼自耕农，使用五亩以内的农人，他的指数是一〇，十亩到二十亩的农人，耕作指数为五十四，二十亩到三十亩的农人，耕作指数为一百六十，总平均每人耕作田亩三亩九分五厘，指数是七十九。

马龙县六村地主兼自耕参加田间工作者每人平均耕作亩数

（民 23 年）

阶段别	耕作人数	使用田亩数	每人平均耕作亩数	指数
0.1—4.9	1	0.5	0.5	10
10—19.9	7	19	2.71	54
20—29.9	3	24	8	160
总计	11	43.5	3.95	79

（以五亩为基数 = 100）

自耕农的每人平均耕作指数，在五亩以内的农人，指数是三十，五亩到十亩的农人，指数是五十一，十亩到二十亩的农人，指数是五十一，二十亩到三十亩的农人，指数是九十三，总平均每人耕作二亩一分三厘，指数是四十三。

马龙县六村自耕农参加田间工作者每人平均耕作亩数

（民 23 年）

阶段别	耕作人数	使用田亩数	每人平均耕作亩数	指数
0.1—4.9	41	43	1.5	30
5—9.9	36	91	2.53	51
10—19.9	37	93.5	2.53	51
20—29.9	6	28	4.67	93
总计	120	255.5	2.13	43

（以五亩为基数 = 100）

半自耕农的每人平均耕作指数，五亩以内的农人，耕作指数是二十五，五亩到十亩的农人，耕作指数是三十九，十亩到二十亩的农人，耕作指数是五十八，总平均每人耕作田亩一亩八分七厘，指数是三十七。

马龙县六村半自农[1]参加田间工作者每人平均耕作亩数

（民23年）

阶段别	耕作人数	使用田亩数	每人平均耕作亩数	指数
0.1—4.9	46	57	1.24	25
5—9.9	72	140	1.94	39
10—19.9	23	66.5	2.89	58
总计	141	263.5	1.87	37

（以五亩为基数 = 100）

佃农参加田间工作者，每人平均耕作指数，使用五亩以内的农人，平均耕作指数是十八，总平均每人耕作田亩，只有九分，指数是十八。

上述各类农人的总平均耕作指数，都在标准数的下面，指数比较一般为高的，是地主兼自耕农，最低的是佃农。

在地瘠民贫的马龙的农村环境下，生产的不足，是能构成农民离村向外谋生的必然性，但是社会条件，城市工商业不发达，教育不普及，农人智识幼稚，亦是阻碍此种途径的原因。我们从六村农家调查统计的结果，自耕农出外工作的人数，占工作能力的百分之六·〇六，半自耕农出外工作者，占工作能力的百分之四·八六，佃农出外工作人数，占工作能力的百分之四·八八，总计六村工作能力人数三百五十三人，而出外工作人数，占百分之四·八二。

马龙县六村各类村户中出外工作人数

（民23年）

类别	有工作能力人数	出外工作的人数	出外对工作能力的%
地主兼自耕	11	——	——
自耕农	132	8	6.06
半自耕农	144	7	4.86

① 原文是“半自农”，似应为“半自耕农”。

续表 1

类别	有工作能力人数	出外工作的人数	出外对工作能力的%
佃农	41	2	4.88
雇农	18	——	——
其他	7	——	——
合计	353	17	4.82

(四) 雇工与耕畜

马龙是地瘠民贫农产薄弱的县份，农村雇工情形，因之不很发达，远不及昆明和玉溪，我们在挨户调查农家时，雇用长工的，只限于比较殷实的农家；大部份的农家，在农忙时，彼此是交换工作。至于工资，亦较昆明玉溪为低，长工每年工资，最多滇币一百元，折合国币十三元三角，普遍约在十元左右，长工的衣食，由雇主供给，短工工资，在农忙时，每日工资滇币一元，只合国币一角三分三厘，短工的伙食，亦由雇主供给的。

各类村户雇工的成分，地主兼自耕农，雇工成分占百分之三三・三三，自耕农，雇工成分占百分之一四・六三，半自耕农，雇工成分占百分之二・〇八，佃农，雇工成分占百分之五・五五，总计一百十户农户，雇工的成分为百分之八・一八。

马龙县六村各类村户雇工者的成分

(民 23 年)

类别	户数	雇工者户数	雇工者户数所占%
地主兼自耕	3	1	33.33
自耕农	41	6	14.63
半自耕农	48	1	2.08
佃农	18	1	5.55
合计	110	9	8.18

地主兼自耕农，雇工的一户，是在使用二十亩到三十亩的农

户，雇用长工一人。

自耕农雇工情形，在使用五亩到十亩的农户，雇用短工者二户，雇用短工一百十五日，使用十亩到二十亩的农户，雇用长工者一户，雇用长工一人，雇用短工者二户，雇用短工二百日，使用二十亩到三十亩的农户，雇用长工一人，兼雇短工一百九十日，合计雇工者六户，雇用长工二人，短工五百零五日。

半自耕农，只有使用五亩到十亩的农户，雇工者一户，雇用短工二十六日。

佃农使用五亩以内的农户，雇工者一户，雇用短工十三日。

农家的耕畜，关系于农事上至为重要。各类村户的有耕畜者所占的百分比；地主兼自耕农有耕畜者，占三分之二，自耕农有耕畜者，约占三分之二弱，半自耕农，是半数以上的农户有耕畜的，佃农有耕畜者的成分最少，有耕畜者只占百分之一一·一一，总计一百十户的农家，有耕畜者的，是有五十七户，占百分之五一·八二。

马龙县六村各类村户中有耕畜者之百分比

（民23年）

类别	总户数	有耕畜者之户数	%
地主兼自耕	3	2	66.67
自耕农	41	27	66.34
半自耕农	48	26	54.17
佃农	18	2	11.11
合计	110	57	51.82

各村户耕畜所占的成分及每户平均数，一百十户的农家，共计有耕畜一百十二头，地主兼自耕农，占全数的百分之八·〇四，自耕农，占四四·二，半自耕农，占四五·五四，佃农占二·二二；每户平均数，地主兼自耕农有四头半，自耕农一头又百分之八三，半自耕农一头又百分之九六，佃农一头又百分之二

五，总平均每户耕畜数，为一头又百分之九六。

马龙县六村各类村户的耕畜

（民23年）

类别	耕畜数	对总数的%	每户平均数
地主兼自耕	9	8.04	4.5
自耕农	49.5	44.2	1.83
半自耕农	51	45.54	1.96
佃农	2.5	2.22	1.25
雇农	——	——	——
其他	——	——	——
合计	112	100.00	1.96

其次各村户的耕畜在使用田亩阶段内的所占的成分，地主兼自耕农的耕畜，属于使用十亩到二十亩的农户，约占百分之五五·五六，属于二十亩到三十亩的农户，约占百分之四四·四四。

自耕农的耕畜，在使用五亩以内的农户，占耕畜全数的百分之八·〇八，五亩到十亩的农户，占三九·三九，十亩到二十亩的农户，占四六·四六，二十亩到三十亩的农户，占六·〇七。

半自耕农的耕畜，五亩以内的农户，占百分之九·八，五亩到十亩的农户，占四七·〇六；十亩到二十亩的农户，占四三·一四。

佃农的耕畜完全是属使用五亩以内的农户的。

（五）租佃关系

马龙的租佃关系，是以包租制为主，分租较少。包租制，是以秋收的正产物（米）一次缴纳为原则，如果遇到岁收欠佳的年头，由就当地的乡镇公所议定缴纳办法，或就歉收的成分为佃户纳租的成分，或由佃业双方到田察看，由佃业双方自行解决的。在年岁不歉收的时候，是依租约上或口头约定的租额而纳租，彼此都无争执；至于分租，上则田大概佃业对分，中则田佃六业四，下则田佃七业三，是以秋收的正产物为分租的主品，其余的副产，大都归佃户所有，但是也有照田上所生产的物品而分的，这不过很少数，不是普遍的情形。租额的多少，依土壤的佳劣为租额的标准，但是租田的时候，有一种押租，押租愈高，租额愈少，农村内的押租金，竟有每亩农田，押租金须滇币一百元者，所以押租是关系租额的大小，同时也有佃户代业主完纳钱粮的；租田的手续，因为农村识字人不多，大概是口头约定，用文字来订立契约的是少数，租田年限，普通是三年，最低为一年。六村的租额，同等则的农田，租额相差很大，这是有特殊的情形存在，如下西山村的租额，比一般的要高，上则田每亩租米一百三十五斤，中则田九十五斤，下则田五十五斤，原因是灌溉便利，土壤肥沃，生产量丰富，所以租额亦高，至于王三屯村的租额是很低，原因是本村大都是官产的学田，庙产的寺田，押租，上则田每亩滇币一百元，中则田亦须五十元，所以租额分外的微薄。六村的平均租额，上则田为米八十三斤又七五，中则田为五十四斤又一七，下则田为三十斤又一七。

马龙县六村每亩农田的租额

（民23年）（单位：斤）

村名	上则田	中则田	下则田
大龙井	90	65	30
下西山	13.5	95	55
柳小田		65	36
桂家屯	80	40	20
王三屯	30	20	10
响水		40	30
平均数	83.75	54.17	30.17

其次是每亩农田的租额对正产量的百分率。六村的租额，在

大致上看来，租额并不为高，如果与昆明县相比校，马龙的租额低得很多，六村上则田的租额对正产量的百分率，最高的是下西山村对产量的百分之四五，最低的，是王三屯村只对产量的百分之一〇。中则田租额对产量的百分率，下西山村为最高，占正产量的百分之四七·五，最低的，王三屯村占正产量的百分之一〇，下则田最高的，大龙井村占正产量的百分之三七·五，最低的，是王三屯村，占正产量的百分之一〇，六村总平均，上则田租额对正产量百分之三三·五，中则田平均租额对正产量的百分之二九·八三，下则田租额对正产量的百分之二七·八六。

马龙县六村每亩农田租额对正产量的百分率

（民23年）　（单位：斤）（指米而言）

村名	上则田			中则田			下则田		
	正产量	租额	租额对产量的%	正产量	租额	租额对产量的%	正产量	租额	租额对产量的%
大龙井	200	90	42.5	160	65	40.6	80	30	37.5
下西山	300	135	45	200	95	47.5	150	55	36.7
柳小田				260	65	25	130	36	27.7
桂家屯	200	80	40	120	40	33.3	80	20	25
王三屯	300	30	10	200	20	10	100	10	10
响水				150	40	26.6	110	30	27.3
平均数	250	83.75	33.5	181.6	54.17	29.83	108.3	30.17	27.86

农户租佃的情形，除了自耕农和雇农并无租佃外，地主兼自耕农，半自耕农，佃农均与租佃发生密切关系的。六村的地主兼自耕农，出租农田的成分，在五亩以内的农户，出租农田成分，为百分之七五，二十亩到三十亩的农户，出租农田的成分，为百分之二〇·八三，三十亩到四十亩的农户，出租农田的成分，占百分之二九·四一，总计出租农田的成分，占百分之二七·五，出租对所有总面积，五亩以内的农户，只占百分之二·五，二十

亩到三十亩的农户，占百分之八·三三，三十亩到四十亩的农户，占百分之一六·六七。

马龙县六村地主兼自耕农出租农田的成分

（民23年）

所有田亩阶段	所有田亩数	出租田亩数	出租对所有的%	出租对所有总数的%
0.1—4.9	2	1.5	75	2.5
20—29.9	24	5	20.83	8.33
30—39.9	34	10	29.41	16.67
合计	60	16.5	27.5	——

半自耕农租进农田的成分，在五亩以内的农户，自田占百分之五〇·八二，租田占百分之四九·一八，五亩到十亩的农户，自田占百分之六一·五四，租田占百分之三八·四六，十亩到二十亩的农户，自田占百分之八九·六六，租田占百分之一〇·三四。在租田的成分看来，是基于所有田亩的关系上，土地愈少，他的租田成分愈大，在表中五亩以内的农户，他的租田成分要比一般的为高，而五亩到十亩的农户，又比十亩到二十亩的为高，自然，租佃的重心，是系于无土地者的农户，而土地微细的半自耕农，如五亩以内的农户，他的租佃关系的比重也与佃农相差不远的。总计半自耕农的使用面积，自田占百分之五五·六，租田占百分之四四·四，租进对使用总面积的成分，五亩以内的农户，占租进总数的百分之三四·三五，五亩到十亩的农户，占百分之九·四九，十亩到二十亩的农户，占百分之〇·五七，这可以看出所有田亩微细的农户，租佃的重要性。

马龙县六村半自耕农租进农田的成分

（民23年）

所有田亩阶段	所有田亩数	使用田亩数	租进田亩数	使用田亩中的自田与租田%		租进对使用总数的%
				自田	租田	
0.1—4.9	93.5	184	90.5	50.82	49.18	34.35
5—9.9	40	65	25	61.54	38.46	9.49
10—19.9	13	14.5	1.5	89.66	10.34	0.57
合计	146.5	263.5	117	55.60	44.4	——

佃农的使用田亩，是全部租来的，他们的租田没有超过五亩以上的。

三、农村副业

马龙为地瘠民贫之区，生产不丰，现金缺乏，以致农村经济呆滞，农家副业，如手工业等不及昆明玉溪之盛，农妇织布，亦少鲜见。故马龙农人，除耕种田地外，很少副业之操作。我们在农村所调查的农户，所谓副业收入，亦大都是其兼业之收入，不是完全含有副业性质的事业。此种兼业的收入，根据一百二十三户的挨户调查统计，各类村户的每户平均收入数，地主兼自耕农，每户平均收入为国币二十三元九角四分，自耕农每户平均收入，为三十一元六角四分，半自耕农每户平均收入，为二十元零四角七分，佃农每户平均收入，为二十四元二角八分，雇农每户平均收入为十三元三角，总平均每户收入数，为二十四元一角五分。

马龙县六村各类村户每户平均的副业收入

（民23年） （单位：元）

类别	户数	副业收入数	每户平均副业收入
地主兼自耕	2	47.88	23.94
自耕农	21	664.34	31.64
半自耕农	40	818.62	20.47
佃农	13	315.61	24.28
雇农	1	13.3	13.30
其他	——	——	——
合计	77	1 859.75	24.15

各类村户的收入比较，总计为一千八百五十九元七角五分，地主兼自耕农，占全数的百分之二・五七，自耕农占百分之三五・七二，半自耕农占百分之四四・〇二，佃农占百分之一六・九七，雇农占〇・七二。

马龙县六村各类村户的副业收入比较

（民23年） （单位：元）

类别	副业收入数	对总收入的%
地主兼自耕	47.88	2.57
自耕农	664.34	35.72
半自耕农	818.62	44.02
佃农	315.61	16.97
雇农	13.3	0.72
其他	——	——
总计	1 859.75	100.00

各村户的有副业与无副业的百分比，地主兼自耕农，有副业者占百分之六六・六七，自耕农占百分之五一・二二，半自耕农占百分之八三・三三，佃农占百分之七二・二二，雇农占百分之

一一·一一，总计一百二十三户农家中，有副业者占百分之六二·六。

马龙县六村各类村户有副业与无副业的百分比

（民23年）

类别	户数	兼副业的户数	%
地主兼自耕	3	2	66.67
自耕农	41	21	51.22
半自耕农	48	40	83.33
佃农	18	13	72.22
雇农	9	1	11.11
其他	4	——	——
合计	123	77	62.60

各类村户的副业分类，地主兼自耕农完全系兼业的收入，其中巫医一户，每年收入为十三元三角，教员一户，每年薪金为三十四元五角八分。

自耕农的副业分类，除帮工的十三户，按其性质系副业外，其余的系兼业的性质，其中公务员一户，每年收入为十九元九角五分，巫医一户，每年收入为十三元三角，教员二户，每年收入为九十三元一角，小贩四户，每年收入为二百二十元一角，帮工十三户。每年收入为三百十一元八角九分。

半自耕农的副业分类，卖柴三户，每年收入二十六元六角，小贩八户，每年收入为一百八十元八角八分，帮工二十九户，每年收入为六百十一元一角四分。

佃农的副业分类，烧炭一户，每年收入为三十一元九角二分，帮工十二户，每年收入为二百八十三元六角九分。

雇农的副业收入，打草席一户，每年收入十三元三角。

各村户的家畜，合计马七匹，骡一只，猪七十八只，鸡一百二十三只。

马龙县六村各类村户的家畜

（民23年）

类别	马	骡	猪	羊	鸡	鸭
地主兼自耕	2	——	4	——	——	——
自耕农	4	——	34	——	42	——
半自耕农	1	1	37	——	64	——
佃农	——	——	3	——	17	——
雇农	——	——	——	——	——	——
其他	——	——	——	——	——	——
合计	7	1	78	——	123	——

四、田赋

马龙县的田赋，名称有四种：（1）民秋，原征粮额数，为五百二十九石一斗七升八合，每石征收现金九元六角，计合现金五千零八十元零一仙一厘；（2）军粮，原征粮额数，为九十八石四斗八升五合，每石征收现金五元三角八仙五厘，计合现金五百三十元零三角四仙二厘；（3）堡铺粮，原征粮额数二十石二斗九升五合，每石征收现金八元七角七仙五厘，计合现金一百七十八元零八仙九厘；（4）新粮，六石九斗七升三合，每石征收现金七元零二仙，计合现金四十八元九角五仙一厘。总计正粮六百五十四石九斗三升一合，计现金五千八百三十七元三角九仙三厘。至于附加与各县一律，团费，每石征收现金三角，附粮捐，每石征收现金一元，总合正附税收入，为现金六千六百八十八元八角零三厘，查马龙现正举行耕地清丈，一俟清丈办竣。二十四年度，可实行新耕地税率，旧时粮目名称，则一律取消。

五、农村教育

马龙全县小学，共计九十四校，学生人数，约有三千九百余人，每校平均学生人数四十一人，经费来源，其大部份出自学田之租金，至于中等学校，全县无一所。

农民教育程度，在此次调查六村一百二十三户的农家统计中，地主兼自耕农，识字人数，占百分之一四·二九，自耕农识字人数，占百分之一五·四八，半自耕农识字人数，占百分之三·四六，佃农，雇农，及其他村户则无识字人数，总计六百六十二农人中，识字人数，占百分之七·五五。

各村户的识字程度，地主兼自耕农中识字者，完全系小学程度，自耕农，识字程度，小学，中学，大学都有，其成分最多的是小学及私塾，次之中学，曾受大学教育者只一人。半自耕农的识字程度，最多的是私塾，小学次之，中学一人，六村农人识字程度的成分，私塾占百分之二八，小学占百分之六二，中学占百分之八，大学占百分之二。

马龙县六村各类村户的识字人数比较

（民23年）

类别	人数	识字人数	识字人数的%	对总人数的%
地主兼自耕	21	3	14.29	0.45
自耕农	239	37	15.48	5.59
半自耕农	289	10	3.46	1.51
佃农	73	——	——	——
雇农	29	——	——	——
其他	11	——	——	——
总计	662	50	7.55	——

马龙县六村各类村户的识字人数

（民23年）

类别	识字人数				合计
	私塾	小学	中学	大学	
地主兼自耕	——	3	——	——	3
自耕农	9	24	3	1	37
半自耕农	5	4	1	——	10
佃农	——	——	——	——	——
雇农	——	——	——	——	——
其他	——	——	——	——	——
合计	14	31	4	1	50

六、政治情形

马龙县政府组织系统，内部分二科，并设教育，建设，财政，公安，四局，县府经费，每月滇币一千六百元（各局不在内），由财政厅发给。

全县自治区域分五区，每区设区长一人，助理员一人，区丁二人，自治组织系统，区以下设乡镇公所，设乡镇长副各一人，乡镇以下，闾邻长等属之，区公所经费，每月滇币三百元，人才与经费，俱感困难，故自治事业，只具规模，而无多大成绩，自治已举办者，为户口调查，耕地清丈，办理积谷等，惟户口调查，耕地清丈为省府主办，经费与人才，亦由省负担支配，故区公所本身，只为县政府办理通常公事，至于生产，建设方面，如农事之改进，水利之兴筑，乡村道路之完成，农村教育之发展，尚未计划及之。

马龙自治区域分五区，共计五十乡，一镇，二百四十村。

关于全县警卫方面，有公安局一所，警察人数只十六名，无枪械，警察待遇，每月滇币十六元，此外常备队一队，士兵七十六名，旧式枪械一百二十枝，其士兵待遇，月支滇币十七元。

开　远　县

一、全县概况

开远县旧称阿米，与蒙自个旧建水曲溪等县相毗连。位置于北纬二十四度偏南，东经一〇三偏东十三度。气候热带，且为滇越铁路大站之一，凡往来于河口与省会之运商旅客，必经是处就宿。距离省会约五百余里，火车约十二小时可达，交通称便，惟滇越铁路自河口至省城一段，沿途崇山峻岭，愈趋愈高，其最高点在跋[1]海二千尺以上，与海防至老街（安南境）一段，沿路田畴千顷，实有高原平地之别。河口至省城一段，因山峦起伏，铁路建筑工程艰险而伟大，比诸国内铁路实为仅有，沿途石洞凡百有五十八，铁桥著名者为“天桥”于两山岭之间架一铁桥，其桥脚支筑于石壁间，远望之如（兀）形，亦奇观也。

阿米自铁路构通后，民智稍开，商业渐见繁盛，其商业大都为广东人及安南人所握，出产以糖著名，年约二十万斤，次为煤炭，惜以土法开采，出产不丰。

主要山脉，系云岭支脉东南行至县境，县境之北，主峰曰云龙山，高出云霄。县境河流最主要者为泸江，源出石屏县之湖泊，会合诸山涧溪之水，经建水阿米北行，会巴盘江澂江抚仙湖之水，北行入南盘江，而行于广西，贵州边境，然水势湍急，不通舟楫。

境内的土壤性质，壤土占百分之五〇，砾土占百分之三〇，黏土占百分之二〇。主要农作物有稻子，甘蔗，荞麦，蚕豆，一年二熟，第一期种稻，秋收后栽豆。至于甘蔗种植时期与收割时

---

① 原文是“跋”，据上下文意似应为“拔”。

期，约为十个月，系行换种法，第一期种蔗，第二期则种稻，第三期种蚕豆等，以为各国不同之植物，以吸收土中其所需要的营养素，颇合种栽原理。本地甘蔗大多榨汁煎糖，全年产量为二十万斤左右，行销于省城。作物面积据县政府之估计，豆占土地面积百分之一七，甘蔗占百分之一三，谷米占百分之五八，荞麦占百分之一二。

二、土地分配

开远可以代表迤南的农村情形，是沿滇越铁路河口至省会段的一个中心点，且该县佃租制度极其兴盛，是有调查的价值。县长蒋子孝君曾毕业于北大农学院，对我们调查多所赞助。

因为时间短促，我们在开远只选择了二个代表村落，石牌坊和木花果二村，挨户调查得四十九户，虽数量上似嫌过少，但是二村的情形，足能代表全县的一个缩影。二村村户的分类，地主兼自耕农占百分之二·〇四，自耕农占百分之一〇·二，半自耕农占百分之一〇·二，佃农占百分之六三·二七，雇农占一四·二九，这样看来，农村内部是佃农占绝对的多数，反证土地的所有者，大都不在农村而住在城内，土地所有权与土地使用成了分离现象，佃农与地主对立的事实严重地存在着。

开远县二村村户的分类

（民23年）

村户类别	户数	对总户数的%
地主兼自耕	1	2.04
自耕农	5	10.20
半自耕农	5	10.20
佃农	31	63.27
雇农	7	14.29
合计	49	100.00

在农村内的地主兼自耕农只有一户。他的土地所有是大部份出租的。

半自耕农共有五户，其中四户的耕地是大部份为自有者。尚有一户，他的土地是大部份租来的。

我们再从经过六年内的变迁的情形来看，以窥测农村的实际情形。地主兼自耕农，还是保持原有的地位，自耕农在十七年时原有六户，其中有一户，将所有田亩完全典出，同时再租进这典出的耕地，一变而为向地主纳租的佃农，情形至为凄惨，至于他破产的原因，不外乎生计的不足，债台逐渐增高，不得已典田而偿债。半自耕农没有变动，亦没有向上的趋势。雇农还是雇农，他们年年出卖劳力以养生，是难有余蓄以置田产。在土地私有制度受少数人的操纵和把持的阿米环境下，是不容许他们得到土地机会，他们终身在出卖劳力得到微细的报酬，而过着食不得饱衣不得暖的非人生活，要想向前发展，是不容易的。

开远县二村六年来各类村户的变迁

民17		民23						
类别	户数	地主兼自耕	自耕农	半自耕农	佃农	雇农	总计	
地主兼自耕	1	1					1	
自耕农	6		5		1		6	
半自耕农	5			5			5	
佃农	30				30		30	
雇农	7					7	7	
总计	49	1	5	5	31	7	49	

（一）土地所有

开远的全县面积，据县政府的估计，东西长约二百六十里，南北约八十里，共约二万零八百平方里，全县土地面积（包括山林川泽）当在一千一百二十三万二千亩，然耕地面积只十二万五千六百余亩，只占全县土地面积百分之一·一一，耕地的缺少，在农业发展上受了重大打击。全县官产约八千余亩，庙产一千余亩，已占耕地面积百分之〇·七一。如果将耕地面积与全县农户作总分配，则全县为一万九千六百三十六户，以八成农户计，则全县农户数为一万五千七百零九户。全县耕地面积十二万五千六百亩，除了公庙产九千亩，尚有十一万六千六百亩，以全县农户来分配，每户平均所有田亩为七亩四分二厘。如以每农人来平均分配，则全县人口为九万一千二百四十人，以八成农人计算，全县农人计七万二千九百九十二人，每人平均田亩只一亩六分弱。

二村村户的分析，有土地者与无土地者的对比，无土地者要占百分之七七·五五。村中土地是被住在城里的地主占有着。

地权的分配情形，根据这十一户有土地的农户，田亩总面积为四十三亩五分，地主兼自耕农占百分之一三·七九，自耕农占百分之二九·八九，半自耕农占百分之五六·三二。

开远县二村各类村户的地权分配 1.

（民23年）

类别	所有田亩数	对所有田亩总数的%
地主兼自耕	6	13.79
自耕农	13	29.89
半自耕农	24.5	56.32
合计	43.5	100.00

我们再将各类村户所占的户数的成分与所有田亩的成分作对比时，则占户数的百分之二·〇四的地主兼自耕农，占所有田亩之一三·七九，占百分之一〇·二的自耕农，占所有田亩百分之二九·八九，占百分之一〇·二的半自耕农，占百分之五六·三二的所有田亩。可见占了一大部份户数的佃农和雇农，是得不到一些的土地。

开远县二村各类村户的地权分配 2.

（民 23 年）

类别	户数%	所有田亩%
地主兼自耕	2.04	13.79
自耕农	10.20	29.89
半自耕农	10.20	56.32
佃农	63.27	——
雇农	14.29	——
合计	100.00	100.00

我们再看各类村户的在所有田亩阶段内的成分，地主兼自耕农只有一户，尚且在五亩到十亩内的阶段，他的地权是微弱得很。

其次自耕农他的所有土地大部分是在五亩以内的有四户，其余一户是在五亩至十亩。这可见自耕农的土地也是微细得可怜。

半自耕农在五亩以内的农户，共有四户，十亩至二十亩的有一户，他们的土地也是极少的。

各类村户每户的平均田亩数，则地主兼自耕农在五亩到十亩以内的农户只得一户，有田六亩。

自耕农——五亩以内的农户，每户平均只二亩，五亩至十亩的农户，每户平均得五亩。

半自耕农——五亩以内的农户，每户平均二亩七分五厘，十亩至二十亩的农户，每户得十三亩五分。

我们将这次所调查的四十九户的总亩数四十三亩五分，每户平均只得八分八厘八，与全县每户平均数七亩四分二厘，相差六亩三分五厘二，如以全县每户平均田亩作基数时，则农村内的农户，只占应得的土地百分之一一·九五，与其说农村内的农户所有田亩都在水准以下得可怜，不如说农村内大部分之土地（几达百分之九十）是被住在城内的地主剥夺殆尽，农村只剩许多无地的农民了。

各类村户在其阶段内每人的平均所有亩数，地主兼自耕农五亩至十亩的农户只得一户，共有七人，所有地共六亩，每人只得八分六厘。如果与全县田亩每人的分配，应得一亩六分，则相差百分之四五。

自耕农在五亩以内的农户共有十五人，田八亩，每人平均只得五分三厘，五亩至十亩的农户，共有七人，田五亩，平均每人只得七分一厘，总平均每人得五分九厘，与全县土地每人平均的水准线，相差百分之六三·一三。

半自耕农五亩以内的农户，共有三十二人田十一亩，平均每人只得三分四厘，十亩至二十亩的农户，共有八人，田十三亩半，平均每人得一亩六分九厘，总平均每人得六分一厘，与全县每人分配数，亦相差百分之六一·八八。

（二）田产移转

我们在前面一县已经讲过，土地私有制度的存在，农民受买卖典当的影响，田产的移转，是不能避免的事实，但是要看田产是在那一方面流动，这很可以注意的。

各类村户这六年来地权分配的增减，只有自耕农的土地减少了五亩半，其余的都保持原有的状态。至于佃农和雇农，他们经过了六年的光阴，还是没有一些进步，仍是代替地主耕种。

土地买卖典当和抵押，在习惯上和手续上，开远是与禄丰昆明情形相仿的，无庸再述。开远农田每亩的价格，分上中下三等，上则田平均数每亩一百十三元五角，中则田平均每亩八十六元五角，下则田平均每亩五十三元五角。

开远县二村每亩农田买卖价格

（民23年）　　　　（单位：元）

村名	上则田	中则田	下则田
石牌坊	107	80	40
木花果	120	93	67
平均数	113.5	86.5	53.5

这六年来土地的价格，是在不断的上涨，尤其是上则田由七十三元五角涨到一百十三元五角，我们单以中则田作标准，石牌坊村民二十三年的指数，为一五一，木花果村的指数为一七五，处于耕地稀少的开远农户，又受着地主的操纵和垄断。土地的价格是有高昂向上的趋势。

开远县二村六年来每亩农田买卖价格的上落

（自民17至23年）　　　　（单位：元）

村名	上则田		中则田		下则田		民23年的指数（民17=100）*
	民17	民23	民17	民23	民17	民23	
石牌坊	67	107	53	80	33	40	151
木花果	80	120	53	93	40	67	175
平均数	73.5	113.5	53	86.5	36.5	53.5	*仅指中则田价而言

土地典当的价格，上则田平均数为六十元，中则田平均数为四十三元，下则田平均数为二十二元，单以中则田为标准，对中则田的地价的百分率，则石牌坊的中则田典价对地价的百分之四一，木花果村的中则田典价对地价的百分之五七，平均数是典价对地价的百分之五〇，换言之，就是典价对地价的一半。

开远县二村每亩农田的典当价格

（民23年）　　　　（单位：元）

村名	上则田	中则田	下则田	中则田典价对中则田地价的%
石牌坊	53	33	20	41
木花果	67	53	24	57
平均数	60	43	22	50

六年来典当价格的上落，也是跟着地价的上涨而上趋，单以中则田来说，十七年时的中则田平均每亩只能典当二十八元，现在能典到四十三元。若以十七年的中则田为基数，则石牌坊村的指数为二〇 六，木花果村为一三三。

开远县二村六年来每亩农田典当价格的上落

（自民17至23年）　　（单位：元）

村名	上则田		中则田		下则田		民23年的指数（民17=100）*
	民17	民23	民17	民23	民17	民23	
石牌坊	20	53	16	33	13	20	206
木花果	53	67	40	53	20	24	133
平均数	36.5	60	28	43	16.5	22	*仅指中则田典价而言

至于土地的抵押，是借贷的关系，是负债者对于债权者的一种担保品，土地的所有权和使用权都不变动，但是抵押的价格，是在典当的价格下面，这是农村的普遍状况。抵押的价格，上则田平均为四十三元五角，中则田平均为二十六元五角，下则田平均为十五元五角，如果以中则田的抵押价格为标准，则石牌坊的中则田的抵押价格，占典价百分之六一，占地价为百分之二五，木花果村的抵押价格，占典价百分之六二，占地价的百分之三六，平均是占典价的百分之六二，占地价的百分之三一。

开远县二村每亩农田抵押的价格

（民23年）　　（单位：元）

村名	上则田	中则田	下则田	中则田押价对中则田典价的%	中则田押价对中则田地价的%
石牌坊	40	20	11	61	25
木花果	47	33	20	62	36
平均数	43.5	26.5	15.5	62	31

六年来的抵押价格，亦随典价地价的高上而高上，单以中则

田说十七年每亩抵押价为十九元，到现在有二十六元五角。若以十七年的价格为基数时，则石牌坊的指数为一八二，木花果村为一二二。

开远县二村六年来每亩农田抵押价格的上落

（民自 17 至 23 年）（单位：元）

村名	上则田		中则田		下则田		民 23 年的指数
	民 17	民 23	民 17	民 23	民 17	民 23	（民 17 = 100）*
石牌坊	16	40	11	20	8	11	182
木花果	40	47	27	33	13	20	122
平均数	28	43.5	19	26.5	10.5	15.5	* 仅指中则田抵押价格而言

（三）土地使用

各类村户的使用田亩，共计三百六十五亩七分，其中以佃农为最多，地主兼自耕农占全数百分之〇·二八，自耕农占百分之三·五五，半自耕农占百分之一八·四六，佃农占百分之七七·七一，在表中很能表现出开远的佃农特别多，换句话说，土地是集中在少数人的手里。

开远县二村各类村户的使用田亩

（民 23 年）

类别	使用田亩数	对使用田亩总数的%
地主兼自耕	1	0.28
自耕农	13	3.55
半自耕农	67.5	18.46
佃农	284.2	77.71
合计	365.7	100.00

使用田亩在其阶段内所占的成分，地主兼自耕农只有一户，尚系使用于五亩以内的土地。

其次自耕农，使用五亩以内者有四户。使用五亩至十亩的有一户。

半自耕农，使用五亩至十亩的农户，有一户。使用十亩至二十亩的农户，有四户。

佃农的使用田亩，在五亩以内的（五户）占百分之一六·一三，使用五亩至十亩的（十六户）占百分之五一·六一，使用十亩至二十亩的（六户）占百分之一九·三六，使用二十亩至三十亩的（四户），占一二·九〇。这样看来，佃农的使用田亩，是比一般的多。

我们如果将这四十二户使用农田的农户，不分类别，只分析使用阶段内所占的成分，可窥见农场的大小。使用五亩以内计十户，占全户数的百分之二三·八一，使用五亩至十亩的农户计十八户，占百分之四二·八六，使用十亩至二十亩的农户计十户，占百分之二三·八一，使用二十亩至三十亩的农户计四户，占百分之九·五二。

各类村户的地权分配与农田使用的对比，占所有田亩百分之一三·七九的地主兼自耕农，使用田亩占百分之〇·二八，占所有田亩百分之二九·八九的自耕农，占使用田亩百分之三·五五，占所有田亩百分之五六·三二的半自耕农，占使用田亩百分之一八·四六，佃农是没有所有田亩的，他的使用田亩，倒占了百分之七七·一，这很显明的看出农村内的农户，使用的田亩，大部份是要向城内的地主租来而耕种的。

开远县二村各类村户地权分配与农田使用的对比

（民23年）

类别	所有田亩数	对所有田亩总数的%	使用田亩数	对使用田亩总数的%
地主兼自耕	6	13.79	1	0.28
自耕农	13	29.89	13	3.55
半自耕农	24.5	56.32	67.5	18.46
佃农	——	——	284.2	77.71
合计	43.5	100.00	365.7	100.00

这六年来各类村户的使用田亩的增减，以十七年的分类为坐标，其中只有半自耕农他的使用田亩增加了四亩，其余的各类村户，还是如此，没有变动。

各类村户参加田间工作者，每人的平均耕作亩数，大多数没有超过五亩的，地主兼自耕农的平均每人耕作田亩只有二分五厘。

自耕农在五亩以内的农户，每人平均耕作一亩一分四厘，五亩至十亩的农户，每人平均耕作一亩六分七厘，总平均耕作每人一亩三分。

半自耕农在五亩至十亩的农户，每人平均耕作四亩五分，十亩至二十亩的农户，每人平均耕作三亩六分六厘，总平均每人耕作为三亩七分五厘。

佃农在五亩以内的农户，每人平均耕作一亩五分，五亩至十亩的农户，平均每人耕作二亩七分一厘，十亩至二十亩的农户，平均每人耕作三亩二分五厘，二十亩至三十亩的农户，平均每人耕作为五亩八分八厘，总平均每人耕作三亩六分七厘。

农民离村出外工作的，在开远农村尚属罕有，因为我们所调查的石牌坊和木花果二村农户当中，没有一个向外谋生的，就是雇农和佃农，他们亦没有向外谋生的人，在事实上佃农制度很发达的开远农村，没有离村的情形，是差强人意的事，其实亦确有原因存在：（1）城市的商业经济不发达，劳力无所施用；（2）离省会铁路交通便利，没有运输方面的劳动可以安置；（3）个旧的锡矿，虽是很发达，但是待遇很苦，大多不愿去谋生的。有这几种原因，所以他们是很少离村向外去谋生的，我们所调查的四十九户，是没有一个出外工作的。

（四）雇工与耕畜

农家在栽秧和收刈的时候，需要人工的帮助，雇工分长年与短工，长工工资以年计，短工工资以日计，开远雇一长工，每年工资，最高国币四十元，最低二十元，普通三十三元，供给全年衣食，长年童工，最高每年六七元，最低三元，普通四元，亦供给衣食，短工工资，分忙时闲时，忙时最高三角三分，普通二角六分。闲时二角，女工亦与男工一样，均供膳食，童工忙时只一角三分，闲时只六分。

各类村户雇工的成分，地主兼自耕农和自耕农，都没有雇工，半自耕农雇工的户数有二户。佃农用雇工者九户。

半自耕农雇工人数，在使用十亩至二十亩的农户有二户，雇了六十五日短工。

佃农雇用童工者一户，计童工一人，兼雇长工及短工者亦是一户，长工一人，短工三十日，雇用短工者有七户，计二百四十日。

耕畜在农业占重要的地位，各类村户有耕畜者的所占百分率，地主兼自耕农占百分之一〇〇，自耕农占百分之四〇，半自耕农占百分之一〇〇，佃农占百分之七〇·九七，合计四十二户农户中，有三十户是有耕畜的，所以有耕畜的要占百分之七一·四三。

各类村户耕畜数的比率，地主兼自耕农占百分之五·八八，自耕农占百分之三·九二，半自耕农占二五·四九，佃农占六四·七一，每户平均耕畜数，要算地主兼自耕农为最多，每户平均为三头，自耕农和半自耕农，每户平均一头，佃农每户平均一头半，合计耕牛五十一头，每户总平均为一头又十分之七。

地主兼自耕农的耕畜有三头，而且是在使用五亩以内的农户，他的耕畜，是带有出租的性质存在。

自耕农的耕畜数有二头，使用五亩以内的农户，及使用五亩至十亩的农户，各有一头。

半自耕农的耕畜，使用十亩以内的农户，有二头，使用十亩至二十亩的农户，有十一头。

佃农的耕畜分配，使用五亩以内的农户有一头，使用五亩至十亩的农户，有十五头，使用十亩至二十亩的农户，有九头，使用二十亩至三十亩的农户，有八头。

（五）租佃关系

开远的租佃制度，分包租与分租二种，包租有谷租和钱租，分租是地佃双方均分的，我们调查的石牌坊村，谷租占百分之九五，分租占百分之五，木花果村，钱租占百分之二〇，谷租占百分之八〇。租田的手续大多是写租约，期限最多五年，普通三年，至于缴纳押租，是很普遍，每亩上则田押租要国币六元，中则田四元，下则田一元三角，虽然押租于终止契约时是有发还的，亦确是地主榨取的一种手段；至于分租，有糖租谷租之分，但是甘蔗的成本和劳力比种植稻子是高得多，亦是与谷子一样的平分，未免太不公平了。

包租的租额，是以土壤的等级而纳租的，上则田平均二百二十五斤，中则田平均一百六十二斤半，下则田平均七十五斤。

每亩农田的租额对正产量的比率，石牌坊村上则田为百分之四〇，中则田为百分之三三·三，下则田为百分之二七·三，木花果村，上则田为百分之五〇，中则田为百分之四六·六，下则田为百分之二五，一般的看来，租额尚未超过正产一半的成分。

开远县二村每亩农田租额对产量百分率

（民23年）

村名	上则田			中则田			下则田		
	出产量	租额	对产量%	出产量	租额	对产量%	出产量	租额	对产量%
石牌坊	500	200	40	450	150	33.3	275	75	27.3
木花果	500	250	50	375	175	46.6	300	75	25

至于钱租，上则田每亩国币二十元，中则田十六元，下则田十二元，比较起来，钱租是比谷租来得凶，因为谷价是有上落

的，以木花果一村的谷价而论，最高每斗（二十五市斤）合国币二元一角二分，最低每斗只有一元零六分，如果照最高时的谷价，上则田每亩租额八斗（二百斤）亦只合国币十七元，谷价在一元零六分时，只有半数八元五角，则钱租超过谷租要一倍多，以地价而论，上则田每亩值国币一百二十元，则土地出租六年，就可收回全部田价，土地私有制度底下的农田，利息不可谓不厚。

农户租佃的情形，除了自耕农使用自己的土地和雇农不租种农田外，地主兼自耕农，半自耕农，佃农是与税佃发生关系的。住在村中的一户，地主兼自耕农，将他的土地大半租与别人耕种。

半自耕农的租田与自有田的比率，五亩以内的农户租田超过自有田，租田的成分为百分之七八，自田的成分百分之二二，可见土地微细的农户，是需要租种人家的土地；十亩至二十亩的农户，自有田的成分占百分之七七·一四，租田的成分占二二·八六，这情形好像与五亩以内的农户成了反比例。合计半自耕农的使用田亩，自有田占百分之三六·三〇，租田占六三·七。各阶段租进的农田对使用总数的百分率，亦以五亩以内的农户为多，占百分之五七·七八，十亩至二十亩的农户占百分之五·九三。

佃农的使用的农田，完全是租来的，他的使用情形，使用五亩至十亩的农户，占百分之三六·二四，十亩至二十亩的农户占百分之二七·四五，二十亩至三十亩的农户，占百分之三一·〇三。

三、农村副业

开远农村的副业，家庭手工业是很少的，农民唯一的副业，就是在农忙时给人做雇工，或是去山中采樵，这二种可说是他们的副业。各类村户，每年的副业平均收入，亦是很微。自耕农每户平均收入国币七元三角二分，半自耕农每户平均收入十八元二角九分，佃农平均每户收入二十元零六角四分，雇农平均每户收入十六元九角六分，合计每户的总平均收入为十八元三角一分。

开远县二村各类村户每户平均的副业收入

（民23年）（单位：元）

类别	户数	副业收入数	每户平均副业收入
地主兼自耕	——	——	——
自耕农	5	36.58	7.32
半自耕农	4	73.15	18.29
佃农	26	536.66	20.64
雇农	4	67.83	16.96
合计	39	714.22	18.31

各类村户副业收入的比较，自耕农收入占全数百分之五·一二，半自耕农占百分之一〇·二四，佃农占百分之七五·一四，雇农占百分之九·五。

各类村户兼副业与不兼副业的对比，则自耕农完全都有副业，半自耕农有副业的占百分之八〇，佃农有副业的占百分之八三·八七，雇农有副业的占五七·一四，总计二村村户，兼副业者，要占百分之七九·五九。

五户自耕农的副业，完全是采樵，计全年收入国币三十六元五角八分。

半自耕农副业的分类，采樵者三户，帮工者一户，采樵收入共为四十六元五角五分，帮工收入二十六元六角。

佃农的副业分类，帮工兼采樵者有七户，帮工部分收入合国币一百二十三元六角九分，采樵部份收入为一百三十三元，小贩一户，收入二十六元六角，打鱼一户，收入三十九元九角，帮工二户，收入三十九元九角，采樵十五户，收入一百七十三元五角七分，总计收入五百三十六元六角六分。

雇农的副业收入，完全是采樵的四户，收入合国币六十七元八角三分。

其次饲养家畜，亦可作副业的收入，各类村户饲养的牲畜，计马一匹，猪一百零三只，鸡六十一只。

开远县二村各类村户的家畜

（民23年）

类别	马	骡	羊	猪	鸡	鸭
地主兼自耕	——	——	——	2	2	——
自耕农	——	——	——	6	5	——
半自耕农	1	——	——	20	9	——
佃农	——	——	——	72	24	——
雇农	——	——	——	3	21	——
合计	1	——	——	103	61	——

四、农村借贷

在高利贷盘剥得严重的云南，开远是不能逃出例外。各类村户借贷的成分，地主兼自耕农占百分之一〇〇，自耕农负债的成分占百分之二〇，半自耕农负债成分占百分之四〇，佃农负债的成分占百分之七七·四二，雇农负债成分占百分之五七·一四，以负债的成分来看，地主兼自耕农佃农和雇农负债成分最重。

负债的数别，是可看出债额的大小，地主兼自耕农负债，是在一百元至二百元之间的。自耕农负债，是在五十元至一百元之间。半自耕农有一户在一百元至二百元之间，一户在二百元以上。佃农的负债，二十元至五十元占一百九十四元，五十元至一百元者，占七百四十五元；一百元至二百元者，占四百零六元；二百元以上者，占一千五百四十三元。雇农负债一户，是在一元至二十元之间。

开远县二村各类村之负债的数别

（单位：元）

类别	负债户数	负债金额					合计
		10—20 元	20—50 元	50—100 元	100—200 元	200 元以上	
地主兼自耕	1				180		180
自耕农	1			53			53
半自耕农	2				133	266	399
佃农	24		194	745	406	1 543	2 888
雇农	4	36					36
合计	32	36	194	798	719	1 809	3 556

各类负债村户，每户平均的负债额，地主兼自耕农，平均每户负债一百八十元，自耕农每户平均五十三元，半自耕农平均每户一百九十九元五角，佃农每户平均一百二十元零三角，雇农每户平均九元，总平均每户负债为一百一十一元一角。

负债农户的历年负债情形，地主兼自耕农系民二十年的债款，自耕农尚在十七年以前的旧债，半自耕农亦系十七年的旧债，佃农自十七年以前的旧债，跟着年份逐年的举债，其债额以民二十二年为最高。雇农的债款，是新近才成立的，统计历年债款的成分，十七年以前的债，占全数的百分之二二・八一；十七年占百分之一四・九六；十八年占百分之九・三七；十九年占百分之二・四二；二十年占百分之一八・九。二十一年占百分之一二・五四；二十二年占百分之一八・六四。其中以十七年以前的旧债占最高的成分。

开远县二村各类负债村户历年负债情形

（民23年）（单位：元）

类别	负债户数	负债年份及额数							合计
		17年以前	17年	18年	19年	20年	21年	22年	
地主兼自耕	1					180			180
自耕农	1	53							53
半自耕农	2	399							399
佃农	24	359	532	346	86	492	446	627	2 888
雇农	4							36	36
合计	32	811	532	346	86	672	446	663	3 556

债款的用途，地主兼自耕农完全用于农本，自耕农完全用于婚丧，半自耕农用于必要生活者占百分之一六・五四，用于农本者占百分之一六・七九，用于其他者占百分之六六・六七，佃农用于婚丧者占百分之三六・三九，用于必要生活者占百分之三一・〇九，用于农本占百分之一九・五二，用于建屋者占百分之五・九九，用于其他者占百分之七・〇一，雇农用于必要生活占百分之七七・七八，用于建屋者占百分之二二・二二。总计债额的用途，婚丧占全额的百分之三一・〇五，必要生活占百分之二七・九〇，农本占百分之二二・八一，建屋占百分之五・〇九，其他占百分之一三・一五，其中用于婚丧占第一位，必要生活占第二位。

农村贷款，分抵押与信用二种，各类负债村户，于借贷时债款性质的比率，地主兼自耕农，自耕农以及半自耕农，完全信用借款，佃农抵押债款占百分之五六・三三，信用占百分之四三・六七；雇农抵押借款占百分之四四・四四，信用占百分之五五・五六。总计债额全部，抵押占百分之四六・二，信用占百分之五三・八。从表内可以看出，有土地者的借款，不用抵押品，而无土地者的佃农和雇农，要是抵押借贷，这因为有产业者而成立了信用关系，反之无产业者，就是不容易进行信用贷款，而佃雇农的抵押品，舍他所住的几椽房屋，是别无所有的。

开远县二村各类村户负债的用途

（民23年）　　（单位：元）

类别	负债户数	经商	婚丧	折租	必要生活	农本	疾病	建屋	其他	合计
地主兼自耕	1					180				180
自耕农	1		53							53
半自耕农	2				66	67			266	399
佃农	24		1 051		898	564		173	202	2 888
雇农	4				28			8		36
合计	32		1 104		992	811		181	468	3 556

农村贷款的利息，有物息与银息二种，物息就是以谷子作利息的，此种谷息，如以谷价高昂时折算，则比银息要高得多，各类村户在借贷时物息与银息的比率，只有佃农占百分之二四·一七是物息，其余的都是银息，全部债款，物息占百分之一九·六三，银息占八〇·三七。

利息分月息与年息，月息最高四分，最低三分，普通亦是三分，年息最高四分半，最低一分，普通三分半，年息最高竟有四分半者，可见高利贷盘剥的势力浓厚而嚣张了。

开远县二村各类负债村户借贷时物息与银息的比率

（民23年）

类别	物息		银息	
	额数	%	额数	%
地主兼自耕			180	100
自耕农			53	100
半自耕农			399	100
佃农	698	24.17	2 190	75.83
雇农			36	100
合计	698	19.63	2 858	80.37

五、田赋

开远田赋名称有三：（1）民粮：原征粮额为五百二十五石八斗九升六合，每石征收现金八元四角，共计现金四千四百十七元五角二仙六厘；（2）夷粮：原征粮额数，九百零七两二钱，每两征收现金二元五角四仙一厘，计现金二千三百零五元一角九仙五厘；（3）练粮：原征粮额数五十二两八钱，每两征收现金一元五角六仙六厘，计现金八十二元六角八仙五厘，总计原征粮额数，为五百二十五石八斗九升六合，又九百六十两；统收折合现金六千八百零五元六角。至于附征，团费附加，除练粮无团费附征外，民粮，夷粮，每石每两征现金三角，计现金四百二十九元九角二仙九厘，附粮捐，每石征现金一元，每两征现金五角，计现金一千零零五元八角九仙六厘；统共正税及附加，计现金八千二百四十一元二角三仙一厘。

该县租课，计官租一千二百九十七石九斗二升四合，每石折征现金三元，计现金三千八百九十三元七角七仙二厘。

六、农村捐税

农村税捐，分临时负担与常年负担二种，常年负担，有烟亩罚金等六种，临时则有募兵负担与救国捐二种，根据石牌坊及木花果二村调查所得，石牌坊村屠宰税每只计国币八角，宰牛税分水牛黄牛，水牛每头国币四元，黄牛二元，平均每头须三元，骡马税，以其从价征收，凡购马征百分之三，骡百分之七，榨糖捐以亩计，每亩征收一角零六厘，木花果村因种烟苗，每亩征收二元，计十三元三角，屠宰税，亦以每只征收，团款计九元三角，宰牛，骡，马，榨糖等捐，亦与石牌坊相仿。

开远县二村常年负担之捐税

（民 23 年）　　　　　（单位为元）

村名	税捐名称					
	烟亩罚金	屠宰税	团款	宰牛税	骡马税	榨糖捐
石牌坊村		每只 0.8		每只 3	购马征 3% 购骡征 7%	每亩 0.106
木花果村	13.3	同上	9.3	同上	同上	同上

至于临时负担之捐税，募兵自十七年至现在计募兵二次，石牌坊村募兵负担为国币八十元，救国捐为二十六元，木花果村募兵负担一百二十元，救国捐为十八元。

七、农村教育

开远全县小学计有一百六十三所，学生人数计五千六百一十七人，其经费，县立者，每月由县财政局支领，区立者，由区公所自行筹措，县立男女乡村师范二所，男校学生八十四名，女校学生三十八名，以男师尚称完备，理化试验品亦齐备，女师设备未完，其经费亦由县财政局支领。

农民识字人数的比较，地主兼自耕农和自耕农，是没有识字的人，半自耕农识字的成分为百分之二·五，佃农识字的成分为百分之二·五六，雇农识字成分为百分之三·七，总计二百五十六个农人中，识字人数只有五个，其识字成分不到百分之二。

开远县二村各类村户的识字人数的比较

（民 23 年）

类别	人数	识字人数	识字人数的%
地主兼自耕	7	——	——
自耕农	22	——	——
半自耕农	40	1	2.5
佃农	156	4	2.56
雇农	27	1	3.7
总计	252	6	1.98

八、政治情形

开远自治区域分八区，每区设区公所一，区以下，乡镇公所及闾邻长等属之，区公所经费来源。系就地筹集，即向乡村农户分摊而来。区自治之组织，区设区长一人，副区长及助理员各一人，并区丁二人。区公所兼设调解委员会，以便有纠纷先事调解。乡镇公所，设乡镇长及副乡镇长各一人，监察委员五人，并设调解委员会。区公所之职权，系秉承县政府委办之事务，并调解或决定民刑事件之处置，其已举办者：（1）调查户口，（2）编订门牌，（3）编制预备团，（4）办理积谷。惟因民智闭塞及经费人才缺少之关系，地方自治只具雏形而已。

全县警卫，县公安局一所，分局二，警察三十名，常备队一中队，计四十名，其警察系经省警察学校训练毕业，常备队由各乡征募而来，经费每月由县财政局就地方款项下支付，警察待遇分二等，一等警每月支饷合国币五元二角，二等警月饷四元，常备队兵士待遇亦与警察同等，至预备团，各乡镇自行举办，均系义务职，常备队枪械计有百七十枝，警察枪械计三十枝。

附　　录

一、昆明，禄丰，二县当地“亩”折合“公亩”表

（一）昆明

村名	块	所量田号亩数	实量公尺数	折合公亩数	每田号亩合公亩数	备注
严家	1	0.66	长27.50m 宽18.10m 18.00m	4.964	7.52	
本村共计	1	0.66	×	4.964	7.52	
季管	1	1.00	长29.6m 宽24.60m 23.80m	7.163	7.16	
	1	0.66	长35.40m 宽12.40m 12.20m	4.354	6.60	
本村共计	2	1.66	×	11.517	6.94	
桃源	1	2.66	长58.70m 宽25.50m 30.50m	16.436	6.18	
	1	1.66	长40.00m 宽35.26m 33.28m	13.708	8.26	
本村共计	2	4.32	×	30.144	6.98	
昭宗	1	0.66	长19.10m 宽14.20m 14.00m	2.693	4.08	

续表 1

村名	块	所量田号亩数	实量公尺数	折合公亩数	每田号亩合公亩数	备注
	1	0.66	长 28.50m 宽 16.30m 16.50m	4.674	7.08	
本村共计	2	1.32	×	7.367	6.04	
下河埂	1	0.80	长 40.00m 宽 13.00m 12.60m	5.120	6.45	
	1	1.50	长 55.60m 宽 14.00m 15.40m	8.173	5.49	
本村共计	2	2.30	×	13.293	5.78	
菊花	1	1.33	长 48.60m 宽 19.30m 18.90m	9.283	6.98	
	1	0.66	长 23.00m 宽 21.20m 19.20m	4.646	7.04	
本村共计	2	1.99	×	13.929	7.00	
全县总计	11	12.25	×	81.214	6.68	

(二)禄丰

村名	块	所量田号亩数	实量公尺数	折合公亩数	每田号亩合公亩数	备注
玉龙	1	0.33	长 20.50m 宽 10.80m 10.40m	2.173	6.585	
本村共计	1	0.33	×	2.173	6.585	
柴家营	1	0.33	长 25.40m 宽 7.70m 7.60m	1.943	5.888	
	1	0.33	长 21.40m 宽 11.60m 11.20m	2.439	7.391	
本村共计	2	0.66	×	4.382	6.639	

续表 1

村名	块	所量田号亩数	实量公尺数	折合公亩数	每田号亩合公亩数	备注
土官	1	0.66	长 30.55m 宽 14.20m / 13.50m	4.231	6.411	
	1	0.16	长 15.30m 宽 9.00m / 9.10m	1.385	8.656	
本村共计	2	0.82	×	5.616	6.849	
董户	1	0.33	长 12.25m 宽 9.76m / 9.50m	1.180	3.576	
	1	0.33	长 30.50m 宽 14.00m / 12.00m	3.965	12.015	
本村共计	2	0.66	×	5.145	7.795	
全县总计	7	2.47	×	17.316	7.011	

二、云南举行全省耕地清丈情形

(一)云南清丈处成立经过及其组织

云南全省清丈总局,成立于民国十八年,内设总办坐办以董其事,继因办法不善,乃缩小范围,改为昆明县清丈局。办理以来,将近三年,财厅所垫经费,已达滇币四十二万余元,而收效甚鲜,势将停办。及至民二十年省政府委员陆崇仁,重掌财政时,乃决心整理省耕地,以昆明清丈局改组为全省清丈处,荐刘润之为处长,隶属于财政厅,一面结束昆明清丈局,一面继续分期推进各县耕地之清丈,并开办清丈人员养成所,以造就清丈之人才。毕业学生已有十八班,均分发各县清丈处服务。该处为求贯澈清丈计划实施起见,曾于民国二十一年四月,二十二年六月,二十三年六月,召开第一、二、三次清丈会议。第一次共有决议案六十件;第二次,一百六十五件;第三次二百七十五件。兹将清丈处组织系统列表于下:

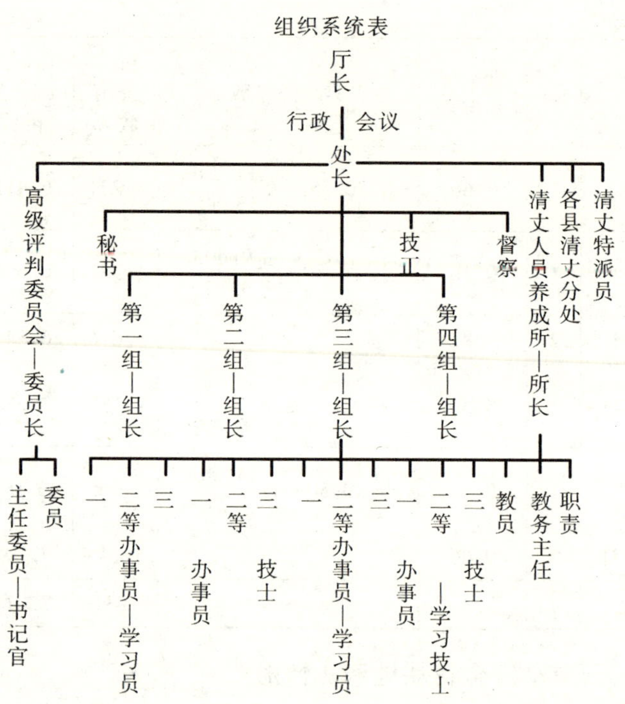

上表组织系统，于处长下分四组：第一组系办理文牍，经费，购备物品，及不属其他各组事宜；第二组办理清丈人员之罗致，训练，任用考核，进退等事；第三组办理执照，法规，册籍，表单等之编查事宜；第四组办理图算，统计事宜。至于高级评判委员会。系为评判关于清丈耕地发生业权纠纷，不服初级评判之上诉案件，以确定业权纠纷而设。

清丈处下设清丈分处，于一二县范围内成立清丈分处，以办理全区耕地清丈事宜，已将分处组织系统列表于上：

清丈分处之组织，内部分总务，内业，外业三组，并设等则评定委员会，初级评判委员会，清丈事务所等。其总务组，系办理文书，宣传，会计，庶务，发照等事；内业组，则关于分村及县耕地制图，造表，折算业户之耕地税，填就耕地执照等；外业组，则关于耕地测丈，覆丈，耕地点验，等则查定，业权登记，清丈单之填发，清丈单存

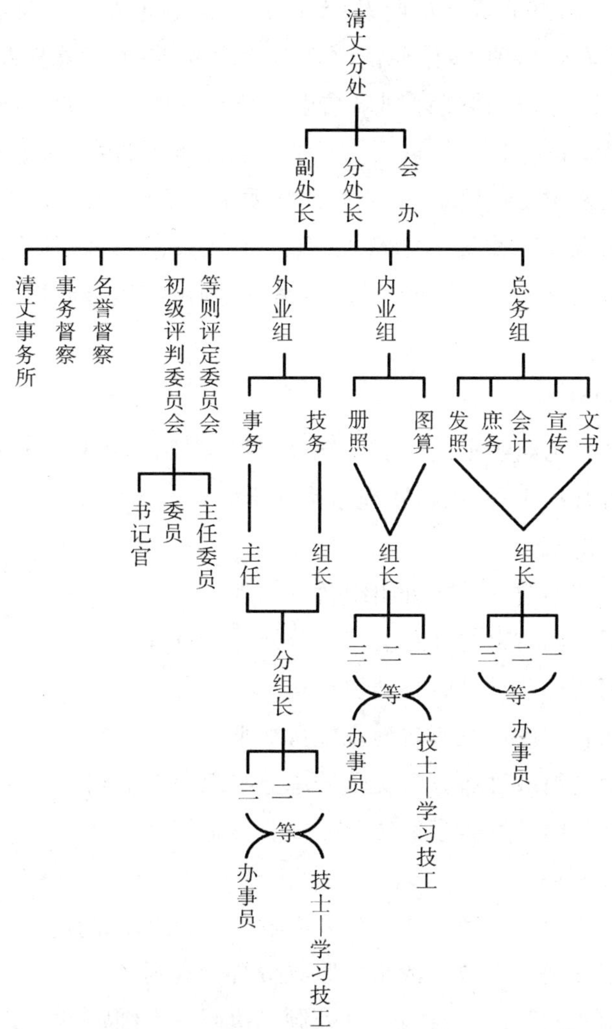

根，等则草案归户等。等则评定委员会，其职掌则关于耕地地价之审查，耕地等则之评定，耕地等则发现错误之覆查更正，造册统计报告等事项。初级评判委员会，其职掌关于清丈耕地时发生经界争执，及土地上之物权债权之争执，企图侵占公有田地之评判，关于邻县交界田地之纠葛，两县田地之会审会勘执行评判确定之案件，妨害清丈之普通事项，判决定案之批答公布，收售声请书，评判手续费，声请书纸费之征收及统计报告，调验证据传讯证人，以及行县拘提看管事项，发给原证评判书堂谕事项，申请陈报及案请之调查，清丈结束后移交评判未结束及执行未了之案卷。高级评判委员会负责命令执行等事项。至于清丈事务所，由区长兼充所长，办理区内之清丈接洽事项，关于评判委员会之组织及评判规程，由厅另订初级评判委员会之章程，凡二十九条，其起诉判决程序，悉接司法手续办理，但关于涉及刑事案件，则由当地县政府或司法机关办理。

（二）法规

清丈处为组织上之必要及健全起见，复制定各种单行法规，计已颁布者凡二十种，兹将法规名称抄录如下：

清丈法规

云南省财政厅清丈处组织暂行章程

修正云南省财政厅各县清丈分处组织章程

云南省财政厅征收耕地税章程

云南省财政厅征收耕地税施行细则

云南省财政厅各县清丈分处总务组织办事细则

云南省财政厅各县清丈分处外业实施细则

附补充办法

云南省财政厅各县清丈分处内业组人员办事细则

修正云南省财政厅清丈发照收费暂行规则

云南省财政厅各县清丈分处颁发执照办事细则

云南省财政厅清丈耕地初级评判委员会章程

云南省财政厅清丈分处耕地等则评定委员会规则

修正云南省财政厅清丈督察规则

云南省财政厅西畴县普马清丈委员会组织简章

云南省财政厅清丈人员奖惩规则

云南省财政厅清丈分处人员请假规则

云南省财政厅清丈耕地覆丈复查规则

云南省财政厅妨害清丈惩治规则

云南省财政厅清丈人员宣誓就职规则

云南省财政厅清丈人员保障法

云南省财政厅各县清丈分处保管仪器暂行规则

兹择其法规中之重要者,全文抄录如下:

1. 修正云南省财政厅清丈发照收费暂行规则。

第一条　凡办理清丈各县,发给执照征收照费,均须遵照本规则办理之。

第二条　清丈执照,由财政厅编号盖印发交县清丈分处遵照填绘,一俟办妥,布告定期发领。

第三条　清丈执照,应于布告期内,由各业户持清丈单到各该清丈分处请领。

第四条　清丈执照,系按号发给,每号耕地不及一亩者,亦得给照一张。

第五条　清丈照费,依下列规定征收之:

(1)每田一亩,收现金六角。

(2)每地一亩,收现金三角。

此外不准巧立名目,额外加征,如有以他种货币缴纳时,应遵照政府规定价格办理。

又新垦田及火田,每亩价值不及现金十五元者,其照费得酌减为每亩现金三角。

第六条　耕地税章程,十二十三两条,所指之耕地,应俟升科时再发给执照,但业主自愿请领执照以为管业凭证时,亦得参照前条之规定,分别酌予提前给领。

第七条　征收照费时。若地积畸零,不满半亩名,以半亩计,不满一亩者,以一亩计。

第八条　清丈照费,由清丈分处于亩积公告后开始征收之,其征收方法如下：

(1)凡亩积公告后，半月内将应缴照费缴清者，得坐扣百分之五。

(2)凡一县清丈结束，分处撤销，尚未来领照者，应加征照费百分之五。

第九条　清丈照费，由清丈分处收到后，应即分别造册，按旬报解，不得移作他用。

第十条　征收照费之登记核算事项，应查照本厅规定会计法规办理之。

第十一条　每届发照收费时期，各业户应遵限缴费领照，倘故意规避延宕，得送交该管县政府照第五条之规定强制执行。

第十二条　在清丈期间，耕地有典当及其他借贷抵押情事者，应由当事人会同出名持单领照，但照内应填注原业主姓名。

第十三条　在清丈期间，业权发生纠葛者，以持有司法机关或清丈评判会所发刊本及清丈单者为合法领照人。

第十四条　本规则如有未尽事宜，得随时修正呈准行之。

第十五条　本规则，自呈奉核准公布之日实行。

2. 云南省财政厅征收耕地税章程。

第一条　云南省财政厅，为改革全省田赋制度起见，特定本章程办理之。

第二条　凡在本省境内之耕地(包括田地两种)，不论私有公有，自本届清丈之后，均应由业主遵照本章程缴纳耕地税。

第三条　全省耕地，分为三等九则，其名称如左：

(1)上等上则，简称上上则。

(2)上等中则，简称上中则。

(3)上等下则，简称上下则。

(4)中等上则，简称中上则。

(5)中等中则，简称中中则。

(6)中等下则,简称中下则。

(7)下等上则,简称下上则。

(8)下等中则,简称下中则。

(9)下等下则,简称下下则。

第四条　厘定等则,以当地最近普通买卖地价为标准,其分别如左:

(1)每亩价值在一百五十元以上者,为上上则。

(2)每亩价值在一百二十元以上,不满一百五十元者,为上中则。

(3)每亩价值在九十元以上,不满一百二十元者,为上下则。

(4)每亩价值在七十元以上,不满九十元者,为中上则。

(5)每亩价值在五十五元以上,不满七十元者,为中中则。

(6)每亩价值在四十元以上,不满五十五元者,为中下则。

(7)每亩价值在二十五元以上,不满四十元者为下上则。

(8)每亩价值在十五元以上,不满二十五元者,为下中则。

(9)每亩价值不满十五元者,为下下则。

计算地价,以本省通用之半开现金为本位,其有以他种货币论价者,应按照市价折合现金计算。

第五条　征收耕地税,按照等则,分别征收,其税率如左:

(1)上上则耕地 每亩每年纳税银三角。

(2)上中则耕地 每亩每年纳税银二角四仙。

(3)上下则耕地 每亩每年纳税银一角八仙。

(4)中上则耕地 每亩每年纳税银一角四仙。

(5)中中则耕地 每亩每年纳税银一角一仙。

(6)中下则耕地 每亩每年纳税银八仙。

(7)下上则耕地 每亩每年纳税银五仙。

(8)下中则耕地 每亩每年纳税银三仙。

(9)下下则耕地 每亩每年纳税银一仙。

税银以现金为本位

第六条　耕地有畸零时，征纳税银，不满半亩者，以半亩计，半亩以上，不满一亩者，以一亩计。

第七条　耕地税之征纳，每年一次，纳税人应于每年十一月一日起，至翌年二月底止，将本届应纳税银，一次完纳，领取凭证不得拖欠，如逾期不缴者，应加处罚，其罚则另定之。

第八条　缴纳耕地税，均由纳税人自赴经征官署完纳，不许包揽，但为纳税人之便利起见，得由经征官委托地方团体，或派员就近征收之。

第九条　经征官署，征收税款，一切手续，务须简单敏捷，不得留难迟滞。

第十条　耕地税征收之凭证，由财政厅制发，不收任何费用，凭证式样另定之。

第十一条　违背耕地税征率，或行使非厅颁之印票。而征收税款者，以违法论。

第十二条　凡初经开垦之耕地，不能继续种植者，不列等则，惟须测丈登记，三年以后，再行查报升科。

第十三条　凡川河沼泽，及无粮暂荒之地，应概由所属官吏，呈报登记后即行免税，以后如有开垦成熟或涸复者，再行查明升科。

第十四条　耕地等则，经清丈厘定后，每十年清丈一次。

第十五条　每县清丈完毕后，应由清丈机关，将全县耕地造具耕地区域册，及耕地花名册，呈报财政厅备案，并以一分交县署存查。花名册内，应列耕地所有人之真实姓名，除耕地外，不得列载堂名及其他字号，如契内系堂名者，应于姓名下加即某某堂字样，并于契内一律添注明确。

第十六条　厘定等则，用分区法办理，其有特殊情形疑难分区办理者，得酌用其他方法。

第十七条　厘定等则，应由清丈机关，将等则草案，先行公告，如有业主认为错误者，得于定限内提出理由，请求覆查更正。

第十八条　本章程呈奉省政府核准后，自民国二十年起就清丈完毕各县次第推行。

第十九条　自本章程实行之日起，旧时田赋（包括条粮及正杂各款）及随粮附捐等一概取消。

第二十条　未经清丈完毕各县，仍暂照划一田赋征数表征纳。

第廿一条　各县租课一项另案办理，不在本章程范围以内。

第廿二条　征收耕地税施行细则另订之。

第廿三条　本章程如有应行修正处，由财政厅呈准省政府修正之。

3. 云南财政厅征收耕地税施行细则。

第一条　本细则依据本省征收耕地税章程第二十二条订定之。

第二条　征收耕地税，由厅委任各县财政局办理之。

第三条　征收耕地税，应根据清丈归户册所载亩积等则总数征收之。

第四条　征收耕地税，为便于征纳起见，得由财政局委任各乡乡长为经征员，就乡镇公所负责收征，但应将经征员姓名年龄住所呈报财政厅备案，并应随时督促办理。

第五条　财政局应于每届开征前，召集各经征员及地方乡长，讲述征收法令，以期了解，并得派遣宣传员，分赴各乡，以文告或口头鸣锣宣传。

第六条　财政局征收耕地税，应用纳税凭证，由财政厅印制，交财政局填发凭证。定为两联，第一联为存根，留财政局备查，第二联为凭证，交纳税人收执。

第七条　纳税人上纳耕地税时，经征员应随到随收，税款收清后，应由经征员缮具清单一纸，连同税款解交财政局核收，并将凭证取回，转发纳税人收执。

第八条 纳税人上纳耕地税，如愿自行到财政局上纳者听，财政局应于税款收讫后，填发纳税凭证，不得留难，如违议处，纳税人应将纳税凭证，呈交该管经征员查阅，阅毕仍索回自行收执。

第九条 自行赴财政局直接纳税之纳税人，应于次年二月以前缴清，不得展限。

第十条 每届开征前，财政局应备制征税底册一份，每乡立一账户，将经征员姓名注明，并依照归户册，将征收总额誊入，开征以后，其由纳税人，直接到局缴纳者，由局将每日已收总数记入，其由经征员征纳者，俟解交到局时，再为记入，一俟征期届满，按乡核比，如征纳已清，即行批销，其有延宕不清者，责令经征员比追。

第十一条 经征员征收税款，应妥为保管，每半月报解一次，距城较远者，每月报解一次，如有遗失，由该员负责赔偿。

第十二条 经征员征收耕地税，不得刁难阻滞，尤不得苛索任何费用，如遇有人民不谙征收手续者，须和平解释，明白开导。

第十三条 经征员对于所属区域内耕地，如有移转时，应查明呈报财政局核办，并应注意飞洒隐匿等项情弊，随查随报。

第十四条 征收耕地税，经征员务须遵章，按期将该管应纳耕地税征至七成以上，其余欠数准展限至五月底止，扫数征清，不得拖欠分厘，以重国赋。

第十五条 征收耕地税，得按照已收税额坐扣办公费百分之六，经征员坐扣百分之五，财政局坐扣百分之一，财政局长及经征员，每年应将经征税款于规定期限内，负责照额扫数解清，如违议处。

第十六条 凡人民上纳耕地税，如有不按期完纳，或逾限不缴者，由经征员查明情形呈报财政局送县核追。

第十七条 经征员如有亏款潜逃情事，应勒追家属赔偿，并得查封家产备抵。

第十八条　财政局收入各经征员缴到税款，及纳税人直接上纳税款，均应分别登记，妥为保管，遵照定章，甲月之款限一月十日以前造册呈解，不准积压，如有积压，或挪移款项者，一经查觉，照例惩处。

第十九条　财政局征收耕地税时，对于所属得发文告命令。

第二十条　财政局执行职务，倘从中阻挠，妨碍征收者，得函请县政府提案，依法惩治。

第廿一条　财政局遇有耕地变迁消灭转移时，依照耕地登记章则办理，登记规则另定之。

第廿二条　本细则如有未尽事宜，得由各县财政局呈请酌予修改之。

第廿三条　本细则自呈奉核准日施行。

4. 修正云南省财政厅清丈期间解决业佃争执办法。

(1)无条件归业方：有左列事之一者适用之：

(甲)业方对所有之土地，有正当之权源，真实之契据，且能确知土地之坐落，丘数，亩积，佃方按年缴租，其契据内容，纯系租赁关系，并无永佃条件者。

(乙)业方虽无契据，而有租约租簿，及历年收租事实，确能证明其所有权之存在，佃方不能提出业方权利消灭之反证，及证明其纳租行为之出于强暴胁迫者。

(丙)业方虽无契据，但十年以前，确有长期管业之事实，而最近因不可抗力，或其他不得已之事由，不能行使权利，曾经起诉尚未终结者。

前项期间自推行该他清丈之日起算。

(2)无条件归佃方：有左列情事之一者适用之：

(甲)业方无管业证据，或虽有证据而不确实，且无书面契约，佃方则执有管业证据，历年并纳租或虽纳租，系托其代粮，而非租赁关系，经审查其佃金数额性质，确系代粮。

(乙)佃方自行垦殖之土地,原无租赁关系,已经取得时效而业方并未追究者。

(3)有条件归业方:照给业方不得加租,佃方有永佃权,亦不得欠租。有左列情事者适用之:

业方对所有之土地,有正当之权源,真实契据,且能确知其土地之坐落,亩积,丘数,惟租约内容,无最长期之限制,或租期届满时,业方概不撤佃亦不新定契约,一任佃方辗转让于佃权,经过十年而无反对之表示者。

(4)有条件归佃方:佃方向业方补价,照给佃方,如佃方以土地抵价者听。有左列情事者适用之:

业方无取得所有权之契据,虽有执照,或其他记载,而对于土地之坐落,亩积,丘数,无明白之认识,而佃方则辗转转佃,现存佃方佃权之取得,曾经支付金钱代价者。

(5)归公。有左列情事之一者适用之:

(甲)业佃双方,因争执不能解决,经双方甘愿将系争土地归公者。

(乙)业方所有权之取得,系出于强暴侵占,佃方则又纯系租赁关系,并未具备取得时效条件者。

附注:

(甲)解决业佃争执办法,仅适用于有业佃关系之争执。苟双方当事人间,依法已无业佃关系之存在,即不能适用之。

(乙)解决业佃争执办法,仅为清丈分处办理评判之一种标准,对外无庸公布。

(丙)适用业佃争执办法时,若系争田在十亩以上,地三十亩以上者,须先呈厅核准。其田不及十亩地不及三十亩者,得于办理后呈报备案,但有特殊情形者,仍应先呈后办。

(丁)解决业佃争执办法,第五项所谓归公云者,约包括各级政府而言(如省县区乡镇等是)。至于应归何级政府,则因地因事分别办理。

(戊)上项办法,由厅呈请省政府备案示遵,惟云南区域辽阔,情形复杂,以后遇有特殊情形,为本办法所不能赅括者,再行修正补充。

(3)清丈实施情形。(甲)云南清丈计划,原定分九期举行,预期民国三十五年将全省耕地清丈完竣,省当局以期间过长,曾限定于六年内完成全省清丈,惟清丈处以六年时限短促,碍难如期完成,以最迅速计,亦须于民国三十年始告完成。至于清丈区域之划分,以昆明县为中心,由近而远,分期举行。自民国十八年起,举行第一期之昆明县清丈,二十年推进第二期之呈贡,晋宁清丈。二十一年推进第三期之昆阳,宜良,嵩明,玉溪,澂江,安宁,富民,易门等八县,及西畴县之普元,马桑两甲之清丈。二十二年十月推进第四期之华宁,江川,路南,陆良,禄丰,罗次,寻甸,河西,通海,禄劝,双柏,峨山,武定,广通,曲溪等十五县。二十二年五月结束昆明,晋宁,呈贡等三县,同年十二月结束昆阳,宜良,澂江等三县,二十三年三月结束富民,安宁,玉溪,嵩明,西畴等五县。预计在二十三年底,以前四期清丈县份,可完全结束,并继续推进第五期之十八县耕地清丈。(乙)清丈工作人员及清丈经费收支情形,在推进第二期清丈时,工作人员约三百余人。至第四期(二十三年六月止)已增至一千八百余人,连同地方补助人员,共计二千数百人,至于清丈之经费,原定以照费收入作为清丈全部经费,在推进各县清丈时,则先由财政厅垫款,每县清丈完竣,由耕地执照费收入项下归还。现已结束之三期十二县,清丈费共计用去现金一百二十余万元,照费收入现金一百三十余万元,收支相抵,尚有余款。(丙)清丈之成绩,昆明等十二县,其旧亩积,共约八十五万余亩,清丈结果,增至二百五十余万亩,与旧亩积比较,增二倍以上。至于耕地税,旧时田赋,十二县正税收入共约现金二十一万,清丈后耕地税收入,约现金三十万元。

中华民国二十四年四月初版
编辑者　行政院农村复兴委员会
发行人　上海河南路王云五
印刷所　上海河南路商务印书馆
发行所　上海及各埠商务印书馆

《云南问题》解题

马玉华

一、华企云生平

华企云先生系民国时期的著名学者,出生年月和生平不详。但是我们可以从民国时期保留下来的有关中国边疆研究的书籍和文章中了解到他对中国边疆研究的贡献。

面对近代以来的中国边疆危机,20世纪30年代,他先后出版了《满洲问题》(黎明书局1930年版)、《蒙古问题》(黎明书局1930年版)、《西藏问题》(大东书局1930年版)、《满蒙问题》(大东书局1931年版)、《新疆问题》(大东书局1931年版)、《云南问题》(大东书局1931年版)、《满洲与蒙古》(黎明书局1932年版)、《中国边疆》(新亚细亚学会1932年版)等著作。其中《中国边疆》,是较全面地论述中国边疆问题的第一本专著。该书综述了边疆之沿革与现状,边疆之勘界与失地,边疆邻接各地之地理概况、民族之运动,国际角逐下之东北、蒙古、新疆等问题,以及英国侵略下的西藏、云南等边疆问题。

同时,华企云先生在20世纪20年代至40年代,先后在《新亚细亚》《边事研究》《东方杂志》等刊物上发表了许多文章,对中国近代的边疆沿革及边疆危机进行了较为广泛的研究。其代表性论文有:《中国边疆之勘界与失地》(《新亚细亚》2卷2期,1931年5月)、《中国近代边疆失地史》(《新亚细亚》7卷6期,1934年6月)、《中国近代边疆界务志》(《新亚细亚》9卷2期,1935年2月)、《中国近代边疆沿革史》(《新亚细亚》9卷4期,1935年4月)等。

二、《云南问题》主要内容

《云南问题》是华企云先生边疆研究系列之一,1931年由大东书局出版。该书有三万多字,分上、下两篇,共六章。上篇是"英法帝国主义与云南",包括英法帝国主义觊觎云南之由来、中英滇缅问题、中法滇越问题三章,对近代以来英法帝国主义侵略云南的历史,英法两国与中国签订的有关滇缅、滇越问题的不平等条约等进行了完整的叙述。下篇为"西南边疆问题与云南",对当时人们关注的滇缅西南北界务概况、片马问题、江心坡问题等,进行了详细的分析和研究,使国人对清末以来的云南边疆危机有较全面的了解,也为后人研究近代的云南边疆问题提供了宝贵的资料。作为当时的研究成果,本书资料翔实,评价较客观,反映出了作者对边疆问题研究的成就。

《云南问题》点校说明

马玉华

一、原书有一些错别字、漏字、衍文及生造字、俗字，点校时一仍其旧，但以脚注说明。字迹漫漶不清者尽可能查证相关史籍初充完善，不能补充者以□代之。

二、点校本一律使用规范简化字，并按现行行文规范及志书的内容实际对原书进行合理分段。

三、对古籍中旧有的称谓（如倮夷）和提示（如满清），在点校过程中未予以改动，只是为了保持古籍原貌，没有丝毫的歧视之意。但将少数民族的歧称。如猓、狪、狆、獠之类，统一改为倮、侗、仲、僚。

四、旧志所引古籍文献，均以书名号标示。所引古籍文献原文均加引号，所引古籍文献的大意则不加引号。

五、原书使用序号与现行标准不一，点校时按现行语体文规范一并改正。

六、原书有部分文字传写有误，佶屈不通，不得已一仍其旧。望读者有以正之。

七、原书己、已、巳、戊、戌、戎、戍混用，点校时一并改正，不再出校。

八、原书目录与正文标题不符，点校时保留原貌，不予以改动。

九、原书对同一少数民族的称呼前后不一致，如“罗罗”“倮罗”

混用,“窝泥”“窝伲”混用,“濮喇”“扑喇”“仆喇”混用;同一地方的名称也有了不同的写法,如“孟连”写成“盂莲”,“勐海”有时写成“猛海”等。但为保持原书原貌,我们未予以统一改动。

雲南問題

目录

自　序

或有问于余曰:“子尝编著《满蒙问题》与《西藏问题》两书矣,今兹又以编著《云南问题》一书闻,岂云南问题亦有如满蒙、西藏问题之重要乎?吾有以见其不然也。”应之曰:“满蒙、西藏问题诚属重要,而云南问题则亦未可忽视也。云南在本部十八省中,面积虽系次大之省,而形势之重要,则要为任何各省所不及。一孔之上,以为云南边瘠之地,何关大局;而不知云南据各省之上游,有倒挈天下之势。由云南入川,则据长江之上游,过贵州至黄平沅江,以达湖南,则可左右北方。若夫东走广西,沿西江而下,则又可据珠江流域。刘维坦云:中国如瓜形,而云南则其瓜蒂也;瓜蒂滥,则全瓜滥矣,此语诚可谓之知音。且也证诸史乘,则正亦不乏其例,昔蜀汉之世,诸葛武侯出师北伐,即先征南蛮以绝后忧。唐之中叶,滇南没于南诏,中国遂苦骚扰。宋代惩唐之失,先征大理,南宋遂被并取。即如最近,民四护国之役,蔡锷亦凭借云南一隅,始能再造共和。凡此皆为史中实例,非同向壁虚构可比。虽然云南形势之重要,则亦全恃缅越以为蔽。自缅亡于英,越并于法,云南已觉藩篱尽撤,强邻逼处。滇越交界以大山大水为多,尚能拒人于外;而滇缅之犬牙相错,实属无所依恃。所幸者,犹有野人山之天险,可以限隔中外,作为天然长城。然而即此一地,英人尚属不肯放松,必欲划入其版图而后快。清季之进占片马,最近之侵略江心坡。皆为英人侵略野人山显著之例。野人山而为英人所占,则非特云南唇亡齿寒,即比邻之川藏诸省,必亦苦不安。在此千钧一发之际,若不广为宣传,则将何以惩以往越缅之失。此所以有《云南问题》一书之编著也。”客闻余言,则亦拊掌称善,误会顿释。而拙著《云南问题》,遂亦不辞谫陋以与世人相见矣。

中华民国十九年九月

凡　例

一、本书凡分上下两篇:上篇曰英法帝国主义与云南,下篇曰西南边疆问题与云南。

二、上篇以综合叙述为主,举凡英法帝国主义侵略云南之历史,与夫对华所订关于云南之种种不平等条约,无不作扼要之说明。

三、下篇以分析研究为主,举凡清季发生之中缅界务纠葛,以及有关西南边疆之片马问题,江心坡问题等,无不作详细之解剖。

四、本书系边疆问题丛书之一种。阅者如有志研究边疆之状况,则已出之拙著《满蒙问题》与《西藏问题》两种,不妨与此书取而并观焉。

上篇 英法帝国主义与云南

第一章 英法两国觊觎云南之由来

第一节 云南在中国之地位

云南即古之滇池,一名滇省。东界贵州、广西,南界越南,西界缅甸,北界川康;面积共146 714方英里,人口11 020 591,每方里仅75人。面积为本部十八省中次大之省,而人口则系十八省中次稀之省。列表于左,以资比较:

省别	面积(以方英里计)	人口(1926年邮局估计)	密度(以每方英里计)
安徽	54 826	20 198 840	368
浙江	36 680	24 139 766	657
河北	115 830	38 905 695	335
福建	46 332	14 329 594	309
河南	67 954	35 289 752	522
湖南	83 398	40 529 988	486
湖北	71 428	28 616 576	400
甘肃	125 483	7 428 818	59
江西	69 498	27 563 410	395
江苏	38 610	34 624 433	896

续表 1

省别	面积(以方英里计)	人口(1926 年邮局估计)	密度(以每方英里计)
广西	77 220	12 258 335	159
广东	100 000	36 773 502	368
贵州	67 182	11 291 261	168
山西	81 853	12 153 127	149
山东	55 984	34 375 849	614
陕西	75 290	17 222 571	228
四川	128 533	52 063 606	238
云南	146 714	11 020 591	75

根据上表以观，则可知云南在中国实为广土寡民之省。此其现象，非由于云南之地瘠民贫，实缘于僻处边隅，而移民鲜少之故。谓予不信，请更言云南之富源以实吾说。《云南考略》载云南之物产云："翡翠、珠玉、金钢石、白铜、鹿茸、麝香等；金出大金沙江中，土人披之，获利颇厚；方竹出昭通；点苍山石白质青文，具山川草木之状，人多琢以为屏；以其产大理，称大理石。"此仅就其一般而言，若夫其出产之足以称为富源，而陵驾本部各省者，要以铜锡为最著，云南个旧之锡，特称"滇铜"（俗称滇铜锡），年产七千余吨。占全国锡矿百分之八十七以上。汤丹等厂所产之铜，昔称"京铜"（逊清时解往北京，故名），年产九百五十吨，占全国铜矿百分之七十一以上。故云南除地大之外，又有物博之实。然而一方面虽地大物博，他方面则属人口稀少。在"地大物博，人口稀少"之情形下，每易遭外人之觊觎，在我边疆方面，早已不乏其例：如日本之窥伺南满东蒙；俄国之伺隙北满外蒙即其实例。云南又何能外此公例；且也云南为六千尺以上之高原，较之一千尺高度之广西，四千尺高度之贵州，高低相差极巨；较之拔海千尺之四川盆地，尤属山头之望廷尉，在此据高临下之形势，盖又可为压迫邻近各省之资也。

第二节 英法窥伺云南之动机

尝闻薛福成察看英法两国交涉事宜疏中之言曰:“数十年来,西洋诸国惟英法与我中国素多龃龉;一二强邦,迭起乘之,事变愈棘。从前英使如威妥玛、巴夏礼等,法使如巴德诺脱等,儿窥知中国情事。狃于积习,动辄要挟,勾结他国,协以谋我,与之以利而不知感;商之以情而不即应;绳之以约而不尽遵;其所由来,非一日矣!”将英法两帝国主义对华之觊觎态度,曲曲道来,实属毫厘不爽!

考法国之窥伺云南也,实始于逊清同治初年,时有法商奥塞氏及得张比氏者循红河潜游云南,探测山川地势,丰饶矿产,而归;同治十二年(1873 年),又有法人杜沛者,自越南入云南考察形势,收买铜锡;光绪二十一年(1895 年)法国里昂之中国调查会派员至云南调查矿务物产;翌年,大矿学家勒格里率领学生游云南,著《云南矿产考》一书;又翌年(二十三年),越南商务副大臣白罗宜,偕巨商白兰至滇,贿洋务局总办兴禄及矿务督办唐炯,要求采矿权;而后法国窥伺滇省之本怀见矣。至其因越南而假滇越铁路侵入云南,因云南而又窥及广西、广东二省,则下列第三章当有扼要之叙述也。

法国觊觎滇省,原冀擅云南之利,此则吾人已知其叵测矣;然人知法人之叵测,而不知英人之深谋远虑,较之法人殆有过之而无不及焉。考英国觊觎云南之动机,一言以蔽之,则在垄断长江之商业。尝闻薛福成之言曰:“长江上源为小金沙江最上之源,由藏入滇,距边甚近;洋图即谓之扬子江,我若进分大金沙江(伊洛瓦底江)之利,尚可使彼离边稍远;万一仍守故界,则彼窥知江源伊迩,或浸图行船,径入长江,以争通商之利。”径入长江,以争通商一语,于英国如见其肺肝然。顾径入长江,亦匪易易;故潭维斯即有滇缅铁路之计划,以图实现。其计划乃自怒江之昆仑渡起,经滇省之云州、云南昆明以至贵州省之威宁,自威宁起,有两道可通四川:一经毕节(亦在黔省)以至蜀省纳溪,一经昭通(在滇省)以至蜀省叙州,兹两地密迩长江,即可实现“径入长江”之策;溯流而往,更可遍达川、鄂、湘、赣、苏、皖、浙等省,而“争通商之利”矣!所幸者,英人蓄谋虽久,而实施颇难(铁道工程须十年,经费须二千万磅)。故迄今尚未睹告成也。至其迭次侵略滇省之经过,则第二章有扼要之叙述不赘。

兹将英法帝国主义对华所缔结与夫对越缅所缔结关于滇越种种不平等条约列表于后,以为下两章所述之提要:

公元	年号	条约名称	内容纲要	参考章节
1826	道光六年	英攻缅甸结和约	割地赔款	第二章第二节
1852	咸丰二年	英再攻缅甸结和约	割地	同右
1862	同治元年	法越结西贡条约	割地赔款	第三章第一节
1874	同治十三年	法越结法安和亲条约	法国承认越南独立	同右
1876	光绪二年	中英结芝罘条约	规定云南开埠通商	第二章第一节
1883	光绪九年	法越结保护条约	法国以越南为被保护国	第三章第一节
1884	光绪十年	法缅缔结密约	湄江以东割与法国	第二章第二节
1885	光绪十一年	中法缔结中法新约	越南丧失	第三章第一节
1886	光绪十二年	中法缔结越南边界通商章程	规定云南开埠通商	第三章第二节
1886	光绪十二年	中英缔结缅甸条约	缅甸丧失	第二章第二节
1887	光绪十三年	中法订立界务商务专条	广西云南开龙州蒙自为商埠议就滇越界务	第三章第三第四两节
1894	光绪二十年	中英缔结滇缅条约	议就滇缅西南界务	第二章第三节
1895	光绪二十一年	中法订立界务商务专条附章	续议滇越界增开通商处所	第三章第五第六两节

续表 1

公元	年号	条约名称	内容纲要	参考章节
1897	光绪二十三年	中英缔结滇缅续约	续议滇缅界务	第二章第四节
1903	光绪二十九年	中法缔结滇越铁路条约	规定由法人筑造滇越铁路事宜	第三章第七节
1930	民国十九年	中法专约	规定中越通商事宜	第三章第八节

第二章　中英滇缅问题

第一节　英国之探险于云南

英国自前清道、咸间经营缅甸后(参考本章第二节),更欲从缅甸至中国内地开辟一陆上通商道路,开通商路非先行探路不为功,故同治十二年(1873年)间,印度政府即欲派遣探测队至云南测量商路,经由其驻京英使威德与我总理衙门交涉,要求中国承认。我国难于同意,英使固请,乃许之。印度政府又欲得一精通中国语言与熟悉中国事情者为探测队之随员,向英使馆中物色人材。英使乃派书记官名马嘉理者当其任。马嘉理持总理衙门护照,于同治十三年八月由上海经汉口向云南出发,十二月末至缅甸国境之八莫,与探测队长大佐布罗相遇。翌年(光绪元年)正月,大佐布罗即率探测队印度人十五名,缅甸兵士百五十名与马嘉理共同起程,至缅甸边境,风闻土民将狙击探测队于途,大佐等不敢进,滞留缅甸边上。马嘉理以来时未尝遇险,力言风闻之不足信,主张继续进行。大佐按程不动,马嘉理乃独自前进,直至云南之腾越,同时又促大佐起行,大佐等抵腾越,不见马嘉理之踪迹。翌朝,土人果率众来攻,而马嘉理被腾越土豪黎西台杀害之报亦至。大佐等遂不敢进,且战且退,安全返于缅甸八莫。无何,马嘉理被杀之报达于北京(今北平),英使大肆要挟,命东洋舰队进逼直隶湾。我政府恐中英启衅,派李鸿章为全权委员,就芝罘会议,于光绪二年(1876年)西九月十三日,缔结《芝罘条约》开中英滇缅交涉之先河,查条

约三端,其重要条文如左:

(1)所有滇省边界与缅甸地方来往通商一节,应如何明定章程,于滇案议结折内,一并请旨饬下云南督抚,俟英国所派官员赴滇后,即选派妥干大员,会同妥为商订。

(2)自英历来年正月初一日,即光绪二年十一月十七日起,定以五年为限,由英国选派官员在于滇省大理府或他处相宜地方一区驻寓,察看通商情形,俾商定章程,得有把握;并于关系英国官民一切事宜,由此项官员与该省官员随时商办;或五年之内,或俟期满之时,由英国斟酌订期开办通商。至去年所议由印度派员赴滇曾经发给护照,应仍由印度节度大臣随时定夺,派员妥办。

(3)所有在滇被害人员家属,应给恤款,以及缘滇案用过经费,并因各处官员于光绪二年以前办理未协有应偿还英商之款,威大臣(按即英国公使)现定为担代,共关平银二十万两,由威大臣随时兑取。(三条见原约第一端)

夫马嘉理一书记官耳,卤莽闯入我滇省内地,自易引起当地土人之疑虑而加以杀害,乃以马嘉理一死之故,竟得交换开埠通商与巨额赔款之大利权,是迨中国之偌大利权,仅值外人之一命矣。且又于条约之外,另议专条,允许英人入藏探测(参考拙著《西藏问题》页一八五),而滇藏之间从此多事矣。

第二节　缅甸之丧失

今日英领缅甸,即昔日我之南藩大国也。查缅甸自明洪武间即已内附,惟二三其德,叛服不常。清初明桂王逃奔入缅,缅人尽杀桂王之族以献,然自负有献俘功,竟国于西而不臣不贡。中经清高宗征讨之结果,始于乾隆五十三年(1788 年)赍金叶表驯象金塔,款关求贡。五十五年,缅甸遣使贺高宗八旬万寿,乞赐封,许之,封为缅甸国王,定十年一贡之例。惟缅甸虽由此内属,清廷未尝加以经营,终启外人觊觎之渐。道光初,英并印度,与缅甸接壤,缅甸西鄙之民,时与英领孟加拉人启衅,致与英人失睦。道光六年,英人率印度兵来攻,缅人恃其习战,视英人蔑如也。然纪律不严,进锐退速,卒为英军所挫,进逼都城。缅军大惧,卑辞求和,乃割阿猎干、麻尔古、达阿依底呢色领沿海之地,复赔偿兵费数百万两,事始寝。咸丰二年(1852 年)又以构衅失和,战事再起,缅王于仰光乞和,尽失南缅各地。光绪十年(1884 年),缅王与法国结攻守密约,规定:"法国代缅王拘禁觊觎缅王位之实兄,缅王以湄公河以东割让于法国。"翌年一月,法国将此约发表,英国闻讯大惊,遂决定并吞缅甸政策。英兵于光绪十一年西十一月出发攻缅,不二周而将全缅占领,限缅王以二十四小时退出国都。计是役未出二周,亦未遇激战,缅甸即告亡国。时则我国政府除承认英人并吞缅甸外,别无他法,故英国要求我政府协商时,我国悉行承认其要求,惟贲献仪物之例,则中国为保持虚荣计,仍要求明定约上。查缅甸条约共五款,缔结于光绪十二年(1886 年)西七月二十四日,其重要条文如左:

(1)缅甸每届十年向有派员呈进方物成例,英国允由缅甸最大之大臣,每届十年派员循例举行,其所派之人应选缅甸国人。(原文第一款)

(2)中国允英国在缅甸现时所秉一切政权,均听其便。(原文第二款)

(3)中缅边界,应由中英两国派员会同勘定,其边界通商事宜,亦应另立专章,彼此保护振兴。(原文第三款)

约中英国取秉政之实际,中国取进贡之虚荣,而第三条云云,则更为后滇缅历次界务交涉之张本焉。

第三节 滇缅条约

《缅甸条约》第三款中,曾规定会勘中缅边界,及商订通商事宜之语，惟此项规定迄未履行，至光绪十七年，英兵至云南之腾越附近时，与当地居民又起冲突；于是滇缅划界问题始觉不容再缓，光绪二十年(1894 年)间我驻英公使薛福成迭与英外务大臣劳思伯力谈判，截止二十年西三月一日，始于伦敦缔结《中英续议滇缅条约》二十款，今摘录其重要条文于次：

(1)今议定两国边界，自北纬二十五度三十五分起，由格林尼址东经九十八度十四分即北京(今北平)西经十八度十六分之尖高山起，随山脊而行，向西南过高仑坪及瓦仑山尖；由此过华昌村与高仑村之中间，以华昌村归缅甸，高仑村归中国，直至萨伯坪。自萨伯坪起，其线向西而行，稍向南过式仑脱坪，到纳门格坪；由此仍向西南，随山脊而行，至大萨尔河；自此河源至此河与南太白江相会处，分尤克村在东，列棒村在西。自大萨尔河与南太白江相会处起，界线溯南大白江而行，至此江与雷格拉江相会，循雷格拉江上至其源，在尼克兰相近；自雷格拉江发源处，分尼克兰、古庚、升格拉在西，昔马及美利在东；其线自来色江之西源起，至此江与美利江相会处，复溯美利江上至其源，在赫畚辣希岗相近；再向西南，顺列塞江而行，自列塞江至该江流入穆雷江处，在克同相近；分克同村在西，列塞村在东；界线即循穆雷江向东南而行，至与既阳江相会处，然后溯既阳江上，至其源在爱路坪，然后由南奔江(即红蚌河)西支源起，顺南奔江而行，至流入太平江(即大盈江上流，名槟榔江)之处，以上系首段之边界线。(原文第一款)

(2)第二段之边界，由库弄河(一译作葛龙江)与太平江相会处循库弄河，经过其西边一条之支江，至其根源；自此向南而行，与洗帕河(即下南太白江)相会，适在汉董之西南，以麻汤归英国，垒弄、格东、铁壁关、汉董归中国，至此溯洗帕河之支江而上，此江有根源，最近孟定格江之根源，即循山脊而行，向东南方，至南碗河边靠南之克沱，以克沱归中国，配仑归英国；循南碗河向西南方而行，下至该河转向东南处，约在北纬二十三度五十五分，其线由此往南，稍向西，至南莫江以南，尽归英国；循南莫江而行至南莫江分开处，约在北纬二十三度四十七分，溯南边一条之支江而行至蛮秀南边高岭之脊，约在北纬二十三度四十五分；即循此岭脊而行，此岭脊系向东行，稍向北，至瑞丽江（即龙川江）与南莫江相会处，以蛮秀地方及天马关、欣隆、拱卯各村归中国，此数处在以上高山岭之北首，即溯瑞丽江而上，至此江分派，再溯南边一条之支江而上，以江中大洲归中国，至此江与孟卯相对东边，合流相近处，如第三条所开。

中国答允由八莫至南坎各路中之最捷一条大路，经南碗河之南，中国一小段地内除中国商民与土人仍旧任意行走外，亦可听英国办事官员及商民游历之人行走，并不阻止；英国为欲修理此路或设法改筑，可臻平稳，告知中国官后便可动工办理；又有须保护商贾或防偷漏等事，英国亦可筹备办理，又议定英国之兵可以随便经过此路；但如兵数过二百名者若未经中国官答允，即不准过此路，所有带军器之兵，如在二十名以上，即须豫先行文，知照中国。（原文第二款）

（3）第三段之边界自瑞丽江与孟卯相对东边合流相近之处起，照天然界限及本地情形，东南向麻栗坝而行，约到格林尼址东经九十八度零七分，北京西经十八度二十三分，北纬二十三度五十二分地方，有一大山岭；自此循岭脊而行，过木邦及木本陇至萨尔温江（即潞江）约在北纬二十三度四十一分，此段由瑞丽江至萨尔温江之边界，应照第六条所开，由勘界官划定，所有归与中国之地，极少须与孟卯至麻栗坝作一直线为边界所包括之地相等；倘查得合式可为边界之处，当须加添少许之地归中国，则中国应将别处边界之地，给还少许与英国，此事俟日后勘办可也。

自北纬二十三度四十一分起边界线循萨尔温江，至工隆北首之边界，即循此工隆边界向东，留出工隆全地及工隆渡归英国、科干归中国；由此循英国所属之琐麦与中国所属之孟定分界处之江而行,仍随此两地土人所熟识之界线,至界线离此江登山处,以萨尔温江及湄江(即澜沧江)之支江水分流处为界线,约自格林尼址东经九十九度,北京西经十七度三十分,北纬二十三度二十分,约至格林尼址东经九十九度四十分,北京西经十六度五十分,北纬二十三度;将耿马、猛董、猛角归中国,在格林尼址东经九十九度四十分,北京西经十六度五十分,北纬二十三度处,边界线即上一高山岭,此山名公明山,循山岭向南而行,约至格林尼址东经九十九度三十分,北京西经十七度,北纬二十二度三十分,以镇边厅地方归中国;然后其线由山之西斜坡而下,至南卡江,即顺南卡江而行,约过纬度十分之路,以孟连归中国,孟仑归英国;然后循孟连与康东之界线,此界线亦皆土人所熟悉,至北纬二十二度稍北处,即离南卡江,向东略南,循山脊而行,至南垒江,约在北纬二十一度四十五分,格林尼址东经一百度,北京西经十六度三十分;由此循康东及江洪之界线,此界线大半系顺南垒江而行,惟除属江洪一小带之地,系在南垒江之西,北纬二十一度四十五分稍南线行,至江场边界后,约在北纬二十一度二十七分,格林尼址东经一百度十二分北京西经十六度十八分,即循江场与江洪之界线,而至湄江。(原文第三款)

(4)今议定北纬二十五度三十五分之北一段边界,俟将来查明该处情形稍详,两国再定界线。(原文第四款)

(5)现因中国不再索问永昌、腾越边界外隙地,英国大君主于北丹尼地(即木邦)及科干照以上所划边界,让与中国之外,又允将从前属中国兼属缅甸之孟连、江洪所有缅甸上邦之权,均归中国大皇帝永远管理,英国大君后于该地所有权利,一切退让,惟订明一事:若未经大皇帝与大君后豫先议定,中国必不将孟连、江洪之全地,或片土让与别国。(原文第五款)

(6)约内所开边界各线,及所附之地图绘明详细,应由两国所派勘界官,比较划定,以免地方民争论。如查得无论何处,有未甚妥协者,应行更正。两国勘界官,应于交换批准条约之后十二个月之内,在两国届时所定之地相会,勘界官自首次相会之日起应限定不出三年之外,将两国界线,一律勘定,倘两国勘界官,查出所定界线,必须改易,其互易之地,不应视其地面之大小,须论其地土之肥瘠及紧要与否,倘勘界官不能商妥,应速将未妥情形各报明本国国家核办。勘界官又须设法查勘中国旧边界名为汉龙关(按此关在北京西经十八度三十分,北纬二十三度四十八分,今已归入缅甸)者倘查得在英国境内,英国当审量可否,归还中国(如查系在孟卯东南,即系在孟卯至麻栗坝直线之北边,则已归中国矣)。(原文第六款)以上为关于划界者。

(7)凡货物由缅甸入中国或由中国赴缅甸过边界之处,准其由蛮允、盏西两路行走;俟将来贸易兴旺可以设立别处边关时,再当酌量添设,中国欲令中缅商务兴旺,答允自批准条约以六年为期,凡货经以上所开之路,运入中国者完税照海关税则减十分之三,若货由中国过此路运往缅甸者,完税照海关税则减十分之四。(原文第九款)

(8)英国欲令两国边界商务兴旺,并使云南及约内中国新得各地之矿务一律兴旺,答允中国运货及运矿产之船只,由中国来或往中国去,任意在厄勒瓦谛江(即大金沙江)行走,英国待中国之船与待英船一律。(原文第十二款)

(9)中国大皇帝可派领事官一员,驻扎缅甸仰光;英国大君主可派领事官一员,驻扎蛮允。如将来中缅商务兴旺,两国尚须添设领事官,应由两国互相商准派设,须视贸易而定。(原文第十三款)以上为关于商务者。

右项《滇缅条约》中统分界务商务两端,商务条款不及界务条款之重要,而界务条款中尤以第四、五两条为最重要。盖第四条为今日片马问题及江心坡问题之张本,而第五条则为以后中英续议滇缅之伏笔。由前言之,第四款北纬二十五度三十五分在中国为云南之尖高山,在英属为缅甸北部之极境,即野人山地方;薛福成何以不与英国划定此处疆界乎,则亦自有其故。盖“英人所注意经营者,欲由滇西野人山地,通入西藏,惟自昔董(即萨洞纳)以北傈夷、怒夷(野人山自为一部落,国人称为傈夷、怒夷,英人则呼之曰野人),英人亦未尝深入其境,外部初议约略分至二十八九度之间,但既为人迹所不至,则滇中亦无从查考。万一受彼朦混分入藏地,将来彼必执条约为据,关系非轻”故也。由后言之,则江洪在湄江以东,曾入贡于缅,前清光绪十年(1884 年)法缅曾结密约以湄江以东地割与法国(参考本章第二节),英国并吞缅甸将孟连、江洪一并割去,法国力不能敌,隐忍不发。今约中规定让与中国,中国远非英国之比,故法国即因此迭以分界为请,向我提出谈判,及中法之事甫定,则英国之谋又起矣。

第四节　滇缅续约

自英国将孟连、江洪两地割与中国后,法国以法缅成约为辞,向我要求划界。我政府不能拒,与之结界务专条,将猛乌、乌得归越南。(参考第三章第六节)猛乌、乌得者旧普洱府所辖两土司也。猛乌近宁洱县,乌得近思茅厅即所谓江洪地方也。江洪一部既归法国,英国即对我提出抗议,以我毁坏光绪二十年成约为辞,要求重定界约;我国又不能拒,于是由总理衙门与英使窦纳乐在北京续议滇缅条约十九款,以前次允许让与中国之科干、木邦与英,以为赔偿,其重要条文如左:

(1)今议定两国边界自北纬二十五度三十五分起,由格林尼址东经九十八度十四分,即北京西经十八度十六分之尖高山起,随山脊而行,向西南至瓦仑山尖(即高良);由此接至萨伯坪,自萨伯坪起,其线顺分水山向西而行,稍向南,过式仑脱坪,到纳门格坪;其线由此,分西衣冈、木萨两处而划,直至大巴江,然须俟就近查考后再定。自大巴江至南太白江,自南太白江至巴克乃江;自此顺巴克乃江,至该江源头大郎坪相近处;由此顺大郎坪巅至畚辣希冈线,顺西南而行,至列塞江;顺列塞江至穆雷江,分克同村及列塞村于两处,线自中划;自此顺穆雷江至与既阳江相会处,再顺既阳江至爱路坪,顺南奔江(即红蚌河)至太平江。(原文第一款)此条中割去昔马一地。

(2)自太平江及南奔江相合处,此线顺太平江到瓦兰岭相近处,由此顺瓦兰岭及瓦兰江至南碗河,顺南碗河至该河与瑞丽江(即龙川江)相会处。南碗河之南,那木喀相近有三角地一段,西濒南莫江之支河及蛮秀岭之垒周尖高山,从此尖高山遵岭东北,至瑞丽江,此段地英国认为中国之地,惟是地乃中国永租与英国管辖,其地之权,咸归英国,中国不用过问,其每年租价若干,嗣后再议。(原文第二款)此条中多出永租三角地一段。

(3)自南碗河、瑞丽江相会处线,顺今之新威部落北界,至萨尔温江(即潞江)将瑞丽江合流之处及万定、孟戈、孟戛等处,将及全地划归中国。自瑞丽江于南莫相近转北之处(即瑞丽江与南阳江相会处),界线顺南阳江上行至该江源头孟哥山,约在北纬二十四度七分,东经九十八度十五分,自此顺丛树山岭至潞江与南迈江相会处,由此顺潞江上行,直到科干西北界,顺接科干东界,直抵工隆界上,将工隆全地划归英国;由此循英国所属之琐麦,与中国所属之孟定分界江之江而行,仍随此两地土人所熟识之界线,至界线离此江登山处,以萨尔温江(即澜沧江)之支江水分流处为界线,约自格林尼址东经九十九度,北京西经十七度三十分,北纬二十三度二十分,约至格林尼址东经九十九度四十分,北京西经十六度五十分,北纬二十三度,将耿马猛董、猛角归中国。在格林尼址东经九十九度四十分,北京西经十六度五十分,北纬二十三度处,边界线,即上一高山岭,此山名公明山,循山岭向南而行约至格林尼址东经九十九度三十分,北京西经十七度,北纬二十二度三十分,以镇边厅地方归中国;然后其线由山之西斜坡而下,至南卡江,即顺南卡江而行,约过纬度十分之路,以孟连归中国,孟仑归英国;然后循孟连与康东之界线,亦皆土人所熟悉,由南卡江分开,至北纬二十二度稍北处,即离开南卡江,向东略南循山脊而行,至南垒江,约在北纬二十一度四十五分,格林尼址东经一百度,北京西经十六度三十分,由此循康东及江洪之界线,此界线大半系顺南垒江而行,惟除属江洪外,一小带之地,系在南垒江之西,北纬二十一度四十五分稍南,界线行至江场边界后,约在北纬二十一度二十七分,格林尼址东经一百度十二分,北京西经十六度十八分,即循江场与江洪之界线而至湄江。(原文第三款)此条中割去木邦、科干二地。

(4)与原约无所增改。(原文第四款)

(5)今彼此言明,日后中国未经先与英国议定,不能将现在仍归中国在湄江左岸之江洪土地以及孟连与所有在湄江右岸之江洪土地,或全地或片土,让与他国。(原文第五款)

(6)今彼此议定将原约第六条拟改如左:现在所定边界各线,应由两国所派勘界官比较划定,以免地方官争论;如查得之无论何处有未甚妥协者应行更正,两国勘界官应于此附款画押后十二个月之内在两国届时所定之地相会勘界;自首次相会之日起,应限定不出三年之外,将两国界线一律勘定,如确守附款所定界线,必有骑线之乡村部落地段,勘界官员可量为迁改互易,倘勘界官有不能商妥之处,应速将未妥情形,各报明本国国家核办。(原文第六款)以上为关于界务者。

(7)凡货由缅甸入中国或由中国赴缅甸过边界之处,按照原约准其由蛮允、盏西两路行走,兹彼此言明如将来两国勘界官查明另辟他路与懋迁有益,所有查明之路,皆准照原约所载,一律开通行走。(原文第九款)

(8)同。追加:中国答允将来审量在云南修建铁路,与贸易有无裨益,如果修建,即允与缅甸铁路相接。(原文第十二款)

(9)同。追加:今言明准将驻扎蛮允之领事官改驻或腾越或顺宁府;一任英国之便,择定一处,并准在思茅设立英国领事馆,驻扎。所有英国人民及英国所保护之人民,准在以上各处居住贸易,与中国通商各口无异。(原文第十三款)以上为关于商务者。

自右约订立后,英国在商务方面,固属大有利益,而界务方面则更将昔马、木邦、科干等地割去,三角地一段永租。夫邻之厚我之薄也,中国卒以此失地不赀矣。

第三章 中法滇越问题

第一节 安南之丧失

今日法属越南,即昔日我之南藩属国也。查越南即安南,世为中国藩服,古为交趾地,唐初改安南都护府,始名安南。前清乾嘉间,越南阮氏争国,曾求助于法人,许以布教自由,并约割地以为报,既而背弃前约,结怨法人,法国乃与西班牙联军攻越南,迫越南于同治元年(1862 年)订立割地赔款之《西贡条约》。我国从未闻有干涉保护之举也。同治十三年,法越又结《法安和亲条约》,直认越南之独立,光绪九年,法越又订保护条约,明认越南受法国之保护。我政府至此如梦初醒,始有提出抗议之举。法国充耳不闻,外交已觉无可挽回,而清廷犹持一欲战不战之态度以与法国周旋,卒之中国步步落后,法国著著争先,突然而法舰猛攻福州之举,既歼我南洋舰队,复夺我基隆炮台;然我海战虽败,而陆战则以冯子材克复谅山之故,颇占优势;方期追奔逐北,歼虏可待,不意朝廷竟颁停战撤兵之旨,李鸿章于光绪十一年与法使巴特订立《中法新约》十款,兹将各要条文摘录于次:

(1)越南诸省与中国边界毗连者,其境内法国约言自行弭乱安抚。(按此条易言之即为越南由法国保护,其内政由法国处理。)(原文第一款)

(2)自此次订约画押之后起,限六个月期内应由中法两国各派官员亲赴中国与北圻交界处所,会同勘定界限,倘或于界限难于辨认之处,即于其地设立标记,以明界限之所在。若因立标处或因北圻现在之界稍有改正,以期两国公同有益,如彼此意见不合,应各请示于本国。(原文第三款)

(3)边界勘定之后,凡有法国人民及法国所保护人民与别国居住北圻人等,欲行过界入中国者,须俟法国官员,请中国边界发给护照方得执持前往。倘由北圻入中国者系中国人民,只由中国边界官员自发凭单可也。至有中国人民欲从陆路由中国入北圻者,应由中官请法国官发给护照,以便执持前往。(照原文第四款)

(4)中国与北圻陆路交界,允准法国商人及法国保护之商人(按即越南人)并中国商人运货进出,其贸易应限定若干处及在何处,俟日后体察两国生意多寡及往来道路定夺。须照中国内地现有章程酌核办理。总之通商处所,在中国边界者应指定两处;一在保胜以上,一在谅山以北。法国商人均可在此居住,应得利益,应遵章程,均与通商各口无异。中国应在此设关收税,法国亦得在此设立领事官;其领事官应得权利,与法国在通商各口之领事官无异,中国亦得与法国商酌在北圻各大城镇拣派领事官驻扎。(原文第五款)

(5)北圻与中国之云南、广西、广东各省陆路通商章程,应于此约画押后三个月内两国派员会议另定条款载在本约之后。(原文第六款)

(6)中法现立此约,其意系为邻邦益敦和睦,推广互市。现欲善体此意,由法国在北圻一带开辟道路,鼓励建设铁路。彼此言明日后中国酌拟创造铁路时,中国自向法国业此之人商办。其招募人工,法国无不尽力襄助;惟彼此言明不得视此条系为法国一国独受之利益。(原文第七款)

自此项《中法新约》于光绪十一年缔结后,越南即归法国保护,而滇越间从此多事矣。

第二节　越南边界通商章程

《中法新约》第六款既规定另订《中越陆路通商章程》，载在原约之后，故翌年（光绪十二年）中法又缔结《越南边界通商章程》十九款，今摘录其重要条文于次：

（1）两国议定按照新约第五款，现今指定两处：一在保胜以上某处，一在谅山以北某处。中国在此设关通商，允许法国即在此两处设领事官。该法国领事官应得权利，即照中国最优之国领事官无异。（原文第一款）

（2）中国可在河内、海防二处设立领事官，随后与法国商酌，在北圻他处各大城镇派领事官驻扎；至法国待此等领事官，并该领事官应得权利，即照法国待最优之国领事官无异。（原文第二款）

（3）越南各地方，听中国人置地建屋，开设行栈；其身家财产俱得保护安稳，决不刻待拘束，与最优待西国之人一律，不得有异。（原文第四款）

（4）凡进口之货由法国商民及保护之人运至边界通商处所，进云南、广西某两处边关者，按照中国通商海关税则减五分之一收纳正税。凡法国商民及保护之人赴中国内地各处购买土货，运至边界处所出口，入北圻者，照中国通商各海关税则减三分之一征出口正税。（原文第六、七两款）

（5）两国议明洋药土药（鸦片）均不准由北圻与云南、广东、广西之陆路边界贩运买卖。（原文第十四款）

自上项边境通商章程于光绪十二年订立后，中越边界通商事宜，已大致规定，惟以法人时时翻案之故，以后又有光绪十三年之商务专条，与二十一年之商务专条附章之订立焉。

第三节　商务专条

光绪十二年所定《越南边界通商章程》虽有开埠通商之约定，惟究开何处商埠，则约中未尝明白规定；故事后即由法使恭士达与总理衙门提议磋商，截止光绪十三年西六月二十六日，缔结《商务专条》十款，其重要条文如次：

(1)按照光绪十二年三月二十二日所定和约第一款，两国指定通商处所，广西则开龙州，云南则开蒙自；缘因蛮耗系保胜至蒙自水道必由之处，所以中国允开该处通商与龙州、蒙自无异。又允法国任派在蒙自法国领事官属下一员，在蛮耗驻扎。（原文第二款）

(2)中国允准中国土药（鸦片）由陆路边界出口入北圻，此土药应完纳出口正税银二十两一担。（原文第五款）

(3)光绪十二年三月二十二日和约第六、七款内所定税则，今暂行改定：凡由北圻入中国滇粤通商处所之洋货即按照中国通商海关税则减十分之三收纳正税，其出口至北圻之中国土货，即按照中国通商海关税则减十分之四收纳正税。（原文第三款）

(4)日后若中国因中国南境、西南境之事与最优待之友国立定通商交涉之和约条款章程等类，所有无论何益处，及所有通商利益，施于该友国，此等约一施行，则法国无庸再议，无不一体照办。（原文第七款）

自上项商约于光绪十三年缔结后，法国在我西南边省除规定通商处所外，又有利益均沾之待遇矣。

第四节　界务专条

光绪十一年缔结之《中法新约》第三款中曾规定中法各派官员亲赴中国与北圻交界处所会同勘定界限之语，当由两国大臣亲自履勘竣事,经我总理衙门与驻京法使恭士达将该处界务议就《界务专条》五款,与《商务专条》同日缔结,兹将关于滇越各段界务条文,摘录于次:

(1)滇越边界第二段,从小赌咒河南岸狗头寨,照图上甲字起,由狗头寨自西直抵东,计五十余里;北边聚义社即聚美社[①],聚美社、美肥社即义肥社,归中国;南边有明社归越南。至图上乙字处,从乙字至丙字,亦由西抵东,中越边界路经二河,其二河并归一河入大赌咒河,又名黑河,从丙字往东南约十五里,至丁字以北之南地方全归中国,从丁字往东北至猛峒下村,即图上戊字处,按图上所画,从丁字至戊字界线,其南之南灯河、漫美、猛峒上村、猛峒中村、猛峒下村全归越南,其北全归中国。从猛峒下村、戊字处起,经清水河,入大河之处,即图上己字,以河中为界。从己字至庚字,以大河中为界,河西之船头归中国,河东之偏马寨归越南。从庚字往北,至辛字,经老隘坎,至白石崖(老隘坎白石崖)中越各有一半,白石崖、老隘坎以东归越南,以西归中国。由辛字往北,顺偏保卡,北保中间入大河之小河东岸,直往北至高马白即图上壬字,即接第三段勘界大臣所画定之处。(原文第四款)

(2)滇越边界第五段,自龙膊寨,云南越南边界,经龙膊河,至清水河,入龙膊河之处为止,此图上甲字,由此界自东北往西南,至绵水湾,入赛江河之处为止,即图上乙字;按照画界,则清水河,绵水湾归中国。自乙字由东直抵西,过藤条江,在大树脚以南为止,此段界线以南归越南,以北归中国。图上丙字,自丙字处,到金子河入藤条江之处为止,以河中为界。图上丁字,从丁字起经金子河,计程三十余里,又由东至西,抵图上戊字处,此界在猛蚌渡以东,入黑江之小河。图上己字,从戊字至己字,以河中为界,从己字往西,以黑江之河中为界。照两国勘界大臣划定界图,并照以上界线由大清国地方官,及大法民主国钦差驻越大臣选派官员前往会

① 此处原文如此,疑有误。

同办理安设界碑事宜。(原文第五款)

自此项界务条款缔结后,滇越界务问题始告解决。

第五节　续议商务专条

光绪十三年,中法缔结《中越界务商务》专条后,中越间已无纠葛问题。惟自中英于光绪二十年订立《滇缅条约》后,中越间又生问题。盖滇缅条约第五款曾规定“英国允将从前属中国兼属缅甸之孟连、江洪所有缅甸上邦之权,归中国管理”(参考第二章第三节)之语。考江洪在湄公河东岸,曾由缅甸密许割与法国。(参考第二章第二节)英国知其然也,乃故以地让与中国,以引起中法之冲突,我国含糊受之,法国即迭以重行分界为请。我国不能拒,卒由总理衙门与法国公使于光绪廿一年重行订立商务界务专条,以为赔偿。重订之商务专条附章共七款,其要项如下:

(1)两国于光绪十三年五月初六日在中国京都互议续约之第二条,现已改定如下,以全其事:

两国议定法越与中国通商处所,广西则开龙州,云南则开蒙自,至蒙自往保胜之水道,允开通商之一处,现议非在蛮耗,而改在河口。法国曾在河口驻有蒙自领事官属下一员,中国亦有海关一员,在彼驻扎。(原文第二款)

(2)议定云南之思茅,开为法越通商处所,与龙州、蒙自无异。即照通商各口之例,法国任派领事官驻扎,中国亦驻有海关一员。(原文第三款)

(3)议定中国将来在云南、广西、广东开矿时,可先向法国厂商及矿师人员商办;其开矿事宜,仍遵中国本土矿政章程办理。至越南之铁路或已成者,或日后拟添者,彼此议定,可由两国酌商妥订办法,接至中国界内。(原文第五款)

(4)思茅厅至越南,应由中国思茅电局,与越南之孟阿营,即下

猛岩(在越南莱州至两□邦两处之半途)电局,互相接线。(原文第六款)

观乎右项条约所载,则边界通商处所除由二处增至龙州,蒙自、思茅、河口外,又规定滇省思茅与越南孟阿接通电线,而第三条之越南铁路,则更欲伸入滇省而将滇河成一气矣!

第六节　续议界务专条

除《商务专条附章》外,同时法使与总理衙门又重订《界务专条附章》五款,于光绪十三年之界务专条多所变更,我方失地颇多。其重要条文如下:

(1)滇越边界第二段自丁字处至戊字处止,界线改绘如下:界线自丁字处起,向东北至漫美止,又自漫美向东,至清水河之南岸止,漫美归越南,猛峒上村、猛峒山、猛峒中村、猛峒下村、各地归中国。(原文第一款)(按此款将光绪十三年旧约第四款之猛峒三村归中国。)

(2)滇越边界第五段,自龙膊寨起,至黑江止,界线改绘如下:自龙膊寨云南越南第五段界线,溯龙膊河,至红崖河,入龙膊河之处,即图上甲字处为止;自甲字处向西北,偏北顺分水岭,至平河发源处;又顺平河,木起河,至木起河注打保河之处;又顺打保河至打保河注南拱河之处;又顺南拱河至南拱河注南那河之处为止。又界线溯八宝河,至八宝河与广思河合流之处;又溯广思河,即顺分水岭,以至南辣河,与北辣河相注之处;又顺南辣河注黑江之处,又从黑江中心,至南马河即南纳河为止。(原文第二款)(按此款中"自甲字处向西北偏北"系改正旧约第五款中"自东北往西南"一节失地颇多。)

(3)滇越边界,自黑江与南马河相注之处起,至湄江止绘定如下:自南马河至注黑江之处,界线顺南马河,至河源处止,又向西南，又向西，顺分水岭至南杆河，南乌江两水发源处；界线顺南乌江与南腊河，并各支河中之分水岭，其西边之漫乃、倚邦、易武、六大寨、茶山等处归中国，其东边之猛乌、乌得、化邦、哈当贺，联盟、猛地各处归越南。又界线以南北向东南向，至南峨河发源处，又顺分水岭以西北，偏西向，绕南峨河，及注南腊河南岸诸水发源之山，以至南腊河注湄河在于猛𤞤西北之处而止，其猛莽，猛润之地归中国，至八盐泉（一名坝发岩）之地仍归越南。（原文第三款）按此约中猛乌、乌得即江洪地方，卒于割归法国。

法国自此项《界务专条附章》订立后，迄今未与我生纠葛，盖至此终将江洪取去，而踌躇满志矣！

第七节　滇越铁路问题

滇越铁路起于云南省城，迄于老开[①]，都长二百八十九哩（自老开起，入越南境，直通至海防止，计长二四五哩，称曰越南铁路，两路合计五百三十四哩）。法国之获得此项路权，实缘中日甲午战后三国干涉还辽（参考拙著《满蒙问题》页三二二）之报酬，至光绪二十一年所结《中法续议商务专条》第五款中“越南之铁路或已成者，或日后拟添筑者，彼此议定可由两国酌商妥订办法，接至中国界内”（参考本章第五节）一节，则直为今日滇越铁路见于条约之始。光绪二十四年初叶，列强实行分割中国，既有英日之长江福建不割让之条约，复有德俄之租借胶州与旅大，法国不甘沉默，由其公使向我总理衙门提下列要求：

（1）广东、广西、云南三省不割让与他国。

（2）自东京至云南府之铁道，由法国筑造。

（3）租借广州湾九十九年。

（4）邮便事务，由总税务使分下时，用法人承办。

---

① 今称老街。

就中第四项以英国反抗不能成立，第三项另于翌年（光绪二十五年）缔结《租借广州湾条约》外第一、二两项即由总理衙门与法使吕班在当年西四月九十等日换文承认。关于滇越铁路一节，在照会中载明："中国国家允准法国国家或所指法国公司，自越南边界，至云南省城，修造铁路一道；中国国家所应备者，惟该路所经过之地，与路旁应用之地段而已。"此为明白承认法人建筑滇越铁路之始。法国自得此路权后，即由越南总督杜美于光绪二十七年六月与东方汇理银行等订立筑造合同，规定设立公司办理，当经法国总统劳毕批准。光绪二十九年西十月二十八日法使吕班更与总理衙门订就《滇越铁路条约》三十四条，其要项如次：

（1）中国国家所应备者，惟该路所经过之地与路旁应用之地段。（条约首段）

（2）干路造成之后，如果彼此视为有利益，与滇省大吏商定办法之后，再由法国驻北京公使与外务部议妥方法，可在干路上接修支路。（原文第十一条）

（3）路成开车后，凡经此路之货物均照通商税则，交纳进出口正税。（原文第二十一条）

（4）修造铁路及开办铁路应用机器物料等件，概免进出口各税项。（原文第二十二条）

（5）此项铁路专为治理商务，路成开车后，不准运□盐及运送西国兵丁，或西国兵丁所用军火粮饷；并不得装用中国例禁之物。万一中国与他国失和遇有战事，该铁路不守局外之例，悉听中国调度。（原文第二十四条）

（6）中国国家于十八年期限将满，可与法国国家商议收回地段铁路及铁路一切产业，其应须偿还所造花费并专门各色手工之资，及法国所保代为发给公司股本利息，凡所有此项铁路各色经费，俟到期限均在此路进款内归清，则铁路及一切自可归还滇省大吏收管，无庸给价。如欲核算各项制造等费，当以彼时开议法国所结历

年出入账目为凭,则预知中国应否给费以收回此项铁路及一切产业。(原文第三十四条)

滇越铁路之原约大旨如此,兹将该路过去及现在之统计,列表于后:

(1)公司。滇越铁路公司(Compagnie Franoise des Chemins de Fer de I \ Indoohine et du Yunnan)。

(2)经始。东京一九零一年起始建筑:云南一九零四年起始建筑。

(3)资本。17 500 000 法郎,系法人投资。

(4)干线。东京 24 050 哩(387 基罗米突);滇省 288 哩(464 基罗米突)。

(5)轨距。一米突。

(6)开车。一九一零年四月一日通车。

(7)总收入。一九二六年,72 272 050 法郎;
一九二七年,56 579 975 法郎。

(8)总支出。一九二六年,62 399 773 法郎;
一九二七年,52 474 318 法郎。

(9)载客。一九二六年,3 884 245 人;
一九二七年,3 832 237 人。

(10)运货。一九二六年,430 587 吨;
一九二七年,449 774 吨。

(11)载客进款。一九二六年,23 436 072 法郎;
一九二七年,18 490 404 法郎。

(12)运货进款。一九二六年,43 241 875 法郎;
一九二七年,35 194 633 法郎。

第八节　中法专约

中法所有商约之缔结,迄今共订三次(见下文):惟皆订于逊清之季;今则势异事异,实有重订之必要:故近年来中法早已有另订之传说。惟双方虽经开议,中途屡经搁置。截止本年五月中,始议就约文。由我国全权王正廷与法国公使玛泰尔在十六日签字,计条约正文共十一条,来往照会十四件。兹将条约正文抄录于后:

第一条 光绪十二年三月二十二日(西历一八八六年四月二十五日)在天津订立之《中法陆路通商章程》(注一),光绪十三年五月六日(西历一八八七年六月二十六日),在北京订立之《续议商务专条》(注二),光绪十三年五月三日(西历一八八七年六月二十三日)在北京互换之关于《续议商务专条》之换文,及光绪二十一年五月二十八日(西历一八九五年六月二十日)在北京订立之《商务专条附章》(注三),一律废止,终止其效力;光绪十一年四月二十七日(西历一八八五年六月九日)在天津订立之《中法新约》内第四条,第五条,及第六条内所载之各项规定(注四),亦一律废止。

第二条 广西省之龙州城,云南省之思茅城、河口城、蒙自城,继续作为中国及越南陆路边境通商之地。

第三条 中国政府得在越南之河内或海防及西贡派驻领事;法国政府得继续在前条所载各地点,派驻领事,领事馆副领事馆之领袖及代理馆务人员与其他服务领事馆人员;应由委派国之本国人民充任之,并不得经营工商业事务。

第四条 中国人民前往越南境内及越南之法国人民前往中国境内,须持有各本国主管官厅发给之护照,该项护照应由到达国领事署或到达国指派签证护照之其他官员予以签证,关于(1)护照,(2)内地通行证及出境证签证制度,(3)中国人民进出越南及越南之法国人民进出云南、广西、广东三省之一切应备手续,包含证明身分之手续在内,两缔约国约定依照各本国法律章程互相给予最惠国之待遇。对于两国边境居民因工作或事务关系,须在彼此邻近境内暂时居留或时常往来者发给临时通行证,或永久通行证制度,无所变更。

第五条　在越南之中国人民，及在上载中国各地点之法国人民，应享有居住、游历及经营工商业之权利。凡依照越南或中国之现行章程法律所给予各该人民行使此种权利之待遇，不得较逊于任何他国人民所享受之待遇。在越南之中国人民及在上载中国各地点之法国人民其所纳之税捐，或其他税项，不得异于或高于最惠国人民所完纳者。

第六条　凡自中国任何口岸出口之货物，取道东京直接运往云南、广西、广东三省或持有直接提货单者，应享受优越待遇；普通税则内之通过税不适用之。上项货物，仅照值百抽一纳税。其自云南、广西、广东三省出口之中国货物，取道东京运往指明地点时，亦应享受优越待遇，普通税则内之通过税不适用之。凡各种矿产锡块生皮，以及本事专约（注五），甲种附表内现在或将来载明之各种货物皆应享有完全免税之权利；其他各种货物均照值百抽一纳税。凡中国政府所装运之一切军用物品以及军械、军火通过东京境内时均应免纳任何税捐。越南船支除军舰及装运军队军械及军火各船支外，得取道连络谅山与龙州及高平之松吉江及高平河在谅山及高平之间来往航驶，该项船支及其所载货物通过中国国境者，于入境时，得免纳任何捐税。

第七条　两缔约国政府互相约定在越南及云南、广西、广东三省，不得设立，同时不适用于其他各国之进出口及通过之禁令及限制，但关于国防、民食、保护美术上及科学上之出产品，预防人类及动物传染病，保护收获，国家专利以及维持善良风俗等事，两国政府对于彼此输入或输出之货，得设立进出口或通过之禁令或限制；但以须有绝对之必要，并对于在同样情形下之各国一律适用者为限。

第八条　中国政府在云南、广西、广东三省，法国政府在越南境内，不得以任何借口对于法国或中国人民彼此输入输出之货物，征收较高或异于其本国人民，或任何他国人民所应纳之消费税或内地税。

第九条 凡在中国犯重罪或轻罪或经告发犯重罪或轻罪而逃入越南境内之中国人民,及在越南犯重罪或轻罪或经告发犯重罪或轻罪而逃入中国领土内之法国人民,经有关系长官证明罪状向对方官厅要求时,应予以查缉逮捕引渡;但依照国际惯例不引渡者,不在此限。

第十条 本专约以五年为期,期满前六个月两缔约国之任何一方得通知对方将本专约修改或废止之,如在上载期间内,双方未经通知修改或废止,则本专约继续有效。但上述五年期满后,两缔约国之任何一方得随时通知修改或废止;自通知之日起,一年后本专约即行失效。本专约及其附属文件,应及早批准,批准文件,在巴黎互换;本专约及其附件应在越南公布,自互换批准文件之日起两个月后,即在越南及云南、广西、广东三省同时发生效力。

第十一条 本专约用中法文缮写,该两种约文详经校阅,为此两全权代表将本专约两份签字盖印,以昭信守。

统观右约条文。语气尚属平等。较之前次所订诸约,完善多矣。

注一:见本章第二节。

注二:见本章第三节。

注三:见本章第五节。

注四:见本章第一节。

注五:尚未公布。

下篇　西南边疆问题与云南

第四章　滇缅西南北界务概观

云南省在昔日有缅甸屏卫其西，越南屏卫其南，原系天险之地也。自缅亡于英，越并于法，藩篱尽撤，强邻逼处，而所谓界务问题者，于焉发生矣。滇越界务因界线多沿大山大水，纠纷甚少，而滇缅界务，则以犬牙相错，壤地紧接之故，纠纷甚多，兹特提纲挈要分述于后：

一、滇缅交界形势

滇缅有老新界之分，乾隆时滇缅老界，西包孟拱、孟养、蛮暮，南包孟艮、木邦、孟密六土司在内，其后六土司潜为缅甸所诱，中国不复过问，于是以现属腾越之南甸、陇川、孟卯、干崖、盏达等土司，现属龙陵之遮放、芒市等土司，及现属普洱之车里十三猛土司为新界，新界西至大金沙江而止，永昌、腾越诸志，班班可考。

新街（八募即蛮暮之新街，昔时蛮暮土司之地颇大，后乃悉为缅甸所并，其商货汇集之区谓之新街，洋图译音则为八募，距腾越边外百数十里，在大金沙江，即伊落瓦谛江上游之东），跨山为险，乃滇省西路之要隘；孟艮（在潞江以东南掌掸人地方），乾隆三十一年于南掌掸人内地设孟艮土指挥使，地亦颇大，直与暹罗接界，扼江为险，为滇省南路重镇。新街、孟艮之于云南，如鸟之双翼，失之则如无翼之鸟，就擒必矣。今则新街固入缅甸版图，孟艮亦属缅甸范围；所存者，仅有野人山雄踞北路，限隔中处，然此硕果仅存之野人山，英国亦频肆侵略，非至并入其版图不止。故英国所出地图，将中缅北段未定界一直划至高黎贡山，非特野人山划在其内，即山中江心坡一部，与山在片马亦囊括在内也。

二、缅甸亡后曾使与英国交涉界务问题

光绪十一年冬间，英国、印度派兵出境进据缅甸。维时出使大臣曾纪泽承准总理衙门密电，叠次与英外部会商。初议立君存祀，俾守十年一贡之例。既不可得，始议定由英国驻缅大员按期遣使赍献仪物。其界务、商务两事，则拟先定分界，再筹通商，盖因英人注意通商，若分划边界，偶有轇轕，则办理通商诸多掣肘；亏损无穷，固不能不审其次第也，英人自以骤辟缅甸全境，所获已多，是以有稍让中国展拓边界之说。当时英外部侍郎克蕾曾称英国愿将潞江以东之地：自云南南界之外起，南抵暹罗北界，西滨潞江，东抵澜沧江下游，其中北有南掌国，南有掸人各种，或留为属国，或收为属地，悉听中国之便。曾纪泽又向英外部理论，欲索八募之地，八募盖即蛮暮之新街，向为滇缅通商巨镇。英人以全缅精华所在，靳而未许。迨争论数次，始允由驻缅英官勘验一地，以便中国立埠。且允将大金沙江为两国公共之江。以上交涉，概括为下列三端：

(1)普洱西南边处之掸人南掌各地均归中国。

(2)大金沙江立一中国埠头。

(3)大金沙江开为中国公用之江。

当时曾使以未深悉滇地情形，持论稍觉游移；又因中外往返商查之际，未能毅然断而行之，故右列三端仅由署中英文参赞官马格

理谈判后，与克蕾互书节略存卷，旋即交卸回华。翌年（十二年），英使欧格讷与总理衙门议立缅约五条，又以三端尚非定局，遂未列入约中。

三、薛使与英国交涉界务问题

自缅甸条约于光绪十二年缔结后，原约虽有会勘中缅边界（约文第三款）之规定，然英人未尝催问，我国亦暂置不理。迟至光绪十八年间，我驻英使臣薛福成，始奉命与英外部议界，盖在前次立约之后，已六七年矣。当时薛使查阅使署接管卷内，有曾纪泽议存节略，而原议英文参赞马格理亦在署内，薛福成乃遣马格理赴英外部，重申前议。岂知英外部坚不承认，据称西洋公法，议在立约之后，不可不遵，议在立约以前，不能共守，以其有约为凭，既不叙入约章，必有所以然也。此次英人自翻前议，虽以公法为解，要亦时势使然，当其并缅之始，深虑缅民不服，及缅属诸土司与彼相抗，此际万一中国隐为掣肘，彼则劳费无穷，因不敢不稍分馀利，以示联络。既而英人积年经理，萃其兵力，勘定土寇，侵及野人山地，磐石之势已成，藩篱之卫已固，于是遂假名公法，以图推翻原议。前议三端既不可恃，则展拓边界之举，等于纸上谈兵。薛氏为先发制人计，乃照会英外部请以大金沙江为界，江东之境均归滇属，如此则可以借此一著，立争上游，振起全局。英外部欲觊觎江东野人山地，果然坚拒不允，甚至进兵昔马，以示反对。（参看第六章乙项）薛使竭力交涉，英国则以重视野人山地故，迄不就范。再三交涉，始于滇境东南，让我稍展边界，其地有下列六处：

（一）科干

在南丁河，与潞江中间，盖即孟艮土司旧壤，计七百五十英方哩。

(二)猛卯边外

自猛卯土司边外,包括汉龙关在内作一直线,东抵潞江麻栗坝之对岸止,悉划归中国,约计八百英方里。

(三)车里、孟连

车里、孟连土司辖境甚广,向隶云南版图,当时新设镇边一厅,亦从孟连属境分出,英人以两土司,尝入贡于缅,并此一厅,争为两属,今亦愿以全权归华,订定约章,永不过问。

(四)老界一带

滇西老界与野人山毗连处,亦允我酌量展出。

(五)昔马

其驻兵之昔董大寨(参考同前)虽未肯让归中国,愿以穆雷江北现驻英兵之昔马归我,南起坪陇峰,北抵萨伯坪峰,西逾南□而至新陌,计三百英方里。

(六)穆雷以南既阳以东

自穆雷江以南,既阳江以东,有一地约计七八十英方里。

曾使与英外部原约三端中之界务一端,即以左列方式解决。其余商务二端,一曰大金沙江行船,一曰八募立埠设关,则英外部以停议已久,坚不承认。惟是大金沙江为滇边外绝大尾闾,兵商轮船,畅行无阻,较之滇西远隔边隅无通海捷经者,不可以同年而语,故薛使对于行船一节,再三向英磋商,英外部始终延宕,以虑他国援例为辞,薛使商于约中另立一条,声明此系滇缅交涉之事,他国不得援例,英国方始勉强答允。明定约上。惟于八募设关一节,则坚决反对,经薛使再三开导,告以立约试办,乃亦勉强答允。讵全约甫经订定,印度总督仍坚执反对,竟将八募设关一条删去。薛使于是亦撤约中英人所得权利,如缅盐不准运入滇境,英国暂不征收货税,领事仅设一员,并限制其驻扎之地;商货仅由二路,并化去其开埠之名,以为抵制。此商务二端之谈判结果也。至此前次曾使与英国所议三端皆以此方式告一结束。(薛使与英国所订条约,已见第二章第二节,不赘。)

上述三端以外,薛使又向英外部交涉汉龙、天马、虎踞、铁壁四关问题。查腾越八关,除太平江以北四关确在老界之内外,太平江以南之汉龙、天马、虎踞、铁壁四关,非特汉龙、天马二关久沦异域,即虎踞、铁壁二关亦骤难审其实址所在。薛使查阅滇省所绘界图,该二关皆在界线之内,遂告英外部应划归中国,英外部并无异议,订明归还中国。至虎踞、铁壁二关,则早为缅甸所占,英人复屡加工程,绸缪稳固;英兵所守之界,越虎踞关而东者已数十里;越铁壁关而东者亦六七里。经薛使竭力交涉,始允将铁壁关让还中国,以库弄河为界。虎踞一关则英外部谓该关已深入缅境七八十里;与八募相近,且隶缅已百年坚不让回。经薛使再三交涉,始允稍稍划地以偿中国,一曰龙川江中之大洲,得此则自猛卯通汉龙关较形直捷;一曰蛮秀土司全地,得此则天马关外更依大山以为固矣。薛使大金沙江为界原议,虽未达到目的,然其累次向英交涉让地之结果,对于滇省边地,亦有展无蹙矣。

四、滇缅西南北界务会勘之经过

凡薛使与英外部所议界务,皆明定于光绪二十年之《滇缅条约》上,约中有车里(即江洪)、孟连划归中国之规定。先是,法人与缅甸订立私约,割其湄江东岸之地归越,而车里辖境之大半,亦在湄江以东。法人即以此为辞,要求我重订界线。我国无奈,与之重订《滇越界约》(参考第三章第六节)法事甫竣,英谋又起。于是又于光绪二十三年续订《滇缅条约》,将薛使所争得之科干、昔马等地,一律割去,界线则展至太平江。(参考第二章第四节)续约订立后,英人屡催划界,是年遂派刘万胜总办西路勘界事宜,嗣刘万胜与英领巴准里会勘时，英领强以垒甸误瓦兰，争执久之未决，至所派分路会勘之委员，则知县陈立达勘太平江北南奔江至瓦仑山止之一段，计长九百余里。游击杨发荣勘瓦仑山至尖高山止之一段，计长一百九十余里。又迤南道尹陈灿勘潞江至湄江一段，系由附近猛河之南马河流入南卡河之处，至湄江止，计长一千数百余里。光绪二十四年，刘万胜又与英员司格德，自腾越南布江起，勘至顺宁属之耿马、孟定、上隆渡止，计长二千余里。均经会同勘定，订界立案。惟余迤南之镇边、孟连、公明山等处，亦由刘万胜、陈灿会勘，惟英领狡诈异常，竟擅指孔明山（南卡江与南垒江之分水岭）为约中之公明山（在潞江东，南滚河之南）欲使缅甸界线向东进展，卒至未能作为定案。以上皆系滇省西南界务。查刘万胜系一介武夫，不知根据光绪二十年《滇缅条约》索取木邦、科干等地，反因划界而失尖高山以南，尖高山西各地如下：

（1）滇滩关外地四百余里。

（2）自太平江西岸，溯洗帕河至喷干慕西一带，失腾越厅所属木邦、孟密、孟养等宣慰司，及南坎、猛谷、遮兰三副宣慰司外，复失最有关国防之天马、汉龙、虎踞三关，共约数千余里。

（3）自洗帕河溯太平江至古里戛，失精伦土司地及铁壁关。

（4）自喷干退至猛卡、练山等，失地三百余里。

（5）自慕西至南坎河，失猛卯、陇川两土司地，约四百余里。

（6）自洗帕河至红蚌河下流，失里麻、猛弄、猛老地，约一千四五百里。

（7）又失去孟连、江洪、麻里坝、猛拱、蛮幕等，约一千余里。

综计共失去领土六十余万方里。西南段之勘界大致如此。至于北段界务，则因光绪二十年及二十三年两次滇缅条约中，第四款皆有“北纬二十五度三十五分之北俟查明再定”一语，故尖高山以北中滇界务，至今未定，虽经光绪三十一年迤西道石鸿韶与英领烈敦一度会勘，而因英领欲以高良工山易高黎贡山，使缅界东展故，迄未划定，此则在下章片马问题中已详为分述不赘。

总结一句，则滇缅界务依由北而西、而南之方向，大别之可以分做四段，四段中已定、未定者各为两段如下：

界段	区间	已、未定	未定原因
第一段	自康藏至尖高山	未定	高良工山与高黎贡山之争执
第二段	自尖高山至南丁河	已定	
第三段	自南丁河至南板江	未定	孔明山与公明山之争执
第四段	自南板江至越南	已定	

两段未定界中，尤以第二段为最重要，盖即片马问题及江心坡问题之张本也。

第五章　片马问题

片马问题发端于光绪二十年之《滇缅条约》。查约中第四款曰："今议定北纬二十五度三十五之北一段边界，俟将来查明该处情形稍详，两国再定界线。"而片马则正在北纬二十六度。定约后虽屡经勘界，而未能画定，英人遂不待勘定，积极侵略；于光绪二十六年派兵烧毁茨竹、派赖各寨，杀害土守备，于宣统二年实行占领片马矣！兹将片马之史地，及英人侵占事实，列举于下：

片馬形勢圖

（附歷次勘界所假定之界線）

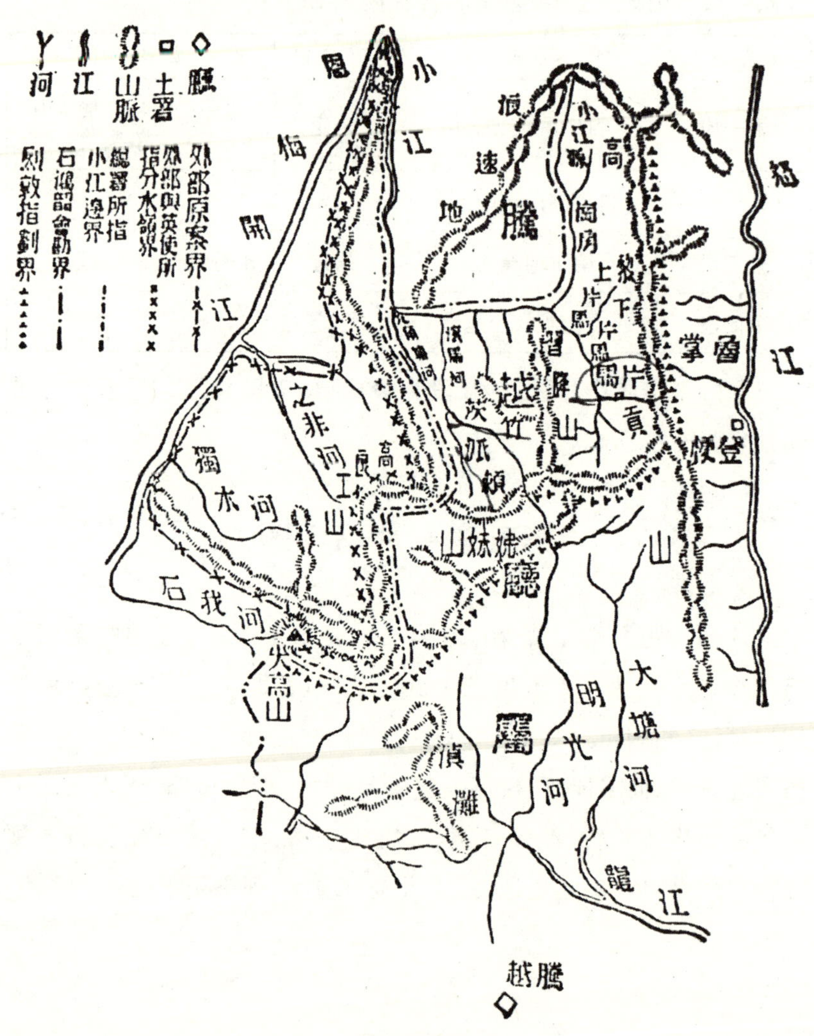

片马形势图

一、片马史地一瞥

（一）位置

片马原为一寨，系云南保山县属登埂土司所辖地。在北纬二十六度，北京西经十七度五十分，其四境广袤约百里。

（二）境界

北以板厂山界于丽江、维西所属之土司，西界派赖土司，西南界茨竹土司，东以卯赖、鲁掌两土司界于云龙县之六库土司，东南接本管登埂土司地，距永昌二百八十里。

（三）地势

片马地方界于四山之中而一水贯穿之；所谓四山者，北为板厂山南为姊妹山，西为高良工山（一名扒拉大山）东为高黎贡山是也。一水者，即小江是也。小江发源于板厂山（高黎贡山之旁支）南麓，南流转西，复西北会于恩梅开江，折而西南流，注于伊洛瓦谛江（Irrawaddy）。

（四）形势

片马为云南西北部之要隘，称滇省之内户，其形势当滇西之肩背，扼缅藏之咽喉，而宣统二年云南谘议局上滇督片马书更剀切言之："夫英人今日可以据片马，异日何不可以据兰山，倘片马之交涉失，则彼援据成案，接续北进，正恐损失更十倍于今日。永昌失地不已，又进而大理、丽江。滇缅划界不已，又进而蜀缅藏滇；英人乘机得势，背抄卫藏，俯瞰巴蜀，长江上游，操于掌握矣。"

（五）民族

片马人发赤而性懦，其种族亦中国人，惟已与缅甸人相混合。言语用藏语缅语。

（六）沿革

片马自元并大理后，属于云龙甸；明时属于茶山土司，清高宗平定云南,使属腾越,诉讼由保山受理,其后并入保山县登埂土司,纳登埂门户税,每户税银三钱,皆有登埂土司印章可凭。又经查得片马、岗房、高良工地方均有木刻,存于迤东道署,此外尚有多处亦有木刻为证,可见片马来历确属中国矣。

二、英人侵占片马之经过

(一)第一次侵略

光绪二十年及二十三年中英两次订立滇缅界约,于北纬二十五度三十五分以北,迄未划定。以后虽屡次勘界,而均未能画定,英人遂不俟勘定,决计"宁我负人无人负我"而实行侵略,因先于光绪二十四年六月初十日由英使窦纳乐照会我总理衙门声称:"上年十二月间有官带兵二百名,进入恩买卡河北境内,请转饬该处地方官于恩买卡河与萨尔温江(即潞江)中间之分水岭西境,不得有干预地方官治理之举。"查恩买卡河即恩梅开江,该江与潞江中间之分岭,即曰高黎贡山,山西即为腾越属之片马、茨竹各地,其照会中不得干预分水岭西境,即为日后侵略片马之张本,当时我总署未知恩买卡河之所在,因此英使照会中所指之分水岭究属何山,亦不明了,华官有无带兵入恩买卡河北境一节,亦未辩明。同年十月十二日,英使复致函总署,再申明前次照会中所言各节,并问曾否转询滇督查照。总署即含糊覆以:"已于六月间据情咨行滇督。"英国视为中国已经承认所称各节。于是为证实分水岭为界起见,进一步于光绪二十六年正月初四日实行侵略,英兵数百率同蒲夷人千余越界入我茨竹,派赖各寨。土守备左孝臣以理阻之,不听,并肆索供应;且巧言安慰,使其无备,入夜则竟骤然发枪为号,将茨竹、派赖等寨,烧杀一空,除枪毙左孝臣外,又焚杀我土弁士兵一百一十四名,此为英人以武力侵略我片马之始。

(二)中英交涉片马案

自英国以武力侵略片马后,我总理衙门即向英使提出抗议,声明:“茨竹各寨系中国世袭土弁管辖之地,英兵不应过界烧杀,请饬仍守现管小江边为界。”乃英使竟覆文声称:“光绪二十四年两次照会,以分水岭为界,中国并无异议,是以印度政府视此分水岭为中国已经允定之界。英兵举动在分水岭以西,并未过界。”总署因又照覆声明:“光绪二十四年英使请以分水岭为界而未即行驳斥者,一因彼时两国正在照约商议应勘界线,其约内原未议勘之界自然无暇顾及;二因分水岭地势与中国原管边界,有无出入,尚未查明,以故不能遽行答复。”其持论亦颇近情理;无如言者谆谆,而听者藐藐,此案终无结果。迄光绪三十年九月英使忽照会我外部请彼此派员由华境前往分水岭,会查情形,以便和平商结。是年冬乃派迤西道尹石鸿韶与英领事烈敦会勘尖高山北段(即北纬二十六度三十五分以北)界务,查光绪二十年薛福成与英外部订约时,有签印英文图一纸,照英文译出有恩买卡河分水岭字样。此岭在北纬二十六度十五分,英国格林尼址东经九十八度五分,北京西经十八度十五分,名曰扒拉大山(即高良工山)适当小江以西恩买卡河以东,直抵小江流入恩买卡河之处。根据订约原图自当以扒拉大山分水岭为界。即总署之小江边一语,解释以小江流入恩买卡河为小江尽处,与此项原图亦相符合。乃石鸿韶未能体会此意,于翌年勘界时,自尖高山经九角塘河,以抵小江后复顺小江折而东北,至其发源之板厂山,此则已失原意矣,乃烈敦更奇贪无伦,其界线竟自尖高山起,东经狼牙山撇瓦丫口,茨竹丫口由明光河头直上高黎贡上北往西藏,是欲举我片马、岗房、鱼峒、茨竹、派赖各寨,胥归缅甸矣。当地土民闻讯,大为不服。石鸿韶乃调验明光、杨左两土司于道光年间承袭之兵部扎符为据,力与争辩,烈敦始允由缅甸政府出缅洋四千元交华官转发各土司,以为补偿,寻又欲援三角地成案(参考第二章第四节),谓愿出缅洋一千五百元永租该地,经外部详查地势,谓滇缅北段界务,为腾越厅,与野人山交界,恩买卡江即为交界之处，北为傈夷，再北为怒夷，再北为吐蕃、蒙蕃，连接西藏，且为大理、丽江两府所属之边地。迭与英使交涉，英使坚执分水岭原案，谓已经烈领查明，应以高黎贡山为界；用意所在，即欲强占小江以南之片马，所幸石鸿韶与烈敦会勘时，英使曾有照会声明，谓烈领与石道勘界，只能作为查勘，不能作为定界，又烈敦曾印图一张上亦有照会声明，地图虽经盖印，不过明此图之真伪，不能作为定界等语，故自无借口占我片马之理也。

(三)进兵强占之经过

英国之不能借口占领片马，全非本心，故终于图穷匕见！诉诸武力。宣统二年冬，竟派兵二千，马二千五百，前锋直抵片马，遍挖地营，为久住计；并胁派赖各寨降附，宣言高黎贡山以西为该国领土。时滇督李经羲欲以武力解决，政府止之。驻英公使刘玉麟与英外部交涉，英人答以并不占地，亦不撤兵。宣统三年正月，滇督又电称："英兵于高黎山岭，最高险处，分筑炮台，电光远射，照及怒江渡口，又茶山五寨，已降其三，几入丽江。"十五日政府照会英使，请撤兵协商。英使朱尔典坚执确定高黎山为界后，方可撤兵协商。其后政府即拟由部派员往勘，与英重订界地，但使无大亏损，即可和平了结，电商滇督李经羲，李督颇不谓然，时则滇省京官于二月十五日会议，呈请外部力争；而滇省咨议局且发起组织保安会，要求英人退兵，民气沸腾，势不可遏。李督电请亲自会同英员查勘，而英人置之不理，后复退却，忽又进据，截止九月间竟于茨征丫口等处，私竖界石，添驻兵数，强收户税；清廷见交涉棘手，意存退让，欲将片马许英人永租，而滇人与李督一致抗争，主张勘界，盛设兵备以为后盾。未几武汉起义，事遂中止。顾英人之阴谋，则迄未稍杀。入民国后，英人又于元年八月间，于片马遍布警岗，虽经外部向英抗议，而英国一味借端延宕。民国二年十二月云南都督唐继尧电报言："片马顷来英兵五六千名，分路进兵：一由帕铁河过卯照、老窝之称戛;一由上片马过古炭河、鲁掌、登埂、方库;一由明光出腾越,是更欲窥及腾越矣!”寻以欧战发生,英国无暇东顾,始将驻扎片马之军队自行撤回,我国苟能乘此时机,整理内政,搜讨军备,则未始不可以固我边圉而复我藩封也,乃国事蜩螗,内讧时起,卒至欧战终后,英国又狡焉思启,逞其东封,据民国十一年九月驻缅领事张国威电告外部声称:“缅甸政府已将片马划为县治,改名库陶,则竟欲夷片马为其内地而实行设官治理矣。”滇省长唐继尧乃径派腾越道尹查报,据谓:“查缅政府先年在距片马约三十英里,向归中国明光土司所辖之拖角地方,设立拖角厅,置行政长官,管理片马一带,由拖角厅在片马征收户税,平治道路,私立界桩,修筑营垒,设兵驻守。”此其情形,则虽不直接设县于片马地方,而片马各寨则固已并入拖角厅治理矣。截至最近江心坡问题发生,我全国人士一致抗争;民情激昂,达于极点。英人见我态度坚强,始由驻腾英领事向腾越道尹作非正式表示,谓:“英国愿将片马交还中国(见十八年十二月廿六日《沪报》)管理,本国政府现已将驻扎片马之军队陆续撤退。”云云;查片马问题之交涉,迄今已数十年;虽经国人一再奔走呼吁,迄未获得最后胜利,今兹英人自动交还,其意盖在缓和吾人对于江心坡之争执;然江心坡地形之险要,更数十倍于片马,决不能以之为交换条件者也。

第六章　江心坡问题

江心坡问题亦肇端于光绪二十年之《中英滇缅条约》,盖约中第四款于北纬二十五度三十五分以北未曾定界,而江心坡则正在北纬二十四度至二十七度一带,亦在中缅未定界线以内;故英国即以之为肆其东封之机会,既于宣统二年侵占我片马,复于民国十五年侵略江心坡;片马问题已见前章,兹将江心坡问题叙次于后:

江心坡形勢圖

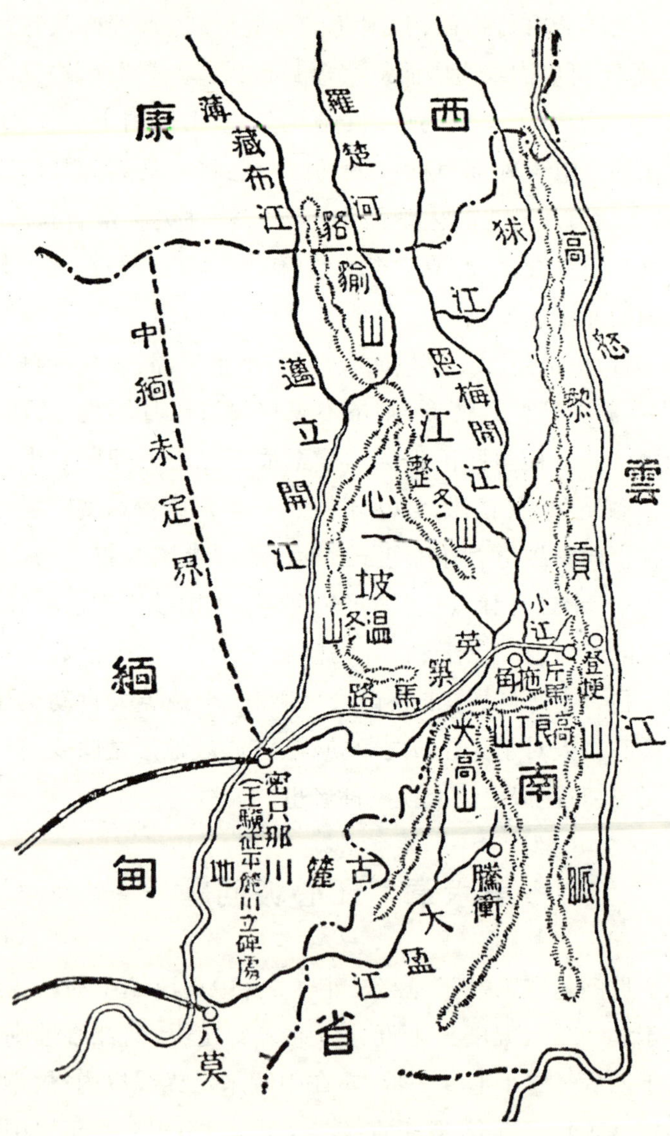

江心坡形势图

一、江心坡史地一瞥

(一)名称

江心坡土名卡苦戛,又名里麻,一名江土地,汉人呼曰江心坡,盖其地东有恩梅开江环绕,西有迈立开江包围;四面皆江,以此得名,笼统言之,则金沙江以内地也。

(二)位置

江心坡位于滇省西北隅片马之西,处于恩梅开江与迈立开江之间,原为野人山之一部,野人山位于北纬二十四度至二十七度半,北京西经十九度至二十三度有奇,而江心坡则经纬度正与野人山相同,所异者北纬二十四度至二十七度而已;其面积以土人行人计之,则纵约二千里左右,横亦不下四五百里(一说横约七八百里,一说全坡面积纵横约二千余里)。

(三)境界

江心坡东南与滇边连界,西北与西康(川边)相接,可入西藏;西南与缅甸连界,由距腾冲县城二日之古永练出发,少则九日,多则十一日可达江心坡;若由距腾冲县城约七日之密只那(即我旧孟养宣慰司地,俗名三鸦祺,今英人设密只那府治)则六七日即可抵其边境。

(四)地势

江心坡纯为大山脉所结,层峦叠嶂,似无平原;山势则险峻峥嵘者有之,苍翠秀拔者有之,河流交叉不可胜数者有之,其最著为康卡、直涕汴河,横贯全境,流源甚长,沿流盛产木材。

(五)形势

江心坡亦为滇省西北隅之要隘,为滇省外户,较片马尤为重要,《续瀛寰志略》论野人山之形势曰:"钤缅甸之北门,树川藏之外翰,戢滇疆之右翼,弭强敌之东封;土满人满之时,天下无事,足以资开垦,尽地力;一或有事,据此者,坐收形势,因利乘便,纵兵四出,惟意所向,此野人山地,谋国者所注重也!"《云南通志》论野人山之形势曰:"当滇蜀藏三省之凹,其三面皆与诸边毗运,为藩篱锁钥之要地,岂可委诸他人乎?"

(六)民族

以濮曼及浪速二种为主,间有傈种,多自茶山、小江迁往。濮曼居下游,与滇缅毗连,浪速居西北,接近川藏边地,所有濮曼人种,均操同一语言,浪速人则另操一种语言,然因贸迁往还之故,与濮曼人颇能融洽,习俗亦大旨相同,根据祖先传言,濮曼原系汉朝种,乃随诸葛孔明征蛮来此者,故大家都是汉姓云。

(七)户口与山官

坡内村落总计有数千之多,每村落人口不等,有数十户者,有百余户者,有一寨成为一大家族者。村落相隔,远近亦异,每村落相隔约有一日行程,或一二十里至三四十里不等;坡内以山官为首领,今日权力优越土地广阔之山官,凡十九人。可据一方,分辖村落数十百计不等。十九寨中山官以格兰多及安那拉为最著,格兰多曾与英人交战,被掳去拌当五十余人;安那拉所辖村落在江心坡南端,毗连坎底,曾受英人诱惑,有亲英之嫌疑,有谓各寨拌当之被掳乃彼之主张。余如孔百木吗拉及石旦睹山官等亦领有大小数十村落,势亦不弱。村内居民,每家每岁向山官输粮一箩,山官家如有婚丧大事,则更须输纳牛羊为助。

(八)气候与物产

江心坡因地势高峻故,自木勺戛(坡内地名)以上,风凛多雪,冬季则积雪三月不解;夏季则木勺戛以下气温和,惟平原低洼之处,则入夏每苦炎热。物产颇丰,粮食方面:主要者为米谷,他如玉蜀黍山芋等,亦为重要粮食;惟种植之法,尚极简陋,法以木耒锄土,经一次布种收获后,即改移新地;沃土虽多,地力未尽焉!牲畜方面:各寨多豢牛羊,亦畜马匹。矿产方面:以盐为主,最著产盐者有三：一曰邓戛碘；一曰木句碘；一曰木卢碘；坡内又多金矿，矿苗颇旺，产江中及山崖内，惟土人用土法陶冶，所得殊少；其余如银、铁、铅、锡、宝石、煤油等等，藏储亦富；惟土人尚不知开采之法耳。林产方面，则直涕沛河沿流盛产黄心标杉木、松柏之属，竹类到处皆有，砍伐不尽。

（九）生活状况

关于坡内之生活状况，可分衣、食、住、婚丧与信仰五方面：

（1）衣服。多用棉，能自种自织，亦有用羊毛者，并常至腾越、古永购买大布，男人短装，女人系裙。

（2）饮食。日进三餐，以米为主，无碗箸。用树叶或蕉叶包盛，以手撮而食之。餐时每分食二包。喜吸烟饮酒。

（3）居处。多为草屋茅舍，围以竹篱，概系平屋。

（4）婚丧。婚姻制度略同汉人，富有之家及山官等亦有纳妾者。通行婚礼，以牛羊三四头至一二十头及大铜锣五六面为采礼，并拌当一名，富者三四名供役使，婚前多系男女自由选择。至于丧礼则颇隆重，人死亦用棺木装殓，发送之日，所有亲戚故旧，无论远近，咸来吊唁，且携牛牵羊而来以助丧。

（5）信仰。仍不离多神思想，信奉鬼神，有庙专祀天神、山神，年以羊祭二次。各寨均有孔明庙及王尚书庙（按王尚书名骥，明朝兵部尚书，封靖远伯，正统间征麓川时曾驻兵其地，进至孟养，建石纪碑于江畔，文曰“石烂海枯，尔乃得渡，兵部尚书靖远伯王骥”十七字。大书深刻，凡至密只那者均得见之。光绪二十三年为英人所毁，沈[①]之江中，然江心坡受靖远伯之恩，迄今未忘），春秋两祭，奉行不衰。土人遇斗争时，仍用牛羊为牲，并在神前陈设刀枪弩矛，虔诚祝祷，以邀神佑。

① 原文为“沈”，疑误，似应为“沉”。

（十）沿革

江心坡为旧里麻长官司地，详载《明史》及《云南通志》《永昌府志》《腾越州志》。明永乐七年设置，尚有明印照信物等，存坡内山官处，可资凭证。姚文栋曾于光绪十七年四月间亲临野人山，时闻者或疑为险途可畏，而岂知壶浆载道，妇孺争迎！野官负弩执鞭，咸有求庇之意，即远处树浆厂（在西康之南，滇省西北。跨大金沙江、龙川江、潞江，直至澜沧江，凡诸江上流皆属之）之头目，亦遣使奉书，译其辞意，自称本是汉民，仍愿隶汉等语。又据江心坡能里多寨属官董卡诺及克蒙崩寨山官张藻札所言，则坡内存有印票凭据多张，系明朝王骥，清朝傅恒及十馀年前李根源所给与，其印照一存蒙木罗札山官家，一存依空拉山官，又有汉官所赐枪矛及炮台，及汉人所赠衣服袍甲等，足见江心坡之确实属我中国矣。

二、英人侵略江心坡之经过

（一）野人山问题之纠葛

在未述英人侵略江心坡以前，吾人当先叙中英交涉野人山问题之纠葛，盖江心坡固亦属野人山之一部也。关于中英交涉野人山事，则薛福成于光绪十七年至二十年在驻英使臣任内，曾与英外部迭提交涉，详载《滇缅划界图说》之奏疏咨文书函照会中，兹即提要钩元，叙次于左：

英国自光绪十二年订立条约取我缅甸以后，未尝催我勘界，而暗中则屡次密派干员驰往滇缅交界查看形势，竟侵及野人山地。

（1）英人兵临野人山。“英人积年经理（指光绪十二年《缅甸条约》签订后），萃其兵力饷力，戡定土寇，复于缅境外之野人山地，稍用兵胁服，收其全土，磐石之形已成，藩篱之卫亦固……前岁（光绪十七年）以后，英兵游弋滇边，常有数百人以查界为名，阑入界内，去来猋忽，野番土目惊耸异常；英兵常驻之地，则有神护关外之昔董，暨铁壁关外之汉董。”（奏疏）昔董、汉董之占据，开中英交涉野人山之先河。

(2)中英交涉野人山。“英兵到滇边土司所属之汉董烧毁房屋,占据地方一案,业经本大臣办文照会英外部,诘以不得借查察地理为辞,进占边界,责令饬驻缅英员速即撤退,旋接英外部照复,称英兵已早回八募。”(咨文)“并请英兵速退昔董以便商议分界(即分野人山地)之事。”(咨文)

薛福成盖以为野人山地不在缅甸辖境之内,应由中英两国均分其地者也。

(3)均分野人山案。“臣(薛自称)查野人山地,绵亘数千里不在缅甸辖境之内,若照万国公法,应由中英两国均分其地。”(奏疏)岂知英国竟不允均分,且立言中国之不能管理野人山地方。

(4)英国反对均分案。“英外部果坚拒不应,印督至进兵盏达边外之昔马,攻击野人,以示不愿分地之意。”(奏疏)“英人动以野人凶悍,中国兵力不能管理为辞,且谓中国徒争此地而不知管理,必致野人愈横,扰累英人,所以有万难分划之势。”(派营弹压野人山片)外人之侵我边地,动以中国不能管理为辞,是诚中国之耻也!

(5)薛使答辩。“臣明告英人,如野人山地归中国,则抚绥弹压中国任之,自系责无旁贷。”(同前)然英外部之反对分割野人山如故,仅允中国稍展其他边界,及割昔马一地为报。

(6)英国以昔马为交换。“彼既重视野人山地,不愿分割,于是有就滇境东南让我稍展边界之说;至滇西老界与野人山地毗连之处,亦允我酌量展出;其驻兵之昔董大寨,虽未肯让归中国,愿以穆雷江北现驻英兵之昔马归我;南起坪陇峰,北抵萨伯坪峰,西通南章而至新陌,计三百英方里,又自穆雷江以南,既阳江以东,有一地约计七、八十英里。”(催驻缅英员进方物片)顾英外部虽允让野人山内昔马等地,而印度总督则犹力持反对。

(7)印督之反对。“印度总督以外部允让野人山内昔马等地,意甚不平;听信武员邪说,屡思翻异。”(奏疏)“印度总督辄谓中国虽得此地（指昔马）不过交盏达土司管理；土司力量岂能制服野人；仍恐出而为患，扰累英人，不如归英控辖。”（酌定虎踞关以东界线片）经薛使竭力陈明，此案始无异言。

（8）薛使答辩。“臣告以俟换约后，派拨得力精兵数百名，填札昔马，任抚绥弹压之事；必不仅交土司管理；因又责以信义，彼族（指英人）始无异言。”（同前）至此野人山问题始告解决，由薛使与英外部在光绪二十年订立条约（见第二章第三节），将昔马归我，而野人山一地则以“北纬二十五度三十五分之北一段边界俟查明再定一语，延搁不提。卒予英国以此项界址未定，漫无限制，仍可伺机进占机会，果也，民国十五年间，又以侵略江心坡闻矣”。

（二）江心坡问题之纠纷

光绪十九年中，薛福成为展界让地办法，磋商滇缅北段界务时，曾要求以大金沙江为界（据薛使云：野人山在大金沙江以西者四分之三，以东者四分之一，即前次平分野人山之意），而英廷则欲以潞江及恩梅开江中间之山水流分界处为界。薛使未能答允，于五月初六日照会英外部声明“若照公平办法，以迈立开江及恩梅开江中间之地方一界线，较为公允”等语，查迈立开江及恩梅开江中间，即系江心坡地方，此为中英交涉江心坡之始，顾英国则重视其地，迄未应允，故二十年约中卒未规定此项界线，英国即利用此机，于民国十五年秋间侵略其地，至此次纠纷之内容，则去年（民十八）四月十五日《沪报》所载滇缅界务研究会呈外交部一文，叙述颇详，爰转录于下：

滇缅界务研究会代表谢焜，周从康、刘绍和呈为呈报英人进兵江心坡恳请严重抗议，以重国防而固边圉事，窃查江心坡位于迈立开江与恩梅开江之间，即旧里麻长官司地也，详载《明史》《云南通志》《永昌府志》《腾越州志》。地广千里，上通卫藏；明永乐六年设置，尚有明印照信物，及清傅恒等所给票据衣甲枪炮，并清末李根源所给札令等，存该地山官处，可资凭证。该地各人，设有专祠，崇奉诸葛武侯及明兵部尚书王骥。土人常至腾边各塞贸易，与汉人接洽，自承为汉人子孙；姓氏风俗，民情信仰，均与汉人相同；据此则江心坡实中国之国土也。英人既觊觎其富有，更醉心其形势，久欲鲸吞该地，使缅印连为一气，用为侵略川滇之根据。始则侵入边土，继则深入腹心，以肆其蚕食之谋。民国十五年秋，乘我不备，实行进兵侵略，其后每届秋季，辄复进兵；用威胁利诱之手段，以慑服土人，收买山官，希图实现其侵略之计划；其用心之阴狠，可谓极矣。幸土人深明大义，不甘屈从，多有不惜死力与之抗拒者。英人既被抵制，乃焚烧山寨，并掳去不屈服之山官十一员。土人受此压迫，莫不痛恨切齿，愤不欲生，派人至腾冲，请求腾越道尹声援。职会籍隶腾冲，壤土相接，见闻较切。英人竟敢任意进兵，侵入境内，苟不及时奋起，共谋抵制，则恐滇川藏各省，将依次沦为英之殖民地，步缅甸之后尘，亡羊补牢，噬脐何及。故特组织滇缅界务研究会，入会者千馀人，借考察英人侵略真象，并筹抵制之策。乃于十六年秋派熟习该地民情之职会会员前清附生曩映川，及陇川山官张藻坎，张藻辩入内调查英人侵略情形，并慰问土人所受焚杀苦状。江心坡各寨山官集议，公派全权代表董卡诺、张藻札二人，来腾请愿，携来木刻及信物（注一），偕曩映川来。不幸曩映川因劳苦过度，病殁于途，由张藻坎、张藻辩带之同来，向腾越道尹赵钟奇呼吁，恳请提出交涉，制止英人进兵，并向职会啼泣陈辞，缕述英人进兵情形。辞语迫切，凡有血气，莫不义愤填膺，痛切发肤。窃查江心坡既自昔即为我国领土，其人民亦我民族之支分，我以护全领土计，自应出为保障。且英人随意进兵，蔑视我主权已极；若不早行提出严重抗议，任其肆行无已，则江心坡旦夕将非我有。惟兹事关国际交涉，非腾越一隅所能解决；职会得腾越道尹同意，公举焜等为代表，跋涉万里，晋京报告英人侵略江心坡事件，恳请政府从速向英政府严重抗议，其要点如下：

（1）屯驻该地之英国军队，不论多寡，须一律退出该地，且须保证不再有任何含有侵略该地性质事件发生。

(2)英人掳去坡内之山官等十一人,须早日释回,以尊重中国主权。

(3)以后凡属中国边圉,或中缅未定界内,英人不得任意驻兵。

以上诸端,事关国防要务,边土安全,莫待英人经营到手,始提出交涉;则羊入虎口,不易取出矣。兹幸全国统一,对于边务领土,尤宜重视;务请抗拒强权,据理力争,庶几国土得以保全,国权得以伸张;我西南数省尤利赖之。附呈江心坡人民木刻及信物二件,职会与江心坡代表谈话纪要一份(注二)。理合备文呈请国民政府外交部核准施行,实为公便。中华民国十八年(1929 年)三月十七日滇缅界务研究会代表谢焜,周从康,刘绍和谨呈。

自江心坡问题发生以后,政府方面,颇为注意,民众方面,亦殊形愤慨,全国一致抗争,激昂达于极点。英国鉴于我方民气沸腾,态度始稍和缓,顾事隔多日后,我方热度逐渐冷落,英国之侵略转急,声称今年将派员入内编列门户,明年将实行征税。(十八年七月廿七日《沪报》)江心坡土人乃续派代表二人莅腾请愿,声言中国若不急行交涉阻止,恐不久江心坡必肇沦亡惨祸;二人一为江心坡大首领石旦赌亲子,一为其部下要人,携来短刀一把,长铳一枝,以为信物,到腾后,由滇缅界务研究会妥为招待,并引见腾越道尹,温言慰藉,赠礼遣回,滇省胡主席对边防问题,至为关切。属腾越道尹认真注意,详为调查。英国目击我如此关心,乃又态度和缓,驻腾英领且向腾越道尹作非正式表示,愿以片马易江心坡。(已见上章)然江心坡为滇省外户,外户安,则内户之片马亦安。若任英人之取我外户,则安知他日不再攫我内户。两户一失,则滇省譬之开门揖盗,后患有不胜言者矣!

注一:江心坡携来信物二件:一为木刻,系薄木片,上有十一刻,土人不识文字,记大事全用木刻。此木刻乃刻地较大之十一山官所刻,表示坡内人民誓属中国不叛之意。一为龙头宝,为石旦赌所进来,表示该地山官人民誓属中国之心,与石同坚云。石旦赌为十九寨山官中之大首领。石作扁圆形,大如鸽卵,色绀碧,质润泽,土人极重视。据云:此实系七十年前,江内有孽龙作怪于石旦赌寨中,土人聚而歼之。砍开头部,发现此石,因名"龙头宝",谓能避邪除怪,佩之且可避枪弹。此本迷信之谈,然土人相传重视,用为信物,亦足见其用心矣。

注二:滇缅界务研究会与江心坡代表张藻札、董卡诺二人谈话纪要,已引用于甲项内不赘。

三、补救方案之商榷

英人于我江心坡地方自并吞缅甸后,早已视为囊中之物;观其与薛福成交涉野人山时之蛮横态度,已属昭然若揭,迄乎今日之旅进旅退者,全为试验我民气起见。盖我方民气稍懈,彼族即转行急进侵略,我方民气激昂,彼族便转行缓进侵略;如此循环不已,终至我方民气消沈,刺激无效之时,彼即可以安稳之手段,取我江心坡矣。到此时,吾人对于江心坡问题必以多次兴奋之故,反觉麻木不仁,于其唾手而取我江心坡,必且视若无睹,以为得之固不见多,失之亦不为少者矣。诚使此语不幸言中,则英人必且再肆惯技,以为拓地之谋,如此则今日取江心坡,明日何不可取片马,片马失之不不已,进而蜀滇藏皆将动摇矣。故我人今日不欲保守江心坡则已,若欲保守江心坡,则补苴之策,实为当务之急,论补苴之策,则窃以为有左列三端:

(一)实地测验

我国所出边疆地图,类皆就外交原图翻译中文,中外名义不同,译音更觉歧异莫辩;抑有进者,外人于我边疆各地,往往划入其本国内地,如最近别发书局出版英人 Alexadner Hosie 所编之《中国地图》,于滇缅一带,竟以高黎贡山为交界,将山西之片马、江心坡,一律作为缅甸内地，我人若略而不察，则必陷于重大舛误，若欲详考其所划入边地，则又苦转辗翻译，而佶屈聱牙，非致堕入五里雾中不止。故必也先派舆地专家，亲莅边地，实行测验，绘图立说；务使一山一水，一邱一壑，僻壤小村，户口人丁，皆详载靡遗；则交涉时庶几有所根据，不致盲从，若徒就外图作为蓝本。则成算未操，断无不受亏损之理焉！

（二）明详界约

滇缅北纬二十五度三十五分以北，迄今未曾订定界约，虽有石鸿韶与烈敦之会勘，然亦不能作为定论，此则烈敦已自言之矣。故此后北段界务，当推翻全案，另起炉灶。然则滇缅究当以何处为界乎？曰当以大金沙江为界，盖滇缅交界，有老新之分，乾隆前滇省老界西包孟拱、孟养、蛮暮、南包孟艮、木邦、孟密等六土司在内。后为缅据，于是以腾越属之南甸、陇川、孟卯、干崖、盏达、龙陵属之遮放、芒市，普洱属之车里，十二猛土司为新界，新界西至大金沙江而止，片马、江心坡、野人山犹在新界之内也。（注：此处大金沙江即属其上游之迈立开江，其东则为恩梅开江也。）

（三）建设边疆

论建设边疆，则有三端：一曰移民殖边；据一九二六年邮局估计，江苏省每方英哩有人口八九六人，浙江省六五七人，山东省六一四人，而滇省则与甘肃一省，每方英哩仅七五人，是以江浙鲁诸省过庶之人口，尽可向滇省移殖，从事开拓。二曰遣兵屯垦，根据去年编遣计划，我国现有军队二百万人以上，会议中规定全国不得逾六十五师，缩为八十万人，应遣散者，占百分之六十；所有编馀官兵，虽经设法改任警官，地方官吏，学校军事训练教官，警察，公私建设事业等之规定，然尚觉粥少僧多，无济于事，故编馀官兵，应与各省过庶人口一律遣往滇省边疆屯垦，平时间可供屯田以辟地利，有事时即出其军事学识，又可为国家效力固吾圉，实属一举两得之事。三曰改进交通：滇省山岭重叠，崎岖不平，虽有滇越铁路一道，然路线由法人投资敷设，遂归法人管理，交通命脉已操于外人之手，一旦有缓急之事，难免不受牵制，故亟宜与法人交涉，收回自办。惟滇越一路仅联络越南一地，与其他各省，尚属声气隔绝；故尤宜根据中山先生《建国方略》实业计划中之西南铁路系统，切实施行，务使滇省与其他各省，相互联络，消息灵通，对于中央可收指臂相使之效斯可矣！

上列三端，实为补救江心坡惟一之方案，诚能一一实行，则西南虽经蹙地于前，或可稍图补苴于后，若犹秦视越瘠，漠然视之，则英人必且伺间候瑕，永无底止，岁朘月削，后患有不忍言者矣！

中华民国二十年三月出版
印刷所　上海大东书局
发行所　上海大东书局
编著者　华企云

点校后记

《中国边疆研究文库·初编——近代稀见边疆名著点校及解题》"西南边疆卷"之《普思沿边志略》《云南省农村调查》《云南问题》合集终于出版了。

首先,感谢本丛书的主编,中国社会科学院边疆史地研究中心的于逢春教授,让我参与《文库》的工作,负责《文库》"西南边疆卷"云南典籍的遴选、点校和解题,使我从中得到了锻炼,并有了很大提高。于逢春教授精通史部目录学、校勘学与版本学,我不仅从他那里学到了许多有关点校、校雠、勘误与版本鉴别等方面的知识,而且学会了对典籍如何予以解题的方法。

其次,感谢推荐我参加此项目的中国社会科学院边疆史地研究中心的翟国强教授,正是因为他的知遇之恩,使我有了这次学习的机会,对翟教授的提拔后进之情,我铭记在心。

再次,感谢云南大学历史系的陈庆江教授对《普思沿边志略》文稿所做的部分添加标点的工作。还要感谢参加《文库》云南部分的编委——云南大学的毕学军和佟应芬两位副教授、昆明学院的齐逾老师,正是她们的大力支持和艰辛的工作,才使得《文库》得以完成。

最后,感谢参加《文库》版本征集、遴选、勘误和校对等工作的翟国强、罗嘉、张晓音、郭秀、王正一、徐林平、潘山、崔丽红、童飞云、成赛男、胡晴，以及张悦、朱林、王顶、张鼎、孙璐等同志。

由于我们水平有限，书中的点校及说明错谬在所难免，敬请广大同仁指正，不胜感激。

马玉华

2010 年 6 月 17 日于昆明·云南大学

图书在版编目（CIP）数据

中国边疆研究文库. 初编. 西南边疆. 第1卷 / 马玉华主编. -- 哈尔滨 : 黑龙江教育出版社, 2011.5
（中国边疆研究文库. 初编 / 于逢春, 厉声主编）
ISBN 978-7-5316-5887-0

Ⅰ. ①中… Ⅱ. ①马… Ⅲ. ①边疆地区－地方志－著作研究－西南地区 Ⅳ. ①K29

中国版本图书馆CIP数据核字(2011)第071758号

文库书名：中国边疆研究文库·初编
本 卷 名：西南边疆卷一
本卷主编：马玉华
本卷书名：普思沿边志略　柯树勋　编撰
云南省农村调查　农村复兴委员会　编撰
云南问题　华企云　编著

选题策划　丁一平　华　汉
责任编辑　华　汉　葛　然　李汪洋
封面设计　sddoffice.com
版式设计　王　绘　周　磊
责任校对　张若平
出版发行　黑龙江教育出版社
（哈尔滨市南岗区花园街158号）
印　　刷　山东临沂新华印刷物流集团有限公司
开　　本　640毫米×960毫米　1/16
印　　张　29
字　　数　370千
版　　次　2013年9月第1版
印　　次　2013年9月第1次印刷

书　　号　ISBN 978-7-5316-5887-0　　定　　价　63.00元

黑龙江教育出版社网址：www.hljep.com.cn
网络出版支持单位：东北网络台（www.dbw.cn）
如需订购图书，请与我社发行中心联系。联系电话：0451-82529593　82534665
如有印装质量问题，影响阅读，请与我厂联系调换。联系电话：0539-2925628
如发现盗版图书，请向我社举报。举报电话：0451-82533087